T 32,–

»Richtig reisen«

KAIRO

W0305915

In der vorderen Umschlagklappe: Stadtplan von Kairo

In der hinteren Umschlagklappe: Übersichtskarte von Kairo und Umgebung

»Richtig reisen«

KAIRO

Peter Wald

Mit Beiträgen von Thomas Gosciniak,
Edith Hubert und Alexander Kudascheff

DuMont Buchverlag Köln

Umschlagvorderseite: Im Herzen des Basars Khan al Kalili (Foto: P. Wald, Köln)
Umschlagrückseite: Sphinx von Gise (Foto: Th. Gosciniak, Köln)
Umschlagklappe vorn: Blick auf Zitadelle und Muhammad Ali-Moschee (Foto: Th. Gosciniak, Köln)
Frontispiz S. 2.: Grabstätte des Sultans Qurqumas, nördl. Friedhof (Foto: P. Wald, Köln)

CIP-Kurztitelaufnahme der Deutschen Bibliothek

Wald, Peter
Kairo / Peter Wald. Mit Beitr. von Thomas Gosciniak ... – Köln : DuMont, 1982
(Richtig reisen)
ISBN 3-7701-1299-7

Satz und Druck: Rasch, Bramsche
Buchbinderische Verarbeitung: Boss-Druck, Kleve

Printed in Germany ISBN 3-7701-1299-7

Kairo - Informationen

Praktische Reisehinweise von A–Z

Touren in der Stadt und in der Umgebung

Inhalt

Ruhepause im Vorgarten des Ägyptischen Museums

HAM
7up
7UP
عملية التجديد الشامل للفرع

Wie kann man nur in Kairo leben?

Diese Frage wurde uns in den sechziger Jahren oft gestellt. Wenn sie von einem wirklich Interessierten kam, gaben wir uns Mühe: wir verwiesen auf die Gutartigkeit der Ägypter, die Schönheit des flachen Landes, die Reinheit der Wüstenluft, die Nähe des Mittelmeeres und des Roten Meeres; vor allem aber beriefen wir uns auf die große Vergangenheit dieser Stadt, die viele Baudenkmäler und zahllose fesselnde Einzelheiten noch in der Gegenwart bietet. Was bedeutete damals schon ein gelegentlicher Mangel an Hygieneartikeln, Streichhölzern, Auto-Ersatzteilen, Schweizer Käse und anderen Zivilisationsgütern angesichts ständiger Begegnungen mit den Zeugnissen von vier Kulturen? Pyramiden, Nekropolen, Kirchen, Moscheen und Museen wogen auch den Mangel an westlichem Theater und westlicher Musik auf, zumal die Kairoer Oper und ausländische Kulturinstitute wenigstens einen Abglanz europäischen Kulturlebens hervorbrachten.

Seit Beginn der achtziger Jahre frage ich mich selbst, ob man in Kairo noch leben kann. Die Frage stellt sich weniger für gut dotierte ausländische Fachleute, die heutzutage alles Notwendige und auch Luxusgüter regelmäßig am Markt finden und die stark gestiegenen Preise zahlen können. Fraglich ist, wie lange die Ägypter mit dieser ständig wuchernden Stadt, deren Infrastruktur sich aber kaum merklich verbessert, noch zurechtkommen. Hatte sie in den sechziger Jahren ›nur‹ drei bis vier Millionen Einwohner, so sind es inzwischen mindestens neun, vielleicht schon elf Millionen geworden. Die Stadt erstreckt sich jetzt über ein Gebiet von knapp 25 km in Ost-West- und etwa 20 km in Nord-Süd-Richtung. Das ist nicht einmal das Doppelte des Flächenmaßes von 1929, als Kairo einheinhalb Millionen Menschen beherbergte!

Von Bevölkerungsexplosion und Landflucht sind praktisch alle, auch die reichen, Kairener betroffen. Wenn für Stunden jeden Tag der Verkehr in der Innenstadt zum Erliegen kommt, zur heißen Jahreszeit die Luft regungslos in den Straßenschluchten steht und sich immer mehr mit Abgasen sättigt, wenn wegen Überlastung des Netzes die meisten Telefone schweigen oder mangels Drucks das Wasser aus den Hähnen nur tröpfelt, dann bekommt das fast jedermann zu spüren. Unter dem akuten Wohnungsmangel haben mehr die Mittelschicht und die Arbeiterschaft zu leiden. Festmieten nach dem Stand von 1960 garantieren einerseits Wohnen in Altbauten zu einem Viertel des durchschnittlichen mittleren Angestellteneinkommens, erfordern andererseits beim Anmieten das Hundertfache eines solchen Einkommens als verlorenen Zuschuß, genannt ›Schlüsselgeld‹. Wohnungsnot, Mangel an Arbeitsplätzen, Versagen des öffentlichen Gesundheitswesens gegenüber der Menschenflut treffen die Mehrheit der Kairener hart. Da aus der Notlage sozialer Zündstoff entsteht, könnte plötzlich auch die reiche Minderheit in Mitleidenschaft gezogen werden.

Ergibt sich vielleicht schon die Frage: Soll man überhaupt noch nach Kairo reisen? Wir wollen jetzt nicht wieder die Pyramiden, Nekropolen, Kirchen, Moscheen und

◁ *Fast immer Gedränge nahe Midan al Tahrir*

Auf dem Nil bei der Insel Roda

Museen ins Feld führen, um für eine Kairo-Reise zu werben; ihretwegen hat ja der Interessent schon die ersten Schritte unternommen. Der Tourismus gehört zu den fünf wichtigsten Einnahmequellen Ägyptens, und die Ägypter haben gelernt, ihn gut abzuwickeln. Wer als Gruppenreisender Kairo besucht, spürt ohnehin wenig von den Widrigkeiten – sie werden so gut wie möglich von ihm ferngehalten; und manche trägt sogar zur Unterhaltung bei, etwa das Verkehrschaos, sofern man es vom klimatisierten Autobus aus in Gesellschaft betrachten kann.

Wer allein kommt, sollte auf Widrigkeiten vorbereitet sein. Er muß wissen, daß ihm lange Fußmärsche bevorstehen. Den ganzen Innenstadtbereich vom rechten Nilufer im Westen bis zum ›Basar‹ Khan al Kalili (Chan al Chalili) und zur Zitadelle im Osten zu durchwandern, dürfte sich als zweckmäßig erweisen; denn meist gibt es mit dem schwer erkämpften Taxi kaum noch ein Durchkommen. Nur am Freitag, dem offiziellen Wochenfeiertag, und am geschäftsarmen Sonntag ist im Stadtinnern das Taxi ein schnelles Beförderungsmittel. Beim zweiten oder dritten Fußmarsch hat man es vielleicht schon gelernt, parallel zu Hauptstraßen verlaufende Nebenstraßen, die weniger vom Autoverkehr belastet sind, zu benutzen.

Die Kairener sind ein ausgesprochen gutartiger Menschenschlag, obwohl die tägliche Plage des Lebens in einer so überfüllten Stadt manchem das Lächeln geraubt hat. Der Fremde, der wenigstens die einheimischen Begrüßungsformeln kennt und freundliche Gesten zu machen versteht, wird ein Lächeln selbst bei Verbitterten erzielen. Allerdings ist meist nicht Hilfsbereitschaft, sondern Geschäftssinn im Spiel, wenn ein Einheimischer in einer europäischen Sprache den Fremden anspricht. Es geht dann darum, ein bestimmtes Andenkengeschäft oder Hotel dem Besucher zu

Um das Überleben kleiner Oasen im Stadtinnern wird zäh gerungen

suggerieren. Betroffene, wenn sie nicht gerade in Zeitnot sind, sollten sich Eigenständigkeit und Entscheidungsfreiheit bewahren, also fest, aber höflich ablehnen.

Oft wird behauptet, daß bestimmte Teile Kairos höchst unsicher für Fremde seien. Das ist nur bedingt richtig. Zunächst ist festzustellen: es herrscht ein erstaunliches Maß an Rechtssicherheit in der Zehnmillionenstadt am Nil, wenn man die Armut eines großen Teiles ihrer Bevölkerung in Rechnung stellt. ›Berüchtigte Viertel‹, wie etwa der Nord- und Südfriedhof, die unter dem Sammelbegriff ›Totenstadt‹ bekannt sind, fordern vom Besucher besondere Verhaltensweisen. Für den an islamischer Kunst interessierten Kairo-Reisenden wäre es absurd, die Totenstadt mit ihren Mausoleen, Moscheen und Koranschulen auszulassen, weil er sich dort bedroht fühlt. Es stimmt schon, daß die Friedhofsbezirke Siedlungsgebiet für arme Leute und auch Zufluchtstätte für Gesindel sind. Doch das Gesindel versteckt sich in den entlegendsten und nicht mehr besuchten Grabstätten, während die sozusagen ›regulären‹ Bewohner der Totenstadt von einem Verhaltenskodex gelenkt werden, der durchaus Respekt vor Fremden mit einbezieht. Wichtig ist allerdings, daß auch die Fremden den Einheimischen Respekt zollen.

Frauen sollten nicht allein in die Totenstadt gehen; mehrere Frauen und Frauen in Begleitung von Männern sind sicher vor möglichen Belästigungen durch Jugendliche. Besucherinnen sollten der islamischen Begräbnisstätte entsprechend, das heißt nicht herausfordernd leicht bekleidet sein. Wer gezielt Menschen in der Totenstadt fotografieren möchte, sollte deren Einverständnis – und sei es durch fragende Gesten – einzuholen versuchen. Wo gerade Bestattungsriten stattfinden, müssen Fremde ganz fernbleiben. Die größeren Grabmäler der Totenstadt haben Wächter, die auf

Blick von der Zitadelle in Richtung Westen zum Nil

Besucher eingestellt sind; die Wächter können Kontakte zu den Menschen der Umgebung vermitteln.

Kairo gehört in Ägypten zu den Hauptsehenswürdigkeiten, die um ihrer selbst willen besucht zu werden verdienen. Obwohl es eine vorwiegend vom Islam geprägte Stadt ist, erschließt sie doch voll auch die drei anderen historischen Kulturkreise des Nillandes: den pharaonischen, den griechisch-römischen und den christlichen. Wenn für die erste Begegnung mit Ägypten nur zehn Tage, zwei oder drei Wochen zur Verfügung stehen, sollte sie sich auf Groß-Kairo konzentrieren. Wer nur der islamischen Kunst wegen kommt, kann Wochen, Monate, ja Jahre in der Stadt bleiben, die arabisch al Qahirah genannt wird. Noch gibt es rund fünfhundert islamische Monumente, von denen die Hälfte 600 bis 800 Jahre alt ist. Wieviele davon in der Zukunft bewahrt werden können, läßt sich nicht absehen. Denkmalspflege in Stadtbezirken, in denen Hunderttausende um die nackte Existenz ringen, ist besonders schwierig und von Mißerfolg bedroht.

In der zweiten Hälfte der siebziger Jahre hatte die Erziehungs- und Kulturorganisation der Vereinten Nationen, die UNESCO, eine Untersuchung über den zentralen Sektor der islamischen Stadt in Gang gebracht. Sie betraf einen Teil des vor mehr als tausend Jahren gegründeten fatimidischen Kairo (s. S. 96); das untersuchte Gebiet, auf dem es eine Ballung islamischer Monumente gibt, ist etwa einen Kilometer lang und 200 Meter breit. In dieser eng begrenzten Zone tragen praktisch alle historischen Bauten das Prädikat ›erhaltenswert‹. Man beschloß, die Restaurierung auf den untersuchten Sektor zu konzentrieren. Es sind aber längst noch nicht die finanziellen Mittel und die Ausführenden vorhanden, um alle Objekte wiederherzustellen und zu bewahren. Zudem gibt es auch außerhalb des fatimidischen Stadtteils, zum Beispiel

im Bereich der Ibn Tulun-Moschee (s. S. 92) und innerhalb der Totenstadt (s. S. 190), zahlreiche erhaltenswerte Monumente. Deutsche, polnische, dänische und holländische Archäologen – um einige zu nennen – arbeiten neben ägyptischen Teams an bestimmten Objekten.

Die Sachverständigen und Geldgeber für die Rettung der islamischen Altstadt Kairos sind vom eigenen Leistungsvermögen und von der Vielzahl der Monumente her genötigt, eine Auswahl zu treffen. Ausgewählt wird nach ganz unterschiedlichen Kriterien. Die Bedeutung eines Objektes ist nicht immer an erster Stelle ausschlaggebend; manche Träger wählen zur Wiederherstellung Monumente zweiten Ranges, einfach weil ihr Budget für mehr nicht reichen würde. Andere Bauten, obwohl ersten Ranges, kommen für eine generelle Aufarbeitung nicht in Frage, weil sie bewohnt oder von überbelegten Wohnbauten umgeben sind. Schließlich werden Monumente nicht nur ihrer selbst willen zur Wiederherstellung und Bewahrung ausgewählt – man selektiert auch unter dem Gesichtspunkt, daß eine erneuerte Moschee, Koranschule oder ein Warenhaus (Wakala) Ausgangspunkt für die Wiederbelebung des Unternehmungsgeistes in einem Straßenzug oder in einem ganzen Stadtteil sein kann.

Kairo leidet übrigens an einem Mangel an qualifizierten Handwerkern – der großen Arbeitslosigkeit zum Trotz. Die besten Maurer, Tischler, Zimmerer, Glaser, Stukkateure, Kupferschmiede und Maler sind der Lockung höherer Einkommen gefolgt und als Wanderarbeiter in die Ölstaaten der Region gezogen. Deswegen spielt die Restaurierung islamischer Monumente auch eine wesentliche wirtschaftliche Rolle: mancher der an den Bauten beschäftigten Handwerker kann dort seine Standardkenntnisse bis zur Meisterschaft vervollkommnen und wird so zum Träger bester traditioneller Handwerkskunst.

Das Wesen des Bakschischs – Leistung ohne Gegenleistung

Bakschisch ist nicht eigentlich ein Trinkgeld. Natürlich kann es sein, daß der Empfänger eines Bakschischs die finanzielle Gabe in Tee, Kaffee, Limonade oder – schlimmstenfalls – in ein alkoholhaltiges Getränk umsetzt. Aber Bakschisch entspricht nicht dem mitteleuropäischen Trinkgeld, weil im Orient der Obolus meistens nicht in Anerkennung empfangener Leistung gezahlt wird. Von Trinkgeld als Anerkennung für eine über das Mittelmaß hinausgehende Leistung kann die Rede sein, wo die Zahlung freiwillig, selektiv und wohl auch unauffällig geschieht.

Im Orient wird Bakschisch fast überall erwartet und oft auch abgefordert, und zwar überwiegend losgelöst von erbrachten Leistungen. In Kairo muß der fremde Besucher damit auf Schritt und Tritt leben.

Das Wesen des Bakschischs kann man unter religiösen, historischen oder soziologischen Gesichtspunkten zu erfassen suchen. Doch um der Sache zu genügen, muß man alle drei Kategorien einbeziehen. Der Koran, die heilige Schrift des Islam, gebietet an mehreren Stellen energisch, reichlich Almosen zu geben. Als von Gott empfohlene Empfänger sind Eltern, Verwandte, Waisen, Arme, bedürftige Reisende, Bettler und Sklaven genannt. Doch in der orthodoxen Interpretation der heiligen Schrift werden noch ganz andere Kategorien von möglichen Begünstigten erwähnt, mit der Maßgabe, daß die Intention des Gebens viel höher zu schätzen sei als die dem Empfänger erwiesene Wohltat. Unter solcher Prämisse kann die Gabe auch dann Gott wohlgefällig sein, wenn sie an Reiche, Diebe oder Prostituierte geht. Nach dieser Schule ist maßgebend, daß Almosen in der Absicht entrichtet werden, dem entsprechenden Gebot der heiligen Schrift nachzukommen.

Allerdings sind Bakschisch und religiös motivierte Almosen nicht genau dasselbe. Bakschisch ist mehr eine weltliche Gabe. Immerhin könnte man sagen, daß die Verpflichtung zum Almosenge-

ben – die Entrichtung der Almosensteuer gehört zu den Grundpflichten der Muslime – das Geben und Nehmen von Geld zur weitverbreiteten Gewohnheit gemacht hat. Doch wäre es so einfach, müßte der Besucher aus Europa oder Amerika fein heraus sein: denn die Entrichtung der Almosensteuer, arabisch Zakat genannt, ist *allein* Sache der Muslime.

Die überwiegend weltliche Komponente der Institution des Bakschischs hat eine lange Geschichte. Sie wurzelt in der Antike im Spannungsverhältnis zwischen Nomadenstämmen, die für Wohlverhalten bzw. gezielte Aggressionen untereinander Prämien aussetzten oder Tribute forderten. Später, in der Frühzeit und im Mittelalter des islamischen Kairo, mußten die nicht-einheimischen Machthaber materielle Werte, insbesondere Gold und Silber, aus Gründen der Selbsterhaltung in großem Maße ansammeln. Sie benötigten enorme Summen, um Söldner zu finanzieren und die Loyalität aller Untertanen, die über potentielle Gegenmacht verfügten, zu erkaufen. Nicht nur der gütige, ebenso der brutale, aber schlaue Pascha ließ oft genug ganze Säcke von Piastern zwischen die Unter-

Gefährten der Touristen seit hundert Jahren: Stadtrand-Beduinen von Gise

tanen ausstreuen, um den Volkszorn zu dämpfen oder um ihn in bestimmte Richtungen zu lenken. Bis heute gehört es zum guten Stil des Wohlhabenden – wenn er es nicht vorzieht, seinen Wohlstand zu verbergen –, ziemlich großzügig und wahllos vom Überfluß zu verteilen.

Für die Kairener der unteren Einkommensschichten ist natürlich jeder Tourist nicht durch. Direktem Betteln sollte man nur entsprechen, wenn dadurch eine erkennbare Notlage gemildert wird. Darüber hinaus sollte doch ein Minimum an Dienstleistung als Voraussetzung für die Zahlung gelten. Was ein Minimum an Dienstleistung ist, muß jedermann selbst entscheiden. Wer während der verkehrsreichsten Zeit mit Hilfe eines Straßenrand-Parkwächters ein Taxi bekommt,

Bakschisch 1926...

»Und jetzt fällt, nicht mehr verschämtes Zischen wie gestern, sondern deutlich vernehmbar, das Wort, das Stichwort: 'Bakschisch, Bakschisch!' Wie viele Male werden wir es noch zu hören bekommen! Denn Bakschisch, das Geschenk, ist alles, die Zahlung an den Padischah, mit der man die Würde des Khediven erkaufte, wie auch das Zwei-Millieme-Stück für den Bettler. Wieder tut sich eine niedliche Kleine besonders hervor, die einen schielenden Jungen an der Hand mitzerrt – sie spricht das Zauberwort aus wie eine Liebkosung, beinahe unwiderstehlich. Noch lange klingt's hinter uns drein. Schließlich fallen auch die letzten Dauerläufer von den sausenden Autos ab.«

J. u. E. Overhoff, *Tage am Nil*

ein Wohlhabender. Wer ohne erkennbaren praktischen Grund aus Europa oder Amerika angereist kommt, einzig um eine Stadt und ihre historischen Denkmäler zu besichtigen, der muß, in der Einschätzung von Menschen, die am Rande des Existenzminimums leben, Geld im Überfluß haben. Ethik, Überlieferung und soziale Umstände gebieten es, vom Überfluß abzugeben. Folglich wird vom Touristen erwartet, ja oft verlangt, er möge Bakschisch zahlen.

Auch wer für historische, kulturelle und soziale Gegebenheiten aufgeschlossen ist, sollte beim Bakschisch festen Grundsätzen folgen. Die Ökonomie gebietet es, stets über einiges Kleingeld zu verfügen. Doch mit dem Prinzip des sparsamen Gebens kommt man allein dürfte es nicht ungebührlich finden, den Helfer zu belohnen. Deutliche Ablehnung sei geraten, wo untergeordnete Funktionäre Bakschisch für Amtshandlungen verlangen, die den Touristen eher behindern. Warum zum Beispiel sollte man den Türhütern im Museum Bakschisch dafür zahlen, daß sie einem die in den Ausstellungsräumen nicht zugelassene Kamera verwahren?

In der Stadt und auf dem Land sollte es vermieden werden, Geld wahllos unter Kinder zu verteilen. Ein schnell gewährtes Bakschisch zieht Schwärme anderer Kinder an; die Verweigerung muß nicht unbedingt Feindschaft hervorrufen – es hängt davon ab, ob man das Nein mit einem verbindlichen Lächeln verbrämt oder gar durch einige freundliche Worte mildern kann.

In Erwartung großzügiger Kunden

»HASA GOLD«
Jagd nach der schnellen Mark

›Hasa‹ ist das arabische Wort für ›dies‹. In Verbindung mit Gold (englisch oder deutsch gesprochen) hört man es oft von Museums- und Moscheewächtern. Die merkwürdige Wortkombination wird benutzt, um die Aufmerksamkeit des Besuchers in Staunen über den großen Wert eines Kunstwerkes zu verwandeln. Die angewandte Formel kann auch ›hasa Alabaster‹ oder ›hasa Marmor‹ lauten. Jedenfalls handelt es sich um den Versuch, eine Dienstleistung zu erbringen, die Anspruch auf Entlohnung hat. Das dem Besucher abgenötigte Erstaunen soll ihn in Geberlaune versetzen. Zeigt er keine Bereitschaft zum Geben, dann besteht – nach dem Verständnis des Dienstleistenden – trotzdem eine Basis für konkrete Forderungen.

In den meisten Fällen mangelt den Museums- oder Moscheewächtern jede Voraussetzung dafür, Besuchern Informationshilfe zu geben. Schon die zwischen beiden Seiten bestehende Sprachbarriere macht den Versuch zur bloßen Farce. Besitzt aber einmal ein Besucher gute arabische Sprachkenntnisse, dann ist in aller Regel sein eigener Bildungsstand wesentlich höher als der des ›Informanten‹. Allenfalls in den Moscheen und Grabstätten trifft man gelegentlich auf Wächter, die Geschichte und künstlerische Bedeutung des ihnen anvertrauten Bauwerks zu würdigen wissen – doch das nützt ja dem Touristen wenig, der keinen Zugang zum Arabischen hat.

Es gibt sehr viele Museumswächter. Wie in anderen Bereichen der staatlichen Bürokratie, so gibt es auch in diesem eine Dynamik, die zur fortwährenden Ausweitung der Zahl der Bediensteten führt: der Staat teilt die von ihm verwalteten Arbeitsplätze immer wieder und wieder unter der wachsenden Schar von Beschäftigungssuchenden auf; und der Staat findet es auch richtig, daß in den sich ständig ausweitenden niedrigen Rängen die Bediensteten einander gegenseitig überwachen. Geteilt werden unter den ständig expandierenden Kreis der Gehaltsempfänger aber auch die Mittel des relativ langsamer wachsenden Haushaltspostens. Folglich rangieren niedrige Bedienstete, also auch unsere Museumswächter, ziemlich am Schluß der ohnehin flachen Einkommensskala von Arbeitnehmern.

Der ins Museum kommende Tourist bietet die naheliegende Möglichkeit für den Versuch, das klägliche Einkommen aufzubessern. Die Kenntnis der Umstände sollte den Betroffenen dabei helfen, durchaus berechtigten Mißmut wegen hartnäckiger Belästigungen abzubauen. Wo doch Kommunikation über Fremdsprachen oder gar Deutsch möglich ist, sollte man auf ein mitgeführtes Buch und die Beschriftung der Ausstel-

Europäische Touristen um die Jahrhundertwende

Hoch zu Kamel gegen Gebühr

lungsvitrinen verweisen, denen alle erforderlichen Informationen zu entnehmen seien.

Meistens verlaufen die – nicht lizenzierten – Annäherungsversuche des Museumspersonals diskret, in den Großzonen des pharaonischen Kairo, an den Pyramiden von Gise und auf dem Gräberfeld von Sakkara, geht es jedoch ausgesprochen hektisch zu. Unter jeweils Tausende von Touristen sind Hunderte von Kamel-, Pferde- und Eseltreiber gemischt. Dazu kommen Fremdenführer, Taxifahrer, Parkwächter, Händler für Erfrischungen, Andenken und imitierte Antiquitäten. Sie alle versuchen immer wieder aufs Neue, die mächtigen Zeugen der Vergangenheit und auch die schöne Aussicht, die gute Luft, die strahlende Sonne oder den silbernen Mondschein zu vermarkten.

In Gruppen reisende Touristen können als geschlossene Phalanx dem Ansturm leichter widerstehen und von dem übermäßigen Angebot besser wahlweise Gebrauch machen als der im offenen Gelände stets deutlich zu erkennende Einzelreisende. Wer glaubt, daß der Ansturm seine Eindrücke erheblich trüben würde oder gar unerträglich werden könnte, hat wohl nur die Möglichkeit, seine Geschicke zeitweilig mit einem Führer zu verbinden und dadurch die anderen Anbieter zu verscheuchen. Zumindest deutlich verringert werden kann auch das lästige Überangebot in der Siesta-Zeit zwischen 14 und 16 Uhr; doch ist dieses Ausweichen mit Strapazen verbunden, weil in diesen Stunden die Hitze des Nachmittags voll zur Geltung kommt.

Ein Ausweichen zu den nicht ganz so überlaufenen pharaonischen Kulturdenkmälern hilft wenig. Der Verfasser erinnert sich beispielsweise daran, daß er Anfang der achtziger Jahre in Gise bei dem Wächter der drittgrößten Pyramide, der Pyramide des Mykerinos, Zuflucht vor dem allgemeinen Tumult gesucht hatte. Der Wächter witterte eine Chance. Er ließ einen Strom von Erläu-

Stets zu Diensten: »Wollen Sie das Original kaufen?«

Schon vor 75 Jahren...

»Für die Besteigung der großen Pyramide wie für das Innere ist die Hilfe der Beduinen von Giseh nicht zu entbehren. Die Regierung hat ihnen das Recht der Fremdenführung an diesem Ort übertragen... Sie sind jedoch überaus zudringliche Leute, die sich zwar in allen möglichen Sprachen zu verständigen wissen, aber den Fremden arg belästigen; ein sehr bestimmtes Auftreten ist ihnen gegenüber durchaus erforderlich... Daß man um Bakschisch angebettelt wird, versteht sich von selbst, und zwar geschieht das mit Vorliebe an besonders unangenehmen Stellen. Man weise aber alle diese Zumutungen energisch zurück (badén! d. h. später! oder jallah, jallah! d. h. vorwärts!) und gebe den Führern, wenn sie sich ordentlich benommen haben, zum Schluß einige Piaster...«

Meyers Reisebücher, *Ägypten*, 1909

terungen in bunter Mischung von Englisch und Arabisch zu den Resten des Pyramiden-Tempels über den Besucher ergehen. Als er für seine Bemühungen, die etwa 20 Minuten gedauert hatten, mit einem ägyptischen Pfund entlohnt werden sollte, kam es zur Krise. Er forderte erst das Dreifache, dann das Doppelte des gebotenen Lohnes. Weil diese Forderungen auf feste Ablehnung stießen, wurde der Wächter schließlich ausfällig. Voller Verachtung schleuderte er dem Besucher ein Schimpfwort entgegen: ›Ruskie!‹ Dies bedeutet nichts anderes als Russe und war ein Rückgriff auf Erfahrungen aus den sechziger Jahren, in denen die damals so zahlreich am Nil vertretenen Sowjetbürger den erhobenen Forderungen mit äußerster Sparsamkeit entgegentraten.

Pause für die Fremdenführer von Sakkara

Der geduldige Tourist
Was wird für Besucher getan?

Wer Kairo noch aus den fünfziger und sechziger Jahren kennt, kann sich gewiß an die meist großen dunkelhäutigen Männer in weißen Gewändern erinnern, die um den Bauch eine rote Schärpe und auf dem Kopf den sonst (weil türkischer Herkunft) verpönten Tarbusch trugen. Man sah sie im alten Semiramis und Continental, im Groppi, Lappas und vielen anderen Restaurants; sie waren fast überall, die Nubier aus dem ägyptisch-sudanesischen Grenzgebiet, überall, wo Gäste bedient werden mußten. Meist waren sie umgeben von einer kleinen Schar junger Männer und Knaben, die ihnen ziemlich ähnlich sahen; und es waren auch ihre Söhne und Neffen, die sie souverän dirigierten, um einen Speisesaal oder ein Café zu versorgen. Die Touristen jener Zeit waren in aller Regel sehr angetan von den nubischen Oberkellnern und ihren Untergebenen. Kenntnisse und Können dieser Nubier waren seit Generationen sozusagen in ihren Familien erblich – ab dem späten 19. Jahrhundert hatte sich mehrmals von den Vätern auf die Söhne der gesammelte Sachverstand eines Lebens im Dienst des anspruchsvollen Gastes übertragen.

Heute sieht man nur noch wenige Nubier in den Hotels und Restaurants von Kairo. Der zu Anfang der siebziger Jahre fertiggestellte Hochstaudamm bei Assuan hat ihre flußaufwärts gelegene Heimat völlig verändert; in ihrer Nähe wuchs ein Industriezentrum heran. Deswegen ist es nicht mehr unbedingt notwendig, nach der rund 900 km nördlich gelegenen Hauptstadt zu emigrieren. Wer aber dennoch in der eigenen Region keinen Arbeitsplatz findet, also zeitweise Weib, Kleinkinder und Clan zurücklassen muß, der folgt dann schon eher der Lockung des großen Geldes und geht an eines der Luxushotels in den arabischen Ölstaaten. In Kairo sah man sich ab Mitte der siebziger Jahre genötigt, immer mehr Hotel- und Restaurantpersonal unter den Bewohnern der Stadt und der Umgebung anzuwerben – manchmal völlig ungeschultes Personal. Dann mußten Kenntnisse und Können erst in der Praxis, am Gast selbst, erlernt werden. Dies geschah in einer Zeit, in der etwa zehnmal soviel Touristen wie in den fünfziger und sechziger Jahren kamen.

Große Anstrengungen werden unternommen, um dem Gast das Schlimmste zu ersparen. Die erste Hotel-Fachschule entstand in Kairo schon zu Anfang der sechziger Jahre, übrigens mit Entwicklungshilfe der Bundesrepublik Deutschland. Dazu kam bald ein Studiengang Hotelwesen und Tourismus an der Universität Kairo; er hat heute rund tausend Studenten. Eine zweite Hotel-Fachschule wurde in den siebziger Jahren eröffnet. 1982 fiel die Entscheidung, einen Studiengang Hotelwesen und Tourismus auch an der Universität Alexandrien einzurichten. Zur Zeit studieren rund zweitausend junge Leute in Kairo, wie Hotels und Restaurants zu führen, Ausländer unterschiedlicher Nationalitäten zu behandeln, die verschiedenen Fremdenverkehrszonen ihres Landes zu präsentieren sind. Vieles mehr muß gelernt werden: Sprachen, die eigene Geschichte im Verhältnis zu der anderer Völker, die

Andrang der Gläubigen vor der ›Hassanein‹-Moschee am Khan al Kalili

Geschichte zahlreicher einzelner Monumente, die Beziehung der vier großen Kulturkreise Ägyptens – pharaonisch, griechisch-römisch, christlich und islamisch – zueinander. Außerdem kann man natürlich an den beiden Hochschulen und an der Universität die betriebswirtschaftliche Seite des Hotelwesens und des Tourismus studieren, ohne daß die direkte Betreuung des Gastes überhaupt berührt wird. Kochen und Pflege der Getränke wollen auch gelernt sein.

Zehntausende von jungen Kairenern sind seit Mitte der siebziger Jahre, seit dem Beginn der Liberalisierungspolitik des früheren (am 6. Oktober 1981 ermordeten) Präsidenten Sadat, in den expandierenden Wirtschaftsbereich Tourismus gegangen, um ein Einkommen zu haben bzw. beruflichen Aufstieg zu erreichen. Das ging weit über die Möglichkeiten des Hochschul- und Universitätswesens hinaus. Die jungen Leute mußten also mit Schulzeugnissen und eventuell schon erlangten Berufserfahrungen bei den Unternehmern einer Branche antreten, der ab und an, aufgrund politisch bedingter Krisen, schwere Konkurrenzkämpfe blühten. Dies setzt sich auch in den achtziger Jahren fort. Für viele der Jungen und Mädchen des

Großhotel am östlichen Nilufer im Stadtinnern

Dauerthema Öffentlicher Verkehr – auch für die Kairoer Presse

Hotelwesens ist die Begegnung mit den Fremden zumindest in der ersten Zeit ein Kulturschock (wie ja auch der sensible Besucher aus Europa oder Amerika in Ägypten einen Kulturschock erleben kann). Obwohl das Kairoer Großstadtleben die auf religiösen Geboten beruhenden Sitten und Gewohnheiten gelockert hat, haben die meisten jungen Ägypter es schwer, Disziplin, den ungezwungenen Umgang mit dem anderen Geschlecht, tradierte Werte, die harten Anforderungen des Alltags und die noch unbefriedigten nationalen Ideale auf einen Nenner zu bringen.

Ägypten hat die plötzliche Expansion der internationalen Tourismusindustrie ziemlich unvorbereitet erlebt. Etwa ein Jahrhundert lang auf Elitetourismus in kleinen Dosen spezialisiert, mußte es plötzlich mit Wellen des Gruppentourismus fertig werden. Diese Entwicklung bringt auch viele Fremde an den Nil, die selbst nicht genügend vorbereitet sind für die Begegnung mit einer so andersartigen Kultur. Der Umgang mit den Menschen des Niltals bedarf, sofern umfassende Kenntnisse und tiefe Einsicht nicht vorhanden sind, zumindest der Toleranz – denn auch die Ägypter müssen sich selbst ja dauernd zur Toleranz ermahnen, um die Fremden so zu ertragen, wie sie auftreten, einzeln oder in Gruppen.

Im Hotel, im Speisesaal, im Café und im Taxi oder Autobus hat der Tourist meistens seine einzige kurze Begegnung mit ›der Bevölkerung‹, vom stummen Augenschein während der Fahrten durch Stadt und Land abgesehen. Eigentlich

Sharia Talaat Harb am Vormittag

müßte deswegen der Fremde viel über die Ägypter wissen, die ihm an den Stätten seines kurzen Urlaubs begegnen. Er trifft ja neben den erfolgreichen, das heißt sicherlich wohlhabenden Führern an den Pyramiden auch auf die bakschischheischenden Museumswächter, die daheim acht Kinder und (nach deutscher Kaufkraft) ein Monatseinkommen von 250 Mark haben. Ihre armseligen Bemühungen, ein sich selbst darstellendes Kunstwerk ›an den Mann‹ zu bringen, sind nur ein Versuch der Kontaktaufnahme zwecks Nebenerwerbs.

Außer diesen Nachsicht verdienenden ›Bakschischjägern‹ gibt es Tausende von jungen Menschen, die überaus angestrengt arbeiten, um im Tourismus-Gewerbe ihr Auskommen zu finden. Mindestens Hunderte von Regierungsangestellten, die vom frühen Morgen bis zum Nachmittag – meist unvermeidlich – ein ziemlich unproduktives Dasein in den Bürokratensilos fristen, treten am Abend zum Schichtdienst in mittleren Hotels als Kellner und Empfangspersonal an; das bedeutet acht Stunden intensiver Arbeit nach acht Stunden Erfüllung von Präsenzpflicht. Es gibt außerdem strebsame junge Menschen, die tagsüber und dann abends sechs- bis achtstündige Arbeitsleistungen erbringen, um eine Familie gründen und ihren Unterhalt sicherstellen zu können.

Lästige Touristen

»Nur eins fehlt diesen Moscheen, um uns ganz in Bann zu schlagen. Das ist, daß sie zu leicht zu betreten sind, daß man sich den modernen, von Touristenhotels wimmelnden Stadtteilen zu nahe fühlt und jeden Augenblick das lärmende Eindringen einer Horde von Cooksreisenden mit dem Baedeker in der Hand erwarten muß. Ach, sie stehen ja in dem unglücklichen entweihten, überlaufenen Kairo ...«

Pierre Loti, *Im Lande der Pharaonen*, Dresden 1909

Ägyptische Wachstums-Optimisten tun so, als seien die Grenzen einer ständigen Ausweitung des Tourismus in großer, noch nicht erkennbarer Ferne. Im Erscheinungsjahr dieses Buches soll z. B. im Ortsteil Zamalek auf Gezirah (arabisch: Insel) ein Luxushotel seine Tore öffnen, das 1250 Zimmer zur Verfügung stellen wird. Für diesen Hotelkomplex müssen fast viertausend Mann geschultes Personal angeworben werden.

Beinahe tausend Hotelzimmer der Luxusklasse sind in den achtziger Jahren schon hinzugekommen; daraus hat sich ein Angebot von drei- bis viertausend qualifizierten Arbeitsplätzen ergeben. Mindestens dreitausend Hotelzimmer der Luxuskategorie sind zur Zeit noch im Bau – was neun- bis zehntausend Arbeitsplätze auf längere Sicht bedeutet. Das ist eine Chance für die jungen Leute, die jedes Jahr zu Zehntausenden von den Universitäten auf den Arbeitsmarkt drängen! Doch wieviele der Universitätsabgänger werden sich für die untergeordneten Dienstleistungen, die in einem Großhotel zahlreicher als Manageraufgaben anfallen, zur Verfügung stellen? Wer im Hotel- und Tourismusfach mit Erfolg studiert hat, erwartet wohl einen schnellen Einstieg in das mittlere Management und baldigen Aufstieg in die oberen Etagen. Wo aber kommen die Restaurant- und Zimmerkellner her, die Beiköche und die Telefonistinnen, die Gehilfen am Empfang?

In den Jahren des Hochtourismus hat sich auch im einfachen Dienstleistungsbereich am ›geduldigen Touristen‹ ein Stamm qualifizierter Leute herausgebildet. Und die schon lange etablierten Großhotels nehmen Lehrlinge an, um sie durch ein umfassendes Trainingsprogramm gehen zu lassen. Doch das reicht bei weitem nicht, um den Bedarf neu hinzukommender Großhotels zu decken. Gegenseitiges Abwerben von Arbeitskräften ist zur alltäglichen Praxis geworden – ganz Ägypten aber steht wiederum unter dem Abwerbungsdruck der Hotels devisenkräftiger Ölländer.

Den Hotels der mittleren und unteren Kategorien bleibt nur die Selbsthilfe. Wo es nicht doch noch einen alten Nubier mit bewährten Ausbildungspraktiken gibt, da bleibt nur das ›Trainieren‹ zunächst ungeschulten Personals am oft gar nicht so geduldigen Touristen.

Ist unter solchen Umständen ein ständiges Wachstum des Ägypten-Tourismus überhaupt zu verantworten? Die Wirtschafts- und Tourismuspolitiker des Landes werden jede sich bietende Chance nutzen, um die Zahl der ausländischen Besucher zu steigern. Von 1982 bis 1987 ist eine Verdoppelung der Besucherzahl auf drei Millionen geplant. Manche Funktionäre träumen von fünf bis zehn Millionen Besuchern im Jahre 2000 (s. S. 220). Der Mangel an Dauerarbeitsplätzen und der Bedarf an Devisen sind so groß, daß es von den Wirtschaftspolitikern das Unmögliche fordern hieße, wollte man vorausschauende Selbstbeschränkungen der Tourismusindustrie erwarten.

Den Kairenern kann es nicht gleichgültig sein, ob sie ein, zwei oder drei Millionen Fremde als zeitweilige Gäste in der Stadt beherbergen. Neben Arbeitsplätzen für einige tausend Menschen und hohen Gewinn für manche Gewerbetreibende bringt der Massentourismus auch eine deutliche Verschärfung latenter Probleme mit sich. Das ist in Kairo besonders während westlicher Feiertagsperioden wie Weihnachten, Ostern und Pfingsten zu spüren; dann entsteht eine Besucherspitze, die den Einsatz von Hunderten von Reisebussen erfordert. An solchen Tagen ist das Stadtzentrum stärker und länger verstopft als gewöhnlich, und in der Nähe von Großhotels entsteht manchmal Wassermangel.

Am Midan al Tahrir Richtung Ägyptisches Museum und neues Ramses-Hilton

Auch die Besucher leiden: durch das ohnehin verwirrende Ägyptische Museum werden sie scharenweise in 80 bis 100 Minuten im Schnellschritt geleitet. Die Veranstalter sind keineswegs unempfindlich gegenüber dieser Misere. Man stellt verschiedene Überlegungen an. Sie laufen unter anderem darauf hinaus, in den Randzonen Kairos Touristenexklaven mit eigenen Hotels, Museen, Sport- und Erholungsstätten zu schaffen; die Exklaven würden so angelegt, daß von ihnen aus die feststehenden Sehenswürdigkeiten wie Pyramiden und einzelne Moscheen besucht werden könnten, ohne daß der Stadtkern berührt werden müßte. Einen ständig wachsenden Massentourismus würde man überhaupt um Kairo und das Niltal herumleiten wollen: über Alexandrien an die westliche Mittelmeerküste und über neue Flugplätze ans Rote Meer oder in die Oasen der Westlichen Wüste, wo im Winter ein Gesundheitstourismus (z. B. bei Rheumaerkrankungen) organisiert werden könnte.

Welche konkreten Formen solche Projekte später auch annehmen werden – die Ansprüche an die viel zu dünne Personaldecke werden weiter wachsen. Unter solchen Umständen werden beide Seiten – Touristen und das Personal der Tourismusindustrie – auf Dauer viel Geduld miteinander üben müssen.

Zeittafel der ägyptischen Geschichte

Ägypten unter den Pharaonen

ca. 3000 v. Chr.	Vereinigung von Ober- und Unterägypten
ca. 2780	Beginn des ›Alten Reiches‹. Gründung von Memphis und Bau der ersten Pyramide in Sakkara (Djoser/Imhotep)
ca. 2500–2400	Bau der Pyramiden von Gise
ca. 2000–1780	›Mittleres Reich‹
ca. 1780–1550	Hyksoskönige (Fremdherrscher)
ca. 1550–712	›Neues Reich‹
712–525	Spätzeit
525–332	Persische Herrschaft

Pyramidengruppe von Gise

Griechisch-römische Periode

332	Alexander der Große in Ägypten
304	Ptolemaios I., erster griechischer König Ägyptens
30	Tod Kleopatras VII.; Ende der Ptolemäer-Dynastie; Ägypten römische Provinz
ca. 70 n. Chr.	Verbreitung des Christentums in Alexandrien
461	Gründung der ägyptischen Nationalkirche

Nach der arabischen Eroberung

640–642	Eroberung durch die Araber und Konsolidierung der arabischen Herrschaft über ganz Ägypten; Gründung von Fustat
658–750	Ägypten Provinz des Reiches der Omaiyaden (Hauptstadt Damaskus)

Mamlukische und osmanische Minarette

750–868 Ägypten Teil des Reiches der Abbasiden (Hauptstadt Bagdad)
868–883 Ahmad Ibn Tulun selbständiger Sultan von Ägypten
905–935 Ägypten Teil des Reiches der Abbasiden (Hauptstadt Bagdad)
969 Ägypten fällt an die aus Nordafrika (heutiges Tunesien) kommenden Fatimiden; Gründung von ›al Qahirah‹ (Kairo)
982 Weihung der Azhar-Lehrmoschee
1193 Saladin der Große steigt vom Statthalter in Ägypten zum Kalifen auf. Dynastie der Aiyubiden
1250 Beginn der Herrschaft der Mamluken
1517 Eroberung durch das Osmanische Reich

Modernes Ägypten

1798 Ein französisches Expeditionskorps unter General Napoleon Bonaparte in Kairo
1798–1800 Ägypten unter französischer Oberhoheit. Erste archäologische und geographische Bestandsaufnahme seit der Antike
1805 Mohammad Ali Pascha von Kairo
1839 Mohammad Ali erkauft von der Hohen Pforte Autonomierechte
1859–1869 Bau des Suezkanals
1863–1879 Ismael erster Khedive (Vizekönig) Ägyptens
1876 Finanzkrise alarmiert Ägyptens ausländische Gläubiger
1881 Revolte unter Oberst Ahmad Arabi gegen ausländische Kontrolle der Finanzen
1882 Intervention Großbritanniens. Britische Truppen in Kairo
1914 Formelle Zugehörigkeit zum Osmanischen Reich erlischt; Ägypten britisches Protektorat
1918 Ägyptische Delegation fordert vom britischen Hochkommissar volle Unabhängigkeit

Abdin Palast mit britischem und ägyptischem Militär um die Jahrhundertwende

1919	Revolte gegen die britische Oberhoheit
1922	Ägypten wird formell unabhängig; Großbritannien behält wichtige Kontrollrechte
1945	Gründung der Arabischen Liga mit Sitz in Kairo
1948	Teilnahme Ägyptens am Krieg zwischen dem neugegründeten Staat Israel und den arabischen Staaten
1949	Sieg Israels. Unterzeichnung eines Waffenstillstandsabkommens zwischen Israel und Ägypten
1952	Januar: Brand von Kairo 23. Juli: Beginn der nationalen Revolution 26. Juli: Abdankung König Faruks
1956	Juni: Der letzte britische Soldat verläßt die Suezkanalzone Juli: Revolutionschef Abdel Nasser verkündet die Nationalisierung des Suezkanals August: Bemühungen der Westmächte um eine Internationalisierung des Suezkanals Oktober: Überraschungsoffensive der Armee Israels auf dem Sinai. Britisch-französisches Ultimatum an Ägypten, seine Truppen vom Suezkanal zurückzuziehen November: Landung britischer und französischer Truppen bei Port Said Dezember: Abzug des anglo-französischen Interventionskorps

1957	Abzug der israelischen Truppen von der ägyptischen Sinai-Küste und aus dem ägyptisch verwalteten Gaza-Streifen
1958	Zusammenschluß Ägyptens und Syriens zur Vereinigten Arabischen Republik; Kairo Hauptstadt des Einheitsstaates
1961	Staatsstreich in Damaskus; Abfall Syriens von der Vereinigten Arabischen Republik
1962	Verstaatlichungswelle in Kairo. Ägypten führt den ›arabischen Sozialismus‹ ein
1967	Sechstagekrieg zwischen Israel und drei arabischen Ländern, in dem Ägypten eine schwere Niederlage erleidet
1970	Tod Gamal Abdel Nassers; Anwar al Sadat wird Präsident
1973	Vierter Krieg mit Israel, in dem Ägypten einen Teilerfolg erringt
1975	Teilliberalisierung der Wirtschafts- und Sozialpolitik
1977	Anwar al Sadat reist nach Jerusalem und unterbreitet Israel Friedensangebot
1978	Friedensschluß zwischen Ägypten und Israel in Camp David (USA)
1981	Präsident Anwar al Sadat wird am 6. Oktober ermordet. Husni Mubarak neuer Präsident
1982	Beginn des U-Bahn-Baues in Kairo

Verkehrsknotenpunkt Midan al Tahrir

Ursprung unter dem Nilschlamm – Wie alt ist eigentlich Kairo?

Wer mit dem Zug auf dem Hauptbahnhof ankommt oder vom Flugplatz aus am Hauptbahnhof vorbeigefahren wird, begegnet gleich zu Anfang seines Kairo-Aufenthaltes einem etwa 3250 Jahre alten Monument. Vor dem Bab al Hadid, dem nach einem früheren Stadttor ›Tor des Eisens‹ genannten Kairoer Bahnhof steht das zehn Meter hohe Abbild des Pharao Ramses II., gemeißelt aus hartem Granit. Aber der Bahnhof befand sich früher am Platz als die Statue, die nichts über das Alter von Kairo aussagen kann. Die Kolossalfigur Ramses II. ist vor rund hundert Jahren 35 km südlich der Stadt gefunden worden, und zwar im Bereich der früheren Königsstadt Memphis. Ende der fünfziger Jahre unseres Jahrhunderts hat ein bekanntes westdeutsches Industrieunternehmen – als Zugabe zum lukrativen Bau einer Nilbrücke – die Ramsesfigur von Memphis an ihren jetzigen Standort befördert (Farbt. 9).

Wer nach dem Alter des heute Kairo genannten Stadtbereichs fragt, muß bei der Ankunft der Araber beginnen. Die Stadtväter selbst rechnen nur etwas über tausend Jahre zurück; 1969 feierten sie Kairo als tausendjährig. Damit haben sie – reichlich willkürlich – auf die Gründung einer neuen Hauptstadt durch die 969 n. Chr. in Ägypten zur Macht gelangten Fatimiden zurückgegriffen. Es war der fatimidische Feldherr Dschauhar, ein ehemaliger Sklave griechischer Herkunft, der nahe Fustat eine neue Residenz hatte abstecken lassen: al Qahirah. Dschauhars Bautätigkeit schloß auch die Gründung der Azhar-Moschee ein, die später ein geistiges Zentrum der islamischen Welt wurde und bis heute diesen Rang hält. Doch die ehrwürdige Azhar-Moschee und die stattlichen Reste der Fatimiden-Stadt sind keineswegs der älteste erhaltene Teil Kairos.

Ägypten hatte schon über dreihundert Jahre lang unter arabischer Oberhoheit gestanden, als Dschauhar im Auftrag der neuen islamischen Machthaber schiitischer Richtung Nordafrikas das Nilland besetzte. Für den jungen Islam war Amr Ibn al Ass, Feldherr des Kalifen Omar, 640/41 westl. Zeitr. an den Nil vorgestoßen; mit dem römisch-byzantinischen Fort Babylon nahm er den Platz ein, auf dem noch heute der älteste Teil Kairos steht. Das Fort Babylon fiel im Jahr 21 islamischer Zeitrechnung, und unmittelbar nach dem Sieg über die Byzantiner richtete Amr Ibn al Ass selbstverständlich eine Gebetsstätte ein. Um die Moschee bildete sich eine Siedlung, die Madinat al Fustat genannt wurde. Als ein Jahrhundert später eine Feuersbrunst Fustat zum Teil verwüstet hatte, verlegte der Statthalter des Kalifen den Sitz der Regierung etwas nach Norden. Der neue Platz wurde al Askar genannt. Wieder hundertzwanzig Jahre später, also 870 n. Chr., entstand nördlich von al Askar der Regierungssitz al Qatai. Die erste arabische Gründung, Fustat, hatte sich wieder erholt und war zumindest wirtschaftlich die Hauptstadt des islamischen Ägypten. Zeitweise waren die drei Plätze so dicht zueinander gerückt, daß sie fast ein Siedlungskonglomerat bildeten. Das hervorragendste Bauwerk dieser vorfatimidi-

Noch viele Antiquitäten in der Erde – Funde in Sakkara 1967

schen Stadt, die Moschee des Ahmad Ibn Tulun, ist der Nachwelt bis heute erhalten geblieben (Farbt. 2, 59, 60). Dasselbe läßt sich nicht für Fustat sagen. Diese älteste arabische Stadt am Nil behauptete sich neben Kairo bis zum Jahre 1168 n. Chr., um dann vor einem anrückenden Kreuzritter-Heer von den Verteidigern der Hauptstadt völlig niedergebrannt zu werden.

Es dauerte übrigens lange, ehe das al Qahirah der Fatimiden eine richtige Stadt des Volkes wurde. In den ersten zweihundert Jahren nach der Gründung hatten neben dem Hof nur Soldaten und hohe Staatsbeamte in Kairo Wohnrecht. Erst als der Kurde Salah al Din al Aiyubi, in Europa Saladin genannt, für den Kalifen in Bagdad die unregierbar gewordene und von den Kreuzrittern bedrohte Provinz Ägypten erneut erobert hatte, öffnete sich Kairo allen Ständen als Wohnort und Wirtschaftsplatz.

Die Geschichte des arabischen Kairo darf man mit rund 1340 Jahren ansetzen. Wer aber die Zeugnisse urbanen Siedelns im Großraum Kairo wertet, mag 5000 und mehr Jahre zurückgehen. Bei Maadi, einem südlichen Vorort Kairos, wurden prähistorische Siedlungsreste und auch frühgeschichtliche Gräber gefunden. Memphis begann zu Anfang des Alten Reiches eine Rolle zu spielen. On, von den Griechen Heliopolis genannt, ist nicht viel jünger. Mit zu- und abnehmender Bedeutung lebten Memphis und On bis in die griechisch-römische, christliche und dann islamische Zeit ›Kairos‹ fort. Die Trümmer des schließlich verlassenen Memphis und Heliopolis dienten den Baumeistern des islamischen Kairo als Steinbrüche.

Babylonische Sprachenverwirrung

Vielfältige Namen, unsichere Chronologie

Eine viel zitierte Legende berichtet, wie die von den Fatimiden gegründete Stadt – Al Qahirah, das heißt ›die Beherrschende‹ – zu ihrem Namen gekommen ist. Dschauhar, der fatimidische Feldherr, pflegte Entscheidungen nur bei günstigem Sternenbild zu treffen. So sollten auch Grundsteinlegung und Namensgebung für die neue Stadt in einer von den Astrologen zu errechnenden günstigen Konstellation erfolgen. Statt minuziöser Berechnungen wurde der Zufall ausschlaggebend. Entlang den Gräben, in denen die Fundamente der Stadtmauer aufgeschüttet wurden, waren mit Glocken besetzte Stricke gezogen. Die Stricke führten bis zum Zelt der Astrologen, von dem aus zum günstigen Zeitpunkt die Glocken geläutet werden sollten. Doch das Geläut ertönte zu früh, weil ein Rabe mit Schwung auf dem Hauptstrick landete und die Arbeiter darauf reagierten. In diesem Moment stand der Planet Mars, für die Araber Qahir al Falak, Beherrscher des Himmels, im Mittelpunkt. Obwohl dies als schlechtes Omen galt, fiel der Neugründung nun unvermeidbar der Name al Qahirah zu. Soweit die Legende, die einige Jahrhunderte lang als Tatsache gewertet wurde.

Professor K. A. C. Creswell, der in der ersten Hälfte unseres Jahrhunderts die wohl umfassendste Bestandsaufnahme islamischer Architektur erstellt hat, kam der Legende auf die Spur. Er wies nach, daß schon vor über tausend Jahren – also zur Zeit der Grundsteinlegung für die Fatimidenstadt am Nil – arabische Historiker dieselbe Geschichte zur Gründung des ägyptischen Alexandrien durch Alexander den Großen weitergegeben hatten. Außerdem erinnerte Creswell an einen Bericht des ägyptischen Historikers Maqrizi (1364–1442), demzufolge Kairo zuerst al Mansuriya (›Stadt des Siegers‹) genannt wurde, und zwar in Anlehnung an die Gründung der Residenzstadt al Mansuriya vor den Toren des nordafrikanischen Kairuans durch

Blatt der Bibel (10. Jh.) in Koptisch und Arabisch

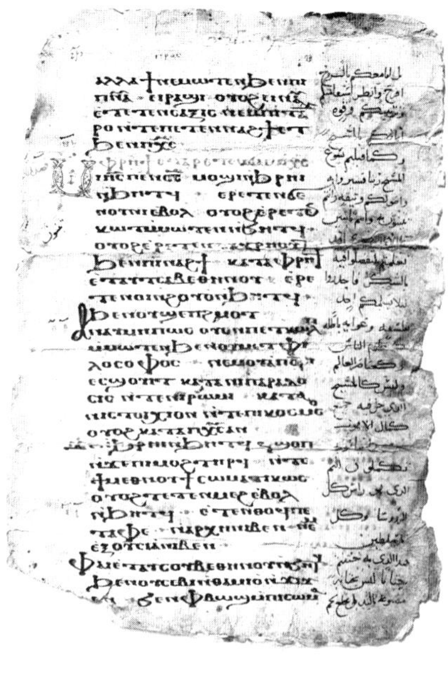

den dritten fatimidischen Kalifen al Mansur. Erst vier Jahre nach der Stadtgründung am Nil, beim Einzug des Kalifen der Fatimiden al Mu'izz, also 973 n. Chr., wurde al Mansuriya aufgrund der dann herrschenden Himmelskonstellation zu al Qahirah umbenannt.

und heißt nur ›der Soldat‹. Der Name zeigt an, daß die Stadt zunächst für Soldaten – nun schon zum großen Teil Türken – bestimmt war, während das einfache Volk im langsam wiedererstehenden Fustat sein Auskommen finden mußte.

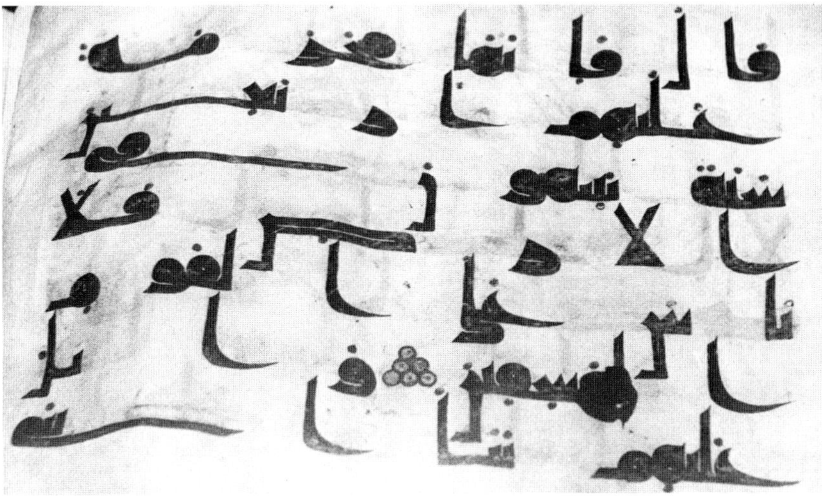

Blatt des Koran in frühem Kufisch, ausgestellt in der Nationalbibliothek in Bulaq

Auch vor der Neugründung durch die Fatimiden wechselte die Hauptstadt des von den Arabern eroberten Ägyptens mehrmals den Namen. Vor al Qahirah hieß sie al Qatai, was mit ›die Lehen‹ zu übersetzen ist. Al Qatai war die Residenz des Herrschers, seiner Leibgarde und seines Gefolges. Rund zweihundert bis dreihundert Jahre nach der Eroberung für den Islam war der Troß des Herrschers streng nach Stammesverbänden geordnet, und jeder Stammesgruppe war als Standort ein gekennzeichnetes Viertel, ein Lehen, zugewiesen.

Wieder etwas früher lautete der Name al Askar. Dieser Name wurde oft mit ›die Armee‹ übersetzt. Doch al Askar ist kein arabisches, sondern ein türkisches Wort

Das Wort Fustat sucht man vergebens in einem arabischen Wörterbuch. Die arabischen Eroberer des byzantinischen Ägyptens entliehen das Wort von griechischsprechenden Einheimischen. Besonders in die Militärsprache jener Zeit war das ursprünglich aus dem Lateinischen entlehnte Wort Fostaton eingegangen. Es bedeutet: befestigtes Lager (lateinisch: fossatum = Lager, Heer).

Amr Ibn al Ass, der arabische Feldherr, war nach der Herkunft ein Nomade. Er quartierte sich nicht in der eroberten Feste Babylon ein, sondern ließ auf freiem Feld sein Zelt aufschlagen, nahebei eine Gebetstätte errichten und um die schnell entstandene Ansammlung von Zelten eine Lehmmauer ziehen. So entstand ein befestigtes Lager, für das die Eroberer keinen Namen in ihrer Sprache hatten. Die gerade Unterworfenen nannten es Fostaton. Die Araber verkürzten den Namen zu Fustat.

Auch den Namen Babylon scheinen die arabischen Eroberer anfangs noch benutzt zu haben. Entweder versuchten sie ihn zu arabisieren oder hatten ihn einfach mißverstanden – jedenfalls taucht in einigen frühen Schriften der Name ›Bab al Yun‹ auf, was dann ›Tor des Yun‹ wäre. Wie der mesopotamische Städtename an den Nil gelangte, wird unterschiedlich erklärt. Eine Theorie sagt, die befestigte Siedlung sei etwa 1400 v. Chr. von rebellierenden babylonischen Gefangenen gegründet worden. Die zweite Theorie schreibt die Gründung Babylons am Nil persischen Invasoren im 6. Jh. v. Chr. zu.

Nun zum Begriff ›Misr‹. Er ist ebenfalls nicht voll abgeklärt. Wir wissen, daß es sich um den arabischen Namen für Ägypten handelt. Vom hebräischen Namen – Misrayim – ausgehend, nennt der Koran das Land Ägypten ›Misr‹. In der frühen arabischen Geschichtsschreibung taucht jedoch wiederholt Misr als Stadtname auf, und zwar alleinstehend wie auch in Verbindung mit Fustat. Die erste arabische Hauptstadt wird dann also ›Misr al Fustat‹ genannt. Wir wissen nicht, ob es je eine Stadt Misr gegeben hat. Die vorherrschende Theorie ist, daß der arabische Name für Ägypten zur Frühzeit des Islam dem gesamten Sektor um Fustat herum bis zur Gabelung des Nils rund 30 km nordwestlich der Stadt galt.

Schließlich ›Al Qaraafah‹ – verwestlicht: Karaafa –, der Name des südlichen Teils der riesigen Begräbnisstätte Kairos. Dieser Name ist im Ägyptisch-Arabischen auch zum Synonym für Friedhof geworden. Doch außerhalb Ägyptens wird kaum ein Araber das Wort Karaafa mit dem Begriff Friedhof oder Begräbnisstätte verbinden. Es war ursprünglich ein Eigenname, und zwar der Name eines südarabischen Stammes, dessen Krieger im Eroberungsheer zahlreich waren. Die Angehörigen des Stammes der al Karaafa begruben ihre Toten auf einer ehemals christlichen Begräbnisstätte südöstlich von Babylon und Fustat.

Eine übersichtliche Benennung wird noch schwieriger, sobald es um die Pharaonenzeit geht. Die historischen Stätten und die überkommenen Eigennamen jener Zeit werden in der modernen Literatur fast nur in ihrer griechischen Form wiedergegeben. Daran ist zum Teil Herodot ›schuld‹, der griechische Geschichtsschreiber, der im 4. Jahrhundert v. Chr. Ägypten besucht hat. Herodots Schilderungen, einschließlich der in ihnen enthaltenen Gräzisierungen der Namen, sind bis heute die wichtigste Quelle der populärwissenschaftlichen Darstellung ägyptischer Geschichte. Die Wissenschaftler selbst waren solange auf gräzisierte Namen angewiesen, bis sie die altägyptische Schrift zu lesen gelernt hatten. Dieser Kenntnisgrad wurde erst in der Mitte des vorigen Jahrhunderts erreicht, nachdem der Franzose François Champollion (1790–1832) die Entzifferung der Hieroglyphen eingeleitet hatte. Vorher kannte die Wissenschaft fast ausschließlich die Bezeichnungen und Namen, die aus der Zeit griechischer und dann römischer Vorherrschaft (332 v. Chr. bis 640 n. Chr.) in Ägypten überliefert worden waren. Herodot und rund neunhundert Jahre hellenistische, römische und danach christliche Kulturdominanz haben also unser Verständnis des

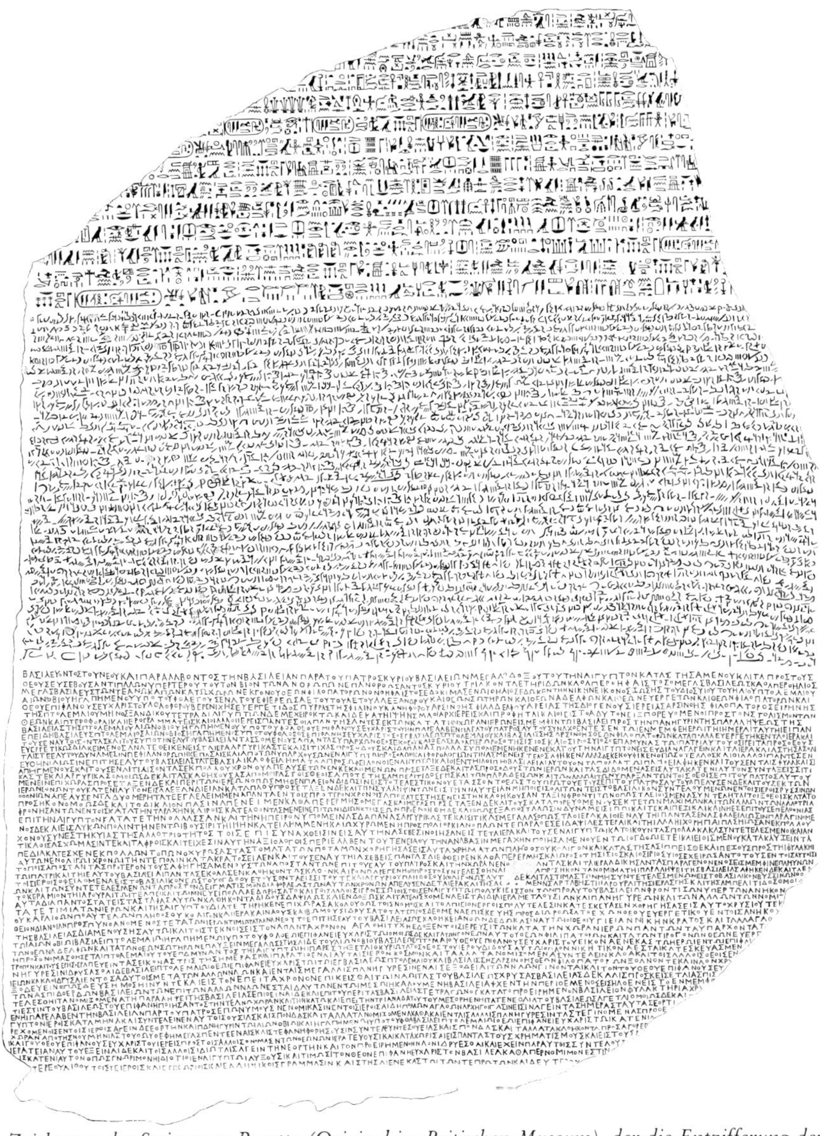

Zeichnung des Steins von Rosetta (Original im Britischen Museum), der die Entzifferung der Hieroglyphen ermöglichte

alten Ägypten vorgeformt. Hinzu kommt noch, daß dem Laien kaum etwas anderes übrig bleibt, als an den gräzisierten Namen festzuhalten; denn die Ägypter kamen (wie die meisten Völker des semitischen und hamitischen Sprachengebietes) fast ganz ohne Vokale aus. Altägyptische Namen, die uns heute scheinbar geläufig sind – Cheops, Chefren, Mykerinos –, werden also in Wirklichkeit ganz anders geschrieben und gesprochen; um uns das Aussprechen zu erleichtern, hat man Vokale hineingemogelt. Als Beispiel mag Imhotep gelten, der legendäre Berater des Pharao Djoser (s. S. 45): Aus dem Altägyptischen korrekt übersetzt, lautet der Name Lj-m-htp, für uns ein Zungenbrecher.

Für die Fachwelt gibt es noch eine große Schwierigkeit: nahezu jeder Pharao hat sich unter mehreren Namen verewigt. Besonders für die Frühzeit des ägyptischen Königtums, für die Zeit des sogenannten Alten Reiches (etwa 2700–2000), läßt sich nicht genau ermitteln, welche Namen zu nur einem Pharao gehören. Sogar beim Reichsgründer Menes besteht eine gewisse Unsicherheit. Der Königsname Narmer taucht für die angenommene Lebens- und Regierungszeit des Menes auf. Ein großer Teil der Ägyptologen hat sich inzwischen dahingehend geeinigt, daß Menes und Narmer verschiedene Namen für ein und denselben Pharao sind, dem Ägypten die Vereinigung des im Nildelta und des weiter südlich am Nil entstandenen Reiches verdankte.

Wenn bei vielen Königsnamen noch Ungewißheit besteht, wie können die Ägyptologen dann überhaupt die Herrscherfolge ermitteln? Die Fachwelt stützt sich auf mehrere Dokumente und Hypothesen (wobei gelegentlich mit einer neuen Hypothese an dem ganzen bestehenden Lehrgebäude gerüttelt wird, s. S. 59). Die Gelehrten gehen zunächst vom ägyptischen Priester Manetho aus, der unter Ptolemaios II. (285–246 v. Chr.) eine Geschichte seines Landes geschrieben hat. Das dreibändige Werk ist zwar selbst nicht erhalten geblieben, es wurden jedoch Auszüge von antiken Schriftstellern und Chronisten gemacht. Bei Manetho gab es eine Königsliste mit griechischer Namensgebung, die vom größten Teil der Ägyptologen akzeptiert wird. Als Dokument anerkannt ist außerdem der sogenannte Turiner Königspapyrus, der etwa um 1300 v. Chr. in Memphis entstanden sein soll; auch dieser Papyrus, der allerdings nur teilweise erhalten geblieben ist, enthält eine Liste mit Namen von Herrschern. Dann gibt es noch im Tempel von Abydos eine Tafel mit sechsundsiebzig Königsnamen, die bis zu Sethos I. (etwa 1308–1298) führen. Solche und andere Bruchstücke haben die Fachleute zu einer überwiegend verbindlichen Liste der Dynastien und Pharaonen zusammengesetzt.

Ein Rest von Ungewißheit...

»Es geht... um die Deutung einiger Siegelabdrücke auf Krugverschlüssen, die das Zeichen m + n in Verbindung mit dem Namen des Königs Narmer zeigen, ferner um ein Elfenbeintäfelchen, auf dem der Horusname des Königs Aha neben dem Zeichen für m + n erscheint. Wenn in diesen Fällen die Zeichen für m + n tatsächlich den Namen Menes meinen, so braucht aus dem Täfelchen keineswegs geschlossen zu werden, daß Menes und Aha identisch sind. Diejenigen Forscher, die das m + n nicht als Menes verstehen wollen, haben zumeist angenommen, daß erst eine spätere Zeit dem Reichsgründer einen Ehrennamen Menes gegeben hat, wobei man vielleicht gar mehrere Herrscher zu einem einzigen zusammengezogen habe. Da alle späteren Quellen den Menes für den ersten Pharao erklären und Narmer auf zeitgenössischen Denkmälern als Reichsgründer hervortritt, so schließen wir uns der Auffassung an, daß Narmer = Menes ist. Dafür ließen sich auch die oben erwähnten Siegelabdrücke ins Feld führen.«

Walther Wolf, *Das alte Ägypten*

DAS ALTE REICH

Pyramiden und Sphingen zahlreich vor der Tür

Wer in Ägypten zuerst oder überhaupt nur Kairo besucht, muß deshalb nicht auf eine ›große‹ Begegnung mit der altägyptischen Kultur verzichten. Es würde ja genügen, sich das Antiken-Museum im Zentrum der Stadt gründlich anzusehen. Gewiß, manches weltberühmte Kunstwerk aus vieltausendjähriger Pharaonenzeit ist (zum Kummer der heutigen Kairoer Antiquitätenverwaltung) in Paris, London, Berlin, Washington oder auch in Hildesheim ›zu Hause‹; und sogar bescheidene Sammlungen in Europa sind auf Einzelgebieten viel besser dargeboten als die meisten Kleinobjekte im Ägyptischen Nationalmuseum. Der Entwurf des nun schon über achtzig Jahre alten Bauwerks hat weder die Entdeckungserfolge späterer Grabungskampagnen noch die Erfordernisse des Massentourismus antizipieren können. Und doch ist natürlich die größte Anzahl ›schöner‹ Stücke, zum Beispiel der kostbarste Schmuck, und sind die meisten interessanten Monumentalobjekte in eben diesem Museum am Nil zu finden. Will man aber nicht gleich am Anfang durch das Museum an die Pharaonenzeit herangehen, dann sollte zuerst ein Besuch in Memphis/Sakkara stattfinden (s. S. 284); schließlich liegen die Überreste der Hauptstadt und der Nekropole des Alten Reichs gleich vor der Tür.

Kopf der Göttin Hator im Museumsgarten

Ramses-Figur im Museumsgarten

Als vor rund 4750 Jahren die Ägypter etwa 30 km südlich der Deltaspitze des Nils einen befestigten Königspalast und danach eine Stadt bauten, hatten sie für die Platzwahl das gleiche Motiv, das viele Menschenalter später die Römer zum Bau der Feste Babylon und die Araber zur Gründung von Fustat veranlaßte: sie hatten eine für die Verteidigung und den Verkehr überaus wichtige Position gefunden. Es besagt wenig, daß es sich nicht um denselben Platz handelt und Memphis auf dem Westufer des Nils, Babylon und Fustat aber auf dem Ostufer erbaut worden sind. Jedenfalls ist diese Region, die wir heute als Zone von Groß-Kairo ansehen, das Scharnier zwischen Ober- und Unterägypten.

Es war – sofern die Ägyptologie sich nicht getäuscht hat – der legendäre Einiger des Reiches, Pharao Menes (um 3000 v. Chr.), der den Platz des späteren Memphis bestimmte. Zuvor hatte Menes rund 600 km südlich der neuen Residenz als König von Oberägypten in Hierakonpolis seinen Sitz gehabt. Nachdem er das Werk des Vorgängers, die Niederringung der in Buto im Nildelta residierenden Könige von

Unterägypten, vollendet hatte, brauchte der neue Großkönig einen anderen Regierungssitz. Er rückte dichter an das sicherlich auch damals schon stärker besiedelte Flußdelta heran und befand einen Platz nordöstlich der ausgedehnten Oase Fayum im Schatten des Plateaurandes der Libyschen Wüste für besonders gut geeignet. In dem Abschnitt dürfte der Nil auch vor rund fünftausend Jahren gut schiffbar gewesen sein, und so ist es von der neuen Residenz aus per Boot höchstens eine Tagesreise bis tief in das Delta hinein gewesen, während Boote aus dem entfernten Oberägypten in fünf bis sieben Tagen zur Residenz der ›weißen Mauer‹ gelangen konnten.

Sakkara, Grabstele aus der Zeit des Unas

Sakkara, Standbild des Mereruka

›Weiße Mauer‹ wurde die neue Königsresidenz nach der sie umgebenden Begrenzung genannt. Die Ägyptologen stellen sich den Palast zweiteilig vor. Zumindest besaß er zwei Tore an seiner Vorderseite, den zwei alten Reichen entsprechend, deren gemeinsamen Regierungssitz er verkörperte (Breasted).

Der Name des Palastes galt zuerst auch für die nahebei entstandene Stadt. Nach ihrer Position an der Grenze zwischen Ober- und Unterägypten wurde die Stadt zugleich ›Waage der beiden Länder‹ genannt. Menes' Nachfolger verlegten die Residenz weiter nach Norden, was in Anbetracht der damals auf Lehmziegeln und Holz beruhenden Bauweise nicht schwierig gewesen sein dürfte. Ein späterer Pharao, Pepi I. (etwa 2500), rückte wieder dicht an die ›Waage der beiden Länder‹ heran. Er ließ eine neue Residenz und eine Grabpyramide bauen. Die Pyramide wurde Mennefer-Pepi genannt; dies bedeutet: ›Es dauert die Schönheit des Pepi‹. Aus dem altägyptischen Men-nefer wurde zur Griechenzeit des Nillandes ›Memphis‹ (Kayser).

Sakkara, Stufenpyramide des Pharao Djoser, Hauptprogrammpunkt der Touristen

Men-nefer verlor und gewann innerhalb von rund 2500 Jahren, während derer sie lange Zeit auch ganz im Schatten von Theben stand, mehrmals den Rang einer Hauptstadt Ägyptens. Doch selbst wenn die Könige weitab der Stadt residierten – stets kam ihre strategisch wichtige Lage zur Geltung. Die Kronprinzen, in deren Händen das Kommando des Heeres lag, hatten ihr Hauptquartier meistens in Men-nefer/Memphis. Den Wandinschriften zufolge bevorzugte das Militär die Umgebung der alten Stadt für Manöver. Schließlich wurde sie unter Pharao Haremheb (etwa 1320–1308) wieder Sitz der Regierung und Verwaltung. Der vormalige General Haremheb (einer der ersten Putschisten der Weltgeschichte) wußte, daß von Men-nefer/Memphis aus das Land leichter gegen das Eindringen der Libyer zu schützen war, und die Stadt galt ihm auch als günstiger Ausgangspunkt für Züge nach Palästina und Syrien. Pharao Ramses II. (1290–1224) verlegte zwar seine Stadt nach Norden in den östlichen Teil des Deltas, die Verwaltung des Landes blieb jedoch zu jener Zeit und unter den folgenden Herrschern in ›Memphis‹.

Bis zur Gründung von Alexandrien (332 v. Chr.) behauptete sich Men-nefer oder Memphis als erste Stadt Ägyptens, obwohl sich die Zentren der Macht verlagert hatten. In der Grenzstadt zwischen Ober- und Unterägypten stellte man Waffen für den Krieg und Schiffe für die Flotten her. Der gesamte Flußverkehr lief im Hafen von Memphis zusammen. 24 v. Chr. fand der griechische Geograph Strabo die schon unter römischer Herrschaft stehende Stadt »weitläufig und gut bevölkert, übertroffen nur von Alexandrien«. Rund 640 Jahre später belagerte wieder ein persisches Heer die immer noch festen Mauern von Memphis, die sich schließlich den Eroberern öffneten.

Über die Reste des im ersten Jahrhundert islamischer Zeitrechnung (im 7. Jh. n. Chr.) verödeten Memphis haben sich viele Schichten von Nilschlamm gelegt, die heute als fruchtbares Ackerland bebaut werden. Der Besucher des von den ersten Großkönigen eines vereinigten Ägyptens bevorzugten Gebietes wird deswegen eine ländliche Idylle mit Palmen, Büffeln, im Sonnenlicht glitzernden Kanälen und meist freundlichen Menschen vorfinden, jedoch nur wenige Zeugnisse der großen Vergangenheit (s. S. 289). Aber das Bedauern darüber darf sich in Grenzen halten, denn großartige Zeugnisse sind nur knapp zwei Kilometer westlich der ehemaligen Stadt Memphis zu finden, nämlich im Bereich ihrer Nekropole, dem Gräberfeld von *Sakkara.*

Einige Bauten in Sakkara werden von den Ägyptologen als Wendepunkt in der frühen Kulturgeschichte gefeiert. Pharao Djoser (2780 v. Chr.), nach der überwiegend akzeptierten Königsliste (s. S. 40) der erste oder zweite Herrscher der 3. Dynastie, ließ sich unweit der ›weißen Mauer‹ ein beeindruckendes Grabmal bauen. Sein Baumeister, Imhotep, Berater des Herrschers und überdies Hohepriester, ging als einer der Großen in die Geschichte ein. Djosers Grabmal wird zu den Pyramiden gerechnet, obwohl es – im Gegensatz zu den Pyramiden von Gise und den meisten anderen des Niltales – rechteckig ist. Rechteckige Hausgräber nennen die Fachleute Mastaba (Arabisch: Sitzbank), und sie gehen davon aus, daß die Grabstätte des Vaters der 3. Dynastie ursprünglich als große Mastaba geplant war. Imhotep ließ über der unterirdischen Grabkammer zunächst ein knapp 12 m hohes Gebäude errichten. Später wurde dieses Gebäude stufenweise erhöht; die fünf weiteren ›Stufen‹ erreichten jeweils eine Höhe von knapp 11 bis 9 m. Das Endergebnis war die rund 60 m hohe ›Stufenpyramide‹ (s. S. 285; Farbt. 26).

Auch wenn das Bauwerk ursprünglich nicht als Pyramide geplant war, so hatte doch mit seiner Vollendung die sogenannte Pyramidenzeit begonnen. Die folgenden Generationen der Ägypter bauten im heutigen Großraum Kairo zahlreiche Pyramiden, von denen bisher achtzig bekannt sind. Doch das allein ist es nicht, was die Kenner den Bau des Djoser-Grabmals als Meilenstein in der Menschheitsgeschichte

Bericht über die Leute von Memphis um 450 v. Chr. …

»Bei ihnen treiben die Weiber Handel und Gewerbe; die Männer sind zu Hause und weben … Die Männer tragen Lasten auf den Köpfen, die Weiber auf den Schultern. Die Weiber lassen ihr Wasser stehend, die Männer sitzend. In den Häusern verrichten sie die Notdurft, auf der Straße aber essen sie und sagen, was unanständig aber notwendig sei, müsse heimlich geschehen, was aber nicht unanständig sei, öffentlich. Kein Weib übt ein Priesteramt aus …, die Männer aber bei den Göttern und Göttinnen. Die Söhne, wenn sie es nicht wollen, müssen ihre Eltern nicht ernähren, die Töchter aber müssen solches auch wider Willen tun … Andere Völker haben die Gewohnheit, bei der Trauer über die nächsten Anverwandten das Haar zu scheren, die Ägypter lassen bei den Leichen die Haare am Kopf und am Bart wachsen, da sie sonst geschoren seien. Andere Leute haben eine vom Vieh abgesonderte Wohnung; die Ägypter wohnen mit dem Vieh beieinander.«

Herodot, *Geschichten,* Zweites Buch, Absätze 32 und 33

Gise, Pyramiden des Cheops, des Chefren und des Mykerinos mit Nebenpyramiden (v.r.n.l.) ▷

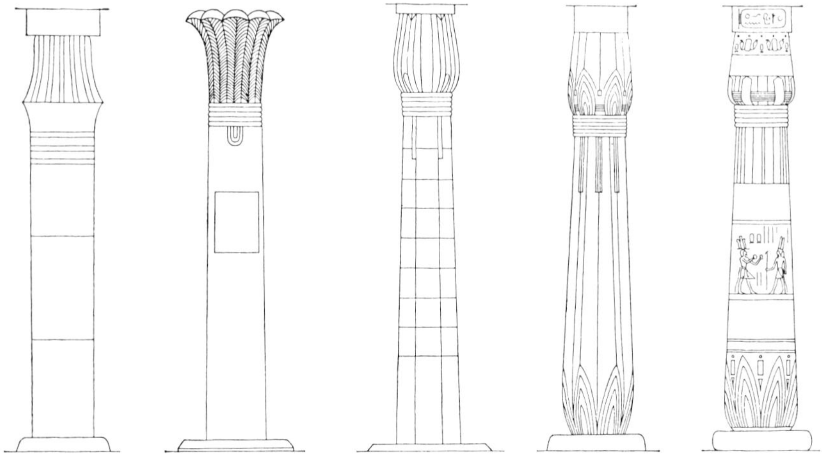

a b c d e

Säulentypen der Zeit vom Alten Reich bis zur Ptolemäer-Zeit: a: Zeltstangensäule; b: Palmsäule; c: Lotusbündelsäule; d: Papyrusbündelsäule; e: späte Papyrusbündelsäule

ansehen läßt. Vielmehr werten sie die Stufenpyramide als ersten großen Steinbau der Welt, dessen Fertigstellung in Verbindung zu anderen Kultbauten eine Revolution in der Architektur Ägyptens einleitete. Es wurde den Gelehrten schließlich klar, daß Imhotep der Nachwelt ein Model des Königspalastes hinterlassen hat. Der die Pyramide umgebende Tempelbezirk (heute zum Teil restauriert) erwies sich als Nachbildung der königlichen Residenz. Seither wissen wir, in welcher Art von Häusern die frühen Herrscher des vereinigten Ober- und Unterägypten gelebt haben, nämlich in Palästen, die aus luftgetrockneten Lehmziegeln erbaut waren und in denen Palmen- und andere Baumstämme die Rolle von Trägern und Säulen spielten; Schilfbündel dienten als Dachsparren und geflochtene Matten als Fenster- und Türverschlüsse.

Die ganze verdichtete Wiedergabe der irdischen Residenz ›weiße Mauer‹ in Sakkara ist in Stein ausgeführt. Die aus vergänglichen Werkstoffen und Pflanzen errichteten Gebäude wurden erstmalig in festes Material umgesetzt. (Baedekers Reiseführer ›Ägypten‹ von 1928 mäkelt: »Das Baumaterial ist ein in der Nähe gebrochener toniger Kalkstein von recht mangelhafter Beschaffenheit.«) Einige der simulierten Gebäude, wohl die zuerst errichteten, sind in verhältnismäßig kleinen Kalksteinblöcken ausgeführt, weil Nilschlammziegel als Vorlage gedient haben. Aber schon bald, vielleicht im Zuge der Rationalisierung, hatte man sich an den Gebrauch größerer Blöcke gewöhnt. Dennoch wurde überall weiter imitiert: Mauervorsprünge gleichen den Pfosten von hölzernen Zäunen und die Eingänge den ein- oder zweiflügeligen Türen aus Holz. Die Säulen sind nach dem Vorbild von Papyrusstengeln und -bündeln geformt. Man darf sicher sein, daß andere ägyptische Baumeister das Werk des Imhotep zu kopieren begannen, sobald zahlungskräftige Auftraggeber ihrem Herrscher nachzueifern suchten. Sicherlich blieb es für gewöhnliche Häuser und größere Profanbauten bei Lehmziegeln und Baumstämmen als Material – in die Architektur der Sakralbauten war jedoch Stein als vorherrschendes Material eingeführt, und damit begann in Ägypten auch eine neue Phase der bildenden Kunst.

Pharao Djosers großer Baumeister und Ratgeber, Imhotep, blieb unvergessen. Über zweitausend Jahre nach seinem Wirken als Gelehrter und Architekt erinnerte man sich seiner merkwürdigerweise als Wunderheilkundigen. In der schon griechisch geprägten Spätzeit wurde Imhotep erst als Arzt mit übernatürlichen Kräften verstanden und schließlich zum Halbgott erhoben. Die Griechen nannten ihn Imuthes und setzten ihn ihrem Heilgott Asklepios gleich. Imhoteps Kapelle in Sakkara, das Asklepiosheiligtum, wurde zu einer Wunderheilstätte, an der Sieche und Kranke aus ganz Ägypten zusammenströmten. Das Grab des Imhotep hat man hingegen, trotz aufwendiger Forschung, bisher nicht gefunden.

Imhotep hatte also das Zeitalter des Pyramidenbaus eröffnet. Pharao Huni (etwa 2725), vierter Herrscher nach Djoser, ließ knapp 60 km südlich von Sakkara, beim jetzigen Dorf *Maidum*, den Bau eines ähnlichen Grabmals in die Wege leiten. Der geniale Imhotep stand wohl kaum noch zur Verfügung, und der neue Baumeister mußte vieles erst lernen, konnte noch nicht auf Standardisiertes zurückgreifen, war also genötigt, eigene Methoden zu entwickeln. Auch war nicht nur ein Baumeister am Werk. Die Arbeit ging unter dem nächsten Pharao, Snefru (etwa 2720), weiter, und auch dann wurde der Bau nicht dem ursprünglichen Plan entsprechend abgeschlossen. Entstanden war in zuerst sieben Stufen aus poliertem Kalkstein ein pyramidenartiges Monument von vielleicht 60 m Höhe. (Die bis heute stehenden drei Absätze von insgesamt ungefähr 40 m sind immer noch sehr eindrucksvoll). Einer viel beachteten Theorie zufolge ist es während der dritten Bauphase zu einer gewaltigen Katastrophe gekommen: die oberen Teile des Bauwerks rutschten ab und stürzten in die Tiefe; die

Sakkara, Erntearbeiten; idealisierte Wiedergabe eines Wandreliefs im Grab des Ti

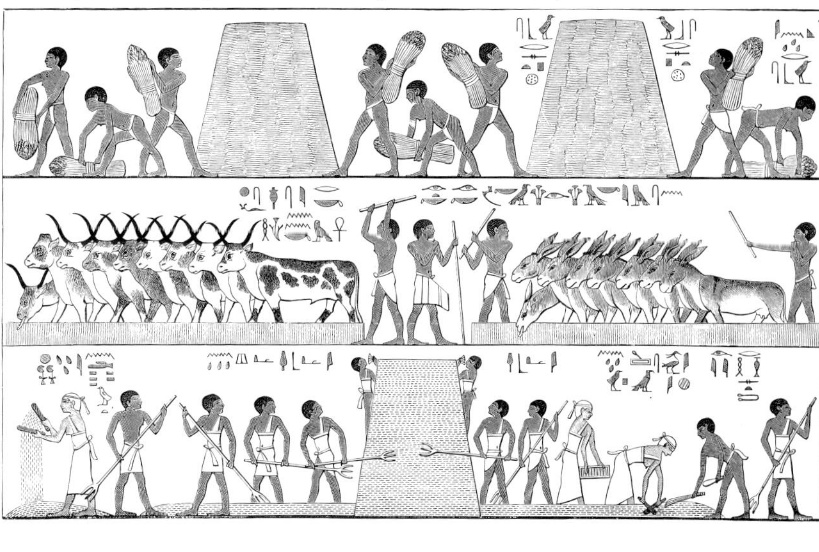

Statue des Pharao Chefren

Bauarbeiten sollen daraufhin aufgegeben und das Monument soll nie seiner Bestimmung übergeben worden sein (Mendelssohn).

Pharao Snefru wollte wahrscheinlich nur seinem Schwiegervater Huni die Ehre erweisen – er selbst ließ ein weiteres Grabmal rund 6 Kilometer südlich von Sakkara bauen. Dieses bei *Daschuhr* (s. S. 252) gelegene Königsgrab ist die erste ›richtige‹ Großpyramide und war wohl von Anfang an als solche geplant. Trotzdem konnte der Bau nicht wie vorgesehen zu Ende geführt werden, denn der Neigungswinkel ist etwa auf halber Höhe der Pyramide deutlich abgeknickt. Man nennt deswegen das mächtige Bauwerk des Snefru die ›Knickpyramide‹. Möglicherweise hatte dieser Pharao mit dem Weiterbau eines Grabmals und der Errichtung eines eigenen noch nicht genug: von den insgesamt fünf Pyramiden des Feldes von Daschuhr wird ihm jedenfalls auch die ›Rote Pyramide‹ zugeschrieben, die mit 101 Metern Höhe zu den imposanten Bauten des frühen Alten Reiches zählt.

Wenn die überwiegend akzeptierte Königsliste stimmt, folgte Pharao Cheops (etwa 2500) – und damit begann der bisher größte Pyramidenbau in der Menschheitsgeschichte. Cheops rückte von der damals schon ausgedehnten Nekropole der Stadt Men-nefer/Memphis nach Norden in Richtung Nildelta und bestimmte ein mächtiges Felsplateau zum Standort seines Grabmales. Nach

Prinz Hemjunu, wahrscheinlich Architekt der Cheops-Pyramide

Blockierter Eingang zur Chefren-Pyramide, gesehen vor 120 Jahren

dem später dort entstandenen Ort wird der Platz *Gise* genannt. Er ist heute einer der bekanntesten und am stärksten besuchten Touristenstätten der Welt (s. S. 290).

Zur Pyramide des *Cheops* kam die von Pharao *Chefren* (etwa 2420; Farbt. 22) und die bedeutend kleinere des *Mykerinos* (etwa 2400). Diese Dreier-Gruppe hat Jahrtausende hindurch die Phantasie, Wißbegierde und die Sachkenntnis zahlloser Menschen beschäftigt. Schon in der Antike wurden die Pyramiden von Gise zu den Sieben Weltwundern gerechnet, und für viele Kenner waren sie das größte Weltwunder. In Europa erinnerte man sich ihrer durch die Kreuzritter noch im Spät-Mittelalter und in der Renaissance. Seit dem Kriegszug des Generals Bonaparte an den Nil sind mehr als 20000 längere Arbeiten über die Pyramidengruppe publiziert worden. Nicht nur die Ägyptologen haben sich zu Wort gemeldet; immer wieder traten auch Wissenschaftler anderer Sparten, Schriftsteller und Laien mit Untersuchungen zum Bau der Pyramiden überhaupt, zu ihrer praktischen und geistigen Zweckbestimmung, zu ihrer Position in der göttlichen Ordnung hervor. Es beschäftigte und es beschäftigt noch immer den kritischen Geist, was vor rund viereinhalb Jahrtausenden die Ägypter dazu bewegen konnte, rund 21 Millionen Tonnen Steine zu brechen, sorgfältig zu behauen und über teils große Entfernungen zu transportieren, um dann innerhalb von hundert Jahren die mächtigsten Pyramiden ihres Landes aufzutürmen.

Abgeschlossen werden konnte die Diskussion darüber auch in der Fachwelt nicht. Im Lauf von rund hundertfünfzig Jahren hat sich jedoch folgende Hauptlinie der Analyse herausgebildet:

Wie konnte Pharao Cheops, als er zur Macht kam und sich einen Platz von über 50000 qm für sein Grabmal auswählte, die ihm bevorstehende ungewöhnlich lange Lebens- und Regierungszeit vorausahnen? Denn nur mit ungewöhnlich viel Zeit ließ sich ja der gigantische Bauplan verwirklichen. Wäre Cheops oder ein anderer Erbauer der großen Pyramiden in einem der ersten Regierungsjahre gestorben – welcher Nachfolger hätte, selbst bei bereitwilligster Pietät, den gigantischen Plan des Vorgängers zu Ende führen und dabei noch für sich selbst sorgen können? Und warum hatten nicht zwanzig andere Könige ebenfalls den Mut, sich eine dreißigjährige Regierungszeit zu versprechen und ein solches Werk zu beginnen? Laut einer frühen Denkschule ließ jeder Pharao gleich nach der Amtsübernahme den Bau einer Pyramide beginnen; diese war zunächst nur klein angelegt, damit ihm ein vollständiges Grab sicher war, auch wenn die Lebenszeit kurz sein sollte. Mit den Jahren vergrößerte der Bauherr aber die Pyramide durch umgelegte Mäntel. Starb er während des Baues, so wurde nur der äußerste Mantel noch vollendet, und immer stand der letzte Umfang des Grabmonumentes mit der Regierungsdauer des Königs im Verhältnis (Lepsius). Diese Theorie des schichtweisen Entstehens der Pyramiden wurde von anderen Fachleuten abgelehnt, die annahmen, daß schon bei der ersten Anlage die Ausdehnung des gesamten Bauwerks geplant und berücksichtigt worden sein müsse (Petrie).

Eine Modifikation der ersten Theorie nimmt an, die Pyramidenbauer hätten zuerst die Fertigstellung ihrer Gräber in mäßigen Dimensionen bewerkstelligt. Vielfach blieb es bei der Ausführung des ersten kleinen Entwurfs. Manchmal aber wurde von Königen, denen eine längere Regierungszeit gegeben war, durch Anbauten ohne Änderung der Gänge der erste Entwurf erweitert; oder es wurde überhaupt das erste Projekt einschließlich der Kammern in ein größeres umgewandelt. Manchmal wurde sogar eine nochmalige zweite Vergrößerung des Entwurfs vorgenommen (Borchardt).

Einige Theorien fragen mehr nach der Technologie des Pyramidenbaus, andere konzentrieren sich auf die Motivation der Pyramidenbauer. Durch Herodot sind allerdings die Meinungen ziemlich vorgeprägt worden. Obwohl der griechische Historiker erst über zweitausend Jahre nach dem Bau der großen Pyramidengruppe

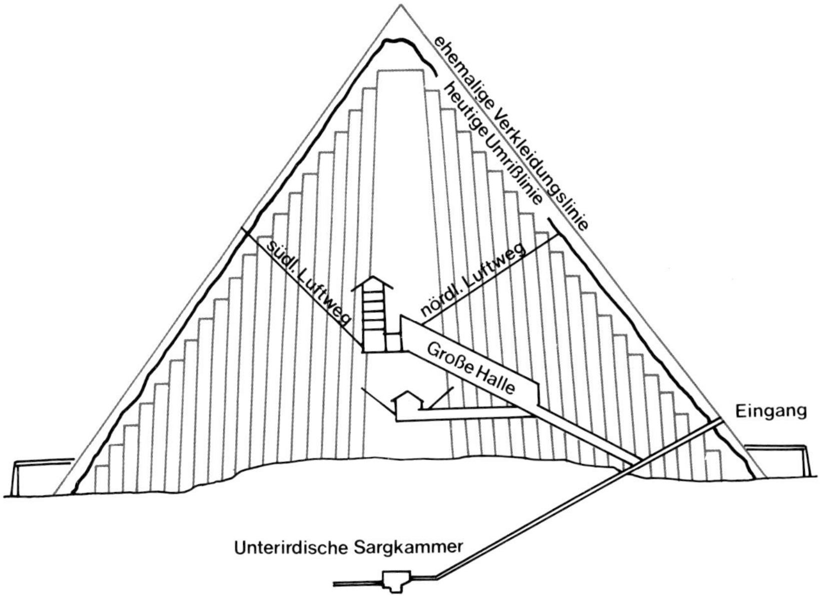

Die Erforschung der Cheopspyramide hat ergeben, daß sie drei Kammern enthält. Dies bedeutet nicht, daß sie für den König und seine Gemahlinnen als Begräbnisstätte dienen sollte. Vielmehr zeigen sich hier verschiedene Bauphasen mit geänderten Bauplänen. Die ursprüngliche Grabkammer war die unterste, die in das Felsgestein hineingetrieben ist, das der Pyramide als Basis diente. Diese Grabkammer wurde nie benutzt. Die eigentliche Sargkammer ist die obere, die den größten Teil des allerdings leeren Sarkophages enthält. Zu dieser Grabkammer führen zwei Luftkanäle von der nördlichen und südlichen Pyramidenseitenfläche durch das Steinmassiv hindurch. Über der Decke der Kammer befinden sich Hohlräume, um den Druck auf die monolithischen, die Grabkammer überspannenden Granitblöcke abzuschwächen. Die mittlere Kammer, irrtümlich als Königinnenkammer bezeichnet, dürfte einer früheren Bauphase angehören.

an den Nil gelangte, gibt er die Erzählungen ägyptischer Priester wieder als seien sie Augenzeugenberichte. Dabei hatte es seit der Zeit des Alten Reiches Perioden des Abstiegs und des Wiederaufstiegs, Nomadenstürme, Fremdherrschaft und mindestens eine Kulturrevolution gegeben. Außerdem fußte in der Zeit des Herodot nahezu aller Wirtschaftsbetrieb auf Sklavenarbeit. Dem frühen Reporter waren mithin Aussagen der Priester plausibel, denen zufolge die Pyramiden durch Sklavenarbeit eines großen Teils der Nation zustande gekommen seien.

Laut Herodots Bericht waren je 100 000 Menschen immer für drei Monate am Bau einer Pyramide beschäftigt. Es habe allein zehn Jahre gedauert, bis die Wege und Rampen angelegt waren, auf denen Steinblöcke aus den Brüchen im arabischen Gebirge am Ostufer des Nils bis zum Fluß und von einem Landeplatz am Westufer zur Baustelle geschleppt, geschleift oder mit Hilfe von Rundhölzern gerollt werden konnten. Über dem Bau der Cheops-Pyramide seien zwanzig Jahre verstrichen, heißt es weiter im Bericht des Herodot. Cheops sei ein rücksichtsloser Tyrann gewesen, dem jedermann ungeachtet der eigenen wirtschaftlichen Situation Zwangsarbeit habe leisten müssen. In diesem Zusammenhang erzählt er auch eine Klatschgeschichte nach, die alle Merkmale der Unglaubwürdigkeit aufweist: »Wenn ihm (Cheops) das Geld knapp wurde, schickte er seine Tochter zu einem Bordell mit der Weisung, einen festen Preis zu nehmen – wieviel hat man mir nicht erzählt. Dieses hat sie wirklich getan, wobei sie selbst noch ein eigenes Geschäft damit verband; nämlich weil sie selbst etwas hinterlassen wollte, das nach ihrem Tod an sie erinnert, forderte sie von jedem Kunden einen Steinblock. Von den Steinen, so wird erzählt, wurde die mittlere Pyramide derjenigen erbaut, die vor der großen Pyramide stehen.«

Armer allmächtiger Pharao, der seine Tochter zur Prostitution verleiten muß, um seine Finanzen aufzubessern! Inzwischen gibt es viele Theorien, die dem Bericht des Herodot widersprechen. Die Schul-Ägyptologie glaubt, die Priester hätten entweder aus eingefleischter Feindschaft zu den Königshäusern oder aus eigener Legendengläubigkeit Herodot irregeführt. Zwar hat man erkannt, daß es eine Dienstverpflichtung für die ägyptischen Bauern gab; doch diese rechnet man in die Zeit der jährlichen Nilüberschwemmung, in der die Bauern auf den Feldern nicht arbeiten konnten. Diese Periode müßte für öffentliche Arbeiten insofern auch günstig gewesen sein, als dann die Flöße ihre Steinlasten bis an den Rand des Pyramidenfeldes heranbringen konnten. Es sei auch anzunehmen, daß selbst an der mächtigen Cheops-Pyramide nur während der drei Monate Überschwemmungszeit gearbeitet wurde (Kayser).

Mehr Zustimmung hat Herodot für seine Hinweise auf den Arbeitsablauf gefunden. Aufgrund der Gespräche mit den Priestern schreibt Herodot, die Cheops-Pyramide sei erst in stufenartiger Anlage gebaut worden, und dann hätte man sie von oben her mit Verkleidungsplatten belegt. Dazu seien Hebemaschinen benutzt worden. Welche Art von Hebemaschinen? Der Flaschenzug wurde erst in römischer Zeit erfunden. Man vermutet, daß Steinheber im alten Ägypten in ähnlicher Weise funktionierten wie die Wasserschöpfgeräte, die es auf den Darstellungen aus jener Zeit schon gibt. Nach einer anderen Theorie hat man eine lange Rampe benutzt, die mit dem Anwachsen des Bauwerks selbst immer höher wurde. Möglicherweise wurden aber auch an den einzelnen Stufen der Pyramide kurze Rampen angebracht, über die das Baumaterial von Stufe zu Stufe höher befördert werden konnte.

Zu den bekanntgewordenen Werkzeugen der Bauleute gehörten das Lot, der Stein- und der Holzhammer. Es war üblich, Stein mit härterem Stein zu bearbeiten, oder es wurden Kupfermeißel verwendet, für die man Holzhämmer als Schlegel benutzte. Bis zum Ende der Pyramidenzeit kannte man in Ägypten keine Bronze, so daß man auch für die Steinbearbeitung Kupfer verwenden mußte, das möglicherweise kalt gehärtet wurde. Größere Steinblöcke wurden mit Hilfe von befeuchteten Holzkeilen aus dem Felsen gesprengt. Manche Materialien, wie zum Beispiele die Granitauskleidung der Grabkammer in der Cheops-Pyramide, wurden fast tausend Kilometer weiter südlich beim heutigen Assuan beschafft. Wo man nicht mit Booten oder Flößen arbeiten konnte, mußten die Blöcke auf Schlitten gezogen werden; denn es gab keine Wagen, obwohl das Rad schon während des Alten Reiches bekannt war.

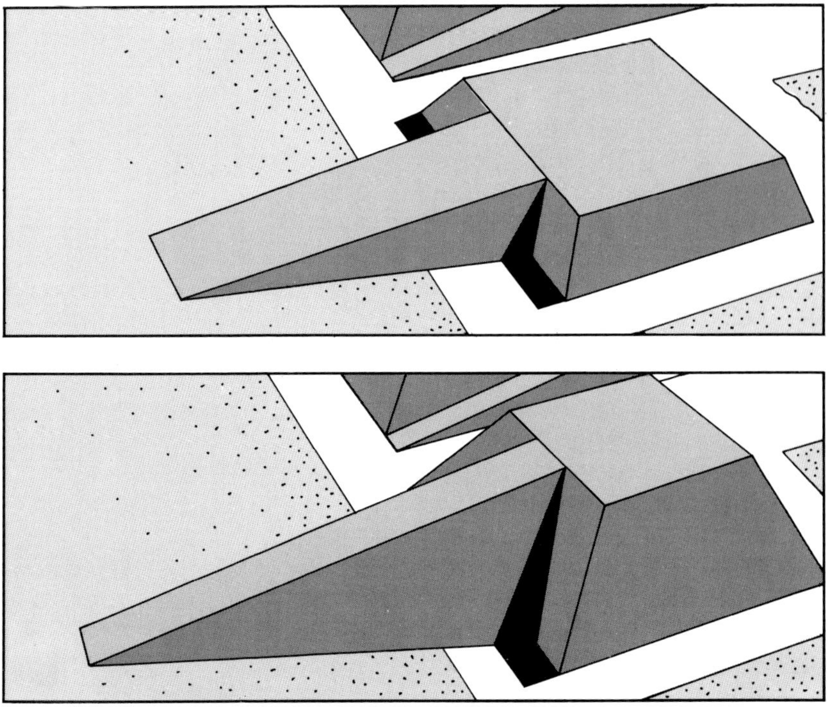

Eine von mehreren Möglichkeiten, über Hilfsrampen Baumaterial auf das höherwerdende Pyramidenplateau zu schaffen

Ob die unerläßliche kollektive Arbeit als Versklavung empfunden wurde oder nicht, ist natürlich stark durch die Motivation der Pyramidenbauer beeinflußt worden. Wenn die Ägypter zur Zeit des Djoser, des Cheops, des Chefren gezwungen gewesen sein sollten, Schwerarbeit für die Auftürmung riesiger Steinhaufen zu leisten, deren Sinn nur der Pharao und der Hohepriester zu erkennen glaubten – dann wäre die Plackerei wohl fürchterlichste Zwangsarbeit gewesen. Mancher der frühen Ägyptologen gelangte zu der Überzeugung, daß Pyramidenbau ›Menschenschinderei‹ (Borchardt) gewesen sei. Aber häufiger ist doch die gegenteilige Auffassung anzutreffen, wonach der »Bau der Pyramiden ein Ausdruck tiefen religiösen Glaubens« war, der Sklavenarbeit überflüssig machte (Lambelet).

Eine andere Vermutung geht davon aus, daß mit dem Pharao Djoser und seinem großen Ratgeber Imhotep der ägyptische Staat den Pyramidenbau aus sozioökonomischen Gründen zu betreiben begann. Die Abordnung von Hunderttausenden von Arbeitskräften aus allen Dorfgemeinschaften des langgestreckten Landes habe erst die Bindung der einzelnen Provinzen an das Herrscherhaus vollständig gemacht; und die große organisatorische Leistung, den Unterhalt, den Arbeitsablauf, den Materialtransport und die An- und Abreise der beim Pyramidenbau beschäftigten Saisonarbeiter sicherzustellen, sei schließlich zum Rückgrat der noch jungen ägyptischen Zentralgewalt geworden. Die Verköstigung und sonstige Entlohnung, auch die spirituelle, der Arbeiter durch die Zentralgewalt könne zur überwiegend freiwilligen Beteiligung an der Ausführung pharaonischer Großprojekte geführt haben (Mendelssohn).

Aber warum gerade Pyramidenbau, wenn man aus sozio-ökonomischen Gründen doch auch andere Großprojekte hätte realisieren können? Ebensowenig ist es glaubwürdig, daß die Herrscher zum Bau riesiger Grabmonumente übergingen, nur um ihre Macht und Organisationskraft zu festigen oder zu dokumentieren. Das Religiöse und Magische dürfte ausschlaggebend gewesen sein, wobei die ägyptische Magie weitgehend in symbolischen Formen zum Ausdruck kommt. Eine Mehrheit unter den Ägyptologen nimmt an, der Bau von königlichen Grabmälern in Pyramidenform sei mit der Zunahme des Sonnenkults verbunden. Nach diesem Kult lebte der verstorbene König im Jenseits entweder beim Sonnengott oder er verschmolz sogar mit ihm. Der Aufstieg in den Himmel erfolgte über eine Treppe oder auf den Sonnenstrahlen. Wahrscheinlich stellt die Stufenpyramide von Sakkara eine solche Treppe dar. Die rein geometrische Pyramidenform könnte sich daraus erklären, daß sie die Strahlen der Sonne darstellen sollte, so wie man sie sieht, wenn sie durch einen Wolkenriß leuchten (Lexikon altägyptischer Kultur).

Zusammenfassend darf man sagen, daß eine Pyramide viel mehr als nur ein Beinhaus oder vermeintlich sicherer Aufbewahrungsort für den mumifizierten Körper eines Königs (dauerhafte Mumifizierung erst ab etwa 2000 v. Chr.) sein sollte. Eine Pyramide war Wohnsitz für den göttlichen Geist des toten Königs. Sie war so großartig wie irgendetwas, was er im Leben besessen hatte; sie war auch ein Heiligtum für den fortgesetzten Gottesdienst.

Wie zu Lebzeiten des Herrschers, so mußte man auch im Tod seine Nähe suchen, um Privilegien zu erlangen. Jedenfalls rechnete man mit dem Wohlwollen des Verstorbenen im zweiten Leben. Die Bestattungsplätze in unmittelbarer Nähe der Pyramiden blieben meist den Familienangehörigen vorbehalten. Hohepriester und Beamte hielten die daran angrenzenden Positionen, und je niedriger der Rang, desto größer die Entfernung zum Königsgrab. Besonders geordnete Verhältnisse bestanden in dieser Hinsicht im Schatten der Cheops-Pyramide. Ihr Baumeister – wahrscheinlich Prinz Hemjunu, ein Bruder des Pharao – hatte zusammen mit der Planung für den Pyramidenbau einen Friedhof für die Angehörigen (s. S. 292) der königlichen Familie entworfen. Er wurde angelegt wie eine Stadt mit rechtwinkelig sich kreuzenden Straßen auf einer Fläche von 500 mal 300 Metern westlich der Pyramide.

Zum Beisetzungsritual für den verstorbenen König gehörte auch ein Schiff. Pharaos sterbliche Hülle gelangte per Schiff von Memphis auf dem Nil zum sogenannten Taltempel, d.h. zum Ufertempel seiner Pyramide, wo sie rituell gewaschen wurde. Mit derselben Barke begann nach der Waschung und vorläufigen Präservierung des Leichnams eine ausgedehnte Nilfahrt zu den wichtigsten Stätten des Kultes am Unterlauf des Flusses. Es konnte dreißig Tage und mehr dauern, bis die Barke mit dem toten König wieder am Taltempel eintraf, wo dann das eigentliche Bestattungsritual begann. Die Ägyptologen wissen nicht, ob der Übertritt des Königs

Königliche Hoheit geruhten ...

»Cairo, den 6ten Dezember 1869. Schon um drei Uhr begann heute unser Tag, weil wir die ältesten und größten Pyramiden bei Gizeh besteigen wollten. Die Einbildungskraft vermag sich keine genügende Vorstellung von jenem Stein-Gebäude, das sich die Könige als Grab-Kammern erbauen ließen, zu machen, und staunend wirft man auch hier wieder die Frage auf, wie es die Ägypter vermochten, angesichts ihrer gänzlichen Unkenntnis im Maschinen-Wesen, derartige Bauten auszuführen. Schön kann ich freilich die Pyramiden in der Nähe nicht finden, zumal bei solcher nahen Betrachtung die Zerstörung mehr in die Augen springt, als der noch vorhandene Gesamtbau seine Wirkung zu üben vermag. Für die Landschaft hingegen nehmen sich die Pyramiden malerisch aus, namentlich wenn Morgen- oder Abendsonne ihre Spitzen beleuchtet.«

Kronprinz Friedrich Wilhelm von Preußen, *Tagebuch meiner Reise nach dem Morgenlande 1869*

ins ewige Leben ein trauriger oder freudvoller Anlaß war. Auf jeden Fall war es ein überaus feierliches Ereignis, bei dem kein Fehler gemacht und von der ausgeklügelten Zeremonie nichts weggelassen werden durfte. Schließlich hing vom Wohlergehen des Königs im Nachleben das Wohl Ägyptens ab! (Jenkins)

Etliche Totenbarken (anderswo werden sie auch Sonnenboote genannt) wurden nach der Beisetzung ihrers Besitzers im Schatten der Pyramiden vergraben. 1954 entdeckte ein junger ägyptischer Archäologe an der Südseite der Cheops-Pyramide eine über vierzig Meter lange Grube, in der die 1224 Einzelteile der Totenbarke des Pharao Cheops deponiert waren. Es dauerte fast vierzehn Jahre, bis die Zedernholzteile zu dem 46 m langen Schiff zusammengesetzt waren, das vor vielleicht 4500 Jahren dem Pharao als letztes Gefährt und dann als Grabbeigabe gedient hatte. Sicherlich besaß auch diese Barke eine magische Bedeutung. Manche Wissenschaftler gehen davon aus, daß solche Boote die Gleichsetzung des verstorbenen Königs mit dem Sonnengott, der selbst jeden Tag den Himmel mit einem Boot befuhr, ermöglichen sollten. Es gibt jedoch noch andere Erklärungen: es könnte sich um Schiffe für Lustfahrten im Jenseits handeln oder um Totenschiffe, deren Gegenwart die Bestattungsriten verewigen sollten.

Viele Auslegungen und Spekulationen ranken sich auch um den großen *Sphinx von Gise* (Umschlagrückseite, Farbt. 24). Für nüchterne Wissenschaftler ist der Fall geklärt: es handelt sich um eine 73,5 m lange und 20 m hohe Statue, die in der Nähe des Taltempels der Pyramide des Chefren aus dem anstehenden Kalkstein herausgearbeitet worden ist. Als Löwe mit Königskopf stellt er ein Symbol der Kraft und der Macht des Königtums dar. Das Gesicht der Statue soll das des Pharao Chefren wiedergeben (Kayser).

Die exakte Wissenschaft hat in diesem Fall sogar ziemlich genau ermittelt, wie der Bau des Sphinx vonstatten gegangen ist. Er liegt nämlich in der Mitte eines großen Steinbruchs, aus dem Pharao Cheops Blöcke zum Bau seiner Pyramide und der

Der versandete Sphinx von Gise um die Jahrhundertwende

Mastabas holen ließ. Während der Steinbrucharbeiten wurde ein Kern aus hartem grauen und weichem gelblichen Kalkstein stehengelassen, der wegen seiner geringen Beschaffenheit als Baumaterial nicht geeignet schien. Dieser mächtige Knollen erregte die Aufmerksamkeit des Königs und der Bauleute während der Ausführung der Chefren-Pyramide. Man kam auf den Gedanken, ihn zu einem riesenhaften Sphinx als Wächter des Taltempels zu gestalten.

Zur Verwirrung um das Königsbild kam es wohl vor allem deswegen, weil später eine ganz andere Mythologie ins Spiel gebracht wurde. Die griechischen Eroberer Ägyptens brachten ihre weibliche Sphinx mit, die böser Natur war; sie fraß Vorübergehende auf, die ihr Rätsel nicht lösen konnten. Die griechische Sphinx, in keiner Weise identisch mit dem ägyptischen, wurde schließlich von Ödipus bezwungen. Spätere europäische Besucher werteten dann den Sphinx von Gise mit der Kenntnis des griechischen Mythos. Dabei hatte Chefren dieses gewaltige Idol nur schaffen lassen, damit es die Stätten des Westens bewache, zu denen die Sonne und die Toten gehen.

Schon im ägyptischen Altertum wurde der Sphinx vom Flugsand der Libyschen Wüste wie mit einem Schutzmantel zugedeckt. Eine Gedenktafel aus dem 15. Jahrhundert v. Chr. erinnert daran, daß zu jener Zeit die Umgebung der Pyramiden völlig versandet war. Pharao Thutmosis IV. (etwa 1409 v. Chr.), der noch als Kronprinz nach der Jagd im Schatten des Sphinx geschlafen und geträumt hatte, ließ den mächtigen Körper des Idols freischaufeln und zwischen seine Tatzen eine Stele setzen. Darauf ist zu lesen, dem träumenden Jüngling Thutmosis sei der Gott Chefre-

Re-Atum erschienen und habe die Freilegung bald nach der Thronbesteigung begehrt.

In der Ptolemäer- und in der römischen Kaiserzeit wurde die Statue ebenfalls aus dem Sand herausgegraben. Die Kultstätte wurde sogar um einen Altar an der Vorderseite erweitert, und es wurden damals auch Ziegel- und Steinmauern gegen den Flugsand errichtet. Doch der Sand war nicht zu bannen. Im frühchristlichen Ägypten dürfte das ›Götzenbild‹ schon wieder weitgehend zugeschüttet gewesen sein. Nur der Kopf scheint immer aus dem Sand herausgeragt zu haben; leider, möchte man sagen, denn im 14. Jahrhundert n. Chr. wurde das Gesicht durch einen bilderstürmenden Scheich und später durch Kugeln der mamlukischen Artillerie, die an den Pyramiden Schießübungen veranstaltete, schwer verstümmelt.

Ende der 70er Jahre wurde deutlich, daß der Sphinx durch Wind, Wassereinsickerungen und Salzablagerungen beschleunigtem Verfall ausgesetzt ist. Im Oktober 1981 brach, wohl infolge einer Ansammlung von Grundwasser, ein Teil des linken Hinterfußes ein. Dies veranlaßte die ägyptische Antikenverwaltung, eine umfassende Instandsetzung einzuleiten.

Sphinx-Romantik 1798 ...

»Die Größenverhältnisse der Sphinx sind zwar monumental, aber die Umrisse, die sich noch erhalten haben, sind so zart wie rein. Der Charakter ist zwar komisch, aber der Mund hat, ungeachtet seiner dicken Lippen, eine Weichheit in der Bewegung und eine Feinheit in der Ausführung, die man bewundern muß. Das ist warmes Fleisch und warmes Leben! Die Kunst muß eine hohe Stufe der Vollendung erstiegen haben als man ein solches Monument verfertigte.«

Vivant Denon, *Mit Napoleon in Ägypten*

Umstrittene Chronologie

Alexander Kudascheff

Keiner hat so kompromißlos die herkömmliche ägyptische Chronologie in Frage gestellt wie Immanuel Velikovsky (1895–1979). Velikovsky hat die traditionelle Schulwissenschaft herausgefordert – von den Physikern bis zu den Ägyptologen. Sein radikaler Zweifel an der Geschichtsschreibung der Ägyptologen führt historische

Sachverhalte zusammen, die bisher niemand beschrieben hat. Zum Beispiel: Ramses II. lebte, nach Velikovsky, nicht im 13., sondern im 7. vorchristlichen Jahrhundert, sei daher identisch mit Pharao Necho. Folglich sei in der berühmten Schlacht von Kadesch Nebukadnezar Gegner des Pharao Ramses II./Necho gewesen, also ein Chaldäerfürst und nicht der Hethiter Chattusilis. Diese Auffassung Velikovskys widerspricht allen herkömmlichen Theorien zur ägyptischen Geschichte. Von ihr wird allerdings oft auch gesagt, sie sei in Wirklichkeit eine ägyptologische Geschichte.

Das Radikale und Aufregende an Velikovskys Büchern: wie in einem Kriminalroman fügen sich philologische, archäologische und historische Indizien zu Beweisketten. Ihnen zufolge verschieben sich ganze Imperien zeitlich über Jahrhunderte, Söhne und Väter tauschen ihre Rollen, Dynastien erweisen sich als doppelt gezählt, Königreiche stürzen in sich zusammen – wie das der Hethiter, die angeblich chaldäische Großkönige waren. Weitere Konsequenzen: Das Ende des Mittleren Reiches fällt statt auf 1780 v. Chr. nun auf 1450; die darauffolgende Periode der Hyksos (vorderasiatische Fremdherrscher) dauert nicht hundert, sondern vierhundert Jahre; der Beginn der 18. Dynastie wird nun mit 1020 datiert, das bedeutet über fünf Jahrhunderte Unterschied; Echnaton – nach Velikovsky identisch mit Ödipus – gehört nicht in die erste Hälfte des 14. Jahrhunderts, sondern in die Mitte des 9. Jahrhunderts; die 19. Dynastie muß um siebenhundert Jahre, die 20. Dynastie um volle achthundert Jahre, also fast in die Zeit Alexanders des Großen, verschoben werden.

Auf welche Indizien stützt sich Velikovsky? Ein Beispiel: Tell al Jahudiya (Hügel der Juden) ist ein Dorf etwa 32 km nordöstlich von Kairo an der Straße nach Ismaelia. Dort grub der Schweizer Ägyptologe Naville vor rund neunzig Jahren die Ruine eines Palastes von Ramses III. aus. Farbige und glasierte Keramiktafeln haben einst den Palast geschmückt. Meist durch Ornamente verziert, tragen einige in Hieroglyphen den Namen Ramses III. Auf der Rückseite der Kacheln aber finden sich vor dem Brennen, also im Herstellungsprozeß angebrachte Zeichen der Handwerker. Die Überraschung: es sind griechische Buchstaben, die zu Beginn des 12. Jahrhunderts, also bevor überhaupt das griechische Alphabet vom Phönizischen abgeleitet wurde, geschrieben sein sollen! Wie ist das möglich? Und um das Besondere zu verdeutlichen: es sind nicht archaisch-griechische Buchstaben, nein, es sind Buchstaben, wie sie zur Zeit Platos verwendet wurden, im 4. Jahrhundert! Wie kommen griechische Buchstaben aus dem 4. Jahrhundert auf Kacheln, die im 12. Jahrhundert hergestellt wurden? Solche Fragen sind eines der vielen Indizien, die Velikovsky zusammenträgt, um die Chronologie neu zu schreiben.

Ob das alles stimmt? Nun, die Theorien Velikovskys sind plausibel und irritierend zugleich. Sie werfen Weltbilder um. Allerdings sind sie selbstgerecht apodiktisch vorgetragen, nehmen manchmal Indizien für Beweise, kehren Fragwürdigkeiten, wenn sie in die Argumentationsketten passen, nur um. Noch fehlt allerdings eine wissenschaftlich begründete Widerlegung Velikovskys durch die Ägyptologen. Diese sehen auch gewisse Widersprüche, haben sie aber – nach Velikovsky – unbeantwortet zur Seite geschoben, um an ihrer Chronologie festhalten zu können.

Die Stadt des Sonnengottes:

ANNU/ON - HELIOPOLIS

Und Pharao nannte Josephs Namen Zaphnathpaaneah;
und er gab ihm zum Weib Asenath, Tochter des Poti-pherah,
Priester von On. 1. Buch Mose 41, 50

Heliopolis ist dem Reisenden unserer Zeit hauptsächlich als Name des nordöstlichen modernen Stadtteiles bekannt, den er auf der Fahrt vom und zum Flugplatz berührt. Neu-Heliopolis wurde im Jahre 1906 von einer belgischen Gesellschaft in erhöhter Wüstenlage als Satellitenstadt für das wohlhabende Bürgertum gegründet. Anfangs lag der Ort noch weit ab vom eigentlichen Kairo, und zur Erschließung des Geländes gehörte auch der Bau einer elektrischen Bahn, der ›Metro‹, die bis heute ihren Dienst versieht. Inzwischen ist das ehemals offene Land zwischen der früheren Vorstadt Abbasiya und Neu-Heliopolis fast ganz zugebaut. Die Häuser aus der Gründerzeit, zum Teil fünf- bis sechsstöckige Gebäude, erkennt man am neo-maurischen Stil. Er sagte dem Bürgertum mediterraner Herkunft der zwanziger und dreißiger Jahre – Griechen, Italiener, Malteser, Zyprioten, Juden, Franzosen – mehr zu als den wohlhabenden Ägyptern. Wirklich ägyptisch wurde dieser Stadtteil erst in den sechziger Jahren, nachdem die damalige Nationalisierungs- und Sozialisierungswelle die meisten ›Levantiner‹ aus Ägypten vertrieben hatte.

Neo-maurischer Stil im neuen Heliopolis

Das antike Heliopolis stand etwa 3 km nordwestlich der Neustadt. Die genaue Lage des einst so bedeutsamen Platzes erkennt man an dem über 20 m hohen Obelisk, der – fast möchte man sagen: verloren – innerhalb eines Ackergeländes des Stadtrand-Dorfes Matariya aufragt. Das Symbol des Sonnengottes (Re) hat Pharao Sesostris I. (1971–1928 v. Chr.) anläßlich seines 30. Regierungsjubiläums dort aufstellen lassen. Zusammen mit einem Gegenstück (das schon im 12. Jh. n. Chr. umstürzte) hatte der König den tonnenschweren Granitblock aus einem Steinbruch südlich von Assuan, über 900 km vom heutigen Kairo entfernt, herbeischaffen lassen. Als die Obelisken beiderseits der Tempelpylonen aufgerichtet wurden, konnte Heliopolis schon auf eine etwa eintausendjährige Geschichte zurückblicken. Dies ist durch eine 1926 gefundene Inschrift belegt, die Imhotep (s. S. 45), den Baumeister und Vertrauten Pharao Djosers, auch als Hohenpriester von Heliopolis ausweist.

Heliopolis ist ein griechischer Name (s. S. 38) – in der altägyptischen Sprache hieß die Stadt etwa Annu oder On. Als On ist sie in der Bibel erwähnt. Die frühe Ägyptologie nahm an, daß Annu/On zeitweise Hauptstadt des vereinigten ägyptischen Reiches gewesen sei, doch ließ sich diese These nicht erhärten. Auf jeden Fall war sie Gauhauptstadt und spielte, wie die rund 50 km südwestlich gelegene Stadt Memphis, eine wichtige militärische Rolle: Annu/On lag am Ende des Karawanenweges, der, vom Golf von Suez kommend, hier das Niltal erreichte. Die Stadt hatte handelspolitische Bedeutung und bewachte gleichzeitig eine der möglichen Einfallsrouten für aus dem Osten anrückende Feinde; ebenso diente sie als Ausgangspunkt für ägyptische Expeditionen in Richtung Palästina und Syrien.

Annu/On-Heliopolis spielte auch in der ägyptischen Geistesgeschichte einige Jahrtausende hindurch eine hervorragende Rolle. Die Stadt war lange Trägerin des Sonnenkultes am Nil, und die Verehrung des Sonnengottes Re stand streckenweise im Mittelpunkt der Religiosität der Ägypter. In der Frühzeit war Re nur ein Gestirnsgott unter anderen, Gott der Sonne neben der Göttin des Mondes und den Gottheiten einzelner Sterne. Doch dann taucht erstmalig bei Pharao Chefren (etwa 2680) der Titel ›Sohn des Re‹ auf. Ab der 5. Dynastie wird dieser Beititel des Königs obligatorisch. Fachleute sehen das als einen bedeutungsvollen Abschnitt der theologischen und staatsrechtlichen Entwicklung, denn bis er auch ›Sohn des Re‹ wurde, war Pharao vor allem ›Horus‹, das heißt ›Großer Gott‹. Die Ägyptologie sagt, der neue Titel zeige eine Distanzierung von Gott an, die wohl den entscheidenden Schritt in der Entwicklung des Königsdogmas darstelle; Pharao sei zwar weiter göttlichen Ursprungs geblieben, aber das Vater-Sohn-Verhältnis (›Sohn des Re‹) habe ihm eine Verpflichtung gegenüber einem Wesen auferlegt, das letzten Endes doch reiner und höherer Natur ist als er selbst (Otto).

Das neue Verhältnis zwischen Gott und König hatte handfeste materielle Folgen: Die von den nächsten Herrschern gebauten Pyramiden und Totentempel fielen kleiner aus, weil nämlich zusätzliche Sonnenheiligtümer zu errichten waren. Den architektonischen und geistigen Mittelpunkt solcher Anlagen bildete meist ein Obelisk. Dieses Symbol mußte nicht unbedingt ein Monolith sein, wie der auf dem Acker bei Matariya übriggebliebene, sondern konnte auch aufgemauert werden. Dies zeigt ein vor dem Ersten Weltkrieg von Deutschen ausgegrabener Sonnentempel des Königs Ne-user-re (etwa 2500) nahe den Pyramiden von Abusir, in dem stattliche Reste eines Obelisken aus Kalksteinquadern gefunden wurden.

Den Ursprung der Obelisken vermutet die Ägyptologie in Annu/On. Er beruht auf einem möglicherweise schon vorgeschichtlichen Kult eines heiligen Steines, auf den die Sonne beim Aufgehen (die Stadt stand in erhöhter Lage am Ostufer des Nils) zuerst gefallen sein soll. Andere sehen in der Obeliskenspitze (Pyramidion), wie in der Pyramide selbst, ein Symbol des ›Urhügels›, der zu den altägyptischen Vorstellungen der Weltschöpfung gehört. (Das Bild hängt wahrscheinlich mit dem Erlebnis des aus dem Wasser der jährlichen Nilüberschwemmung zuerst auftauchenden Landes zusammen; dieses erste Stück Land war der Boden für das erstentstehende

Heliopolis-Obelisk wie Lepsius ihn sah

Obeliskspitze im Garten des Ägyptischen Museums

Leben.) Doch ist der Obelisk gewiß mehr Bestandteil eines Licht- als eines Bodenkultes. Das Pyramidion war in aller Regel vergoldet. Auf der goldenen Obeliskspitze dachte man sich die aufgehende Sonne ruhend.

Annu/On war während der 5. Dynastie geistiger Mittelpunkt für ganz Ägypten. Vielleicht wäre es auch Reichshauptstadt geworden, wenn nicht der Osiris-Kult an Boden gewonnen und schließlich den ersten Rang in der ägyptischen Götterwelt erlangt hätte. Der Osiris-Kult hatte seine Wurzeln in Abydos im südlichen Landesteil des vereinigten Reiches, und seine Bevorzugung trug mit dazu bei, daß sich die Zentralgewalt schließlich aus dem heutigen Großraum Kairo südwärts nach Theben verlagerte. Wirtschaftliche und politische Interessen dürften dabei eine große Rolle gespielt haben. Was das Theologische betrifft, so meint die Fachwelt, daß in der Zurücksetzung des Re durch Osiris auch ein Triumph des von der Masse der Landbevölkerung bevorzugten Kultes gegenüber der Sonnenverehrung, die den Nomaden angemessener gewesen sei, zu sehen ist (Otto).

Amenophis IV. (etwa 1353–1336), genannt Echnaton, der die Sonnenverehrung zum alleinigen Gottesdienst Ägyptens zu machen versuchte, hatte merkwürdigerweise nichts mit Annu/On im Sinn. Dies war vielleicht zuerst auf politische und organisatorische Gründe zurückzuführen, denn die Zentralgewalt war damals in Theben verwurzelt, und eine jähe Rückverlegung der ganzen Reichsverwaltung in den Raum Memphis/Annu hätte einen riesigen Aufwand bedeutet. Außerdem war Echnaton ein Neuerer, der gar nicht daran dachte, die etablierte Verehrung des Re zu übernehmen. Anstelle des personifizierten Sonnengottes, der jeden Tag von Osten kommend den Himmel in der Morgen- und Abendbarke nach Westen hin überfährt, wandte Echnaton sich der direkten Anbetung der Sonnenscheibe zu. Der Aton-Kult erlebte eine kurze Hochblüte. Als ihm die Priester des Osiris/Amun-Kultes in Theben unerträglich wurden, gründete der revolutionäre Herrscher, unter Zurücklassung des Verwaltungsapparates, etwa 300 km stromabwärts eine neue Residenz: Amarna.

Echnatons Sonnenkult hielt sich nur knapp zwanzig Jahre lang als Staatsreligion, dann gewannen die Traditionskulte wieder die Oberhand. Annu/On aber blieb das geistige Zentrum der Verehrung des Sonnengottes Re. Als Herodot um 450 v. Chr. Ägypten besuchte, notierte er über Heliopolis, man sage, dort seien die intelligentesten Ägypter zu finden. Jahrhundertelange Fremdherrschaften, die Übernahme der Macht durch äthiopische, libysche und persische Eindringlinge, hatten die Priester von Annu/On-Heliopolis nicht von ihrem Kult abbringen können. Das blieb zunächst auch so, als die Stadt vorwiegend nur noch bei ihrem griechischen Namen, Heliopolis, genannt wurde. Die Verehrung des Sonnengottes Re setzte sich auch unter den griechischen und römischen Herrschern Ägyptens fort. Die Verbindung zwischen ägyptischer und griechischer Religiosität war zum Beispiel über den Apis-Kult herzustellen, der in einem Stier das Symbol der Fruchtbarkeit verehrte. Der Apis-Kult war schon im alten Memphis (s. S. 289) zelebriert worden, und Annu/On hatte später dem Heiligen Stier eine Sonnenscheibe, Symbol des Re, zwischen die Hörner gesetzt. Die Erben Alexanders des Großen, ab 304 v. Chr. Ptolemaios I., wußten ihren eigenen Fruchtbarkeitskult geschickt mit dem von Memphis und Heliopolis zu verbinden. Der Mischkult, bald der vorherrschende Gottesdienst des hellenisch orientierten Ägyptens, richtete sich auf Serapis. Diese Kombination von Osiris-Apis, die den Ptolemäern als Staatsreligion diente, lebte bis tief in die Zeit der römischen Oberhoheit über Ägypten fort.

Eine wirtschaftliche Blüte dürfte Heliopolis noch einmal unter Ptolemaios II. (284–246) erlebt haben. Dieser Herrscher, obwohl er sich als Baumeister vor allem in Alexandrien betätigte, ließ den aus persischer Zeit stammenden Kanal vom Nil zum Golf von Suez wiederherstellen. Die erneute Nutzung der Wasserstraße gab Heliopolis die Vorteile eines Binnenhafens zurück. Trotz der wirtschaftlichen Aufwertung begann es früher als Memphis zu zerfallen. Schon in römischer Zeit war die Stadt teilweise verlassen, und die Araber benutzten später die Steinblöcke des großen Sonnentempels beim Bau von Kairo.

Besuch in Heliopolis 1843 ...

»Am 13. Oktober machten wir den ersten Ausflug von hier nach den Ruinen von Heliopolis, dem biblischen On, von wo Joseph seine Frau Asnath, die Tochter eines Priesters, nahm. Nichts ist von dieser hochgepriesenen Stadt, die sich rühmte, die gelehrteste Priesterschaft nächst Theben zu besitzen, übrig geblieben als die Mauern, welche jetzt nur noch Erdwällen gleichen, und ein Obelisk, der aufrecht, ja vielleicht noch auf seinem ursprünglichen Platze steht.«

Richard Lepsius, *Briefe aus Ägypten,* Berlin 1852

Zwischen den Kulturen – Griechich-römischer Freistil

Hellenistische Kunst im Orient: Leda mit dem Schwan (Koptisches Museum)

Heute gibt es, das wird der Besucher bald merken, wieder sehr viel Papyrus. Dabei war die Pflanze (cyperus papyrus), die vor Jahrtausenden Teile des Nildeltas mit einem bis zu sechs Meter hohen Dickicht überzogen hatte, zeitweise in Ägypten ausgerottet. Etwa seit Mitte der sechziger Jahre wird sie in und nahe bei Kairo wieder kultiviert, um dann zur Schreib-, Zeichen- oder Malunterlage verarbeitet zu werden (s. S. 265). Der Besucher stößt häufig auf die zum Verkauf hergestellten Papyri – oder er wird auf sie gestoßen. Zahlreiche kleine Betriebe fertigen jetzt Papyrus-Rollen für den Touristenmarkt an. In alter Zeit war die Herstellung des auch in anderen Ländern begehrten Schreibmaterials ein königliches Monopol.

Die bisher aufgefundene älteste Papyrus-Rolle ist etwa 5100 Jahre alt; zum Kummer der Ägyptologen war sie leer geblieben. Die zwei ältesten beschrifteten Papyri (aus Sakkara) lassen sich auf ein Alter von rund 4500 Jahren datieren. Jede einzelne dem Alten Reich (s. S. 41) zugerechnete Papyrus-Rolle oder auch nur jedes größere Fragment ist von den Fachleuten sorgfältig untersucht worden, denn die wertvollen Dokumente aus der Frühzeit ägyptischer Geschichte sind nicht sehr zahlreich. Man hat zwar große Mengen Papyri gefunden oder in mühseliger Kleinarbeit wiederhergestellt, doch sie stammen aus den letzten Jahrhunderten vor Beginn unserer Zeitrechnung oder aus den ersten vier Jahrhunderten n. Chr., sind also ›jüngeren Datums‹.

In Hausruinen antiker Städte am Wüstenrand – hier hilft die trockene Luft zu konservieren –, auf deren Müllkippen und in manchen aus Pappmaché gefertigten Mumiensärgen (Papyrus-Rollen hatten als Rohmaterial gedient und wurden nun abgelöst) fand man reichlich Papyri. Am Ende lag so viel vor, daß die Fachleute Mühe hatten, mit der Auswertung nachzukommen. Zudem bereitete nicht allein die Fülle von Einzelteilen Schwierigkeiten: die Rollen oder deren Fragmente können mit Texten in einer von sieben Schriften oder mit Kombinationen mehrerer dieser Schriften aus drei verschiedenen Sprachen bedeckt sein. Es kommen in Frage: Hieroglyphen, hieratische oder demotische Zeichen (das sind weiterentwickelte Abstrahierungen der hieroglyphischen Symbolschrift), Griechisch, Lateinisch, Koptisch oder Arabisch.

Die meisten der überlieferten Papyri sind der Ökonomie des Landes gewidmet. Sie wurden von Beamten geschrieben und betreffen Steuerfragen, wasserwirtschaftliche Entscheidungen, Methoden der Volkszählung, das Schulsystem und den Militärdienst. Neben privaten Briefen wurden zahllose Urkunden gefunden: Heirats-, Scheidungs-, Erbschafts-, Schenkungs- und Verkaufsverträge, ebenso Rechnungen und Quittungen. Aus ihrem Studium ergibt sich ein ziemlich genaues Bild der wirtschaftlichen und sozialen Situation im griechisch und römisch beherrschten Ägypten. Die überwiegende Zahl aller Dokumente stammt aus der Periode, in der Fremdherrschaft am Nil zur Dauereinrichtung zu werden begann und Ägypten einen großen Teil seiner nationalen und kulturellen Identität einbüßte.

Aus Memphis und Heliopolis, den beiden Großstädten im Gebiet des heutigen Kairo, hören wir verhältnismäßig wenig über jene Periode. Die persische Herrschaft (ab 525 v. Chr.) war zeitweise wieder in Memphis ansässig, der ersten Hauptstadt des vereinigten ägyptischen Reiches (s. S. 42). Um 518 ließ der persische Großkönig Dareios I. den schon früher gegrabenen Kanal zwischen Nil und Rotem Meer wiederherstellen;

gleichzeitig wurde zwischen Memphis und Heliopolis ein Hafen für den Bootsverkehr in Richtung Osten unterhalten. Nachdem aber Ptolemaios I. als mazedonischer König Ägyptens (s. S. 44) in Alexandrien (304 v. Chr.) Residenz bezogen hatte, gerieten die beiden jahrtausendealten Städte an der Südspitze des Nildeltas in den Schatten der Geschichte.

Das Hauptgewicht des geistigen und politischen Lebens Ägyptens verlagerte sich über fünfhundert Jahre an den Nordrand des Nillandes, an die Mittelmeerküste. Wenn auch Memphis unter Ptolemaios II. (285–247 v. Chr.) wieder zum Ort der Königskrönung wurde, so

Griechisch-ägyptische Fruchtbarkeitsgöttin

Symbol des Mischkultes: Gott Jupiter-Serapis

schauten die fremden Machthaber von Alexandrien aus nur noch selten ins Landesinnere; ihr Blick war vorwiegend in den Mittelmeerraum und nach Syrien gerichtet. Dort waren die Schauplätze eines dauernden Ringens um Macht, Einfluß und Vorherrschaft.

Wie uns die Papyri verraten, sank das gesamte alte Ägypten, von Buto und Tanis über Heliopolis und Memphis bis nach Theben, zur Provinz ab. Während etwa zweihundert von rund dreihundert Jahren griechischer Oberherrschaft bestand zudem eine Trennung der Volksgruppen: Neben Alexandrien hatten auch zwei andere von Griechen bewohnte Städte (Naukratis und Ptolemais) die Rechte halbautonomer Stadtstaaten; ihrem Recht war nur der absolute Wille des Königs übergeordnet. Von den drei halbautonomen Städten aus wurde eine griechische Siedlerbewegung gesteuert, die überall am Nil und in der Oase Faiyum (s. S. 253) Schwerpunkte des Großgrundbesitzes anlegte. Ein griechischer Unternehmer organisierte im Auftrag der Krone (der fruchtbare Boden Ägyptens war nominell Eigentum des Königs) kollektiven Ackerbau mit einer Vielzahl von Kleinpächtern und Leibeigenen. Ehen zwischen Griechen und Ägyptern waren verboten. Erst etwa zur Halbzeit der Ptolemäer-Dynastie (um 150 v. Chr.) hatte sich eine ägyptische Oberschicht neu gefestigt und teilweise hellenisiert; die fremde Oberschicht war durch innere Konflikte und Kriege um den Besitz Palästinas und Syriens so geschwächt, daß sie eine Verbindung mit den Mächtigen der ›Eingeborenen‹ hinzunehmen begann.

Die griechisch-ägyptische Oberschicht des letzten Jahrhunderts v. Chr. war die Trägerin des Serapis-Kultes (s. S. 289). Dieser entfaltete sich zwar hauptsächlich in Alexandrien, doch fand er eine schon über tausend Jahre alte Stütze im Osiris-Apis-Kult von Memphis. Auf dem Bestattungsgelände der Stadt, in Sakkara (s. S. 45), waren seit Amenophis III. (1391–1352 v. Chr.) heilige Stiere mumifiziert beigesetzt worden. Etwa seit Ramses II. (um 1290–1223) betrieb man eine unterirdische Großanlage für die Beisetzung der Apis-Stiere, heute bekannt als Serapeum (s. S. 289). Das Osiris-Apis-Heiligtum zu Memphis und Sakkara war der Ort, an dem die wirtschaftlich emanzipierte ägyptische Oberschicht die staatstragende fremde Oberschicht treffen konnte. In Alexandrien gewann dann der Serapis-Kult starke Züge der Dionysos-Verehrung; in Memphis war er mehr der Verehrung des Apis-Stieres als ›Mittler‹ des alten ägyptischen Gottes Ptah zugewandt. In der Kunst kam es zu einem Mischstil, den Studenten respektlos ›griechisch-römischer Freistil‹ genannt haben.

Das Volk auf dem Land war weder von der langsamen Vermischung der griechischen und ägyptischen Oberschicht betroffen, noch kam es mit dem Serapis-Kult in engere Berührung. Der höhere Bildungsstand der ptolemäischen Zeit war den Griechischstämmigen vorbehalten, während die ägyptische Bevölkerung bestenfalls dem Unterricht der Priester der alten Kulte überlassen blieb. Man sank immer mehr in die Niederungen des Volks- und Aberglaubens ab. Alexandrien glänzte zeitweise als Hochburg des Geistes, aber das ägyptische ›Hinterland‹ verödete geistig. Später kamen auch die Folgen endloser Machtkämpfe und bürgerkriegsähnlicher Wirren in Alexandrien als Last für die ägyptische Bevölkerung hinzu. Schließlich konnten selbst die Staatskunst und Raffinesse Kleopatra VII. (51–30 v. Chr.) den Machtverfall nicht mehr wettmachen: Ägypten wurde dem Römischen Reich unterworfen.

Das Volk dürfte den Zugriff der Römer wegen seiner stabilisierenden Wirkung zunächst begrüßt haben. Auch wirtschaftlich ging es anfangs wieder bergauf. Kaiser Augustus (31 v. Chr. – 14 n. Chr.) ließ den beträchtlichen Grundbesitz der Tempel der staatlichen Finanzverwaltung unterstellen und vermochte die Korruption in der Verwaltung zu dämpfen. Doch die Erleichterung der Ägypter über die Wiederkehr von Ruhe und Ordnung kann nicht lange gedauert haben. Den Papyri entnehmen die Fachleute, daß im Laufe weniger Jahrzehnte eine noch ärgere Fremdherrschaft entstand. Die römischen Kaiser verwalteten Ägypten als Kronland, das heißt, wie ihren Privatbesitz. Die zuletzt unter den Ptolemäern lasch gehandhabten Gesetze über die Trennung zwischen der Oberschicht und den Unterworfenen erhielten wieder volle Gültigkeit. Neue Steuergesetze traten in Kraft. Sie wurden von Steuereintreibern mit Gewinnbeteiligung rücksichtslos durchgesetzt. Um jeden an die Erfüllung der Steuerpflicht zu binden, wurden Berufs- oder Ortswechsel verboten. Für Tausende von Ägyptern gab es nun als Ausweg nur noch die Flucht aus dem Fruchtlandgürtel in die Berge der Ostwüste.

Münzen der letzten griechisch-stämmigen Herrscher Ägyptens, Ptolemaios VI. und Kleopatra VII.

Auch geistig sollten die Ägypter von den Römern bevormundet werden. Ein römischer Zivilbeamter wurde zum ›Hohenpriester von Alexandrien und ganz Ägypten‹ ernannt; sein Büro war die höchste Aufsichtsbehörde› über alle Tempel, Kulte und Priester. Die Priester wurden sorgfältig überwacht, denn sie galten als Förderer nationalistischer Regungen im Volk. Unter solchen Umständen mußte die neue Protestreligion im Römischen Reich, der christliche Glaube, in Ägypten früh fruchtbaren Boden finden. Nur wenige Papyri aus dem 2. Jahrhundert erwähnen allerdings den Christianisierungsprozeß, da die Hinwendung zum neuen Glauben noch schwer bestraft wurde. Um 300 habe Ägypten wohl noch überwiegend im Zeichen heidnischer Kulte gestanden. Nachdem aber 311 die Christen-Verfolgung unterbunden worden war, sei Ägypten rund zwanzig Jahre später überwiegend christlich gewesen (Bell).

Memphis (s. S. 42) erlebte in römischer Zeit noch eine kurze Blüte: aufgrund der Reichsreform des Kaisers Diokletian (284–305) wurde es zur Alexandrien praktisch gleichgestellten Provinzhauptstadt. Die Provinz Memphis war eine von dreien, in die Diokletian Ägypten neu gegliedert hatte. Unter Kaiser Trajan (98 n. Chr.) war die Festung Babylon (s. S. 85) beträchtlich ausgebaut worden. Dies geschah in Verbindung mit der Wiederherstellung des Kanals zum Roten Meer, die ebenfalls Trajan veranlaßt hatte.

Antike Grabstele mit Obelisk (links im Bild)

Klassenherrschaft und Apartheid unter den Römern ...

»Zusammenfassend kann man den Zustand des römischen Ägyptens so darstellen: eine starke, zentralisierte, gut funktionierende Verwaltung, unterstützt von einem Heer, das groß genug war, um die innere Sicherheit und die Abwehr der Überfälle von Wüstennomaden zu garantieren; eine weitverzweigte Bürokratie ...; eine soziale Hierarchie auf der Grundlage von Kasten und Privilegien; schließlich die Bevorzugung der hellenisierten Bevölkerung der Städte gegenüber der Landbevölkerung und der eingeborenen ägyptischen Bevölkerung.«

H. Idriss Bell, *Egypt from Alexander the Great to the Arab Conquest*

Zweitausend Jahre Überlebenskampf

Frühes Christentum am Nil

Edith Hubert

Auf den Titelseiten großer ägyptischer Zeitungen gibt es vier Datierungen. Nehmen wir zum Beispiel den 4. Mai 1982, den die größte Tageszeitung, ›Al Ahram‹, fett auch in englisch aufgedruckt hatte. In arabisch kam zuerst das Datum der islamischen Zeitrechnung: 10. Radschab 1402; dann folgte das aktuelle Datum westlicher Zeitrechnung: 4. Maju 1982 mit Übersetzung in den altarabischen Monat Ajaar; schließlich wurde auch die koptische Datierung angegeben: 26. Baramuudah 1698. Daß ›Al Ahram‹ und die anderen großen Blätter in arabischer Sprache den Kalender der Kopten berücksichtigen, entspricht der im 20. Jahrhundert wieder gewachsenen Bedeutung dieser christlichen Minderheit.

Während der Regierung des Kaisers Diokletian wurden Tausende von christlichen Ägyptern in der Arena zu Alexandrien verbrannt. Eingedenk des Massakers beginnen die Kopten ihre Zeitrechnung mit dem Jahr der Thronbesteigung Diokletians, dem Jahr 284. Ihre Geschichte hat aber lange vor diesem Jahr begonnen. Nach ethnischer Wertung sind die Kopten die Nachkommen der pharaonischen Bevölkerung, und zwar unabhängig davon, ob sie Heiden waren, sich später zum christlichen oder islamischen Glauben bekannten. Sie wa-

Wandrelief mit Paradiesszene

Mit Ranken geschmücktes Kapitell

Zweizonenkapitell mit Koptischem Kreuz

ren ›Kopten‹ während der Jahrhunderte dauernden Fremdherrschaft der Perser, Griechen, Römer und Byzantiner. Viele ›Kopten‹ wurden zu einem frühen Zeitpunkt Christen, jedoch erweiterte erst die Entscheidung für den Monophysitismus auf dem Konzil von Chalkedon (451) den ethnischen Begriff um eine religiöse Dimension. Im Zeichen des Islams wurde schließlich ›koptisch‹ völlig identisch mit ›ägyptisch-christlich‹; denn wer zum Islam konvertierte, war nur noch ›muslimisch‹.

Die Kunst der Kopten ist viel diskutiert und sehr unterschiedlich bewertet worden. Schon die zeitliche Zuordnung brachte Mißverständnisse mit sich, und selbst in der Fachwelt streitet man darüber, wann die koptische Kunst begann und was das Charakteristikum der eigentlichen koptischen Kunst ist. Wenn man die hellenistisch-ptolemäische Epoche, die in schöner Selbstverständlichkeit Pharaonisches mit Hellenistischem mischte, als einen besonderen, nicht für die Ägypter typischen Stil ausklammert, so ist das, was die Menschen geschaffen haben, die mehr oder weniger auf ländliche Bezirke beschränkt waren, koptische Kunst; eine Volkskunst, die im wesentlichen eine angewandte Kunst ist: Architektur (Kirchen und Klöster), Kunst am Bau innen und außen, Freskenmalerei, Grabstelen, kleine Kunstgegenstände aus Bronze, Ton, Bein und Elfenbein und die Textilwirkerei.

Für den Kirchenbau übernahmen die Kopten die Form der Basilika. Das Mittelschiff ist hier höher und wird durch Säulen von den Seitenschiffen getrennt. In der Apsis finden drei Kapellen mit den Sanktuarien Platz. Das Sanktuarium ist durch den ›Hidschab‹ (= Vorhang, Schleier, Trennwand), eine Holzwand, die mit Ikonen und im unteren Teil mit geometrischen Ornamenten verziert ist, geschlossen. Die Datierung der Kirchen ist problematisch, und so kann man als

Palmsonntag-Gottesdienst in der alten Markus-Kathedrale

Besucher verschiedener Kirchen immer wieder in die ›älteste‹ geraten.

Bei Kapitellen, Reliefbändern und Friesen ist die ornamentale Komponente mit unerschöpflichem Formenreichtum bestimmend. Bei der Darstellung von Menschen wird das Gesicht besonders hervorgehoben, wobei die Größenverhältnisse zwischen Körper und Kopf selten stimmen. Der Charme der naiven Kunst zeichnet Bilder, Plastiken und Reliefs aus.

Die Textilkunst beeindruckt durch den sicheren Gebrauch kräftiger Farben, die aber nie laut sind. Stoffe für Bekleidung waren über Ägyptens Grenzen hinaus begehrt. Die Auswahl der Motive bestimmte vielfach der Auftraggeber (spätantike Themen oder christliche). Die Fähigkeit der textilen Bildgestaltung – die in den Bilderteppichen der Wissa Wassef-Schule eine Wiederbelebung erfährt – hat viel Beachtung auch in deutschen Museen gefunden.

Die frühe Hinwendung der Ägypter zum Christentum hat sicher mehrere Gründe. Einmal hat sie wohl die Armana-Zeit ihrer pharaonischen Vergangenheit für den Monotheismus aufgeschlossen gemacht. Amenophis IV. (s. S. 63) wollte die alte Götterwelt durch einen einzigen personifizierten Gottesbegriff ersetzen: Aton – sichtbar als Sonnenscheibe mit Strahlenhänden! Der Pharao sah sich als ›Echn Aton‹, Strahl des Aton (Sohn des Gottes?), und er proklamierte seine monotheistischen Visionen mit fanatischem Eifer und religiöser Inbrunst, wie er auch unnachgiebig die alten Götter bekämpfte (Brunner-Traut).

Zum anderen findet man im Alten Testament viele Bezüge zu Ägypten, die eine gegenseitige Durchdringung religiöser Vorstellungen wahrscheinlich erscheinen lassen. Moses, Begründer und Mittler der israelitischen Religion, wurde als ausgesetztes Kind am Nilufer von einer ägyptischen Prinzessin entdeckt und am pharaonischen Hof erzogen. Es wäre erstaunlich, wenn das nicht einen Niederschlag in seinen religiösen Thesen gefunden hätte. Das 1. und 2. Buch der Könige läßt die engen Beziehungen zu Ägypten immer wieder deutlich werden: Salomo heiratet eine Prinzessin pharaonischen Geblüts; höfische Zeremonien gestalten sich nach ägyptischem Vorbild; Teile des Alten Testaments (Psalmen) finden ihre literarischen Entsprechungen in den pharaonischen Weisheitslehren.

Ein dritter Aspekt liegt nahe: die Kopten sahen in der frühen Hinwendung zum Christentum eine Gelegenheit, sich gegenüber den seit Beginn der römischen Herrschaft privilegierten Griechen (s. S. 67) in Distanz zu formieren.

Wie früh erfolgte die Hinwendung zur Lehre des Jesus Christus? Sichere Daten liegen über die ersten Christen in Alexandrien, Babylon und Memphis nicht vor. Aber die Apostelgeschichte erwähnt u. a. Zeugen aus Ägypten, die das Sprachenwunder in Jerusalem zu Pfingsten erlebten. Paulus berichtet in der Apostelgeschichte von dem Juden Apollo aus Alexandrien, der in Ephesos das Wort Gottes predigte. Die Kopten verehren Markus als den Gründer ihrer Kirche, doch die Geschichtsforschung verweist diese Zuordnung in den Bereich der Legende. Sicher belegt ist, daß im Jahr 180 die alexandrinische Kirche festgefügt war, daß eine Ordnung der verschiedenen Gemeinden bestand, daß der Bischof gewählt wurde von Presbytern, die an der Spitze jeder einzelnen Gemeinde standen. Der Bischof war ›primus inter pares‹.

Geflochtene Palmsonntag-Symbole für die Kinder

Im 3. Jahrhundert war die Bibel bereits in zwei koptische Dialekte übersetzt, bis zum 5. Jahrhundert in alle Dialekte. Während Memphis verfiel und in Babylon das karge geistige Leben einer Garnisonsstadt herrschte, nahm Alexandrien einen hervorragenden Platz unter den christlichen Zentren ein. Die dortige Katechetenschule, von deren Lehrern wichtige Impulse für die frühchristliche Kirche in Europa ausgingen, war ohne Beispiel; einigen ihrer begabtesten Schüler sind die ersten Werke der Religionsphilosophie und die Überarbeitung des Neuen Testaments zu verdanken.

In Ägypten verwirklichte sich auch zuerst das christliche Mönchswesen und verbreitete sich von dort aus. Antonius (251–356) zog mit zwanzig Jahren als Eremit in die Wüste, um sich rund 200 km südöstlich von Babylon in einer Höhle niederzulassen. Er lehrte seine

Schüler, ein genügsames Leben zu führen, Gebet und Arbeit zu verrichten, wie es die Bibel verlangt. Man lebte in einer losen Gemeinschaft. Viele solcher Eremiten-Siedlungen entstanden. Aber erst der Bauernsohn Pachomius organisierte im 4. Jahrhundert das gemeinschaftliche Leben von Mönchen in einem Kloster. Er band ihr Leben in feste Regeln ein. Als er 348 starb, gab es schon sieben Klöster für Männer und zwei für Frauen.

Möglicherweise hat das klösterliche Leben der Essener Mönche (Essäer) in Palästina die Ägypter beeinflußt. Philo von Alexandrien (gest. ca. 45 n. Chr.) hatte ausführlich über ihr Leben, ihre Regeln und ihre Lehre berichtet, die der christlichen bis in Details verblüffend ähnlich ist. Außerdem lebten die christlichen Ägypter in einer politischen Situation, die der des jüdischen Volkes in seiner Abhängigkeit von Rom vergleichbar war. Vor der Hoffnungslosigkeit im Kampf um die nationale Existenz floh man in die Askese – am Nil wie in Palästina. Heute gibt es noch neun Mönchskloster; sieben davon spielen bei der Wahl des jeweiligen Oberhauptes der ägyptischen Kirche, des ›Patriarchen von Alexandrien‹ eine besondere Rolle. Die noch bewohnten Nonnenklöster sind in Kairo angesiedelt.

Alexandrien, darauf bedacht, seine Stellung gegenüber Rom und Konstantinopel zu behaupten, ließ es sich nicht nehmen, die christologischen Lehrstreitigkeiten durchzufechten, die durch die Entscheidung des Konzils von Chalkedon schließlich zum Schisma führten. Die Auseinandersetzung dauerte über hundert Jahre und drei Konzile wurden einberufen, auf denen man eine gemeinsame Deutung der Natur Jesu Christi zu erarbeiten suchte.

325 Konzil zu Nicaea: Die Lehre des Arius, Jesus sei ein Geschöpf und erst durch seine Erlösungstat zur Gottheit erhoben; er sei dem Vater nicht wesensgleich, sondern wesensähnlich, wurde verworfen. Athanasios, Patriarch von Alexandrien, errang den Sieg für die Orthodoxie, d. h. für die monophysische Auffassung, daß die göttliche und menschliche Natur Christi verschmolzen und eine Einheit sei.

431 Konzil zu Ephesos: Die Lehre des Patriarchen Nestorios von Konstantinopel, Maria sei keine ›Gottesgebärerin‹, sondern habe den Menschen Jesus geboren, stand der Überzeugung des Patriarchen Kyrill von Alexandrien von der göttlichen Geburt Jesu gegenüber. Eine Einigung kam nicht zustande; vielmehr tat die eine Gruppe den Nestorios und die andere den Kyrill in den Bann, und der byzantinische Kaiser Theodosius II. unterzeichnete beide Urteile. Nestorius ging in die Verbannung, Kyrill hingegen wieder nach Ägypten, wo er sein Amt als Patriarch weiter ausübte. 433 konnte Kyrill mit Genugtuung verbuchen, daß in seinem Sinne entschieden wurde.

451 Konzil von Chalkedon: Hier pendelte man sich auf den Kompromiß der ›Zwei-Naturen-Lehre‹ ein, d. h. der unvermischten, aber untrennbaren göttlichen und menschlichen Natur in Christus. Damit wurde der Monophysitismus als solcher abgetan und Dioskuros, Patriarch von Alexandrien, ins Exil geschickt.

Die ägyptische Kirche dachte gar nicht daran, sich diesem Urteil zu fügen. Im Gegenteil, sie formierte sich zum Widerstand. Es kam zu einer Volkserhebung, und fanatische Kopten scheuten nicht davor zurück, den neuen, von Konstantinopel inthronisierten Patriarchen in seiner Kirche zu ermorden. Man brach mit der Reichskirche und ging von nun an seinen eigenen Weg. Alexandrien geriet dadurch in die Isolierung und konnte nie wieder die Bedeutung zurückerlangen, die in der frühchristlichen Zeit auch seine Macht darstellte.

Die heftige Reaktion des Alexandrinischen Patriarchats kann nur im Zusammenhang mit den katastrophalen Folgen jahrhundertelanger Fremdherrschaft begriffen werden. Die Kopten wollten die Vormachtstellung Konstantinopels über alle orientalischen Kirchen nicht anerkennen, weil sie sich als die ältere apostolische christliche Gemeinde im Recht sahen, diesen Platz einzunehmen; aber sie waren auch tief verbittert, weil sie Erniedrigung und Unterdrückung erfahren hatten durch die Bevorzugung aller gräcisierten Bürger ihres Landes.

Es ist mehrmals versucht worden, die Monophysiten in den Schoß der Gesamtkirche zurückzuholen. Die Kopten sind auf das Hin und Her der kirchenpolitischen Balanceakte und auch auf den monotheletischen Trick nicht hereingefallen. Ihr eisernes Beharren auf dem Monophysitismus hat man als bewußtes Ausscheren aus dem Verband derer zu betrachten, die sie gesellschaftlich und politisch diskriminiert hatten. Nur von dieser Warte aus kann man allenfalls begreifen, daß sie die arabisch-islamischen Eroberer in erster Linie als die Befreier von griechischer Herrschaft einschätzten. Daß der Islam sehr viel einschneidender ihre ethnisch-religiöse Existenz bedrohte, wird klar, wenn man sich vergegenwärtigt, daß das ehemals christliche Ägypten schon um das Jahr 1000 – rund 360 Jahre nach dem Einfall der Araber – eine islamische Bevölkerungsmehrheit hatte.

In der Frühzeit der arabischen Herrschaft über Ägypten war der Übertritt zum Islam erwünscht und wurde gefördert, insbesondere durch den Verzicht auf Kopfsteuer von einem konvertierten Ägypter. Auch allgemeine Diskriminierung und besondere Kleidervorschriften (der Talar der koptischen Priester ist ein Überbleibsel) wurden als Druckmittel benutzt. Als die Steuerflucht durch Religionswechsel zu einem wirtschaftlichen Problem wurde, erfanden die muslimischen Herrscher am Nil neue Vorschriften oder unterbanden einfach den Übertritt der Unterworfenen zum Islam. Mancher Machthaber übte gegen die Christen ein Schreckensregiment aus, verbot ihnen Pferd und Kamel und wies ihnen als Reittier allein den Esel zu, befahl ihnen, ihre Häuser niedriger als die der Araber zu bauen.

Wie gegen die Diskriminierung seitens der Byzantiner, begehrten die Kopten schließlich gegen die Diskriminierung seitens der Araber auf. In der Zeit zwischen 725 und 829/30 gab es mindestens sechs große Revolten. Die Aufstände wurden jedesmal grausam niedergeschlagen. Unter dem Fatimiden al Hakim (s. S. 101), kam es zu massenweisen Zwangsbekehrungen der Christen. Im 16. Jahrhundert waren die Kopten zu einer Minderheit zusammengeschmolzen, die 10 Prozent der Gesamtbevölkerung ausmachte.

Parallel zur Islamisierung wurde die koptische Sprache zuerst aus dem öffentlichen Leben, dann auch zunehmend aus dem täglichen Leben der Menschen verdrängt. Koptisch ist der letzte Zweig von Schrift und Sprache der Pharaonenzeit und besitzt somit große Bedeutung für die archäologische Wissenschaft. Die demotischen Schriftzeichen, die neben und

Auf dem Boden der römischen Festung Babylon: Kirche der Hl. Jungfrau Maria, auch Al Mu'allaqah (die Hängende)

nach der hieratischen Schrift gebräuchlich waren, wurden mit der Verbreitung des Christentums in das einfachere griechische Alphabet transkribiert und um acht demotische Buchstaben erweitert. Die Möglichkeit, nun auch Vokale schriftlich festzuhalten, ergab eine Annäherung an die Klangvorstellungen der Sprache zur Pharaonenzeit, die im Schriftbild nur Konsonanten kennt. Auch für die Religionswissenschaft ist die Kenntnis der koptischen Sprache sehr wichtig. Bei den Handschriften-Funden von Nag Hammadi (1945) und Madinat Maadi (1930) entdeckte man bedeutende koptische Übersetzungen gnostischer und manichäischer Literatur, die in ihren Originalen nicht mehr erhalten sind.

Institute in Kairo bemühen sich um die Pflege der koptischen Sprache, die nur noch in der Liturgie des Gottesdienstes lebendig ist. Etwa im 17. Jahrhundert hörte sie auf, Umgangssprache der koptischen Bevölkerung zu sein; doch gibt es in Kairo auch heute noch einige Familien, in denen man Koptisch als Sprache des täglichen Lebens zu erhalten und auszubauen versucht.

Verschiedene koptische Wörter sind in die arabische Sprache eingegangen, z.B. ›Timsah‹ (Krokodil), ›Futah‹ (Handtuch, Serviette) und ›Qaduus‹ (Tonkrug am Wasserrad). Es gibt Orte, deren Namen koptischen Ursprungs sind: Faiyum, Akhmim, Assiyut, Edfu. Die koptischen Monatsnamen werden von der Landbevölkerung immer noch benutzt. Zwei davon erinnern an alte Götter: ›Tût‹ und ›Hatûr‹. Auch der Katalog koptischer Eigennamen enthält in der Mehrzahl altägyptische, wie Isis, Ramses, Anubis, Amun, Faraun. Erst danach folgen griechische, hebräische, lateinische Namen in ihrer koptischen Version, z. B. Bulus (Paul), Butrus (Peter), Girgis (Georg) oder Tuma (Thomas), Juhanna, Hanna (Johannes) und schließlich Murqus (Markus) und Ikladius (Claudius). Die von den Kopten übernommenen arabischen Namen lassen sich in der Übersetzung aus der christlichen Tradition herleiten, z. B. Abd al Masih (Diener des Messias) und Abd al Sayid (Diener des Herrn). Kopten kann man also oft an ihren Namen erkennen. Außerdem haben die meisten an ihrem rechten Handgelenk innen ein Kreuz tätowiert.

Die Kreuz-Tätowierung war und ist ein trotziges Bekenntnis zum Christentum. Der Kopte kam früher immer wieder in Situationen, in denen es besser gewesen wäre, wenn er nicht ein unveränderliches Kennzeichen seines Glaubens auf der Haut getragen hätte; und er kann unter Umständen auch heute noch, allerdings nicht mehr so leicht wie früher, in eine derartige Situation geraten. Um gar nicht erst die Versuchung aufkommen zu lassen, bei Gefahr das Glaubenszeichen wegzuwischen, wurde und wird es quasi eingebrannt. In Not- und Krisenzeiten wandte sich der Straßenpöbel nur allzu leicht gegen Außenseiter – und Kopten waren in Kairo etwa ab dem 12. Jh. Außenseiter. Die koptische Kirche kennt zahlreiche Märtyrer, vor allem

solche, die nach der Zwangsbekehrung zum Islam sich dem alten Glauben wieder zuwandten und damit dem Tod verfielen.

Dennoch kamen die islamischen Herrscher nicht ohne die Mitarbeit der ägyptischen Christen aus. Als alte Dokumente aufgearbeitet wurden, trat zutage, daß zwischen 1279 und 1447 die Mamluken achtmal bemüht waren, alle Kopten aus dem Staatsapparat zu entfernen (Meinardus). Doch die Bemühungen nützten

Private Kairoer Müllabfuhr: ohne die Initiative koptischer Kleinunternehmer könnte die Stadt nicht entsorgt werden

wenig – vor allem der finanztechnische Sachverstand der Kopten erwies sich bald als unentbehrlich, zumal sie es einzurichten wußten, ihre Kenntnisse nur an Glaubens- und womöglich Clansbrüder, aber nicht an Andersgläubige weiterzugeben.

Während der osmanischen Herrschaft über Ägypten verloren jedoch die Kopten etwas an Boden im Verwaltungsapparat von Kairo und ganz Ägypten. Den Beauftragten der Hohen Pforte stand die Möglichkeit offen, notfalls auf andere begabte Christen aus dem ganzen Reich zurückzugreifen. Auch die türkischen Paschas kamen nicht völlig ohne Kopten aus; jedoch sanken der Einfluß des Koptentums in der Gesellschaft, der Anteil der Kopten am Bevölkerungsstand und der Bekennermut der ägyptischen Christen deutlich ab. Sie langten im 17. und 18. Jahrhundert auf einem Tiefstand an.

Der Patriarch von Alexandrien gilt zur Zeit als das geistige Oberhaupt von rund 23 Millionen koptischen Christen in der Welt, jedoch ist unklar, wieviele Kopten es in Ägypten gibt. Die offizielle Statistik billigt ihnen höchstens 10 Prozent der Gesamtbevölkerung zu, also jetzt knapp 4,5 Millionen; koptische Politiker sprechen manchmal von 15 bis 20 Prozent der Bevölkerung. Dieses Feilschen um Prozentzahlen bildet den Hintergrund, auf dem der Einfluß der Kopten in Gesellschaft, Wirtschaft und Staat gewertet wird. Nüchterne Schätzungen ausländischer Sachkenner sprachen zu Anfang der achtziger Jahre von sechs Millionen Kopten am Nil, was knapp 14 Prozent der Gesamtbevölkerung wären.

Zweifellos hat sich die Lage der koptischen Gemeinschaft deutlich verbessert, seit in Ägypten ein moderner Staat entstanden ist. Schon unter den Nachfolgern Mohammad Alis (s. S. 163) gelangten Kopten in höhere Staatsämter. Zu Anfang des 20. Jahrhunderts wurde sogar ein koptischer Politiker, Butrus (Peter) Butrus-Ghali, Ministerpräsident des Landes, allerdings nur für wenige Jahre. Die zu jener Zeit eingeführte weltliche Gesetzgebung, die eine Staatsverfassung nach westlichem Muster zuließ, ermöglichte es den Kopten und den Mitgliedern anderer Minderheiten, in einer nur noch vorwiegend islamischen Gesellschaft angesehene Positionen zu beziehen. Andererseits mußten damals gerade die Kopten davor auf der Hut sein, von der britischen Schutzmacht (s. S. 170) herausgehoben und gegen die Bevölkerungsmehrheit ausgespielt zu werden. Dieser Versuchung zu widerstehen, halfen die von den Vorvätern überkommenen Erfahrungen mit Fremdherrschern, ihre Abneigung gegen das römische Dogma sowie die Notwendigkeit, sich gegen Missionierung koptischer Gläubiger durch westliche Kirchen, insbesondere in Kairo, wehren zu müssen.

In den letzten fünfundzwanzig Jahren ist es üblich, daß stets ein Kopte der Regierung als Minister angehört. In den fünfziger und sechziger Jahren hieß es, ein koptischer Offizier habe keine Chance, bis zum General aufzusteigen, doch unter Präsident Anwar al Sadat (s. S. 182) wurde das möglich. Andererseits entstanden in der Zeit der Präsidentschaft Sadats (1970–81) neue Spannungen zwischen dem muslimischen und dem christlichen Bevölkerungsteil. Im Lauf der siebziger Jahre hatten mehrere radikale Sekten einen gewissen Anhang unter den Muslimen gefunden. Um Unruhe in der Gesellschaft zu verbreiten, richteten sie Terroranschläge gegen einzelne koptische Priester, Kirchen und Wohlfahrtseinrichtungen. Ihre Kalkulation ging insofern auf, als gelegentlich junge Kopten zu militanter Selbsthilfe bei der Abwehr des Terrors griffen. 1981 kam es in Kairo zwischen Muslimen und Christen zu schweren Zusammenstößen auf breiter Basis. Der kurz danach ermordete Präsident Sadat, der einer fanatischen muslimischen Sekte zum Opfer fiel, richtete Strafmaßnahmen gegen beide Seiten: er ließ eine Reihe religiöser Extremisten verhaften und entzog dem Oberhaupt der koptischen Kirche, Patriarch Schenuda III., die verfassungsgemäße Anerkennung durch den Staat.

Unentbehrlich sind Kopten heute wie während der über eintausendjährigen arabisch-islamischen Oberhoheit vor allem auf zwei sozialen Ebenen: als Manager im staatlichen und privatwirtschaftlichen Finanzwesen und als Arbeiter für niedrige Dienstleistungen. So war es während der fatimidischen, mamlukischen und osmanischen Herrschaft, so ist es noch heute. Zugewanderte Araber, Juden, islamisierte Ägypter hatten sich schließlich als Geldwechsler und Juweliere auf den Märkten durchzusetzen vermocht – aber die staatliche Münze, die Buchhaltung des jeweiligen Herrschers, später die Banken, die blieben fest in koptischer Hand. Auch in den achtziger Jahren unseres Jahrhunderts sind das Kairoer Finanzministerium und die Banken an religiösen Feiertagen der Kopten fast handlungsunfähig, obwohl es sich nicht um offizielle Feiertage handelt. Und andererseits wurden zehn Jahrhunderte hindurch der gröbste Unrat, Tier- und Menschenleichen bei Epidemien und der Inhalt der Fäkaliengruben von koptischen Arbeitern aus Kairo heraus geschafft.

Heute würde Kairo in Abfällen ersticken, gäbe es nicht die private koptische Müllabfuhr. Zwar gibt es, anders als in manchen Zeitungsberichten behauptet, auch eine kommunale Straßenreinigung und Müllabfuhr, doch ist das öffentliche Unternehmen so notdürftig ausgestattet und so schwerfällig, daß es allenfalls zehn Prozent des Stadtgebietes entsorgen kann. Der Abfall fast aller privaten Haushalte und der meisten Geschäfte und Restaurants wird von Sammlern abgeholt (gegen eine monatlich zu zahlende Gebühr), deren Familienangehörige auf den Deponien intensive Müllverwertung betreiben.

Hier ist ein von der Not und den Umständen ins Leben gebrachter gigantischer Rohstoffrückgewinnungs- und Abfallverwertungsbetrieb zu beobachten. Äußerlich macht er sich durch Tausende meist zweirädriger Karren bemerkbar, die von Eseln gezogen und vorwiegend von Kindern begleitet werden. Auf den Hintertreppen der Häuser finden die Sammler Kanister und Eimer mit Abfällen, die sie in Körbe und dann in ihre Karren entleeren. Die Karren ziehen schließlich alle in nordöstlicher Richtung mit dem Ziel Matariya. Nahe diesem Vorort türmt sich die große Verwertungshalde, in deren Schatten rund 50000 Menschen, fast ausschließlich Kopten, leben sollen. Mit Speiseresten betreiben sie eine umfangreiche Schweinezucht, denn die einheimischen Christen und die vielen Ausländer bieten einen guten Markt für Schweinefleisch. Flaschen, Holz, Papier, Textilreste, Konservendosen und andere Metallteile, Plastiktüten und Gummistücke – all diese Materialien werden neu verarbeitet oder als Rohstoffe abermals zum Verkauf angeboten.

Das Leben im Schatten der Müllhalde ist trostlos, unhygienisch und diskriminierend – aber es ist doch noch kein Leben im nackten Elend, wie das mancher Menschen in der Totenstadt einige Kilometer südlich (s. S. 190), denn es ist letzten Endes produktiver: es ist ein Leben inmitten einer Produktionsstätte, ein Leben in einer primitiven Fabrik.

Höherer Glanz kommt in dieses Leben durch die Kirche. Wie die einfachen Muslime, so sind auch die einfachen Kopten sehr gläubig. Ihre Gotteshäuser sind an Sonn- und Feiertagen stets gut besucht. Besonders in Kairo, wo schon seit dem Jahre 1047 der Sitz des Patriarchats ist, blüht das religiöse Leben. Die wichtigsten Kirchen sind in der Hauptstadt und schon lange nicht mehr in Alexandrien zu finden. In Kairo treten auch die führenden Bischöfe und der Patriarch bei großen religiösen Festen in Erscheinung.

Freudentriller bei der Auferstehung ...

»Das koptische Kirchenjahr richtet sich nach dem Julianischen Kalender. Es beginnt am 10. oder 11. September. Während die katholischen und protestantischen Kirchen in Kairo 1981 das Osterfest einläuteten, feierten die Kopten Palmsonntag.

Auf der Straße vor der alten Markuskathedrale wurden an Holzständen die schönsten Palmwedel in immer wieder neuen Variationen geflochten. Manche waren größer als die Kinder, die sie trugen. Man brachte sie mit in die Kirche, wo sie geweiht wurden; die Palmwedel werden das ganze Jahr über zu Hause aufbewahrt. Der Gottesdienst begann um sechs Uhr morgens und dauerte bis mittags. Anfangs waren erst wenige Leute da, Frauen auf der rechten, Männer auf der linken Seite, vom Haupteingang her gesehen.

Zum Gottesdienst gehört die Liturgie – ein rezitatorischer Gesang in koptisch und arabisch, akzentuiert von Sistrum und Triangel –, die Predigt in arabischer Sprache, gehören abwechselnd koptisch und arabisch gesprochene Bibeltexte und choralartige mehrstimmige Psalmen. Der Chor, zusammengestellt nur aus Männern, stand in einer Reihe, wechselte zur anderen Seite, formierte sich in einem Kreis, umrundete das Allerheiligste, schritt durch den Mittelgang auf den Hof – er war über Stunden mit rituellen Handlungen beschäftigt.

Die Kirche war inzwischen voll und Kinder sorgten für Unruhe. Vögel zwitscherten kontrapunktisch zu den liturgischen Gesängen und flogen zwischen den Kronleuchtern hin und her. Das Abendmahl wurde zelebriert, zuerst den Männern, dann den Frauen, was ungleich länger dauerte, da auch die Gelegenheit zur Aussprache mit dem Priester wahrgenommen wurde. Während danach der Priester in seiner Predigt das Palmsonntag-Thema behandelte – Friede in unserer Zeit –, feierten die Kinder draußen den Einzug Christi in Jerusalem auf ihre Weise, nämlich mit Knallerbsen.

Wie im griechisch-orthodoxen Ritus, so ist auch bei den Kopten der Gottesdienst in der Osternacht ein besonderes Fest. Es begann am frühen Abend und dauerte bis zwei Uhr nachts. In der 1968 fertiggestellten großen Markuskathedrale sammelten sich die Kairener Kopten, um die Predigt ihres Patriarchen zu hören. Das Fernsehen war anwesend, das Gedränge unbeschreiblich. Voller Erwartung versuchten Kinder etwas von der Zeremonie zu sehen; sie kletterten auf Stühle, wurden von den Müttern hochgehoben. Es vergingen Stunden mit genau vorabfixiertem Zeremoniell, bis die Auferstehung Christi nahte. Das Allerheiligste wurde verschlossen, die Lichter gingen aus, auch die Scheinwerfer des Fernsehens; es war atemlos still, selbst die Kinder rührten sich nicht. In dem Augenblick, da es wieder hell wurde und die Auferstehung vollzogen war, brach ein frenetischer Jubel aus, bei den Frauen durch gellende Freudentriller verstärkt. Die Luft hing voller Weihrauch.«

Augenzeugenbericht aus dem Jahr 1981

Ⲡⲭ̄ⲥ̄ ⲡⲉⲛⲥⲱⲧⲏⲣ
ⲁϥⲧⲱⲛϥ̄ ϧⲉⲛ ⲛⲏ ⲉⲑⲙⲱⲟⲩⲧ
ⲁϥⲧⲁⲥⲑⲟ ⲛ̄ⲁⲇⲁⲙ
ⲉⲡⲓⲡⲁⲣⲁⲇⲓⲥⲟⲥ.

»Christus, der Heiland
er stand von den Toten,
er setzte den Adam
ins Paradies zurück.«

Koptischer Gebetstext

Fustat brennt immer noch

Die arabische Gründung

Als die Araber 640 n. Chr. zur Eroberung Ägyptens ansetzten – warum versuchten sie da nicht zuerst die damalige ägyptische Hauptstadt, Alexandrien, einzunehmen? Amr Ibn al Ass, der arabische Feldherr, war mit seiner kleinen Invasionsarmee von nur rund 4000 Mann aus Palästina gekommen und hatte für den Einfall nach Ägypten die klassische Küstenroute über Gaza und al Arisch gewählt; wäre die arabische Armee auf dieser Route weiter nach Westen marschiert, hätte sie allerdings das dichtbesiedelte Nildelta durchqueren müssen und wäre schließlich unter den Mauern Alexandriens angekommen. Sie marschierte statt dessen am Ostrand des Deltas entlang nach Süden, um nahe der Ruinen von Heliopolis (s. S. 61) den Nil zu erreichen. Damit befanden sich die Araber über 200 km südöstlich der damaligen Landeshauptstadt.

Man mag sagen, mit nur 4000 Kriegern hätte Amr im dichtbesiedelten Delta vielleicht Schwierigkeiten bekommen und die von See her entsetzbare Hafenstadt Alexandrien wäre noch zu stark für ihn gewesen. Doch hat die Forschung inzwischen nachgewiesen, daß in Wirklichkeit die arabische Invasionsarmee gar nicht so klein gewesen ist. Der damalige Oberherr der arabisch-islamischen Gemeinschaft, der Kalif Omar, hatte noch 12 000 Krieger in Richtung Ägypten entsandt. Diese waren zum Teil auf dem Roten Meer mit Schiffen aus Südarabien herbeigeschafft worden oder hatten die alte Karawanenroute aus dem Stammland des Islams entlang der Ostküste des Roten Meeres und über Sinai genommen. Vom Golf von Suez aus brauchte das Hauptheer nur dem schiffbaren Kanal zu folgen, den die Perser zwischen Nil und Rotem Meer gebaut hatten; im

Reste der vor über achthundert Jahren zerstörten Stadt Fustat

heutigen Großraum Kairo traf es dann mit den 4000 von Amr geführten Soldaten zusammen. Dieser schon recht stattlichen Armee lieferten die byzantinischen Truppen nahe Heliopolis eine Schlacht, in der die Araber siegten. Aber die Entscheidung war damit noch nicht gefallen, denn die Feste Babylon (s. S. 38) blieb in den Händen der Byzantiner. Es begann eine monatelange Belagerung.

Die von den Arabern im September 640 eingeschlossene Festung stammte aus der Zeit des römischen Kaisers Augustus um 30 v. Chr.; auf welchen älteren Bauten sie errichtet wurde, ist noch unbekannt. Das Fort war 98 n. Chr. unter Kaiser Trajan ausgebaut und dann von den Byzantinern um 395 nochmals verstärkt worden. Es muß in gutem Zustand gewesen sein, denn Amr, dessen Männer wohl zum überwiegenden Teil nur den Bewegungskrieg der Wüste, nicht aber den Sturm auf feste Mauern kannten, versuchte die Besatzung auszuhungern. Der arabische Befehlshaber führte auch lange Übergabeverhandlungen. Nach siebenmonatiger Belagerungszeit, im April 641, kapitulierte die Besatzung der Feste Babylon. Erst danach wandten die Araber sich der Eroberung Alexandriens zu.

In der langen Belagerungszeit war schon die Keimzelle der Stadt Fustat entstanden, der Vorläuferin des späteren Kairos (s. S. 98). Amr Ibn al Ass hatte sein Zelt etwa 1 km nordöstlich der Festung aufschlagen lassen. Während des rund halbjährigen Verharrens waren ringsum nicht nur die Zelte der Unterkommandeure gesetzt und ein gemeinsamer Gebetsplatz eingerichtet worden; es hatte sich nahe dem Zelte-Areal der Truppenführer auch der unvermeidliche Troß niedergelassen. Um diese ganze Ansammlung herum waren Gräben ausgehoben und geschützte Späherposten angelegt worden – Verteidigungsanlagen für den Fall eines Gegenangriffs der Festungsbesatzung. Als diese endlich kapituliert hatte und ein Teil des arabischen Heeres gegen Alexandrien gezogen war, blieb das Lager dennoch bestehen. Die Steingewölbe der Festung und ihre im Schatten hoher Mauern liegenden Soldatenhütten waren nicht das, was die arabischen Eroberer sich als Wohnstätten vorstellten. Auf dem gemeinsamen Gebetsplatz wurde etwa Ende 641 der Grundstein für eine einfache Moschee – der ersten auf afrikanischem Boden – gelegt, und nach und nach verschwanden die Zelte, ersetzt durch feste Häuser aus Ziegeln.

Lehm für die Herstellung von Ziegeln gab es reichlich, denn die neue Siedlung Fustat lag, wie auch die Feste Babylon, fast direkt am Ufer des Nils. Heute sind es vom Gelände des Koptischen Museums (s. S. 294), das Reste der römisch-byzantinischen Verteidigungsanlagen enthält (s. S. 294), bis zum Nilufer in der Luftlinie rund 700 m; von der Moschee des Amr Ibn al Ass (s. S. 87; Farbt. 64) bis zum Ufer beträgt die Luftlinie fast 1000 m. Im Bereich Babylon/Fustat sind also die Ufer des östlichen Nilarmes um rund 1000 m nach Westen ›gewandert‹. Weiter stromabwärts beträgt die Verlagerung sogar 3000 bis 4000 m. Außerdem ist der Fluß im gesamten Stadtbereich Kairos während der letzten 1300 Jahre wesentlich schmaler geworden. Dies bedeutet: an der Stelle, an der die Römer um 30 v. Chr. eine Festung bauten, befand sich damals die Südspitze des Nildeltas. Da dort auch mehrere Wüstentäler vom Roten Meer her in das Niltal mündeten, hatte man es mit einem strategisch wichtigen Platz zu tun; an der Stelle galt es, das Flußtor zum Delta zu bewachen und die möglichen Einfallsrouten aus dem Osten kommender Invasoren zu blockieren, denn schräg gegenüber, etwas weiter südlich am anderen Flußufer, lag Memphis (s. S. 43), jahrtausendelang eine der wichtigsten Großstädte Ägyptens.

Als nun die Araber diesen wichtigen Punkt erobert hatten, ging es ihnen nicht mehr um das fast schon aufgegebene Memphis, eigentlich zunächst überhaupt nicht um das geschäftige urbane Leben auf dem Westufer des Nils; vielmehr wollten die Araber die Verbindungslinien zum Macht- und Geisteszentrum ihres neuen Reiches sichern, das damals in Mekka und Medina lag. Der kürzeste Weg dorthin führte von Fustat durch die nach Osten verlaufenden Wüstentäler an den Golf von Suez. Deswegen war die Ostseite des Nils bei Babylon dem arabischen Feldherrn Amr Ibn al Ass viel wichtiger als die Hauptstadt der byzantinischen Provinz Ägypten, Alexandrien. Wie die arabisch-amerikanische Wissenschaftlerin Janet Abu-Luchod schreibt, habe nahe bei Babylon, den geographischen und wirtschaftlichen Verhältnissen entsprechend, einmal eine große Stadt entstehen müssen. Als sie dann geschaffen wurde, sei die Stadt kaum mitgeprägt worden vom pharaonischen, hellenistischen, römisch-byzantinischen und koptischen Erbe Ägyptens; diese Stadt am Ostufer des Nils sei im wesentlichen eine arabische Schöpfung.

Der erste Bauherr war ein Wüstenaraber vom Stamme der Kuraisch, und sein Lebensstil war überaus bescheiden. Nach der Forschung von Mahmud Ahmad, dem Direktor der arabischen Antiquitätenverwaltung Kairos in den dreißiger und vierziger Jahren, fiel dementsprechend auch die Moschee des Amr Ibn al Ass sehr bescheiden aus. Sie soll zunächst nur 23 m breit und 28 m lang gewesen sein. Ihr Dach habe aus Palmenzweigen und Lehm bestanden und sei von Holzbalken getragen worden. Das Innere der Moschee sei mit Kieseln bestreut gewesen, schreibt der ägyptische Archäologe; doch bei ihrer Weihe seien achtzig (vielleicht aber auch nur acht) Gefährten des Propheten zugegen gewesen. Die Gebetsstätte habe, wie die Festung, nahe dem Nilufer gestanden. Amrs Wohnhaus sei östlich der Moschee zusammen mit einem kleineren Haus für seinen Sohn errichtet worden.

Moschee und Markt entstanden bei den Städtegründungen der islamischen Araber fast immer gleichzeitig. Man darf sicher sein, daß dies auch beim Auf- und Ausbau von Fustat so gewesen ist. Der Markt wäre – der Beschreibung von Ahmad folgend – an der Nordseite der Moschee gewesen, weil der Weg südwärts zur Festung führte und wahrscheinlich ebenso freigehalten werden mußte wie der Weg westwärts zum Fluß.

Amr Ibn al Ass blieb Gouverneur im Namen des Kalifen zunächst bis 648 und wurde rund dreizehn Jahre später noch einmal in dieses Amt berufen. Zu seinen Lebzeiten (er starb 663 als Neunzigjähriger) blieb anscheinend die Moschee im wesentlichen unverändert. 672 soll dann, Ahmad zufolge, der erste größere Umbau vorgenommen worden sein, dem viele weitere folgten. Der Islamforscher Prof. Creswell datiert hingegen die erste Erweiterung der Moschee des Amr ins Jahr 827 n. Chr., korrespondierend mit 212 Hidschra, ausgeführt von Abdallah Ibn Tahri, einem neuen Gouverneur Ägyptens.

Restauriertes Hauptportal der Amr-Moschee

Die Stadt Fustat dürfte in jedem Fall viel schneller als die Moschee gewachsen sein. Offen bleibt, ob es eine Stadtplanung gab, ob ihr rapides Wachstum gesteuert worden ist oder ob Wildwuchs herrschte. Die Ergebnisse früher Fustat-Forschung lassen eher auf Wildwuchs schließen. Sie wurden dahingehend gedeutet, daß die Stadt »ein Komplex enger, gewundener, irregulär laufender Straßen war, wobei keine mehr als sechs Meter breit war und viele eineinhalb Meter nicht übertrafen« (Creswell).

Da man bei den frühen Grabungen keine Pflastersteine gefunden hatte, wurde angenommen, es habe nur Erd- und Kieselstraßen gegeben. Spätere Forschungsarbeit wertete unser Bild von Fustat auf. Nun hieß es, die kleine Siedlung an der Moschee habe sich schnell zu einer Ansammlung von fünf- und sechsstöckigen Wohnhäusern, überdeckten Märkten, öffentlichen Bädern und weiteren Moscheen entwickelt (Scanlon). Rund hundertsechzig Jahre nach der Unterwerfung Ägyptens durch die Araber habe Fustat eine halbe Million Einwohner gehabt und sei damit wohl die größte Stadt der Welt gewesen, in diesem Rang bedroht nur von Bagdad und Konstantinopel.

Anschauliche Augenzeugenberichte über das frühe Fustat sind selten. Vielleicht liegt das daran, daß zu der Zeit, Mitte und Ende des 7. Jahrhunderts, die arabischen Bewohner der Stadt vorwiegend Krieger waren, die nicht schreiben konnten oder ihr Können nicht gerade für Chronistenarbeit einsetzen wollten. Die noch mindestens hundert Jahre sprachlich dem Koptischen oder Griechischen verbundenen Ägypter aber waren anfangs in Fustat wohl kaum erwünscht, es sei denn als Dienende und Bauarbeiter. Schriftliche Berichte über die erste arabische Stadt am Nil aus dem 10. und 11. Jahrhundert n. Chr. sind häufiger, zum Beispiel solche des arabischen Geographen al Mukaddasi. Dieser war um 984 in Fustat. Er schrieb, die Stadt sei an die 4 km lang und sei vom Flußufer aus in Reihen die Anhöhe in Richtung Mokattam-Berge hinauf (also nach Osten oder Nordosten) erbaut. Al Mukaddasi verzeichnete »zahlreiche Häuser mit fünf bis sieben Stockwerken« und bemerkte, es wimmele in den Straßen von Menschen »wie von Heuschrekken«. Dem arabischen Beobachter zufolge war Fustat »Bagdad überlegen und größer als Damaskus«.

Als al Mukaddasi Fustat beschrieb, war etwa 5 km nordöstlich ihrer Mauern die Stadt al Qahirah, unser Kairo, schon gegründet (s. S. 98), und die Stadt des Amr Ibn al Ass hatte auch schon mit zwei anderen Residenzstädten in unmittelbarer Nähe konkurrieren müssen. Doch obwohl Fustat schon lange nicht mehr Sitz des Zentrums der Macht war, hatte es sich wirtschaftlich voll behaupten können. Gerade weil die Herrschenden mit dem gemeinen Volk nicht allzu dicht in Berührung kommen und mit Handel und Handwerk nicht allzu viel zu tun haben wollten, blieb Fustat lange die bevölkerungsreichste ›Industriestadt‹ am Ostufer des Nils.

Rund ein Menschenalter nach al Mukaddasi gelangte der persische Reisende Nasir-i-Kusrau (1047) nach Fustat, das er allerdings Misr nannte (s. S. 38). Auch Nasir sah Häuser mit sieben Stockwerken. Neben der Moschee des Amr gab es noch sechs weitere in der Stadt. Die Moschee des Eroberers und Gründers hatte damals eine mit weißem Marmor ausgekleidete Gebetsnische (Mihrab), in die der gesamte Text des Korans eingraviert war. In ihrem Hof sah der Perser zahlreiche Professoren und Studenten, vertieft in theologische Gespräche. Aus der Hauptmoschee gelangte man direkt in den Bereich des Marktes. Nasir-i-Kusrau war beeindruckt von den Produkten des Kunsthandwerks, die dort feilgeboten wurden. Besonders die in Fustat selbst hergestellte Töpferware und feine grüne Gläser erregten seine Aufmerksamkeit. Auch begeisterte sich der persische Reisende an der Fülle von Blumen und Früchten; anscheinend würden die Produkte der entferntesten Landesteile bis nach Fustat gebracht, um dort verkauft zu werden, schrieb er. Was ihn besonders freute: die Händler verkauften zu festen Preisen – das sonst übliche Feilschen sei hier weder notwendig noch möglich gewesen. Offenbar gab es vom Staat festgesetzte Preise, denn der Perser berichtet auch, daß manche Händler zwangsweise auf ein Kamel gesetzt und durch den ganzen Marktbezirk geführt wurden; dabei mußten sie eine Glocke schwingen, um auf sich aufmerksam zu machen, und mußten schreien: »Ich habe betrogen und werde dafür bestraft«.

Nasir-i-Kusrau fand, daß im Hafen von Fustat mehr Boote zu sehen seien als in Bagdad oder Basrah und fügte hinzu, daß die Bewohner dieser Stadt einen Wohlstand hätten, den er sich nicht habe vorstellen können, ehe er ihn mit eigenen Augen sah.

Siebzehn Jahre später wurde Ägypten von einer verheerenden Pest heimgesucht. Wohl weil die Stadt Fustat so dicht bevölkert war, wurde sie von der Seuche besonders hart betroffen. Dasselbe darf man für die siebenjährige Hungersnot annehmen, die der Epidemie folgte.

Keine hundert Jahre später, 1138, gab es ein heftiges Erdbeben. Darunter litt auch das benachbarte Kairo – doch als es an den Wiederaufbau ging, wurde die Haupt- und Residenzstadt natürlich bevorzugt, ja das selbst schwer beschädigte Fustat mußte den größten Teil der Mittel für den Wiederaufbau in Kairo aufbringen. Das führte zum wirtschaftlichen Niedergang, der später unter anderem deswegen nicht aufzuhalten war, weil die schwach gewordenen fatimidischen Herrscher Ägyptens (s. S. 104) immer größere Geldmittel benötigten, um an der Macht zu bleiben. Sie hatten Tribute teils an die syrischen Muslime, teils an die christlichen Fürsten im Heiligen Land zu zahlen. Trotz der Tribute marschierte 1168 ein Kreuzritter-Heer unter König Amalric von Jerusalem auf Kairo (s. S. 105), in der erkennbaren Absicht, die Stadt zu erobern. Nun kam es für Fustat zur endgültigen Katastrophe, da die Kairener glaubten, Fustat nicht verteidigen zu können. Anstatt sie in die Hände der Franken fallen zu lassen, brannten sie die Stadt des Amr Ibn al Ass lieber nieder. Nach einem zeitgenössischen Bericht (Ibn al Athir) wurden 20000 Behälter mit Lampenöl in Fustat ausgeschüttet und 10000 Fackeln in die Häuser geworfen. Fustat brannte 54 Tage und Nächte lang.

Auch die Moschee des Amr wurde vom Brand schwer betroffen. Aber der nächste Machthaber, Saladin (s. S. 106), leitete sofort den Wiederaufbau der ältesten islamischen Gebetsstätte Ägyptens und Afrikas ein. Davon profitierten die angrenzenden Straßen. Der nahe dem Flußufer liegende Stadtteil von Fustat, heute Alt-Kairo genannt, erwachte zu neuem Leben, mußte sich aber bald mit dem Rang einer Vorstadt des ständig wachsenden Kairos begnügen. Nach Osten zu, wo früher die Straßen von Fustat in Richtung Mokattam hin anstiegen, blieb fast alles – seit nun über achthundert Jahren – in Trümmern. Da nahebei Brennöfen von Töpfereien betrieben werden, steht oft schwarzer Qualm über Fustat und es sieht so aus, als ob die erste Stadt der Araber am Nil vor kurzem niedergebrannt worden sei und das Feuer im Inneren der Ruinen noch schwele (Farbt. 61).

Gesprächsrunde der Gläubigen in der Amr-Moschee

Die Moschee des Amr vor etwa 780 Jahren ...

»Als ich mich in Kairo niedergelassen hatte, wollte ich bald auch Fustat besuchen ... Die Straßen rund um die Moschee fand ich sehr eng im Vergleich zu den Straßen, die die Moscheen in Sevilla und in Marokko umgeben. Als ich die Moschee betrat, sah ich verfallende Wände ohne Dekorationen und überall verfaulende Matten. Männer und Frauen durchschritten die Moschee von Tor zu Tor, um ihren Weg abzukürzen. Umhergehende Händler verkauften Kuchen, Nüsse usw. Kinder gingen umher mit Tellern und Schalen, um die Speisereste aus dem Hof und aus den Ecken der Moschee zusammenzutragen. Spinnengewebe gab es reichlich an den Wänden, in den Ecken und an der Decke. Kinder spielten im Hof.«

Ibn Said al Maghribi, *Reiseeindrücke* (um 1200)

Wie kamen
die Türken an den Nil?
Sklaven und Herrscher schon vor der
osmanischen Eroberung

In der Hauptstadt und anderswo im Land begegnet man immer wieder Ägyptern, die grüne Augen und rötliches bis dunkelblondes Haar haben. Hier hat man es in aller Regel nicht mit Nachkommen der Kreuzritter zu tun, die ja nie lange genug in Ägypten waren, um sich nachhaltig mit Einheimischen zu mischen; vielmehr sind die Helläugigen, Dunkelblonden oft Abkömmlinge von Tscherkessen und Kaukasiern, manchmal auch von Türken. Gerade Türken haben sich sehr zahlreich in über 1300 Jahren islamischer Geschichte Ägyptens am Nil niedergelassen. Ab 1517 n. Chr., korrespondierend zu 922 Hidschra, hatten Türken ungehindert Zugang nach Ägypten, weil das Land von dem Jahr an ein Teil des Osmanischen Reiches war (s. S. 120). Doch waren auch schon lange vorher Türken nach Fustat gekommen, so daß die türkisch-osmanischen Invasoren erst noch gegen türkisch-ägyptische Verteidiger kämpfen mußten, ehe der Sultan in Istanbul Ägypten zu seinem Besitz rechnen konnte. Wie waren die frühen Türken an den Nil gelangt?

Kairoer Geschichte ist kaum zu verstehen, ohne daß gelegentlich ein Seitenblick auf die Entwicklung im übrigen Vorderen Orient geworfen wird. Dies ist um so notwendiger, als Ägypten schon seit der Eroberung durch Alexander, also seit 331 v. Chr., kein völlig selbständiger Staat mehr war. Die Eroberung des Landes durch Amr Ibn al Ass (s. S. 84) zwang das unselbständige Ägypten nur von einem Kulturkreis in einen anderen. Anstatt wie vorher in Konstantinopel sollten danach die Geschicke des Nillandes – zumindest theoretisch – zuerst in Madina, dann in Damaskus und schließlich in Bagdad entschieden werden.

Als Amr 663 in Fustat starb, hatte er drei Kalifen im Amt des Gouverneurs von Ägypten gedient. Zu der Zeit war das Zentrum der Macht des neuen islamischen Reiches schon von Madina nach Damaskus gewandert; es hatte sich mit den Omaiyaden die erste der vielen erblichen Dynastien von Kalifen, von Führern der ›Gemeinschaft der Gläubigen‹ gebildet. Die Dynastie der Omaiyaden bestand neunzig Jahre lang und entsandte dreißig Gouverneure nach Ägypten; es ergab sich also für jeden Gouverneur eine durchschnittliche Regentschaftszeit von drei Jahren. Der große westliche Historiker Kairos, Prof. Stanley Lane-Poole, meint aus dem schnellen Wechsel schließen zu können, daß keine starke Persönlichkeit unter den arabischen Gouverneuren gewesen sei und daß in der jeweils kurzen Zeit auch nichts wesentliches hätte vollbracht werden können. Immerhin wurden während der omaiyadischen Periode zweimal technisch hochentwickelte Wasserstandsmesser gegenüber Fustat auf der Nilinsel Roda gebaut. Der zweite ›Nilometer‹, Baujahr 861/62, der in mehrfach restauriertem Zustand bis jetzt erhalten ist (s. S. 298), gehört zu den Meisterwerken früher islamischer Architektur.

Den letzten der Omaiyaden-Kalifen, Marwan II., ereilte das Schicksal in Ägypten. Er war im Kampf gegen Rivalen aus der Familie des Abdallah Ibn Abbas, eines Vetters des Propheten, in Mesopotamien unterlegen und an den Nil geflohen. Es gelang dem bedrängten Herrscher noch die Flucht aus Fustat über den Fluß, doch wurde er auf dem Westufer eingeholt und erschlagen. Damit begann, 750 n. Chr., die Dynastie der Abbasiden mit Sitz in Bagdad. Sie entsandte innerhalb der folgenden 118

Die Moschee des Ibn Tulun, weit über tausend Jahre alt, fesselte zu jeder Zeit das Interesse der Künstler. Stich des 19. Jh.

Herrschaftsjahre 68 Gouverneure nach Ägypten – der 68. war ein Türke.

Türken waren zuerst als tributpflichtige Stammesführer, Söldner und Sklaven an den Hof der Abbasiden nach Bagdad gekommen. Etwa ab 835 spielten sie schon die maßgebende Rolle in der Leibgarde des Kalifen und wurden bald darauf die eigentlichen Herren des Staates (Brockelmann). Als sich der ›Führer der Gläubigen‹ zu der Zeit etwa 100 km oberhalb Bagdads am Ostufer des Tigris eine neue Residenz schaffen wollte, hatte er einen seiner türkischen Generale zum Baumeister ernannt. Der General, Aschnass, ließ Samarra (Stadt am Tigris oberhalb Bagdad, im 9. Jh. Residenz der Abbasiden) bauen, und aus Dankbarkeit verlieh ihm der Kalif den Titel ›Sultan‹ (= Machthaber). Das war wohl nur als ein Ehrentitel gedacht, doch Aschnass verstand ihn wie ein Mitregent zu nutzen. Damit hatte ein Türke am Hof der Abbasiden ganz die dienende Funktion abgestreift. Die Dynastie geriet in den folgenden Jahren völlig in seine und seiner Nachkommen Hände. Das betraf auch die Verwaltung Ägyptens; sie wurde zu einer Pfründe, deren meist türkische Inhaber nur noch Stellvertreter an den Nil entsandten. Als der Türke Bajabek in Samarra Nutznießer der ägyptischen Pfründe geworden war, entsandte er 868 seinen Schwiegersohn, den 33jährigen Abul Abbas Ahmad Ibn Tulun, als Vize-Gouverneur nach Fustat.

Ibn Tulun war der Sohn eines Türken aus Buchara; einige Gelehrte schreiben sein Vater sei mongolischer Herkunft gewesen (Fattal). Jedenfalls war der Vater als Sklaven-Soldat an den abbasidischen Hof gelangt und hatte dort Karriere gemacht. Obwohl Sohn Ahmad überwiegend in Kasernen groß geworden

Zuwanderer aus Mittelasien brachten früh stark dekorative Elemente in das schmucklose Gotteshaus der arabisch-islamischen Eroberer: Gebetsnische Ibn Tulun-Moschee

war, hatte er eine gute Ausbildung erhalten oder sie sich verschafft. In Bagdad und Samarra war er mit den besten Professoren zusammengekommen, und er galt als Spezialist für arabische Philologie und Koran-Doktrin. Außerdem wurden ihm neben hohen militärischen auch besondere administrative Fähigkeiten zugeschrieben (Lane-Poole). Schließlich hatte Ibn Tulun am dekadenten Hof der abbasidischen Kalifen schon die erbitterten Kämpfe um die Macht erlebt. Ein Mann mit solchen Fähigkeiten und Erfahrungen war als Vize-Gouverneur von Ägypten zu gering angesetzt. Das fand auch der Betroffene selbst und schwang sich in den folgenden Jahren zum Herrscher von Ägypten und über Teile Syriens auf.

Als Ibn Tulun an den Nil kam, war Fustat schon nicht mehr Residenzstadt. Die abbasidischen Gouverneure hatten den Regierungssitz einige Kilometer nach Nordosten verlegt, indem sie dort den Ort al Askar (s. S. 34) gründeten. In diese Soldaten- und Beamtensiedlung zog zunächst der neue Statthalter ein. Sobald er jedoch sicher war, daß er Größeres würde durchsetzen können, schaute Ibn Tulun nach einem Platz für eine eigene Residenzstadt aus. Er fand ihn noch einige Kilometer weiter nordöstlich von Fustat/al Askar, am Fuße des Hügels Yaschkur. 870 begannen die Arbeiten; es wurde an einem Palast für den Emir, an einem Regierungshaus und an den Häusern für die hohen Offiziere – überwiegend Türken – und die höchsten Bedienten des Hofes gleichzeitig gebaut. Weiter im Osten, unterhalb der heutigen Zitadelle, wurde ein großer Paradeplatz geschaffen. Dort, auf dem ›Maidan‹, stellte Ibn Tulun oft die – vorwiegend importierte – Militärmacht zur Schau.

Während so die Residenz- und Garnisonsstadt al Qatai, ›die Lehen‹ (s. S. 37), entstand, legte Ibn Tulun am Fuße des Yaschkur-Hügels, d. h. nordöstlich der Erhebung, den Grundstein für eine Moschee. Obwohl die Bauzeit nur rund zwei Jahre betrug (877–79), wurde sie zu einer der interessantesten und schönsten Gebetsstätten des frühen Islams (s. S. 311). Strenggenommen ist die Tulun-Moschee nicht die älteste Moschee Kairos, doch sie ist die älteste fast in der Originalform erhalten gebliebene. Mit ihr hat sich Ahmad Ibn Tulun ein Denkmal gesetzt, das noch lange Bewunderer finden wird (Farb. 2, 59, 60).

Auch zu ihrer Zeit dürften viele Ägypter den Emir noch in guter Erinnerung behalten haben, nachdem er 884, nicht einmal fünfzigjährig, gestorben war. Denn obwohl Ibn Tulun als Fremder gekommen war – Fremdherrschaft gehörte für Ägypten damals zum Alltäglichen – und im Staatsapparat die Türken weiter begünstigt hatte, war er doch ein sparsamer, umsichtiger und wirtschaftlich erfolgreicher Herrscher gewesen. Ihm wird nachgesagt, als erster und einziger islamischer Machthaber Ägyptens bis zum Sturz der Monarchie 1952 habe er einige Steuern und Abgaben für das Volk verringert und stattdessen mehr von den Reichen genommen. Dennoch soll Ibn Tulun eine gefüllte Staatskasse und einen großen Privatschatz hinterlassen haben, zusammengebracht aufgrund der Sicherung und Förderung landwirtschaftlicher Produktion. Dies ist um so bemerkenswerter, als der Emir auch mehrere Kriegszüge nach Osten unternommen und große Teile Syriens in seinen Besitz gebracht hatte, die Souveränität seines ägyptisch-syrischen Reiches aber doch nur durch große Zahlungen an das Kalifat in Bagdad hatte sichern können.

Die Leistungen des Ibn Tulun hatten am Nil eine Dynastie begründet, die sich nach seinem Tod noch zwanzig Jahre lang halten konnte. Sein Sohn Kumrawei, der nächste tulunidische Herrscher Ägyptens, brachte in einem luxuriösen Leben am Hof und in al Qatai viel vom väterlichen Erbe durch. Kumrawei wurde ermordet, und seine beiden Söhne vermochten die Macht – in wachsender Abhängigkeit von den türkischen Wachtruppen – weitere neun Jahre zu erhalten. Dann kam noch einmal ein Sohn von Ibn Tulun auf den Thron von al Qatai/Fustat, nur um wenige Monate nach der Inthronisierung durch den abbasidischen General Mohammad Ibn Sulaiman, einen Türken, besiegt zu werden. Die abbasidischen Truppen begnügten sich nicht damit, die Mittel des tulunidischen Haushalts an sich zu reißen, al Qatai wurde auch vier Monate lang geplündert, und nachdem dieser Rausch vorüber war, standen alle Gebäude der Residenz- und Garnisonsstadt des Ibn Tulun – ausgenommen die Große Moschee – als leere Hüllen dar, die dem völligen Verfall preisgegeben blieben.

Nach dem Sturz der Tuluniden kamen wieder abbasidische Gouverneure in dichter Reihenfolge an den Nil; dreizehn Gouverneure lösten einander innerhalb von dreizehn Jahren ab. Sie machten al Askar/Fustat erneut zur Hauptstadt. 934 zog dort abermals ein Türke ein, Mohammad ›der Ichschide‹ (ein Herrschertitel nach seinem Herkunftsort in Mittelasien). Auch ihm gelang es, Ägypten und einen Teil Syriens halb unabhängig vom Kalifat in Bagdad zu regieren und eine Dynastie zu formen. Dieser Herrscher hielt sich eine 400000 Mann starke Armee, darunter eine Leibgarde von rund 8000 Mamluken vorwiegend türkischer Herkunft. Die Mamluken sollten die Dynastie der Ichschiden als Institution ebenso überleben wie die folgende Dynastie der Fatimiden. Es sollte rund weitere neunhundert Jahre dauern, ehe Ägypten sich von den immer etwa zur Hälfte türkischen Mamluken vollständig befreien konnte.

Früh wurde die arabische Kalligraphie zum Element der Kunst am Bau

Glanz der Kalifen

Thomas Gosciniak

den Spuren der Fatimiden

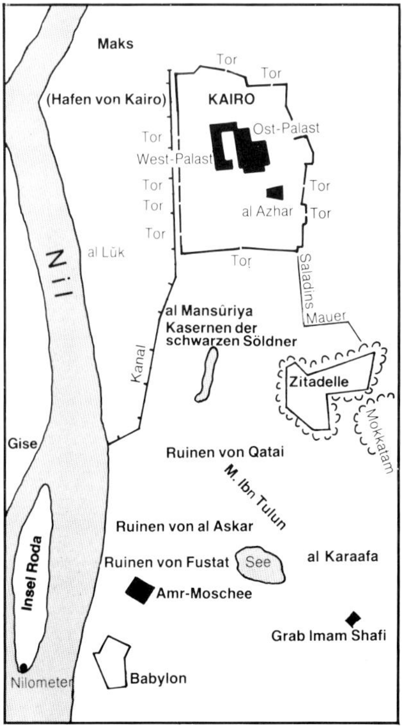

Kairo und die früher gegründeten arabischen Orte im 12. Jahrhundert

Dschauhar, der fatimidische Feldherr und Eroberer von al Askar/Fustat im Jahr 969, führte die Neugründung einer Stadt, genannt al Qahirah (s. S. 96), in eigenwilliger Weise durch. Üblicherweise ließen islamische Eroberer erst die Moschee bauen, ehe sie sich dem Profanen zuwandten. Dschauhar verfuhr umgekehrt: gleich nach der Besetzung Ägyptens von Nordafrika her legten seine Baumeister die Fundamente eines Palastes und der Verteidigungsmauern (s. S. 96), erst ab 970 bis 972 entstand dann in unmittelbarer Nachbarschaft zum Palast des Kalifen eine neue Moschee, al Azhar, die später als theologische Hochschule das geistige Zentrum der islamischen Welt werden sollte. Vielleicht war es dem fatimidischen Befehlshaber für den Anfang als ausreichend erschienen, daß in den nahebei gelegenen Städten al Askar und al Fustat (Misr) nun schon mehrere Moscheen zur Verfügung standen; oder vielleicht wollte er, der frühere Christ den Gründungsakt für die neue islamische Gebetsstätte religiösen Würdenträgern überlassen, die später kamen.

Durch Restaurationen, Erweiterungen und Umbauten verändert, stellt sich die Azhar-Moschee dem Besucher heute in einer verwirrenden Vielzahl von Stilelementen dar. Den großen Innenhof (Ft. 46) mit seinen in kufischem Arabisch geschnittenen Friesen, den Spitzbögen der Arkaden und den Blick in den Säulenwald der Gebetshalle (Ft. 43) findet er jedoch im wesentlichen noch so vor wie der Kalif Moizz, als er dort bei seinem triumphalen Einzug das erste Gebet sprach.

Von der Moschee begab sich der Kalif mit seinem Gefolge in den Großen Palast, den Dschauhar für ihn hatte errichten lassen. Als Stadtanlage mit Mauern und Türmen konzipiert, war der neue Palast die Residenz des Kalifen und des Hofstaates, mithin verboten für das gemeine Volk. Die Grundfläche von knapp einem qkm ist heute zum Teil vom Markt Khan al Kalili (s. S. 232), der sich stark auf den Tourismus eingestellt hat, bedeckt. Zentrum der Anlage bildet der Platz Bain al Kasrain, das heißt ›zwischen den beiden Palästen‹, heute ein Teil des Marktes der Kupferschmiede (Suk al Nahassin). Dieser Platz konnte zehntausend Soldaten zur Parade aufnehmen. Östlich des Midan lag der Große Palast des Moizz, westlich der Kleine Palast seines Sohns al Aziz (etwa an der Stelle, an der Sultan Kalaun später sein Maristan – Krankenhaus – errichten ließ).

Schriftband und Ornament über dem Portal der Moschee al Aqmar

Al Aziz baute den ›Goldenen Saal‹ und den ›Großen Diwan‹, den ›Kleinen Palast‹ und den ›Perlen-Pavillon‹. Spätere Kalifen und Wasire fügten neue Bauten hinzu, so daß im Lauf der ersten zweihundert Jahre dort ein Konglomerat von höfischen Gebäuden entstand; der Kern der späteren Stadt und heutigen Altstadt. Allein in den Großen Palast führten zehn Tore und ein unterirdischer Gang, durch den der Kalif den westlichen Palast erreichte, die Unterkunft des Harems.

Nasir-i-Kusrau (s. S. 88), der persische Reisende, berichtet von seiner Reise durch Ägypten (1046–49), daß die königliche Stadt aus etwa zwanzigtausend Häusern bestand, von bewässerten Gärten und Hainen durchzogen. Im Palast allein lebten dreißigtausend Menschen. Alle Häuser und Geschäfte waren Eigentum des Kalifen, der seinen Haushalt aus den Mieten finanzierte.

Die Stadt Fustat (Misr) trennte eine Fläche von der Breite einer Meile von Kairo – zur Zeit der Nilüberschwemmung bildete sich hier der ›See der Abessinier‹, ein beliebter Ausflugsort der Kairener. Fustat/Misr, zum Teil auf einer Anhöhe, erschien dem Perser ›wie ein Berg‹ mit seinen sieben- bis vierzehnstöckigen Gebäuden, die bis zu dreihundertundfünfzig Menschen beherbergten. Viele der Straßen waren überdacht und von Lampen erleuchtet. Zu dieser Zeit – unter der Herrschaft des Kalifen al Mustansir – herrschte Frieden und Prosperität. Aber auch dem persischen Reisenden war das Betreten der Palaststadt untersagt; nur kurz erwähnt er den Thronsaal mit dem in Gold getriebenen Thron, zu dem silberne Stufen hinaufführten.

Die einzige überlieferte Beschreibung des höfischen Lebens stammt aus der Feder des Erzbischofs Wilhelm von Tyros, der über eine Delegation der Kreuzritter 1167 berichtet: »Die Einführung der christlichen Botschafter an den heiligen Hof, zu dem sogar nur wenige hochstehende Muslime zugelassen wurden, stellte ein noch nie dagewesenes Ereignis dar ... Hugo von Caesarea und der Templer Fulcher wurden für die einmalige Mission ausgewählt. Der Wasir selbst geleitete sie nach höfischem Protokoll in aller Pracht zu dem Großen Palast. Sie wurden durch geheimnisvolle Gänge und bewachte Tore geführt, an denen hünenhafte Sudanesen mit gezogenem Schwert salutierten. Sie kamen in einen weiten offenen Hof, dessen Arkaden auf Marmorsäulen ruhten, die Paneeldecken waren geschnitzt und farbig mit Gold verziert, den Boden bildete ein Marmormosaik. Weit sperrten die rauhen Ritter ihre Augen auf angesichts des luxuriösen Geschmacks, der sie mehr und mehr verwunderte. Marmorbrunnen gab es, vielfältig zwitschernde Vögel mit wunderbarem Gefieder, der westlichen Welt unbekannt. In einer weiteren Halle, noch exquisiter als der letzten, eine Vielfalt seltsamer Tiere, wie sie die Hand eines Malers darstellen, der Dichter sie beschreiben oder der Schlafende sie im nächtlichen Traum erfinden könnte. ... Endlich, nach vielen Gängen und Windungen, erreichten sie den Thronsaal, wo eine große Zahl prächtig gekleideter Pagen vom Reichtum ihres Herrn kündete. Der Wasir legte sein Schwert ab und warf sich dreimal zu Boden, als flehe er demütig um göttliche Gunst. Plötzlich öffnete sich ein golddurchwirkter perlenbesetzter Vorhang, und auf einem goldenen Thron saß der Kalif, angetan mit den Insignien seiner Würde. Unterwürfig stellte der Wasir die fremden Ritter vor ... Der Kalif, ein kräftiger Jüngling, antwortete mit höflicher Verbindlichkeit. Er sei gewillt, so sagte er, die Verträge mit seinen Verbündeten zu bestätigen.«

Der höfischen Prachtentfaltung entsprach eine neue Blüte künstlerischen Schaffens. Der persische Einfluß gab auch den bildenden Künsten einen neuen Impuls. Die heute noch erhaltenen Bauwerke tragen die ›östlichen‹ Stilelemente, und das Museum für Islamische Kunst beherbergt eine Fülle von Objekten, die – das orthodoxe Bilderverbot mißachtend – in ihrer ikonographischen Darstellung und der Verfeinerung der Ornamentik Höhepunkte der islamischen Kunst darstellen.

Während al Moizz sich besonders durch die Planung der Palaststadt und die Reichsgründung hervortat, erlebte die Verfeinerung der bildenden Künste unter seinem Sohn al Aziz (975–96) ihren Höhepunkt. Das fatimidische Reich hatte seine größte Ausdehnung erreicht und erstreckte sich vom Jemen bis Damaskus, vom Roten Meer zum Atlantik und von Sizilien bis zum Sudan. Als Herrscher weise und mild, verschaffte al Aziz seinem Land unerschöpfliche Reichtümer, die zum Teil in den Ausbau der Paläste flossen, zur Errichtung von Brücken und Kanälen dienten und den Aufbau einer gewaltigen Handels- und Kriegsflotte möglich machten.

Durch eine ehemals christliche Frau beeinflußt, übte der Herrscher eine bislang nicht gekannte Toleranz gegenüber anderen Religionen; der koptische Patriarch Ibrahim gehörte zu den engsten Vertrauten am Hofe, wie auch der konvertierte Jude Ibn Killis, ehemals der Wasir des Moizz.

Der im wahren Sinne guten Staatsführung erfreute sich jedoch das fatimidi-

Bab al Zuweyla mit den Minaretten der al Muajjad-Moschee; Stich des 19. Jh.

sche Reich nicht lange. Al Hakim, der »unwerte Sohn eines ehrenwerten Vaters« (Lane) war elf Jahre alt, als al Aziz 969 tödlich verunglückte. Der Emir Bargawan, ein slawischer Eunuche (nach dem noch heute eine Straße in Kairo benannt ist), krönte den Jungen und herrschte als sein ernannter Tutor de facto über das Reich.

Den Freuden des Lebens übermäßig zugewandt, verlor der Regent jedoch rasch den Einfluß auf den unmündigen

Kalifen, der seinen Tutor nach vier Jahren ermorden ließ. Der junge Herrscher wurde nun zu einer der bizarrsten Figuren auf dem Kalifenthron. Durch seinen Befehl hatte das gesamte Leben nur noch nachts stattzufinden, wenn er auf seinem grauen Esel inkognito durch die Stadt ritt, um seine Untertanen zu inspizieren. Frauen standen eine Zeit lang generell unter Hausarrest. Noch andere strenge Verordnungen erschwerten das Leben – die Händler durften die Häuser nicht verlassen, Schuhmacher wurden enthauptet, wenn sie Schuhe für das weibliche Geschlecht anfertigten und somit die Möglichkeit schufen, das Ausgehverbot zu mißachten.

Ähnliche Bestimmungen betrafen das Essen und Trinken; Schach und alle Brettspiele wurden verboten, und alle Hunde mußten getötet werden. Wer sich den Befehlen widersetzte, wurde sofort enthauptet oder durch eine neuartige Folter umgebracht, die zu erfinden eine der Lieblingsbeschäftigungen des Kalifen wurde.

Christen und Juden, die sich ja bislang unter der moderaten Herrschaft von al Aziz frei entfalten konnten, mußten sich jetzt schwarz kleiden und sich sogar beim Bade in ihrer Nacktheit durch das Tragen eines Kreuzes bzw. einer Glocke von den Gläubigen unterscheiden. Innerhalb von fünf Jahren wurden zahlreiche christliche Kirchen zerstört und die Besitztümer der Kopten konfisziert. Die absonderliche Neigung des Kalifen zu Greueln und Bluttaten machte auch nicht vor dem Hofstaat halt. Kaum war ein neuer Wasir ernannt, wurde schon sein Kopf abgeschlagen – das Vermögen konfiszierte der Herrscher.

Widersprüchlich in seinem gesamten Charakter, zeigte al Hakim auch die Bereitschaft zu wohltätigen Spenden, um Kairo durch Neubauten zu verschönern. Erhalten geblieben ist die große Moschee, die seinen Namen trägt, wenn auch sein Vater den Bau bereits begonnen hatte. Diese Moschee am Bab al Nasr (Farbt. 89) wurde in den folgenden Jahrhunderten als Gefängnis für Kreuzfahrer, als Stall für die Kavallerie Saladins und von Bonaparte als Warenhaus genutzt; später diente sie vorübergehend als Museum für Islamische Kunst und als Knabenschule. Eine sorgfältige Restaurierung machte erst 1981 das Gebäude wieder zu einer prächtigen Moschee, in der sich die hohe künstlerische Leistung der Fatimiden widerspiegelt.

Die wenigen frommen Taten des exzentrischen Kalifen al Hakim konnten nicht aufwiegen, was sein Regime an Angst und Schrecken verbreitete. Mehr und mehr geriet das gesamte Land in Aufruhr, ganze Stadtteile fielen der räuberischen Soldateska zum Opfer. Das Verhalten des Kalifen nahm zusehends wahnhafte Formen an. Hakim hielt sich für die Inkarnation Gottes und verlangte, entsprechend verehrt zu werden. Nachdem Anhänger seiner kleinen fanatischen Sekte in der Amr-Moschee von Fustat ›Im Namen al Hakims, des Gnädigen, des Barmherzigen‹ gebetet hatten, wurden die Gotteslästerer von den aufgebrachten Gläubigen erschlagen und durch die Straßen geschleift. Al Darazi, einem Gefolgsmann des Kalifen, gelang die Flucht in den Libanon, wo er eine Sekte gründete, die nach ihm benannt wurde: die Drusen.

Von einem seiner üblichen Ausritte in die Mokattam-Berge kehrte al Hakim schließlich nicht mehr zurück. Man fand zwar seinen von Dolchstichen durchlöcherten Mantel, die Leiche jedoch blieb verschwunden. Dieser Sachverhalt bietet den Drusen eine weitere Bestätigung für die göttliche Inkarnation ihres Kalifen, dessen Rückkehr sie noch heute erwarten. Die Zeit des Schreckens war mit dem Tod al Hakims jedoch nicht beendet. Sein Sohn, der an Grausamkeit seinem Vater kaum nachstand, ließ die Macht in den Händen einer Clique von sich bekriegenden Hofbeamten, die den Staatshaushalt rasch aufgebraucht hatten. Syrien erhob sich, und eine Hungersnot stürzte das einst blühende Land in Armut, bis eine reiche Ernte 1027 die Kornspeicher wieder füllte.

1036 wurde Maad, der siebenjährige Enkel al Hakims, unter dem Namen al Mustansir zum Kalifen ernannt; seine sechzigjährige Herrschaft sollte die längste in der Geschichte des Islams werden. Noch einmal schien das Glück den Fatimiden zu lächeln. Die Ernten fielen reichlich aus, wiederbelebte Handelsbeziehungen füllten die Staatskassen, neue Steuern konnten erhoben werden, und das Land erlebte eine neue Prosperität.

Aus dieser Epoche stammt der Bericht des persischen Reisenden Nasir-i-Kusrau, der uns als Augenzeuge auch die Zeremonie überliefert, mit der das Nilwasser durch die Eröffnung eines Dammes freigegeben wurde: »Der Kalif, von einnehmendem Äußeren, bartlos, bekleidet mit einem schlichten weißen Kaftan und Turban, ritt auf einem Maultier; ein hoher Staatsbeamter trug den mit Juwelen und Perlen geschmückten Schirm. Es folgten 300 Perser mit Hellebarden und Äxten bewaffnet, zu beiden Seiten des Zuges verbrannten Eunuchen Räucherwerk aus Aloe und Ambra. Die Gläubigen warfen sich nieder und riefen Gottes Segen auf den Kalifen herab.«

Blick über die Kuppel der Moschee von al Ghuri auf Moschee und Internate von al Azhar

Ab 1066 suchte eine furchtbare Hungersnot sieben Jahre lang das Land heim. Vorausgegangen waren politische Wirren – in neun Jahren ging die Staatsmacht durch die Hände von vierzig unfähigen Wasiren. Die türkischen Truppen hatten sich mit den Berbern verbündet und die rekrutierten Negertruppen vertrieben, die nun Oberägypten plünderten und verwüsteten. Die Berber okkupierten das Delta und zerstörten die Bewässerungssysteme, die Landbevölkerung wurde dezimiert, so daß die fruchtbaren Äcker brachlagen. Währenddessen hielten sich die türkischen Truppen an den königlichen Palästen schadlos, saugten die letzten Reserven aus den Staatskassen

Poeten unterstützten ihren Vortrag mit einsaitigen Streichinstrumenten (Rebab)

und führten einen offenen Bürgerkrieg. Kairo, von der Versorgung durch sein Hinterland abgeschnitten, litt unsäglich. Zu der Hungersnot gesellte sich die Pest. Nachdem alle Hunde, Katzen und Esel verzehrt waren, kam es zu offenem Kannibalismus. Edelmänner verdingten sich für ein Stück Brot in den Bädern, Juwelen wechselten für ein Stück Fleisch den Besitzer. Der Kalif selbst mußte seine Familie nach Bagdad schicken, um sie vor dem Hungertod zu bewahren.

Erst 1073 brachte eine gute Ernte Erleichterung; aber inzwischen hatte das Elend den Autoritätsverfall beschleunigt und es herrschte Chaos. 1074 rief der Kalif den Gouverneur von Akkon, Badr al Gamaly, zur Hilfe.

Badr, ein ehemaliger armenischer Sklave, machte mit der türkischen Oligarchie kurzen Prozeß – die Führer der rebellierenden Truppen wurden getötet. Alle Staatsämter wurden in seiner Person vereinigt und der Frieden im ganzen Land wiederhergestellt. Als fähiger Soldat hatte Badr die Notwendigkeit erkannt, die Stadt neu zu befestigen – die alten Ziegelmauern Dschauhars waren zum Teil zerfallen. So ließ Badr die alten Mauern niederreißen und neue aus Stein erbauen, wobei jetzt eine größere Fläche umschlossen wurde. Die neuen Stadttore, unweit der vorigen errichtet, stehen noch heute. Im Süden blieb das Bab al Zuweyla mit einem Teil der Stadtmauer erhalten, im Norden das Bab al Nasr und das Bab al Futuh sowie die den Toren unmittelbar angrenzende Mauer. Die Hakim-Moschee, bislang außerhalb der Stadtmauer gelegen, wurde mit einbezogen (Farbt. 89). Zwar sind die Stadttore eindrucksvolle Bauwerke der fatimidischen Epoche, doch ist ihr Stil eher byzantinisch. Drei Brüder aus Edessa waren die Architekten dieser Befestigungsanlagen, auf denen drei Reiter Seite an Seite patroullieren konnten. Der Verteidigung dienten Schützenkammern mit Schießscharten, Steinschleudern und Feuerwerfern. Neben den Befestigungsanlagen setzte Badr al Gamaly sich mit seiner Grabmoschee auf dem Mokkatam ein eigenes Denkmal; er starb 1094, wie auch sein Kalif al Mustansir.

Die Staatsmacht ging auf den Sohn des Wasirs, al Afdal, über, bis dieser 1121 vom Kalifen Amir ermordet wurde. Dasselbe Schicksal ereilte den Kalifen 1130, er fiel den Assassinen zum Opfer. Vor seinem Tod wurde noch die al Aqmar-Moschee (s. S. 302) am Platz Bain al Kasrain im Herzen der Palaststadt vollendet, die zu besuchen sich heute noch lohnt. Die folgenden vier Kalifen, meist schon als Kinder im Amt, waren nur Geschöpfe in den Händen der Hofbeamten und Wasire. Tödliche Intrigen hielten den Hof in Atem, überleben konnte nur, wer seinen Konkurrenten eher umbringen ließ, bevor er selbst einem heimtückischen Mord zum Opfer fiel.

Dieses Schicksal ereilte auch den Gouverneur von Oberägypten Talai ibn Ruzzik, der 1154 von den Frauen des Palastes gerufen wurde, um dem Blutvergießen ein Ende zu bereiten. Nach einer kurzen Zeit relativer Stabilität, in der Talai unter dem Herrschernamen al Malik al Salih 1160 die Salih Talai-Moschee (Farbt. 50) gründete, ließ ihn der Harem ermorden.

Mit al Adid (1160–71), dem vierzehnten Kalifen der Fatimiden, endete ein Regime, das zweieinhalb Jahrhunderte der Geschichte Kairos neue Impulse gegeben und Höhepunkte gebracht hatte. Das morsche Staatsgebäude wurde von Saladin übernommen, der 1171 den letzten fatimidischen Kalifen absetzte.

Aller Luxus dieser Welt ...

»Einige der Stücke sind interessante Beispiele für Kunst und Luxus jener Tage. Wenn wir von den Juwelen absehen (einer Kiste mit Smaragden im Wert von 300000 Dinaren, zentnerweise Perlen, Rubinringe etc.), umfaßt die Inventurliste Tausende von Vasen aus Bergkristall, goldene mit farbiger Emaille eingelegte Teller, Bezoartassen mit dem Namen Harun al Raschids, Tintenfässer aus Gold, Silber, Ebenholz, Elfenbein, Aloe und anderen Hölzern, geschnitzt, intarsiert und juwelenbesetzt ... die golddurchwirkte Matratze, die dem Kalifen Maamun als Lager diente ... Schirme mit goldenen und silbernen Krücken; getriebene und tauschierte Silbergefäße aller Arten; Brettspiele aus Goldbrokat mit Figuren in Gold, Silber, Elfenbein und Ebenholz, 4000 Goldvasen für Narzissen und 2000 für Stiefmütterchen; künstliche Früchte und Spielzeuge aus Kampferholz und Bernstein; ein Turban im Wert von 30000 Dinaren, dessen Juwelen 17 Pfund wogen, ungeheure Mengen an Parfums, ein goldener Pfau mit Federn aus Emaille und Augen aus Rubin; ein goldener Hahn, dessen Augen und Kamm aus Rubinen bestanden, eine mit Perlen bedeckte Gazelle; ein Tisch aus Sardonyx; eine goldene Palme mit Datteln aus Juwelen ... ungeheure Mengen juwelenbesetzter Dolche, Spieße, Schwerter, Lanzen und Waffen aller Arten ... Die Zelte aus Goldbrokat und Seide trugen Bilder von Tieren und Menschen und wurden von goldenen und silbernen Stangen getragen; ein besonders großes Zelt war 65 Ellen hoch, hatte einen Umfang von 500 Ellen und kostete 30000 Dinare. Man brauchte hundert Kamele, um das Zelt mit seinen Möbeln zu transportieren; fünfzig Künstler arbeiteten neun Jahre lang daran.«

Nach Lane-Poole, *Maqrizis Inventar der Schätze al Mustansirs*

Eine kurze Begegnung
Saladin und Kairo

Thomas Gosciniak

»Der Bau dieser prächtigen Zitadelle – unmittelbar grenzend an Kairo die Bewachte, auf dem Plateau, das Nutzen mit Schönheit, Weite mit Kraft vereint, für alle, die den Schutz seiner Macht suchen – wurde befohlen von unserem Herrn dem König al Malik al Nasir Abu-l-Muzaffar Salah-al dunja-wa-al din Yusuf ibn Ayyub; mit der Hilfe seines Bruders und Nachfolgers König al Adil Saif al din Abu Bakr Muhammad, Freund des Herrschers der Gläubigen; unter der Leitung des Fürsten seines Königreichs und Stütze seines Imperiums Karakusch ibn Abdallah, Sklave des Königs al Malik al Nasir, im Jahre 579.« (1183)

Diese Inschrift, monumental in Marmor gehauen, liest man am Bab al Mudarrag, dem alten Westportal der Zitadelle, dem hervorstechendsten Merkmal des heutigen Stadtbildes. Hinter dem langen und ehrenvollen Namen verbirgt sich kein anderer als Saladin, der als ›Ritter auf dem Sultansthron‹ zum festen Bestandteil unserer romantischen Sagenwelt wurde.

Saladin, geboren 1137 in Mesopotamien, erhielt seine Erziehung am Hofe von Damaskus, als sein Vater Ayyub dort Gouverneur des Atabegs Zengi von Mossul wurde. Geschichtliche Bedeutung erlangte er erst, als er seinen Onkel Schirku, den Oberbefehlshaber Nur al Dins, 1168 nach Ägypten begleitete. Das Fatimidenreich, ohnehin durch innenpolitische Machtkämpfe zerrissen, wurde zusätzlich durch die Kreuzfahrer unter Almarich in seiner Existenz bedroht. Zweimal bereits waren die Truppen Nur al Dins den Ägyptern zu Hilfe geeilt, hatten sich aber wieder zurückgezogen.

Jetzt – im letzten Augenblick – zwang das syrische Heer die Kreuzfahrer zum Rückzug, und der Oberbefehlshaber Schirku wurde zum Wasir ernannt. Schon zwei Monate später starb Schirku, und Saladin trat an seine Selle.

Zwei Jahre herrschte nun in Ägypten der Vizekönig des sunnitischen Herrschers von Syrien als Wasir des schiitischen Kalifen, bis 1171 mit der Ausrufung des Kalifen von Bagdad in der Moschee auch nominell das fatimidische Kalifat beendet war. Drei Jahre später erklärte Saladin sich unabhängig und begann 1182 mit der Eroberung Syriens und Mesopotamiens sowie der Rückeroberung der Heiligen Stätten aus den Händen der Kreuzritter. 1193 starb Saladin in Damaskus, ohne Kairo wiedergesehen zu haben.

Die acht Jahre jedoch, die der Herrscher in Karo regierte, brachten tiefgreifende Veränderungen mit sich. Ägypten war wieder nominell ein unabhängiger Staat geworden, stabil im Inneren und gefestigt nach außen, der orthodoxe Glaube war wiederhergestellt, und Kairo wurde zu der Metropole, wie wir sie heute kennen. Der Bau der Zitadelle war die Krönung eines Stadtplans, der die bisherigen Vorstädte durch eine gewaltige Befestigungsmauer zu einer Einheit zusammenschließen sollte – der Plan

Das Bab al Nasr (Tor des Siegreichen) in einer Darstellung des 18. Jahrhunderts

wurde in seiner Gesamtheit nie ausgeführt. Teile von Saladins Stadtmauer und des großen Aquäduktes geben jedoch noch beredtes Zeugnis von dem großen Vorhaben.

Genauso wichtig für das architektonische Bild der Stadt war jedoch der Bau der theologischen Hochschulen, der sogenannten Madrasas; diese waren eng verbunden mit den Moscheen, die mit einem weiträumigen Zentralhof zahlreiche Gläubige einluden, sich zum Freitagsgebet zu versammeln, wie die Azhar-, Ibn Tulun-, Hakim- und Amr-Moschee.

Die Madrasa, wie sie von Saladin begründet wurde, folgte einer anderen Intention und somit auch einem anderen Konzept. Anstelle des großen offenen Hofes findet sich ein Zentralraum, meist überdacht und mit einer Kuppel oder einem Lichtschacht gekrönt. Dieser Raum bildet den Scheitelpunkt eines kreuzförmigen Grundrisses, dessen Seiten von einem hohen Gewölbe überspannt werden; der östliche Liwan ist tiefer angelegt und birgt die Gebetsnische und die Kanzel. Die vier Liwane waren den vier anerkannten orthodoxen Rechtsschulen des Islams, den Schafiiten, Malikiten, Hanafiten und Hanbaliten, zugeteilt und dienten der Lehre und dem Studium des Glaubens. Angeschlossen an die Madrasa waren Unterkünfte für Lehrer und Professoren, Bibliotheken und weitere Nebenräume. Diese Madrasa-Moscheen, ursprünglich geistige Bollwerke gegen die schiitische ›Häresie‹, wurden in ihrer Grundidee in den folgenden Jahrhunderten beibehalten und prägen das malerische Stadtbild des islamischen Kairo.

Als Saladin 1182 Kairo verließ, verwaltete sein Bruder al Adil Saif al din (der Saphadin der Kreuzfahrer) das Land. Als fähiger, loyaler Soldat und geschickter Politiker unterstützte er die Kriegszüge seines Bruders gegen die Franken und sorgte für die materielle Unterstützung aus dem wirtschaftlich wiedererstarkten Mutterland.

Wenn al Adil auch zum Nachfolger Saladins prädestiniert schien, so sollten nach dessen Willen seine Söhne sein Werk fortsetzen. Machtkämpfe zwischen ihnen drohten jedoch das gewaltige Reich zu zerbrechen, bis al Adil 1200 die Herrschaft auch nominell übernahm und das Erbe Saladins antrat; mit der Verwaltung der Provinzen beauftragte er seine zu Vizekönigen ernannten Söhne, von denen al Kamil Ägypten zugesprochen bekam. Während al Adil sich in Ruhe der Konsolidierung seines Imperiums widmete, stand für al Kamil sein Regierungsbeginn unter einem unglücklichen Stern: Ägypten wurde von einer erneuten Hungersnot geplagt, der dann auch noch die Pest folgte. Abd al Latif, ein Arzt aus Bagdad, der in dieser Zeit in Kairo lebte, berichtet, daß ganze Stadtteile und Dörfer entvölkert, Menschenraub und Kannibalismus trotz Todesstrafe an der Tagesordnung waren und niemand seines Lebens sicher sein konnte. Die Pest, die das Delta heimsuchte, raffte Zehntausende dahin.

Heftige Erdbeben brachten zusätzliche Verwüstungen über Stadt und Land. Aber auch von diesen schrecklichen Er-

Wasserhebewerk und Anfang des Aquäduktes zur Zitadelle am östlichen Nilarm

eignissen der Jahre 1201–02 erholte sich Kairo rasch. In seiner fast zwanzigjährigen Regierungszeit als Vizekönig und einer ebensolangen Spanne als Souverän bewährte sich al Kamil als Bollwerk gegen den erneuten Ansturm der Kreuzritter, brachte dem Land Stabilität und Reichtum und gründete Lehranstalten und religiöse Stiftungen. Die Madrasa des Imam al Shafi (s. S. 190) stellt noch heute das geistige Zentrum der zugehörigen Rechtsschule dar. Nach dem kurzen unbedeutenden Interregnum seines Sohnes al Adil II. (1238–40) fiel die Macht an seinen zweiten Sohn al Salih Aiyub. Dieser letzte bedeutende Herrscher der Aiyubiden, der den 6. Kreuzzug unter Ludwig dem Heiligen abwehrte, hinterließ die nach ihm benannte Madrasa (s. S. 301) im Suk al Nahassin und das Mausoleum der Abbasiden-Kalifen.

Al Salih Aiyub starb 1249 unmittelbar vor der entscheidenden Schlacht mit den Kreuzrittern. Der Zeitpunkt seines Todes bildete eine außerordentliche Gefahr für den Bestand des Reiches, denn sein Sohn und Erbe Turanschah befand sich gerade in Mesopotamien, und ein Machtkampf der rivalisierenden Mamluken-Emire hätte die Armeen zersplittert.

Diese kritische Situation wurde von einer Haremsfrau des Sultans mit Bravour gemeistert. Shagarat al Durr (Perlengezweig), eine armenische Sklavin, zog mehrere getreue Emire ins Vertrauen und hielt den Tod des Sultans geheim. Er wurde für krank erklärt, die Unterschriften unter den notwendigen Tagesbefehlen fälschte der Eunuch Suhayl. Shagarat al Durr gelang es, mit Hilfe der Fürsten das Land politisch und militärisch zu verwalten, bis Turanschah schließlich drei Monate später nach Kairo zurükkeilte und die Franken vernichtend schlug. Während der größte Teil des christlichen Heeres fiel, konnten König Ludwig und seine Vasallen gefangengenommen und gegen ein Lösegeld von 10 Mill. Franc freigelassen werden. Turanschah, der sich nach zwei Monaten der Regierung seine Stiefmutter zur Feindin machte und die mamlukischen Generäle geringschätzig behandelte, wurde von diesen erschlagen.

Prunkvolle Öllampe für Großmoschee

FREMDHERRSCHER mit grünen Augen

Die Epoche der MAMLUKEN

Thomas Gosciniak

Im August 1250 begann für die Stadt eine Epoche, während der sie fast ständig im Chaos zu versinken drohte und doch den Bau der prächtigsten Kuppeln und Minarette erlebte. Eingeleitet wurde die Epoche mit Shagarat al Durr (s. S. 109), die nach dem Tod ihres Mannes, des Sultans al Salih, zunächst heimlich herrschte. Doch schließlich ließ sie sich zur Sultana proklamieren. Die islamische Gesellschaft konnte sich allerdings mit der Herrschaft einer Frau nicht arrangieren, und der Kalif in Bagdad beschied die Emire in Kairo: »Wenn es unter euch keinen Mann gibt, so werde ich euch einen schicken!« Diese Drohung wurde wohl verstanden, und die Fürsten wählten ihren Kommandanten Aybek zum neuen Gemahl der Sultana. Aybek war ein Sklave von al Salih, ein Mamluk.

Was war das für ein System, in dem Sklaven zu Herrschern des Staates wurden? Ein Mamluk war als ›Ungläubiger‹ in nichtislamischem Gebiet geboren, als Sklave in den Dienst eines Sultans oder Emirs rekrutiert, von diesem konvertiert, zum Soldaten ausgebildet und später freigelassen worden, wobei der Herr selbst Mamluk war, d. h. dieselbe Karriere durchlaufen hatte. Auf diese Weise

Minarett von Zusun, südlicher Friedhof

bildete sich eine Herrenschicht heraus, die – vergleichbar dem mittelalterlichen Ritterstand – durch Lehen und hohe Ämter loyal gebunden war und eine in sich geschlossene Kaste bildete. Dem kam zugute, daß der Sklave im Islam eine besondere soziale Stellung innehatte, die ihn nahezu familiär mit seinem Herrn verband und die höher geachtet wurde als der Status eines Bediensteten.

Die ersten fündundzwanzig mamlukischen Sultane, ehemalige Sklaven aus der Provinz Kiptschak zwischen Kaspischem Meer und Ural, nannten sich Bahri-Mamluken, denn sie hatten in den Kasernen der Nil-Insel Roda (bahr = Meer) gedient. Ihnen folgte die Dynastie der Burgi-Mamluken, die in der Zitadelle stationiert waren (burg = Turm); diese Krieger waren überwiegend Tscherkessen mit heller Haut und grünen oder blauen Augen.

Aybek, der ehemalige Sklave, war also durch Heirat zum Regenten des Landes geworden. Trotz erfolgreicher Kämpfe gegen revoltierende Araber, gegen die Aiyubiden, die unter einem Urenkel Saladins Syrien und Palästina zu erobern drohten, und gegen konspirierende Mamluken spielte er in Kairo nur die Rolle des Prinzregenten. Shagarat al Durr verwaltete die Staatsfinanzen und beherrschte den Thronrat. Als Aybek sich eine Prinzessin aus Mossul zur zweiten Frau nehmen wollte – und er mußte sich bereits für seine Sultana von einer anderen Frau trennen – lud ihn Shagarat al Durr in die Zitadelle ein, wo sie ihn von ihren Eunuchen im Bad ertränken ließ.

Ungeachtet ihrer Qualitäten wollte nun kein Mamlukenfürst mehr Bett und Thron mit der Regentin teilen, und man setzte sie im Roten Turm der Zitadelle

Minarette der al Muajjad-Moschee von Osten

In der sh. Darb al Ahmar

unter Hausarrest. Drei Tage später schleppte man sie vor die geschiedene Frau Aybeks, deren Sklavinnen Shagarat al Durr mit ihren hölzernen Badeschuhen erschlugen. Die Leiche wurde in den Burggraben geworfen, bis einige Getreue sie nach Tagen in dem prachtvollen Mausoleum beisetzten, das sie sich unweit der Moschee des Ibn Tulun hatte erbauen lassen.

Die Thronfolge trat der fünfzehnjährige Sohn Aybeks an, der nach zwei Jahren eines unnützen Lebens in Luxus 1259 vom ehemaligen Stellvertreter Aybeks, Kutuz, abgesetzt wurde. Ägypten benötigte dringend einen starken Führer, denn die Mongolen unter Hulagu hatten Bagdad und Syrien erobert und drohten 1260 in Gaza einzufallen. Hulagu sandte Emissäre nach Kairo und verlangte die sofortige Unterwerfung des Sultans, dessen Antwort darin bestand, daß er die Köpfe der Botschafter am Bab al Zuweyla zur Schau stellte.

Unter dem Kommando Beybars, eines einflußreichen Mamluken-Emirs, der sich bereits im Kampf gegen die Kreuzritter hervorgetan hatte, wurden die Mongolen aus Gaza vertrieben. Die Franken erklärten sich neutral, und die ägyptische Armee trieb die Asiaten vor sich her, eroberte Syrien und ernannte auf Veranlassung des Sultans die ansässigen aiyubidischen Prinzen in Aleppo, Homs und Hama zu Lehensherren. Der Oberkommandierende Beybars, der sich seiner Hoffnungen auf den Fürstenthron von Aleppo beraubt sah, ließ Kutuz 1260 ermorden und sich sofort zum Sultan ernennen.

In den siebzehn Jahren seiner Herrschaft eroberte Beybars die Herzen seiner Zeitgenossen so sehr, daß er noch heute den Geschichtenerzählern Stoff in Fülle bietet; sein Leben und seine Taten bilden ein großes Epos, das fester Bestandteil der volkstümlichen Literatur geworden ist.

Geboren in Kiptschak nahe dem Ural, kostete er seinen Herrn nur 20 Pfund, weil eines seiner blauen Augen durch einen Katarakt (grauer Star) erblindet war. Ursprünglich Sklave von Aydekin al Bundukdar (der Bogenschütze), ging er in den Besitz von al Salih Aiyub über, der ihn freiließ und ihm große Truppenkontingente unterstellte. Seine großen militärischen und politischen Fähigkeiten kamen jedoch erst zum Tragen, als der frühere Sklave unter dem Namen al Sultan al Malik al Zahir Beybars al Bundukdari al Salihi das Reich am Nil zu einem neuen Höhepunkt in seiner Geschichte führte.

Das Zeichen Beybars, der Panther, ziert Brücken und Forts, Aquädukte und Moscheen im gesamten Mamlukenreich von Aleppo bis Mekka, vom Euphrat bis nach Libyen; in Kairo stehen die imposanten Reste der al Zahir-Moschee außerhalb der nördlichen Stadtmauern.

Ein geschickter Schachzug Beybars machte ihn zum geistigen Führer aller Muslime: Er holte den im Exil lebenden letzten Abkömmling der abbasidischen Kalifen nach Kairo, wo er ihn die Rolle des ›Beherrschers der Gläubigen‹ spielen ließ, mit viel Würde und Pomp zwar, aber ohne Macht. Vom ersten orthodoxen Kalifen in Kairo, al Mustansir, mit den Insignien der Macht ausgestattet, sah der Sultan sich in seiner Rolle als erster unter den islamischen Fürsten bestätigt.

Allianzen mit dem Khan der Goldenen Horde aus den Wolganiederungen, mit dem oströmischen Konstantinopel, mit Sizilien und der Toscana, diplomatische Verbindungen zum König von Ara-

Maschrabiyen-Erker im Haus des Abu Dhahab

Am Rande des Khan al Kalili

Altstadt-Idylle

gon und Charles von Anjou gaben dem Mamluken die außenpolitische Sicherheit, in deren Schutz er erfolgreich die Mongolen, Kreuzfahrer und Assassinen bekriegen konnte. Nach siebzehnjähriger Herrschaft starb Beybars al Bundukdari 1277 an einem Giftbecher, den er einem anderen Fürsten zugedacht hatte.

Das Regime der Bahri-Mamluken dauerte von 1250 bis 1382, nur vier Sultane jedoch hatten den Thron eine nennenswerte Zeit inne. Die Herrschaft Beybars, Kalauns, al Nasirs und Hassans umfaßte mehr als die Hälfte der gesamten Periode.

1279 usurpierte al Mansur Kalaun die Macht, ein weiser Herrscher und großer Soldat, der dem Land durch die Sicherung der Handelswege nach Indien und China großen Reichtum verschaffte. Als Kalaun sich wegen eines Gallenleidens im Nuri-Hospital in Damaskus pflegen ließ, gelobte er, in seiner Hauptstadt ein Krankenhaus zu errichten.

Das Maristan Kalaun, 1284 am Bain al Kasrain (s. S. 301) errichtet, bot Reichen wie Armen unentgeltlich Behandlung. Die Krankenzimmer waren um zwei Innenhöfe gruppiert, Operationssäle, Lehrräume und eine Apotheke ergänzten die Pflege, die neben der medizinischen Versorgung auch die Unterhaltung durch Musikanten und die Erbauung durch Koranbeter umfaßte. In der angeschlossenen Schule wurden sechzig Waisen verpflegt und unterrichtet. Der Sultan selbst sorgte sich bei wöchentlichen Visiten um das Wohl der Kranken. Dieses Krankenhaus fungierte bis in das vorige Jahrhundert als Nervenklinik. Einer der schattigen Innenhöfe existiert noch heute; das in neuerer Zeit errichtete Nebengebäude dient als Augenklinik.

Flankiert wurde das Krankenhaus von der Madrasa und der Grabmoschee des Sultans, dessen Sarkophag noch heute wundertätige Heilungen vollbringen soll.

Sultan Kalaun begründete in Kairo eine Erbdynastie, so daß die Herrschaft von 1279–1382 bis auf sieben Jahre in den Händen einer Familie lag. Nur wenigen Mamluken-Sultanen gelang es, ihren Nachfolger selbst zu bestimmen – meist konnten sie sich der Herrschaft nur so lange erfreuen, wie sie selbst die besten Intrigen spannen, die Fürsten auf ihrer Seite hatten und ihren Gegnern mit dem Dolch oder dem Giftbecher zuvorkamen. Der Machtwechsel war begleitet von Straßenkämpfen der rivalisierenden Fürsten, deren Truppen marodierend durch die Stadt zogen.

Haupteingang des Islamischen Museums

Turbulente Szenen spielten sich auch ab, als 1293 al Nasir Mohammed auf den Thron gesetzt wurde, den zuvor sein Bruder Khalil nach dem Tod ihres Vaters Kalaun innegehabt hatte. Al Nasir war neun Jahre alt, und die Macht lag in den Händen des Wasirs Ketbugha. Shugay, ein rivalisierender Fürst, überfiel mit seinen Truppen den Troß Ketbughas auf dem Weg zur Zitadelle. Nach blutigen Kämpfen schien Ruhe einzukehren, als man den Kopf Shugays auf einer Lanze durch die Straßen trug, aber schon organisierte sich der nächste Aufstand von dreihundert Mamluken, die den Basar der Waffenschmiede am Fuß der Zitadelle plünderten und die Festung belagerten.

Ketbugha stürmte mit seinen Männern von der Zitadelle das Camp der Belagerer und rieb die Gegner auf – geblendet, gefoltert oder geköpft wurden die Krieger zur Abschreckung an das Zuweyla-Tor genagelt. Um seine Macht zu festigen, schickte der Wasir den Sultan ins Exil ›um erwachsen zu werden‹ und übernahm die Regierung, der er sich jedoch nicht einmal ein Jahr lang erfreuen konnte, bis er von Emir Lagin 1296 überfallen wurde, jedoch fliehen konnte.

Lagin, der als Sklave einem Sohn Aybeks gehört hatte, war von Kalaun für dreißig Pfund gekauft worden und zum Emir und Statthalter von Damaskus aufgestiegen. Kalauns Sohn Khalil warf Lagin ins Gefängnis und schuf sich so einen Feind, der ihn später umbrachte. Während der Herrschaft Ketbughas hatte Lagin als Vizekönig das höchste Amt nach dem Sultan inne, was ihn nicht daran hinderte, seinen jetzigen Herrn zu entthronen. In Kairo eine Gefahr, wurde Ketbugha mit der Verwaltung Syriens beauftragt. Ungeachtet seines Verrates erfreute sich Lagin bei seinen Untertanen großer Beliebtheit; er erleichterte die drückenden Steuern, galt als guter Muslim und schenkte der Stadt eine Vielzahl frommer Stiftungen.

Als man wegen der Ermordung Khalils nach ihm fahndete, verbarg er sich in der zerfallenen und verlassenen Tulun-Moschee, die er nach seiner Ernennung zum Sultan in der alten Pracht wiederherstellen ließ. Der Sturz des sonst beliebten Herrschers wurde ausgelöst durch seine Zuneigung zu einem seiner Vasallen, dessen Einfluß bald den anderen Fürsten gefährlich schien. 1299 wurden der Sultan und sein Freund ermordet und der Sohn Kalauns, al Nasir, aus dem Exil nach Kairo zurückgeholt. Im Alter von vierzehn Jahren war er noch zu schwach, um die Macht in eigenen Händen zu halten; die Emire Salar und Beybars (al Gashnekir = der Vorschmecker) ernannten sich so zu seinen Tutoren. 1303 gelang es beiden, den vierten Einfall der Mongolen zurückzuschlagen und deren Macht für immer zu brechen. Die beiden Wasire machten sich gegenseitig die Macht streitig, und der junge Sultan, der nicht das Schicksal seines Bruders teilen wollte, floh zu der Festung Kerak und dankte ab. 1309 ernannte sich Beybars II. zum Herrscher, wobei es ihm jedoch nicht gelang, die Fürsten und das Volk auf seine Seite zu bringen. Al Nasir war in der Zwischenzeit nicht müßig gewesen, sondern hatte in Syrien eine große Gefolgschaft unter seinen Fahnen zusammengeschart, die ihm 1310 half, das dritte Mal den Sultansthron zu besteigen. Die beiden Wasire endeten im Stil der Zeit – Beybars wurde mit einer Bogensehne erdrosselt, Salar verhungerte im Kerker.

Al Nasirs lange Herrschaft, die bis zu seinem Tode 1341 dauerte, stellte eine Hochblüte der mamlukischen Kultur dar. Ungeheure Reichtümer, teils aus dem Handel mit Indien, China und Europa, teils aus den Eroberungen, wurden in die bildenden Künste investiert; Handwerker und Künstler, die aus Persien, Mesopotamien und Syrien vor den Mongolen flüchten konnten, brachten neue Impulse. Al Nasirs Emire übertrafen sich gegenseitig im Bau von Moscheen und Madrasas, wobei der Sultan selbst mit gutem Beispiel voranging. Die große Moschee auf der Zitadelle und die Madrasa (s. S. 302) im Suk al Nahassin geben uns heute noch einen Eindruck von der Pracht, die damals herrschte. Üppig tauschierte Bronzegefäße, Ampeln und Koranständer aus dem Besitz des Sultans und anderer Mamluken dieser Zeit bilden den Schwerpunkt der Sammlungen im Islamischen Museum von Kairo (s. S. 299) und den entsprechenden Museen der Welt.

Al Nasir, klein von Gestalt, hinkend, blind auf einem Auge, ein rachsüchtiger Despot, ein kühler Intellektueller, ein einzigartiger Kunstmäzen, ein fähiger Organisator und geschickter Diplomat, gilt als einer der bemerkenswertesten Herrscher des Mittelalters. Sein Tod 1341 hinterließ eine Lücke, die so rasch nicht gefüllt werden konnte. In einundvierzig Jahren ging der Thron an zwölf Nachkommen al Nasirs über, für manche nur einige Monate lang. Nur Hassan regierte mit einer Unterbrechung zehn, Shaban vierzehn Jahre, wobei die Macht stets in den Händen der Emire lag, waren die Sultane doch Kinder oder hilflose Marionetten, der Willkür ihrer Mamluken ausgeliefert.

Von den Nachkommen al Nasirs verdienen nur zwei besondere Erwähnung, al Kamil, während dessen Regierungszeit die unter seinem Vater wieder aufgeflammten Christenverfolgungen eingestellt wurden, so daß sogar Franz von Assisi am Hofe predigen durfte, und Sultan Hassan, der 1356–59 eine der bemerkenswertesten mamlukischen Mo-

Barquq-Moschee. Stich des 19. Jh.

scheen (Farbt. 1, 7) am Fuß der Zitadelle erbauen ließ.

Gerade diese Moschee (s. S. 315) litt besonders unter den Wirren der Zeit. Das weite Dach bot der Artillerie und den Schützen eine besonders günstige Position, um die Zitadelle zu beschießen; diesem Zweck diente die Moschee bis zur Zeit Mohammad Alis.

1382 endet die Erbdynastie des Hauses Kalaun und damit die Herrschaft der Bahri-Mamluken. Kalaun selbst war es, der ein Truppenkontingent von Tscherkessen in der Zitadelle stationiert hatte, deren Führer, Barquq, die glückliche Stunde nutzte und mit der Machtübernahme 1382 die Epoche der Burgi-Mamluken einleitete.

Der Herrschaftsstil der tscherkessischen Mamluken unterschied sich nicht wesentlich von dem ihrer Vorgänger, wenn auch das Prinzip der Erbdynastie völlig aufgegeben wurde. Der Sultan war stets nur ›primus inter pares‹, solange er sich auf seine Hausmacht stützen konnte und seine konspirativen Intrigen besser auszuspielen wußte als seine Rivalen, die mit ihren Truppen nun starke Parteien bildeten. Sechs der dreiundzwanzig Burgi-Sultane regierten einhundertunddrei von insgesamt einhundertvierunddreißig Jahren. Selten nur wurde der abgesetzte Sultan umgebracht – meist konnte er seinen Lebensabend beschaulich in irgendeiner ägyptischen Stadt verbringen. Weniger dem Kriegführen zugeneigt, waren die Burgi-Sultane oft gebildete Männer, fromme Muslime, der Literatur und den Künsten zugetan, jedoch nicht minder grausam als ihre Vorgänger.

Mancher Sultan öffnete selbst der Korruption Tür und Tor. Khushkadam z. B. verkaufte dem Statthalter von Tripolis das Gouvernement von Damaskus offen für 45000 Dinare, der freigewordene Posten brachte 10000 Dinare ein. Ein unbeliebter Wasir wurde inhaftiert, gefoltert und ohne Gerichtsverfahren hingerichtet, wobei der gerechte Blick des Sultans durch 75000 Dinare getrübt war. Wurde ihm das Geld knapp, pflegte Khushkadam mit seinen Truppen einem Fürsten einen offiziellen Besuch abzustatten, in dessen Verlauf der Gastgeber um einen nicht unwesentlichen Teil seines Vermögens erleichtert wurde.

Neben der zügellosen Korruption, der grausamen Willkür, besaß das System jedoch genug politische und militärische Kraft, um die Mongolen unter Timur von Ägypten fernzuhalten, die Aufstände im Sudan und in Kleinasien zu unterdrücken, die Piraterie im Mittelmeerraum einzudämmen und Zypern zu erobern.

Der unter den Bahri-Mamluken begonnene kulturelle und künstlerische Aufschwung fand seine Fortsetzung und gipfelte im Bau zahlloser Moscheen und Madrasas, die heute noch Kairo prägen. Barquq baute seine großartige Moschee (Farbt. 38) am Suk al Nahassin, und seine Grabmoschee bildet heute noch das Herz des großen Friedhofes (Farbt. 5) an der Straße nach Heliopolis. Die Moschee des Muayyad, deren östliche Arkade an das Bab al Zuweyla grenzt, pflanzte ihre beiden Minarette auf das Stadttor und bildet mit ihm eine imposante Einheit. Bars Beys Moschee begrenzt den Khan al Kalili am Suk al Nahassin, Reste seiner Grabmoschee mit denen von Inal und Qurqumas, von Nasrallah, Azrumuk und Qait Bey (Farbt. 74) bilden die Hauptmonumente des nördlichen Friedhofes (s. S. 198).

Während noch unter Qait Bey 1468–1496 das Kunstschaffen des islamischen Kairos seinen letzten Höhepunkt fand, brandete die Woge der osmanischen Eroberer an die östlichen Grenzen des Reiches. 1501, nachdem vier unfähige Nachfolger Qait Beys regiert hatten, bestieg al Ghuri, ein Sklave Qait Beys, im Alter von sechzig Jahren den Thron. In den fünfzehn Jahren seiner Herrschaft stellte er die Ordnung weitgehend wieder her, baute und restaurierte Moscheen und rekrutierte neue Truppen.

1516, jetzt fünfundsiebzig Jahre alt, stellte er sich an der Spitze des gesamten ägyptischen Heeres bei Aleppo den türkischen Invasoren. Die Schlacht wurde zum Desaster. Kheyr Beg, der Fürst, der den linken Flügel führte, desertierte mit seinen Soldaten, al Ghuri jedoch blieb die Schmach der Niederlage erspart: auf dem Schlachtfeld erlag er einem Gehirnschlag. Der Vizekönig Tuman Bey wurde in Kairo zum Sultan ernannt. Die türkischen Heere standen kurz danach vor den Toren der Stadt, die sie nach fünftägigem Kampf eroberten. Ein türkischer Chronist, Hajdar Tschebeli, der als Sekretär des Staatsrates am Feldzug teilnahm, berichtet:

»In der Nacht des 27. Januars griff der Sultan Tuman Bey mit etwa 7000 Mann die Stadt an, es wurde bis Mittag gefochten, ohne daß ein Erfolg erzielt worden wäre. Für die Einwohner hatte man eine Amnestie erlassen. Am 29. machte Junus Pascha, der Janitscharenaga, einen allgemeinen Angriff und zerstörte sämtliche Barrikaden in den Stadtvierteln. Jetzt erschien auch der Sultan Selim in rotseidenem Kleide und Panzerrüstung auf dem Kampfplatz, begleitet von der weißen Fahne und einem einzigen Roßschweif, und drang bis an die Zitadelle vor. Bis in die Nacht wurde erbittert gefochten. Mit Tagesanbruch begannen die Kämpfe wieder in Gegenwart des Herrschers, und es gelang ihm, mit Hilfe der Kavallerie bis auf den Rumeile genannten Platz zwischen der Zitadelle und der Sultan Hassan-Moschee vorzudringen, worauf sich die Einwohner bereit erklärten, sich zu ergeben. Die feindlichen Truppen aber warfen von hohen Mauern Steine und scharfe Gegenstände herab. Daraufhin wurden etwa 4000 Mann ägyptischer Reiterei und Araber niedergesäbelt, so daß die Straßen sich mit Leichen füllten und für Reiter unpassierbar wurden. Im Laufe des Nachmittags war der Feind völlig geschlagen. Sultan Tuman Bey konnte dennoch nicht gefunden werden, er ergriff mit sieben seiner Getreuen die Flucht.

Tuman Bei hielt sich unweit der Stadt Mesgun, wo die westliche Wüste endet, auf, und wollte sich über den Nil retten. Da er scharf verfolgt wurde, warf er sich in der Todesangst ins Wasser, wurde jedoch mit einer Wurfschlinge gefangen und hinausgezogen und in Fesseln Selim vorgeführt, der ihn 1517 hinrichten ließ.«

H. Arndt in
Vivant Denon, *Mit Napoleon in Ägypten*

Mutawakkil, der letzte der abbassidischen Kalifen, wurde gefangengenommen und nach Istanbul verschleppt, sein Amt als Beherrscher der Gläubigen mußte er Selim, dem türkischen Eroberer, übertragen, so daß das Kalifat während der nächsten Jahrhunderte in den Händen der Hohen Pforte verblieb.

Der lange Arm der Hohen Pforte~ Am Nil war er schwach

Thomas Gosciniak

Die Eroberung durch Sultan Selim 1516 bedeutete für das Leben in Kairo keine einschneidende Veränderung. Wenn auch statt des Sultans jetzt ein von der Hohen Pforte in Istanbul ernannter Pascha residierte, so lag die Macht doch noch immer in den Händen der Mamluken, die sich nach wie vor untereinander bekriegten, ihre Intrigen spannen und dem Pascha den Einfluß streitig machten. Dank Vasco da Gama (1469–1524) kontrollierten die Portugiesen den Handel mit Ostasien, und die Einkünfte aus den Kriegen mit den Nachbarländern stagnierten. So spielte sich jetzt das Leben der Fürsten in kleineren Rollen auf einer Provinzbühne und nicht mehr als Hauptakteure im Welttheater ab.

Mehr und mehr lag die eigentliche Macht in den Händen des obersten Mamlukenfürsten, des Scheich al Balad, und der Anführer der türkischen Janitscharen und Azhabs, die weitgehend selbständig regierten. Selbst eine militärische Oligarchie geblieben, vermischten sich die Mamluken mit den türkischen Beys und Agas, wobei sich beide ohnehin ähnlichen Systeme organisatorisch und kulturell unter der gemeinsamen Fahne des Propheten gegenseitig assimilierten. Je mehr der Einfluß der Hohen Pforte nachließ, desto unabhängiger konnte sich

Sinan-Moschee in Bulaq im 18. Jahrhundert

Altstadt-Gasse zur ›Türkenzeit‹

Türkischer Händler im Khan al Kalili zur osmanischen Zeit

die Macht einiger Fürsten entwickeln. Zu Beginn des 18. Jahrhunderts setzte Osman Bey den Pascha ab und ernannte seinen eigenen Mamluken Rudwan zum Kommandierenden der Azhab-Truppen. Er hielt Hof in seinem Palast, erließ Gesetze und herrschte weitgehend ungestört vom Sultan in Istanbul. Der kulturelle Einfluß der Türken ging jedoch nicht spurlos an der Stadt vorüber. Moscheen im türkischen Stil entstanden überall, alte mamlukische Madrasas wurden z. T. mit neuen Stilelementen restauriert, und man wetteiferte im Bau von Sabil Kuttabs, Koranschulen mit öffentlichen Brunnen. Die wiedererstarkende Macht der Mamluken erreichte ihren Höhepunkt unter Ali Bey, der 1769 den Pascha vertrieb und sich unabhängig erklärte. Mit den Truppen, die er auf Geheiß des Sultans rekrutiert hatte, um für die Hohe Pforte gegen Rußland zu kämpfen, eroberte er Teile Syriens und Arabiens für sich. Sein Schwiegersohn General Mohamed Bey fiel ihm jedoch in den Rücken, verbündete sich mit dem Sultan und übernahm die Macht 1773, offiziell von der Pforte in Personalunion als Führer der Mamluken und Pascha des Sultans anerkannt.

Mohamed Bey, wegen seiner Freizügigkeit mit dem Beinamen Abu Dhahab (Vater des Goldes) bedacht, ließ seine

Grabmoschee (s. S. 307) nach den Plänen des türkischen Baumeisters Sinan gegenüber der Azhar-Moschee errichten, wo er 1775 begraben wurde.

Nach seinem Tod teilten sich die Beys Ibrahim und Murad die Macht, bis 1798 Napoleon Bonaparte in Ägypten einfiel. Die Pforte, die ihre Interessen vital gefährdet sah, schickte den aus Kavalla stammenden Hauptmann Mohammad Ali (s. S. 163) mit einem Truppenkontingent nach Ägypten, um die Franzosen zu vertreiben. Nach der Niederlage Napoleons dank der Hilfe der Briten wurde Mohammad Ali 1805 zum Pascha ernannt. Er verbündete sich mit den Mamluken und kämpfte zweimal gegen die Engländer, die 1807 das Land verließen. Durch ihre militärische Stärke ermutigt, versuchten einige Mamluken wieder, die Macht im Staate auf sich zu vereinen. Der ehemalige albanische Hauptmann erwies sich jedoch als ebenbürtiger Gegner, nicht minder tückisch und grausam als seine Opponenten.

1811 lud er alle Emire zu einem Staatsbankett in die Zitadelle ein. Die Mamluken wurden würdig empfangen und in die Zitadelle geleitet – kaum hatten sich jedoch die Tore hinter ihnen geschlossen, ließ Mohammad Ali das Feuer auf sie eröffnen. Von den vierhundertsiebzig Fürsten und ihrem Gefolge konnte nur einer entkommen. Von dem Massaker berichtet ein Augenzeuge:

»Die Mamluken, die das erste Tor erreicht hatten, versuchten auf einem anderen Weg zur Zitadelle zurückzukehren. Als ihnen das nicht gelang, und als sie viele ihrer Gefährten schon von den Schüssen der verborgenen Schützen getötet oder verwundet sahen, sprangen sie von den Pferden, warfen ihre Umhänge ab und stellten sich mit gezogenen Säbeln. Aber niemand wollte ihnen im Nahkampf entgegentreten; sie wurden von den Dächern der Häuser aus niedergeschossen. Schahin Bey fiel vor dem Tor des Palastes Saladins. Solaiman al-Bauab floh in Richtung des Harems, der unter den Mamluken als Asyl galt; doch vergeblich, er wurde zum Palast geschleppt, wo der Pascha befahl, ihm den Kopf abzuschlagen. Die Mamluken, die nicht gleich auf dem Schlachtfeld getötet wurden, ließ man sich völlig entkleiden. Mit einem Handtuch um den Kopf und ein anderes um die Hüfte geschlungen, führte man die Gefangenen vor den Pascha und seine Söhne, um von diesen sofort zur Hinrichtung geschickt zu werden. Sogar dort verlängerte man noch ihre Leiden: anstatt sie sofort zu enthaupten, wurden viele zuerst nur verwundet; man schoß mit Pistolen in ihre Glieder und andere Teile des Körpers oder verletzte sie mit Lanzen; einige konnten sich losreißen, wurden aber in irgendwelchen Ecken der Zitadelle getötet; andere – noch richtige Jungen von 12 oder 14 Jahren – baten um Gnade und riefen, daß sie sich ja keiner Verschwörung schuldig gemacht hätten und dem Pascha als Sklaven zu dienen bereit seien. All diese, und überhaupt alle Mamluken, gleichgültig wie jung und noch ungeübt im Intrigieren oder wie alt und in ihrer Treue erprobt – alle wurden vor den Pascha gejagt, der ihnen die Begnadigung verweigerte.

Walpole, *Memoirs on European and Asiatic Turkey*, London 1868

Das mittelalterliche Feudalsystem der Mamluken hatte so ein unrühmliches Ende genommen. Eine neue Dynastie herrschte am Nil und führte das Land in die Neuzeit.

Die osmanische Zeit hat vor allem reich dekorierte öffentliche Brunnen hinterlassen; Sabil der Mutter von Abas Pascha

»... daß vierzig Jahrhunde

Bonap

»... auf Euch niederblicken!«

...te am Nil

In Napoleon Bonapartes Karriere als Kaiser der Franzosen und Eroberer der halben Welt hat Ägypten nur eine kleine Rolle gespielt; in Ägyptens moderner Geschichte hingegen fiel dem General Bonaparte die Rolle eines Wegbereiters für die nächsten zwei Jahrhunderte zu. Er kam wie ein Wirbelwind über Ägypten und blieb selbst nur knapp fünfzehn Monate, wobei er sich noch ungefähr fünf Monate in der Eroberung Palästinas versuchte. Daß er nicht nur als besessener Soldat und Machtpolitiker gekommen war, wurde kurz vor der Einnahme Kairos deutlich. Als am 21. Juli 1798 nahe dem Dorf Imbaba (heute die nordwestliche Vorstadt Kairos auf dem linken Nilufer) die Schlacht begann, zeigte der französische Heerführer auf die am Horizont sich scharf abzeichnenden Pyramiden von Gise (etwa 15 km entfernt). Hier sprach Bonaparte den oft zitierten Satz, mit dem er seine Soldaten in das Gefecht schickte: »Geht nun, und denkt daran, daß vierzig Jahrhunderte von der Höhe dieser Monumente auf Euch niederblicken!«

Respekt vor der Geschichte Ägyptens hatte das Orient-Abenteuer des Revolutionsgenerals Bonaparte von Anfang an gekennzeichnet. Sein Heer wurde von 167 Wissenschaftlern und anderen Fachleuten begleitet. Das kleine Heer der Forscher, das sich ›Kommission für Wissenschaft und Kunst‹ nannte, war mit allen damals erdenklichen Hilfsmitteln ausgestattet. Es war dazu bestimmt, sofort eine Bestandsaufnahme der Hinterlassenschaften aus viertausend Jahren ägyptischer Hochkultur zu beginnen. Darüber hinaus sollte alles Wissenswerte aus Fauna, Flora, Geologie, Geographie und schließlich aus der lebendigen Gegenwart des Nillandes zusammengetragen werden. Nur 32 Tage nach der Einnahme Kairos trat die Kommission in einem der Mamluken-Paläste zusammen und gründete das ›Institut d'Egypte‹; unter dem Namen ›Institut Français d'Archéologie Orientale‹ lebt es bis heute in Kairo fort.

Die Mitglieder des Instituts – General Bonaparte war sein Vize-Präsident – veranstalteten regelmäßig Sitzungen. Dies bedeutete nicht, daß die französischen Wissenschaftler und Künstler in Kairo ein stilles Gelehrtendasein führten; vielmehr war immer ein großer Teil der ›Experten‹ unterwegs: zu den Pyramiden im Großraum Kairo, nach Heliopolis und Faiyum, mit Napoleon Bonaparte zur Inspektion der Reste des Kanals zwischen Nil und Rotem Meer, mit General Desaix bis nach Assuan in Oberägypten. ›Zu Hause‹ in Kairo werteten sie dann ihre Erkenntnisse und Funde, verglichen Notizen und Zeichnungen, tauschten Erfahrungen aus. In knapp drei Jahren trug ›Bonapartes Gelehrtentroß‹, wie manche Soldaten sagten, das Material zu der berühmten ›Description de l'Egypte‹ zusammen, die zwischen 1809 und 1823 in Paris publiziert wurde. Mit ihren sechsundzwanzig Textbänden und zwölf großformatigen Bildbänden war sie die umfassendste Dokumentation Ägyptens im 19. Jahrhundert und ist bis heute wohl die schönste Dokumentation des Nillandes überhaupt.

Die Arbeit des ›Institut d'Egypte‹ läutete das Zeitalter der modernen Ägyptologie ein. Als Beispiel sei die Sitzung am 19. 7. 1799 erwähnt. Zu ihr lag ein Schreiben des Mathematikers Lancret vor, demzufolge ein französischer Offizier bei Erdarbeiten am Fort Julien nahe der Hafenstadt Rosetta (Nildelta) eine antike Basalttafel, die mit Texten in verschiedenen Sprachen beschriftet sei, gefunden habe. Der Rosetta-Stein (s. S. 39) enthüllte sich durch seinen griechischen Text den Gelehrten sofort als ein Dekret

General Bonaparte zeigt sich dem Volk an einem islamischen Feiertag

des Königs Ptolemaios V. aus dem Jahre 196 v. Chr., und weil die Tafel auch einen Text in Hieroglyphen und einen in spätägyptischem Demotisch trug, weckte sie gleich Hoffnung auf die Entzifferung der bis dahin fast unlesbaren Hieroglyphen. Die Hoffnung ging erst rund dreiundzwanzig Jahre später durch die Arbeit von Jean François Champollion (s. Seite 38) in Erfüllung. Allerdings mußte der geniale Franzose mit einem Wachsabdruck des Rosetta-Steins arbeiten, da das Original (jetzt im Britischen Museum) und viele andere wertvolle Funde dem kapitulierenden französischen Expeditionsheer von den siegreichen Briten abgenommen worden waren.

Trotz der militärischen Niederlage spielten Franzosen den größten Teil des 19. Jahrhunderts hindurch eine maßgebende Rolle in der praktischen Ägyptologie. 1850 kam aus Paris Auguste Mariette nach Kairo, ein damals 29 Jahre alter Lehrer, Journalist und Amateur-Archäologe. Ehe er mit Unterstützung des Louvre nach Ägypten aufbrach, hatte Mariette einige Jahre lang an untergeordneter Stelle im Pariser Nationalmuseum gearbeitet, und er hatte zugleich mit Fleiß und Disziplin alle erreichbare Literatur über Ägypten studiert. Begünstigt vom Glück, doch ebenfalls aufgrund seiner Literaturkenntnisse (er erinnerte sich an eine Schilderung des griechischen Geographen Strabo aus dem Jahr 24 v. Chr.) stieß der junge Franzose bei Grabungen in Sakkara bald auf das Serapeum (s.S. 289). Außerdem fand er mehrere

Zu den Farbtafeln 1–90

1 Minarette der Sultan Hassan-Moschee und Rifai-Moschee
2 Ibn Tulun-Moschee, von der Zitadelle aus
3 Blick vom Kairo-Turm auf Midan al Tahrir
4 Blick vom Kairo-Turm auf Dokki und Imbaba
5 Blick vom Minarett der Grabmoschee des Qait Bey, nördlicher Friedhof
6 Verkehrsknotenpunkt am neuen Ramses-Hilton
7 Sultan Hassan-Moschee und Rifai-Moschee von der Zitadelle aus
8 Blick nach Norden auf Zamalek
9 Figur Ramses II. vor dem Hauptbahnhof
10 Kairos Busse – fast immer überfüllt
11 Kamelreiter auf ›Durchreise‹ in Zamalek
12 Modernes Bildwerk ›Ägypten erwacht‹ vor der Kairo-Universität
13 Am Hauptbahnhof
14 Filmwerbung fürs Herz
15 Nilufer nahe Alt-Kairo
16 Immer freundlich zu Besuchern
17 Feluka am Nilufer
18 Fischerei ernährt noch den Mann
19 Ufersiedlung gegenüber Roda-Nilometer
20 Taubenhäuser in der Oase Faiyum
21 Hausboot am Imbaba-Ufer
22 Blick auf die Chefren-Pyramide von der Spitze der Cheops-Pyramide aus
23 Zweisamkeit an der Cheops-Pyramide
24 Der Sphinx im Morgengrauen
25 Der Alabaster-Sphinx in Memphis
26 Djoser-Pyramide vom Hep-Sed-Hof
27 Am goldenen Sarg Tutanchamuns
28 Wandbild: Osiris und Atum, Gott von Heliopolis
29 Tutanchamun (links) als Osiris
30 Thronsessel Tutanchamuns im Ägyptischen Museum
31 Löwengöttin (Sechmet) im Ägyptischen Museum
32 Koptische Kirche in Zeitun, 1968 Erscheinungsplatz der Jungfrau Maria
33 Ostermesse in der St. Markus-Kathedrale
34 Diakonen bei der Messe
35 Blick auf die Zitadelle und Mohammad Ali-Moschee vom nördlichen Friedhof aus
36 Am Grabmal des Sultans Qait Bey
37 Blick vom Balkon des Gayer-Anderson-Hauses
38 Südliche Grabkuppel der Madrasa von Sultan Barquq, nördlicher Friedhof
39 Versunkenes Tor zum Grabkomplex Sultan Qait Beys
40 Sanktuar der Ghuri-Moschee
41 Altstadtpanorama
42 Blick aus der Grabkammer der Sultan Hassan-Moschee auf Zitadelle (Bab al Azhab) und Mohammad Ali-Moschee
43 Innenraum der Al Azhar-Moschee
44 Betende auf der Straße
45 Wohnraum im Bait al Suheimi
46 Hof der Al Azhar-Moschee vom Minarett
47 Al Azhar-Moschee, Tor der Barbiere
48 Gebetsnische der Muayyad-Moschee
49 Maschrabiya in der al Maridani-Moschee
50 Kielbögen der Salih Talai-Moschee
51 Maschrabiya von dem Liwan der Al Maridani-Moschee
52 Blick aus einer Moschee auf die Straße
53 Wakala al Ghuri
54 Minarett der Hussein-Moschee vom Khan al Kalili
55 Qijmas al Ishaqi-Moschee
56 Minarett der Kalaun-Moschee
57 Fustat
58 Neues Minarett im mamlukischen Stil
59 Blick auf das Minarett der Ibn Tulun-Moschee
60 Innenhof der Ibn Tulun-Moschee mit Minarett und Brunnenhaus
61 Das Ruinenfeld von Fustat
62, 63 Töpferwaren in Fustat
64 Nordostecke der Moschee des Amr Ibn al Ass
65 Minarettspitzen im Basar (s. auch Farbt. 1, 57)
66 Gotisches Portal der Al Nasir-Moschee
67 Wakala al Ghuri
68 Sabil Kuttab von Abdul Rahman Katkhuda
69–71 Altstadtszenen
72 Folkloristischer Tanz
73 Entlohnung einer Bauchtänzerin
74 Fassade des Klosterkomplexes von Qait Bey, nördlicher Friedhof
75–78 Händlerszenen
79 Wächter einer Moschee
80 Limonadenverkäufer
81 Wächter an den beiden Toren
82 Buchhändler vor der Al Azhar-Moschee
83 Festzelt für Trauerfälle oder Hochzeiten
84 Handwerker im Suk der Zeltmacher
85 Bügler am Khan al Kalili
86, 87 Im Basar der Kupferschmiede
88 Töpfer in Fustat
89 Vor der fatimitischen Stadtmauer mit dem Nordminarett der Al Hakim-Moschee
90 Besenhändler am Sabil Kuttab von Nafisa al Bayda

3

4

5

6

7

9

10

11

هدية العيد
بسينما
راديو
عادل امام
ثعبان
تحت الصفر
سمير عبد العظيم
بركات

14

16

17

18

9

0

21

22

23

24

25

26

7

3

29

)

31

32 34

33

36

37

40

38

39

41

42

43

44

45

46

47

48

49

50

51

52

53

54

55

56

57

58

59

61

62

63

64

5

66

7

68

69

71 ▷

70

72

73

74

75

76

77

8

79

0

81

82

83

84

85

86

87

88

89

Statuen, darunter einen ›hockenden Schreiber‹ (Louvre) und viele interessante Kleinplastiken, später auch Goldschmuck. Nachdem er so auf sich aufmerksam gemacht hatte, setzte sich Mariette im Konflikt mit anderen ausländischen Konkurrenten, im Kleinkrieg mit korrupten Beamten und in Krisen mit der damals wieder gefestigten staatlichen Autorität durch: 1858 wurde er zum Direktor der ägyptischen Antiquitätenverwaltung und eines erst noch zu schaffenden Museums bestellt.

Nachfolger des 1881 verstorbenen Mariette wurde Gaston Maspero, ein in Paris geborener Wissenschaftler italienischer Herkunft. Er war schon in Frankreich mit Mariette befreundet gewesen und hatte sich auf das Lesen von Hieroglyphen spezialisiert. Maspero führte die Antiquitätenverwaltung und das Museum – damals noch im nördlichen Stadtteil Bulaq angesiedelt – nur fünf Jahre lang, doch er schaffte in kurzer Zeit Außerordentliches: Er stärkte nicht nur die Autorität der Antiquitätenverwaltung und ordnete die pharaonische Sammlung des Museums neu, sondern führte auch eigene Grabungen durch und schrieb mehrere Bücher, die trotz wissenschaftlicher Genauigkeit Geschichte und Kunst Ägyptens einem breiten Publikum erschlossen.

Obwohl der Rücktritt Gaston Masperos in das fünfte Jahr der britischen Oberhoheit über Ägypten fiel, wurde in Kairo wieder ein Franzose Chef der Antiquitätenverwaltung und des Museums: Eugène Grébant. Unter seiner Leitung zog die pharaonische Sammlung aus dem Behelfsbau in Bulaq in ein etwas besseres Interregnum nach Gise. Grébants Nachfolger, Jean de Morgan, konnte es durchsetzen, daß für die stets wachsende Zahl an Zeugnissen aus viertausend Jahren ägyptischer Hochkultur ein eigenes Haus gebaut wurde. Als 1902 die feierliche Eröffnung des Gebäudes stattfand, in dem sich auch jetzt noch das Nationalmuseum befindet, stand wieder Gaston Maspero an der Spitze: er war zu einer zweiten Amtszeit als Direktor aus Frankreich an den Nil zurückgekehrt. Nach seinem Tod (1916) setzte sich die Reihe französischer Chefs von Antiquitätenverwaltung und Nationalmuseum weiter fort, bis endlich ägyptische Direktoren die Verantwortung für Pflege und Mehrung der Zeugnisse der langen Geschichte ihres Volkes übernehmen konnten.

Bis zur Ägyptisierung archäologischen Forschens und Bewahrens war es ein langer Weg – länger, als die bloße Zeitspanne zwischen der Ankunft der französischen Gelehrten in Kairo im Gefolge von Bonaparte und der Ernennung des ersten ägyptischen Direktors es erscheinen läßt. In diesen rund hundertfünfzig Jahren mußten beide Seiten, die ins Land drängenden Europäer und die für ihre eigene Geschichte blind gewordenen Ägypter, erst ein vernünftiges Verhältnis zur Hinterlassenschaft der pharaonischen Vergangenheit gewinnen. Die Gelehrten hatten unter anderen eine Expertise über ›Auswahl, Erhaltung und Transport antiker Denkmäler‹ erarbeitet – nämlich solcher Denkmäler, die nach Frankreich überführt werden sollten. Daß ihre Ausbeute zum großen Teil in den Besitz der Briten überging, machte für Kairo die Sache nicht besser.

Die in London arrangierten Ausstellungen und die in Paris publizierte Beschreibung Ägyptens erregten in ganz Europa Interesse – um nicht zu sagen die Gier – vieler Museen, privater Sammler, gewinnsüchtiger Händler und der Mode folgender Geldleute. Während des gesamten 19. Jahrhunderts waren neben seriösen Ägyptolo-

Häuser ausländischer Kaufleute am Kanal (heute zugeschüttet)

gen nilauf und nilab auch Geschäftemacher auf der Jagd nach pharaonischen Altertümern, und oft wurden sie von den in Kairo und in den europäischen Hauptstädten Regierenden mehr unterstützt als die Ägyptologen. Zwar erließ Mohammad Ali (s. S. 165) schon 1835 ein Gesetz, das die Suche nach Altertümern unter Regierungsaufsicht stellen und die willkürliche Ausfuhr von Funden verhindern sollte. Doch der Pascha von Kairo, das heißt der Herr über Ägypten, verschenkte oft selbst wertvolle Stücke an ausländische Fürsten. So vermachte Mohammad Ali dem König von Frankreich einen der beiden Obelisken, die auf den Pylonen vor dem Tempel von Luxor standen. Seit 1836 ziert der verschenkte Obelisk die Place de la Concorde in Paris.

Noch Mariette blieb meistens ohne Erfolg, wenn er die Bestimmungen des Gesetzes Mohammad Alis im Einzelfall durchzusetzen versuchte. Maspero schloß der ägyptischen Antiquitätenverwaltung eine Organisation zur Bekämpfung von Raubgrabungen und illegaler Antiquitätenausfuhr an, doch auch sie wurde oft überspielt. Um die Jahrhundertwende war es skrupellosen Beauftragten des internationalen Antiquitätenhandels noch möglich, ihre Beute als Gepäck der Besatzungsarmee ohne Kontrolle auszuführen. Erst als die britische Protektoratsmacht mehr Verantwortung für die Zeugnisse der großen Vergangenheit Ägyptens zu zeigen begann, besserten sich die Verhältnisse deutlich.

Von Kaffeehändlern und Khediven

Mohammad Ali bis König Faruk

Mohammad Ali war nicht nur ein geschickter Politiker und dann gnadenloser Unterdrücker der Mamluken (s. S. 122), er wurde bald auch zu einem jener Reformer, die ihr Werk ohne Rücksicht auf Kosten und Menschenleben betrieben. Anfangs freilich gelang es ihm fast mühelos, wirtschaftlichen und sozialen Fortschritt zu erzielen. Ägypten befand sich zu Beginn seiner Regentschaft in einem so beklagenswerten Zustand, daß jede systematische Neuordnung und jede Rationalisierung dem bis dahin unbegrenzter Willkür ausgelieferten Volk Erleichterung brachte. Es zeigte sich auch, welch angenehme Seiten im Niltal die Natur den Menschen bietet, sofern das tägliche Leben geordnet und gesittet verläuft. Verhältnismäßig wenig Arbeit war notwendig, um dem fruchtbaren Schwemmland des Flusses die Nahrungsmittel für den Unterhalt seiner Anrainer abzugewinnen.

Doch Mohammad Ali wollte mehr als ein auskömmliches und bequemes Leben für seine Untertanen, die im Jahre 1821 gezählt und mit 3,2 Millionen angegeben wurden. Der energische Mann sah das gerade aus der Verelendung hervorgegangene Land stark und mächtig – wenn auch nicht als Weltmacht, so doch als regionale Großmacht. Um diesen Traum Wirklichkeit werden zu lassen, holten er und seine Nachfolger aus Europa Dutzende von Fachleuten: Militärs, Ökonomen, Ingenieure, Ärzte, Erzieher, manchmal auch bloße Abenteurer. In Kairo gab es bald Paschas und Beys italienischer, deutscher, französischer und englischer Herkunft. Sie brachten die Dampfmaschine, die Eisenbahn, das Zündnadelgewehr und viele andere Neuheiten der Mitte des 19. Jahrhunderts oft früher nach Ägypten, als sie zum Beispiel in einem der damaligen deutschen Kleinstaaten eingeführt wurden.

Europäischen Militärfachleuten gelang es, ein einsatzfähiges Heer aus Ägyptern zusammenzubringen. Während des Unabhängigkeitskampfes der Griechen gegen das Osmanische Reich (1824–27) hatten ägyptische Truppen

Grabstätte erschlagener Mamluken

erstmalig Gelegenheit, sich zu bewähren. Sie wurden vom nominellen Oberherrn Kairos, dem Sultan in Istanbul, nach Griechenland beordert und errangen dort einige Siege. Erst als ein vereinigtes Geschwader Rußlands, Englands und Frankreichs bei Navarin (1827) die gesamte ägyptisch-türkische Flotte vernichtete, zog Mohammad Ali seine Truppen zurück.

Er ließ sie dann aber bald gegen den eigenen Oberherrn ins Feld führen. Anfang 1832 rückte Mohammad Alis Sohn

Ibrahim in die osmanische Provinz Syrien ein und stand nach Jahresfrist mitten in Kleinasien. Die europäischen Mächte, um das Gleichgewicht gegenüber Rußland besorgt, sahen sich genötigt, zugunsten der Hohen Pforte zu intervenieren. Den Ägyptern wurden Friedensverhandlungen zu günstigen Bedingungen für das Osmanische Reich aufgenötigt.

Als die Türken 1839 versuchten, den eigenmächtigen Statthalter zu Kairo wieder botmäßig zu machen, zog abermals ein ägyptisches Expeditionsheer unter Ibrahims Kommando nach Syrien. Erneut gerieten die osmanischen Truppen in Schwierigkeiten, und europäische Mächte mußten dem Sultan zu Hilfe kommen. Ein englisch-österreichisches Korps landete im Libanon, von dem die Ägypter besiegt wurden. Daraufhin sah Istanbul sich veranlaßt, für die Familie Mohammad Alis die Erblichkeit der Herrschaft über das Land am Nil anzuerkennen und ihm bestimmte Autonomierechte gegen eine jährliche Tributzahlung von 6378000 Goldmark zu gewähren.

Unter Mohammad Ali verlor Kairo den Rang einer Hauptstadt – der Machthaber zog nach Alexandrien um. Seine Politik aber hatte schon die Entwicklung der Stadt am Nil vorgezeichnet: obwohl der Hof nun am Mittelmeer residierte, blieb Kairo die wirtschaftliche und geistige Metropole des Landes, und zwar solange, bis es – unter Mohammad Alis Nachfolgern – auch wieder politische Hauptstadt Ägyptens wurde. Eine gewisse Rivalität zu Alexandrien lebte allerdings bis zum Sturz der Monarchie im Juli 1952 fort, denn mindestens im Sommer wollten Könige und Regierung die kühle Brise des Mittelmeers nicht missen; sie ließen Kairos Schlösser und Ministerien einfach monatelang veröden.

Durch Mohammad Alis Militärpolitik gelangte das Dorf Bulaq – heute ein Stadtteil nahe dem Zentrum – wieder zu hohem Ansehen. Der nördlich von Kairo am Ostufer des Nils gelegene Ort hatte schon ab dem 12. Jahrhundert einen Hafen mit Bootswerften beherbergt und war unter osmanischer Herr-

Denkmals des Heerführers Ibrahim am Esbekiya-Garten

schaft weiter ausgebaut worden; doch im 18. Jahrhundert hatte auch Bulaq durch den allgemeinen Niedergang schwer gelitten. Mohammad Ali machte Bulaq zum Träger für die von ihm in Gang gesetzte Industrialisierung. Von den Werften ließ er sogar seegängige Schiffe für das Rote Meer bauen, die – weil der alte Kanal vom Nil zur Bucht von Suez verkommen war – in Einzelteilen auf Kamelrücken an den Bestimmungsort geschafft werden mußten. Neben den ersten dampfgetriebenen Maschinen wurde in Bulaq später auch die erste Staatsdruckerei angesiedelt, die unter Kennern berühmte ›Bulaq Press‹.

Mohammad Ali, ›Vater des modernen Ägypten‹, starb 1849. Ein Jahr früher war er schon, weil in geistige Umnachtung gefallen, durch seinen Sohn Ibrahim ersetzt worden. Dieser verschied wenige Monate nach Übernahme der Regentschaft. Unter Abbas I. (1849–54) wurde Kairo und dem ganzen Land eine Atempause hinsichtlich der wirtschaftlichen Expansion gegönnt, weil der Herrscher europäischen Neuerungen abgeneigt war. Erst unter Said (1854–63) und unter Ismael (1863–79) kam das, was man Ägyptens zweiten ›großen Sprung nach vorn‹ nennen kann. Der Bau von Eisenbahnlinien wurde begonnen, der Suezkanal gegraben, Fabriken, Schleusen, Dämme und Brücken entstanden. Der ägyptische Staat wurde reich, erkaufte sich die Unabhängigkeit, dann ging er bankrott, und das Land wurde von einer fremden Macht besetzt.

Der Bau des Suez-Kanals (1859–69) brachte Kairo einen starken wirtschaftlichen Aufschwung – die Stadt war ja wichtigste Nachschubbasis für das gigantische Unternehmen, das in 120 bis 220 Kilometer Entfernung östlich und nordöstlich des Stadtgebietes durchgeführt wurde. Am 17. November 1869 war das Werk vollendet. Der rund 170 Kilometer lange Wasserweg vom Mittelmeer zum Roten Meer, der für Europas seefahrende Nationen die Route nach Asien um 4800 Seemeilen verkürzte, wurde mit großem Pomp eingeweiht. Das Ereignis vollzog sich unter Ismael, der zuvor gegen Riesenbeträge von der Hohen Pforte das Recht erlangt hatte, den Titel Khedive, Vizekönig, zu führen. An den Sultan war von da an ein Jahrestribut in Höhe von 14 Millionen Goldmark zu entrichten.

Der Khedive war mit über 120 Millionen Goldmark an den Baukosten des Suezkanals beteiligt. Nicht mehr zu berechnen ist, wieviel ihn die Vergrößerung und Verschönerung Kairos anläßlich der Einweihung des Wasserweges gekostet hat. Die Investitionen waren enorm. Ismael hatte einige Jahre vor der Fertigstellung des Suezkanals zwei ganz neue Stadtteile (die heutigen Quartiere Abdin und Gamra), den Bau von Hotels europäischen Stils, die Gestaltung einer Parkanlage nach Pariser Vorbild (Esbekiya), die erste drehbare Eisenbahnbrücke über den Nil, ein Opernhaus, den Bau einer Straße quer durch die alte Stadt zur Zitadelle und einer anderen zu den Pyramiden von Gise in Auftrag gegeben. Nicht alle Projekte waren bis zum 17. 11. 1869 voll verwirklicht; so blieb der Komponist Verdi mit der zugesagten Oper ›Aida‹ in Rückstand, und das Publikum aus Europa, darunter die französische Kaiserin Eugenie, mußte sich mit einer Festaufführung von ›Rigoletto‹ begnügen. Doch viele Aufträge wurden später noch ausgeführt – und je länger das dauerte, desto teurer wurde es.

Ismael ging immer höhere Staatsschulden gegenüber dem Ausland ein. 1875 mußte er schließlich fast den gesamten ägyptischen Aktienanteil am Suezkanal mit etwa zwei Millionen Pfund Nominalverlust an die britische Regierung verkaufen. Der junge ägyptische Staat hatte das Unglück, gerade zur Zeit des schamlosen Frühkapitalismus von einem Mann regiert zu werden, dessen Geltungsbedürfnis enorme Anforderungen an die Finanzkraft des Landes stellte. Französische, britische und deutsche Banken scheuten sich nicht, immer mehr Anlei-

بسم الله
الرحمن الرحيم
حوادث
الحرب الواقع بين الفرنسوية والنمساوية
هذا خطاب القيصر المعظم
قيصر فرانسا وملك ايطاليا قبل سفره للحرب
الي مشيخة الفرنسوية
يا ايها المشايخ اعلموا ان الاحوال التي وقعت فيها بلاد الافرنج
هي الزمتني ان احضر بينكم لاعرفكم بمرادي ه ها انا مسافر من

Bücher der von Mohammad Ali eingerichteten Druckerei ›Bulaq Press‹ über europäische Kriegsereignisse und über Kinder-Medizin

كتاب
الدرر الغوال في امراض الاطفال
بسم الله الرحمن الرحيم
يا من خلق الانسان من سلالة من طين * ثم جعله نطفة
في قرار مكين * ثم خلق النطفة علقة * ثم جعل العلقه
مضغة * ثم جعل المضغة عظاما ثم كسى العظام لحما
ثم انشأه خلقا آخر تباركت يا احسن الخالقين * نحمدك
على ما اوليتنا من الانعام * ونشكرك على لطفك بنا في ظلمات

hen für den Khediven unterzubringen und die Zinsen auf die damals sagenhafte Höhe von 20 bis 25 Prozent hochzutreiben. Als Ismael die Zinsen nicht mehr bezahlen konnte, erzwangen es die europäischen Gläubiger, daß ein Engländer zum Finanzminister und ein Franzose zum Minister für Öffentliche Arbeiten ernannt wurde.

Damit übernahmen jene europäischen Mächte allerdings gegenüber dem Volk auch die Verantwortung für finanzpolitische Maßnahmen mit unangenehmen Folgen, insbesondere aber für das verhaßte Steuerwesen. Zu dem Zeitpunkt waren die ›Frankis‹, wie man westliche Ausländer in Kairo pauschal nach den Franzosen nannte, schon zu einem Problem geworden. Zehntausende von Europäern waren seit dem Beginn der Modernisierungspolitik Mohammad Alis nach Kairo und Alexandrien gekommen. Nicht nur die Masse der Zuwanderer, überwiegend Griechen, Italiener und Bürger der europäischen Provinzen des Osmanischen Reiches, führte viele abenteuerliche Elemente mit sich; auch unter den ›feinen Leuten‹, den Offizieren, Ingenieuren, Bankiers, Ärzten und Kaufleuten befanden sich solche, die zu Hause schon mit dem Strafgesetz in Konflikt geraten waren.

Erstmalig tauchte gegen Ende 1878 in Kairoer Zeitungen das Schlagwort ›Ägypten den Ägyptern‹ auf. Der fast von den europäischen Finanzkontrolleuren entmachtete Khedive, obwohl erst in dritter Generation Ägypter, begann auf diese Karte zu setzen. Er versuchte den erwachenden Nationalismus gegen die Ausländer zu lenken.

Im Mai 1879 protestierten das Deutsche Reich und Österreich-Ungarn schärfstens gegen eine vom Khediven beabsichtigte Regelung kurzfristiger Schulden. Die Note erklärte Ismael persönlich verantwortlich für die Erfüllung von Forderungen. Die anderen Gläubiger-Mächte traten dem Protest bei. Das war der Auftakt zum Sturz Ismaels. Einen Monat später forderten England und Frankreich seinen Rücktritt. Als der Enkel Mohammad Alis sich weigerte, erwirkte man bei der Hohen Pforte ein Absetzungsdekret. Nun wurde Taufik, der Sohn Ismaels, zum Khediven bestellt. Er entwickelte sich schnell zum gefügigen Werkzeug der britisch-französischen Interessen.

Ägypten wurde ein Zwangssparen auferlegt, von dem die junge Armee besonders hart betroffen war. Das Offizierskorps mußte verkleinert werden. Außerdem gab es scharfe Rivalitäten zwischen Offizieren ägyptischer und solchen türkischer Herkunft. Immer noch spielten Erben des Mamlukentums eine wichtige Rolle, und die Kriegerkaste mit der langen Ahnenreihe vermochte den kleinen Kreis ägyptischer Offiziere leicht zu übervorteilen. So begann am 15. Januar 1881 die erste Revolte der ›Binbaschis‹, wie das türkische Wort für den militärischen Rang des Oberst lautet.

An jenem Tag ersuchten die Chefs dreier in Kairo stationierter Regimenter, die Obersten Ahmad Arabi, Abdal Al und Ali Fahmy Bey, den Regierungschef, ihren Kriegsminister zu entlassen, weil dieser Offiziere ägyptischer Herkunft vernachlässige. Zwei Wochen später versuchte man die Meuterer im Kriegsministerium vor ein Gericht zu stellen. Doch ihre Soldaten stürmten das Gebäude und zogen im Triumphzug mit den drei Obersten an der Spitze durch Kairo. Ihre Aktion erntete den Beifall der Bevölkerung. Namentlich Ahmad Arabi, ein großer, fast dunkelhäutiger Mann, schien die einheimischen Menschen, nicht aber die türkische Oberschicht zu repräsentieren. Die öffentliche Meinung schwemmte ihn in den folgenden Monaten an die Spitze einer national-ägyptischen Bewegung.

Am 9. September 1881 marschierten die drei Binbaschis und ihre Soldaten vor dem königlichen Palast in Kairo auf und stellten Taufik ein Ultimatum: 1. Rücktritt der Regierung, 2. Einsetzung einer neuen konstitutionellen Regierung, 3. Erhöhung des Mannschaftsstandes der Streitkräfte auf 18000. Nach einigem Zögern gab der Khedive nach. Er ernannte einen Liberalen zum neuen Regierungschef. Dessen Reformprogramm scheiterte vor allem an Widerstand der ausländischen Gläubigermächte, die sich das Vetorecht zur Ausgabenpolitik der Regierung vorbehielten.

Am 31. Januar 1882 mußte die liberale Regierung zurücktreten. Mahmud Sami Pascha, der bisherige Kriegsminister, drängte sich dem Khediven als neuer Regierungschef auf – und Oberst Arabi zog als Kriegsminister in das Kabinett, in die Regierung der Radikalen, ein. Was die Auslandsschulden betraf, so war die Regierung keineswegs sonderlich radikal. Sie ließ die Gläubigermächte unverzüglich wissen, daß sich an der vertraglich festgelegten Schuldentilgung nichts ändern werde. Allerdings setzte Sami Pascha auch gleich neue Verfassungsbestimmungen in Kraft, ungeachtet der Opposition der beiden europäischen Finanzkontrolleure gegen das Budgetrecht. Daraufhin trat der französische Delegierte zurück, während der britische sein Amt zur Verfügung stellte, vorerst aber nicht abberufen wurde.

Ruhestätte des Mohammad Ali, genannt ›Alabaster-Moschee‹, auf der Zitadelle [

Die in Kairo und Alexandrien ansässigen Konsuln gaben in ihren Berichten an die europäischen Hauptstädte vor allem die Sorgen und Ängste der Fremden wieder, von der weiter wachsenden nationalistischen Welle überrollt zu werden. Dabei bemühten sich Regierungschef und Kriegsminister angestrengt, Ruhe und Ordnung im Land aufrechtzuerhalten. Sie widmeten dem Schutz der großen Ausländerkolonie besondere Aufmerksamkeit. Allerdings begann Arabi als Kriegsminister die Forderungen zu verwirklichen, die er als rebellierender Oberst gestellt hatte: er vergrößerte die Armee. Dies ließ wiederum die Furcht der Auslandsgläubiger wachsen, Ägypten werde angesichts erhöhter Militärausgaben seine Schuldenlast nie abtragen können. Am 11. Juni 1882 bestätigten sich schließlich auch die Befürchtungen der ansässigen Fremden, indem es nämlich in Alexandrien zu schweren Ausbrüchen von Fremdenhaß kam. Nationalistische Empörung, religiöser Fanatismus und wirtschaftlicher Neid machten sich gemeinsam Luft. Das Ergebnis waren einige hundert Tote, darunter fünfzig Europäer, und umfangreiche Verwüstungen, vor allem europäischen Eigentums.

Arabis Truppen konnten zwar am selben Tag Ruhe und Ordnung wiederherstellen, und der Nationalistenführer erwies sich nun als Schirmherr der Ausländer; doch in Frankreich und England sah die öffentliche Meinung in dem ägyptischen Kriegsminister den wahren Schuldigen für die unerfreulichen Ereignisse, und damit entstand das psychologische Klima, in dem die Politiker eine militärische Intervention erwogen.

Die Intervention begann am 11. Juli 1882. An jenem Tag früh um 5.36 Uhr begannen die Kanonen zu donnern; zuerst die einer britischen Flotte unter Admiral Seymour, danach die ägyptischen. Arabis veraltete Krupp-Kanonen erwiesen sich als völlig wirkungslos gegen die der Kriegsschiffe, die wegen ihrer überlegenen Reichweite die Ägypter mühelos zusammenschossen. Es war eines jener Gefechte der Kolonialzeit, die mehr einer erbarmungslosen Strafaktion als einem kriegerischen Zweikampf glichen.

Erst am 15. August landete das britische Expeditionskorps in Alexandrien. Die ägyptischen Truppen hatten sich längst zurückgezogen. Arabi beabsichtigte, den Engländern den Weg ins Landesinnere zu verlegen. Diese aber fuhren per Schiff den ungesicherten Suezkanal hinauf und landeten weitere Einheiten in Ismaelia, der neugegründeten Stadt am Bittersee. Arabis Armee erwies sich als ungeeignet, einer modern gerüsteten europäischen Truppe entgegenzutreten. Am 15. September 1882 zogen die Engländer in Kairo ein.

Mit Kairo war Ägypten erobert – aber London war nicht bereit, direkte Verantwortung für die Geschicke des Landes zu übernehmen. Es wurde das System der indirekten Herrschaft bevorzugt, d. h., man begnügte sich damit, den Khediven und seine Regierung zu lenken. Die Methode indirekter Lenkung erforderte allerdings einen großen Stab verläßlicher Sachkenner und Kontrolleure, und Lord Cromer, der neue Vertreter Großbritanniens in Kairo, vertraute meistens nur seinen Landsleuten.

Kairo wuchs zu jener Zeit schnell, denn die ausländischen Staatsbeamten und die sich ausbreitende Schicht fremder Kaufleute forderte angemessene Wohn- und Bürohäuser. Etwa ein Dutzend Jahre nach dem Eindringen der

Engländer wurden Pläne für neue Stadtteile und Vororte wie Heluan, Maadi, Garden City und Neu-Heliopolis entworfen.

Zum heftigen Aufbegehren gegen die britische Oberhoheit kam es nach Ende des Ersten Weltkrieges. Kaum war das Kriegsrecht aufgehoben, da trat der frühere Oppositionsführer Sad Zaghlul wieder voll ins Rampenlicht der Politik. Er forderte die Anerkennung der Unabhängigkeit Ägyptens durch London. Als Sad Zaghlul 1919 zur Friedenskonferenz nach Paris reisen wollte, um dort für Ägyptens Unabhängigkeit zu werben, wurde er festgenommen und nach Malta deportiert. Am Tag darauf brach eine Welle von Streiks, Demonstrationen, Aufruhr und Sabotageakten los. Sie dauerte trotz des Einsatzes britischer Truppen in Kairo und anderswo fast einen Monat lang und erlosch erst, nachdem bekanntgeworden war, daß man Sad Zaghlul und seine Genossen freigelassen und als Delegation – arabisch Wafd – nach Paris zur Teilnahme an der Friedenskonferenz hatte reisen lassen.

Der Führer der ›Wafd‹ bemühte sich in Paris vergeblich um Unabhängigkeit für Ägypten. Aber damit war der Fall nicht abgeschlossen. Sad Zaghlul organisierte die Wafd-Partei, und diese führte mit großem Geschick die nationale Agitation im Lande. Gegen Ende 1919 schickten die Engländer Sad Zaghlul zum zweiten Mal in die Verbannung – diesmal für zwei Jahre. Als der Chef der Wafd-Partei nach Kairo zurückkehren konnte, feierte er Triumphe. Inzwischen hatte Großbritannien nach äußerst schwierigen Verhandlungen Ägypten die Unabhängigkeit zugestanden, die allerdings auf außenpolitischem Gebiet und im Bereich der Verteidigung stark eingeschränkt

Ahmad Arabi, erster Nationalistenführer (1839–1911)

war. Das Land war Königreich geworden und erhielt eine Verfassung, die der belgischen nachempfunden war. 1924 fanden Wahlen statt, die Sad Zaghluls Wafd-Partei mit 191 von insgesamt 212 Sitzen die absolute Mehrheit brachten.

Ägyptens erster neuer König war Ahmad Fuad I., ein Urenkel von Mohammad Ali. Ihm hatte der Erste Weltkrieg die endgültige Loslösung aus dem Staatsverband des Osmanischen Reiches, den Sultanstitel und dann die Königskrone gebracht. Doch litt er darunter, daß seine Souveränität von den Engländern eingeschränkt worden war. Soviel hatte Ahmad Fuad allerdings schon als Prinz in der Khediven-Familie gelernt: erst einen Gegner loszuwerden, ehe er sich mit einem anderen befassen würde. Als ersten Gegner betrachtete der neue König Sad Zaghlul, den Führer der Wafd-Partei, nun Ministerpräsident – denn der Nationalist Zaghlul besaß großes Ansehen im Volk und konnte, wie manche Ereignisse bewiesen hatten, jederzeit in Kairo die Straße mobilisieren.

Im November 1924 mußte Sad Zaghlul zurücktreten, nachdem die britische Regierung seine Politik verantwortlich gemacht hatte für den Mord an Sir Lee Stack in Kairo, dem Chef der ägyptischen Armee und Generalgouverneur des Sudans. Der König gewann durch den erzwungenen Rücktritt des großen alten Mannes des ägyptischen Nationalismus politischen Spielraum – aber doch nicht genug Kraft, um die immer noch einflußreiche Wafd-Partei und die britische Schutzmacht zu überspielen. So mußte er sich damit begnügen, die beiden Hauptfaktoren ägyptischer Politik in den zwanziger und dreißiger Jahren, die ›Wafdisten‹ und den britischen Einfluß, gegeneinander auszuspielen. Das Spiel hatte ihn nicht weit gebracht, als Ahmad Fuad 1936 starb.

Faruk war beim Tode seines Vaters sechzehn Jahre alt; man holte ihn aus England, wo er zur Ausbildung weilte, nach Kairo und proklamierte ihn zum König. Krönungstag war der 29. Juli 1937. Über zwei Millionen strömten aus der Umgebung herbei, um in den Straßen der Hauptstadt dem Ereignis beizuwohnen. Die Abgeordneten des Parlaments waren beeindruckt von der schlichten Würde der Thronrede des jungen Mannes; und die Menge jubelte dem schlanken Jüngling zu, wenn er im weißen Gehrock mit grüner Binde und rotem Tarbusch auf dem Kopf am Fenster des Palastes erschien. Kairo feierte drei Tage lang ein rauschendes Fest, bei dem die Armen auf Kosten der königlichen Schatulle freigehalten wurden.

Vielleicht wäre dem jungen König die Sympathie des Volkes erhalten geblieben, hätte er eine nationalistische Politik der systematischen Eindämmung des britischen Einflusses betreiben können. Doch ehe er überhaupt zu einer eigenen Politik durchgestoßen war, hatte der Zweite Weltkrieg begonnen. Ägypten als Hauptbasis der britischen Streitkräfte im Mittleren Osten und zeitweise auch Kriegsschauplatz, geriet in einen politischen Ausnahmezustand. Er ließ dem Mann auf dem ägyptischen Thron keinen Spielraum, um sich zu profilieren. Statt Politik zu treiben, verwickelte sich Faruk immer mehr in politische Intrigen. Als diese zu nichts führten und ihn zu langweilen begannen, entwickelte der König der Ägypter sich zu einem Playboy und zum König der Nachtclubs. Ernsthafte junge Nationalisten jener Zeit, darunter die späteren Präsidenten Gamal Abdel Nasser und Anwar al Sadat, beobachteten den schnellen moralischen Niedergang mit Verachtung.

Kairo erlebte während des Zweiten Weltkrieges einen großen Aufschwung. Die Stadt diente als Versorgungszentrum einer nach Zehntausenden zählenden fremden Armee, die viel Geld auszugeben hatte. Von regelmäßiger Versorgung mit Gebrauchsgütern aus Großbritannien und Europa allgemein abgeschnitten, blühte gerade am Rande der Hauptstadt die Kleinindustrie auf. Innerhalb von vier Jahren stieg die Zahl der Pfund-Millionäre von fünfzig auf vierhundert. Ein großer Teil des schnell akkumulierten Kapitals wanderte in Neubauten. Zu jener Zeit wurde auf der Nilinsel Gesira der Stadtteil Zamalek (Farbt. 8) um viele Straßenzüge erweitert; auch auf der Insel Roda entstanden neue Wohnhausblökke. Gise, ein vom Gouvernorat Kairo unabhängiger Stadtteil, legte sich am westlichen Nilufer neue Villen und Nobelwohnungen zu. In der Innenstadt wurden die heutige sh. 26. Juli, Talaat Harb und Kasr al Nil weiter ausgebaut.

Ende der alten Ordnung

Abdel Nasser ägyptisiert Kairo

König Faruk wurde in den Tagen vom 23. bis 26. Juli 1952 entmachtet und mußte ins Ausland gehen. In Wirklichkeit hatte aber der Sturz des mittlerweile verrufenen Herrschers schon sechs Monate früher begonnen. Das Ende der Herrschaft Faruks und damit der Dynastie Mohammad Alis kündigte sich deutlich am 26. Januar 1952 an. Der Tag ging als ›schwarzer Sonnabend‹ in die Geschichte Kairos ein.

Über die Ereignisse jenes Tages ist viel geredet, geschrieben und spekuliert worden, ohne daß zuverlässig geklärt werden konnte, wer der Anstifter der dramatischen Ereignisse war. Rückschauend erscheint es wahrscheinlich, daß viele Teilnehmer am inzwischen sehr verwickelten Kampf um die Macht ihre Hände im Spiel hatten, ohne genau die Auswirkungen vorauszusehen oder gar vorauszuplanen.

In den Wochen vor dem ›schwarzen Sonnabend‹ hatten in Ismaelia am Suezkanal Kämpfe zwischen ägyptischer Hilfspolizei und britischen Truppen stattgefunden. Die Kanalzone war aufgrund alter Verträge das letzte Stück Ägypten unter Oberhoheit der Engländer, und durch einen von Kairo aus organisierten Kleinkrieg versuchten ägyptische Nationalisten die fremden Truppen zum vorzeitigen Abzug zu drängen. Der Kleinkrieg hatte sich für die Ägypter als verlustreich erwiesen, und eine große Zahl von Todesopfern hatte den Volkszorn angeheizt.

In solch spannungsgeladener Atmosphäre begannen in Kairo Demonstrationen. Am frühen Morgen des 26. Januar marschierten etwa zweitausend Studenten der Fuad-Universität auf dem westlichen Nilufer und einige hundert Studenten der Universität al Azhar in der Altstadt. Beide Demonstrationszüge strebten dem Amtssitz des Ministerpräsidenten zu. Unterwegs trafen sie auf größere Truppen Kairoer Hilfspolizisten. Als

König Faruk 1937

Zeichen der Solidarität mit ihren Kollegen in Ismaelia hatten sie einen Streik ausgerufen und mischten sich unter die Demonstranten. Dazu kam immer mehr Straßenvolk, so daß schließlich Zehntausende vor dem Regierungssitz eintrafen. Es wurde eine Großkundgebung mit heftigen anti-britischen Parolen veranstaltet, die jedoch niemanden zu befriedigen schien. In mehreren Demonstrationszügen zog danach die Menge wieder in die Innenstadt.

Es kostete die Wehren weniger als fünf Minuten, an die Brandstätte zu gelangen. Die kurze Zeit hatte jedoch genügt, den größten Teil des Mobiliars und der Dekoration, von trockener Wüstenluft und der Hitze des letzten Sommers ausgedörrt, in lodernde Flammen zu hüllen. Als die Feuerwehrmänner mit ihrer Arbeit beginnen wollten, wurden ihnen die Schläuche zerschnitten. Eine Schar von Polizisten sah dem Sabotageakt tatenlos zu.

Abdin-Palast im Zentrum, heute republikanisches Dienstgebäude

Es war fast Mittag, als ein Caféhaus und Kabarett am Opernplatz zu brennen begann. Eine Gruppe von Demonstranten hatte auf der Terrasse des Cafés einen Polizeioffizier in Gesellschaft einer bekannten Bauchtänzerin gesehen, noch dazu eine Flüssigkeit trinkend, die dem Aussehen nach ein Whisky-Soda hätte sein können. Angesichts dieses Bildes unbekümmerter Lebenslust wurde die Menge unruhig. Nach gegenseitigen Beschimpfungen stürzten sich junge Leute auf das Mobiliar des Lokals, zerschlugen es, rissen die Vorhänge ab und entzündeten die Trümmer.

Die Kairoer Hauptfeuerwache liegt in unmittelbarer Nähe des Opernplatzes.

Jene Tatenlosigkeit der Polizisten führte zu der allgemeinen Annahme, die Staatsgewalt sei mit den Brandstiftern im Bunde gewesen, hätte sie gar zu ihren Aktivitäten ermuntert. Doch wir wollen uns erinnern, daß die Hilfspolizei, eine schlechtbezahlte, kasernierte Truppe, die zum Einsatz gegen Volksaufruhr bestimmt war, sich mit den Demonstranten verbrüdert hatte.

Aus dem Brand am Opernplatz entwickelte sich eine Feuerorgie, die dann allerdings nicht mehr von Spontaneität getragen war. Es formierten sich Banden, die mit Brecheisen, Benzinkanistern, Putzwolle und Schwefelpaketen durch die Innenstadt rasten. Wenn man bedenkt, daß ihr erstes Ziel die großen Kinos und anderen Vergnügungsstätten waren, ist die Annahme naheliegend, daß es sich bei den organisierten Brandstiftern um Mitglieder der Muslimbruderschaft handelte. Diese fundamentalistische Bewegung war Ende der zwanziger Jahre in Abwehr gegen den Sittenverfall gegründet worden; unter Sittenverfall verstand sie das Vordringen westlicher Techniken und Einflüsse, auch auf dem Gebiet der Unterhaltung. Die fanatischen Muslimbrüder zeigten militant-puritanische Züge. Ihre Kampforganisation glaubte an die Wirksamkeit des individuellen Terrors. Sie verfügte über geheime Vorräte an Waffen und Sprengstoff.

Nach den Kinos, Kabaretts und Bars kamen die großen Kaufhäuser, damals überwiegend in jüdischem Besitz, an die Reihe. Auch die Cafés, Modegeschäfte und griechischen Spirituosenläden der Innenstadt wurden nicht verschont. Inzwischen hatte sich die Kunde von der Feuerorgie bis in das entlegenste Volksviertel verbreitet, und es konnte gar nicht ausbleiben, daß Scharen der Ärmsten der Armen in den Teil von Kairo strömten, den sie normalerweise gar nicht zu betreten wagten, der ihnen aber jetzt für einen halben Tag mitsamt seinen Schätzen auf Gedeih und Verderb ausgeliefert war.

Zu diesem Zeitpunkt regierte wieder einmal die Wafd-Partei (s. S. 171), die von Nahas Pascha geleitet wurde. Dieser Politiker war inzwischen in Ungnade bei König Faruk gefallen, war jedoch durch eine absolute Mehrheit im Parlament gesichert. Ihm konnten die Ausschreitungen nicht recht sein. Der zeitweilige Zusammenbruch jeder Staatsgewalt war gewiß nicht das, was die Regierung Nahas Paschas mit radikalnationalistischer Agitation gegen die Engländer hatte bewirken wollen. Faruk würde das Umschlagen des Volkszornes in blanke Anarchie gegen die ungeliebte Regierung ausspielen. Folglich bemühte sich der Innenminister angestrengt, die Stadt und ihre Bewohner wieder unter seine Kontrolle zu bringen. Doch die Polizei reagierte nicht auf die Weisungen ihres bisherigen Chefs. So mußte sich der Minister an die Armee um Hilfe wenden. Haydar Pascha, der Armeechef, nahm im Palast an einem Festbankett für sechshundert Offiziere zu Ehren der Geburt des Thronfolgers teil. Die Tatsache, daß es mehrere Stunden dauerte, ehe man am Telefon Haydar Pascha den Einsatzbefehl für die Streitkräfte abringen konnte, hat oft als Beweismittel für Faruks Schuld gedient. Es ist tatsächlich möglich, daß der König die Wiederherstellung von Ruhe und Ordnung bewußt verzögert hat, einfach um ein für allemal die Wafd-Partei, Nahas Pascha und alle anderen unliebsamen Politiker zu ruinieren.

Als endlich am Abend des 26. Januar 1952 die Armee ins Stadtzentrum rückte und die Staatsgewalt wiederherzustellen begann, war für über 20 Millionen Pfund (damals über 240 Millionen Mark) Besitz zerstört. Die Zahl der Todesopfer wurde als beträchtlich eingeschätzt, konnte aber nie genau festgestellt werden.

Fünf Monate und 23 Tage nach dem Brand von Kairo begann ein neues Kapitel in der langen Geschichte Ägyptens. Oberst Gamal Abdel Nasser löste am 22. Juli 1952 einen Staatsstreich aus, der jahrelang von ihm und anderen Offizieren vorbereitet worden war. Der Ablauf war militärisch-einfach und doch sehr methodisch: kurz nach der Stunde X verließen Abdel Nasser und sein engster Freund, Major Abdel Hakim Amer, ihr

Büro in der Offiziersschule, setzten eine Kolonne von Panzerspähwagen in Bewegung, brachten Rundfunkstation, Hauptpost, Telefonzentrale, Bahnhof und Flugplatz unter ihre Kontrolle und stürmten ohne große Schwierigkeiten das Armee-Hauptquartier. Noch in derselben Nacht holten sich die jungen Offiziere – Abdel Nasser zählte 34 Jahre, Hakim Amer war sogar etwas jünger – den respektablen, 51 Jahre alten General Mohammad Nagib. Er war in die Verschwörung nicht eingeweiht gewesen, stellte sich jedoch sofort seinen jüngeren Offizierskollegen vom neuen Revolutionsrat als väterlicher Freund und Vorsitzender zur Verfügung.

Als der Staatsstreich in Kairo ablief, war Faruk – wie immer zu dieser Jahreszeit – in der Alexandriner Sommerresidenz. Fieberhaft versuchte der König, Gegenkräfte zu mobilisieren; doch der ›schwarze Sonnabend‹ und Faruks zwielichtige Rolle während der Ausschreitungen hatten ihn den letzten Rückhalt im Bürgertum und in der Armee gekostet. Wohin Faruk sich auch um Hilfe wandte: die Angesprochenen waren entweder schon zum Revolutionsrat übergegangen oder wollten erst einmal abwarten. Am 26. Juli 1952 mußte der König die Abdankungsurkunde unterschreiben und nach Italien ins Exil abreisen.

Ein knappes Jahr war der Mohammad Ali-Dynastie in Ägypten noch vergönnt. Man hatte Faruk zur Abdankung zu Gunsten seines Sohnes, Ahmad Fuad, dem sechs Monate alten Thronfolger, genötigt. Bis zum ersten Jahrestag der Revolution war das Offizierskomitee dann übereingekommen, daß man überhaupt keinen König mehr brauche. Ägypten wurde Republik. Wieder ein

Siegesparade 1956 vor dem Abdin-Palast

Volkstümliche Darstellung Gamal Abdel Nassers

Präsident Anwar al Sadat in der Volkskunst

Jahr und fünf Monate später war auch die Beteiligung des gemäßigten Generals Mohammad Nagib am Revolutionsrat vorüber; der General war ausgebootet, und Oberst Abdel Nasser hatte sich als alleiniger Machthaber eingerichtet.

Kairo als Hauptstadt profitierte besonders in den ersten Jahren vom Militärregime. Die ideologischen Werte des Regimes schienen aus der Kaserne zu stammen: ›Ordnung, Disziplin, Fleiß und Sauberkeit‹, lauteten die bekanntesten Schlagwörter. Nun wollte man namentlich ausländischen Besuchern zeigen, daß man solchen Werten auch wirklich nachlebte. Damals war es noch möglich, mit verhältnismäßig wenig Mitteln Kairo – die Stadt hatte in den fünfziger Jahren um die zwei Millionen Einwohner – ansehnlicher zu machen. In einer großen Kampagne wurden alle Fußwege der Innenstadt neu gepflastert; am westlichen Ufer begann man den Bau einer breiten Promenade; auf dem großen Platz vor dem Ägyptischen Museum, wo der Wind oft mächtige Sand- und Staubwolken umhertrieb, entstanden Grünanlagen. Den starken Arm des Militärregimes bekamen auch viele Bettler zu spüren: man sammelte sie in den Straßen ein und schickte sie, sofern sie körperlich geeignet schienen, zu öffentlichen Arbeiten bei der Neulandgewinnung. In Heluan (1956) wurde der Grundstein zur Industrialisierung im Großraum Kairo gelegt.

Im Juni 1956 erlebten Ägypten und Abdel Nasser den Triumph, nach dem die Nationalbewegung des Landes sich etwa sechzig Jahre lang gesehnt hatte: der letzte britische Soldat verließ die Suezkanalzone und stieg in Port Said aufs Schiff. Damit war zum ersten Mal seit dem Zugriff des Imperialismus Ende des 19. Jahrhunderts die ägyptische Souveränität voll wiederhergestellt. Doch nur für kurze Zeit! Knapp sechs Wochen später nationalisierte Präsident Abdel Nasser die Suezkanal-Gesellschaft, deren Aktien bis dahin überwiegend in französischen und britischen Händen waren. Schrittweise entwickelte sich daraus die Suezkrise. Sie fand ihren vorläufigen Höhepunkt Ende Oktober 1956 in der Landung britischer und französischer Streitkräfte am Suezkanal; vorausgegangen war ein israelischer Vorstoß auf der Sinai-Halbinsel.

Die offenkundige militärische Niederlage Abdel Nassers verwandelte sich in den nächsten Wochen in einen glänzenden diplomatisch-politischen Sieg. Weihnachten 1956 war das anglo-französische Interventionskorps wieder an Bord der Transportschiffe. London und Paris hatten es aufgrund internationalen Drucks, insbesondere amerikanischen und sowjetischen, abberufen müssen. Im Januar 1957 konnten sich auch die Israelis nicht mehr gegen den Lösungsvorschlag der UNO sträuben, den Gaza-Streifen und den Stützpunkt Scharm al Scheich an der Südostküste der Sinai-Halbinsel im Austausch für die Installierung einer internationalen Friedenstruppe an der ägyptisch-israelischen Grenze zu räumen.

Im März 1957 konnte der Suez-Kanal wieder eröffnet werden, den die Ägypter während der Kriegshandlungen stillgelegt hatten. Ein riskantes Unternehmen war geglückt, und Präsident Abdel Nasser hatte sich zum bewunderten Führer der Nation und zum potentiellen Führer der Araber aufgeschwungen. Die Nationalisierung des Kanals hatte auch eine Teil-Nationalisierung des Wirtschaftslebens zur Folge. Viele Banken, Versicherungen, Handelshäuser und mittelständische Betriebe waren bis dahin Eigentum französischer, britischer oder staatenloser jüdischer Bürger von Kairo und

Nach der Revolution begannen Industrialisierung und soziale Reformen

Alexandrien gewesen. Alle Eigentümer dieser Kategorien, und das waren tausende, hatten als ›feindliche Ausländer‹ während des Konfliktes ihren Besitz verloren, und man hatte sie fast mittellos des Landes verwiesen.

Die zweite große Nationalisierungswelle kam zu Anfang der sechziger Jahre. Damals wurde zunächst ein Bodenreformgesetz von 1952, mit dem die Besitzverhältnisse auf dem Land geändert werden sollten, erheblich verschärft. Dann wurden durch Gesetz 42 Industrie-, Handels- und Transportunternehmen in Ägypten zu Staatseigentum. In mehr als tausend Fällen wurde großes Privatvermögen plötzlich unter staatliche Zwangsverwaltung gestellt, später verfiel der überwiegende Teil des sequestrierten Besitzes dem Staat. Viele der namhaften Familien Kairos standen mit einem Schlag mittellos da – nicht nur ihre Bankkonten waren über Nacht blockiert oder beschlagnahmt worden, auch ihre Wohnungen, Häuser, Autos, ihr Schmuck und Bargeld, ihre gesamte bewegliche Habe waren unter die Aufsicht des Staates gefallen.

Da abermals viele ansässige Ausländer von den Zwangsmaßnahmen betroffen waren, machten sich nun Zehntausende von Griechen, Armeniern, Kaukasiern, Italienern und Zyprioten vorsorglich auf den Weg der Emigration. Die typischen Wohnviertel der Fremden, Heliopolis, Zamalek, Garden City, Maadi und ein Teil von Dokki, erhielten starken ägyptischen Zuzug. Tausende von Geschäften in der Innenstadt und im Khan al Kalili (s. S. 232) wechselten die Besitzer. Kairo wurde spürbar ›ägyptisiert‹ – eine der Führung willkommene Begleiterscheinung der Hinwendung zum Staatssozialismus.

Den in der Industrie beschäftigten Ägyptern, vorwiegend Bürger von Kairo, brachte der neue Staatssozialismus eine Reihe materieller Besserungen. Ein Gesetz zur ›Aufteilung der Gewinne in den Unternehmen‹ bestimmte, daß 25 Prozent des Reingewinns eines Betriebes an die Arbeitnehmer zu gehen habe, und zwar 10 Prozent in Form einer Bargeldprämie, 5 Prozent als Rücklage für den Bau von Wohnungen und Sozialeinrichtungen und 10 Prozent als Einzahlung in die Sozialversicherung. Ein weiteres Gesetz führte erstmalig die Invaliden- und Altersversicherung für alle Beschäftigten ein. Bald darauf folgte die Krankenversicherung. Etwas später reformierte man das Arbeitsrecht dahingehend, daß die Entlassung eines Arbeitnehmers sehr erschwert, ja praktisch unmöglich gemacht wurde, es sei denn, er ließe sich grobe Unregelmäßigkeiten zuschulden kommen.

Mit Bewässerungskanälen in die Wüste

Der neue Kündigungsschutz zeugte von der Sorge des Regimes vor einem Anwachsen der Arbeitslosigkeit, zeugte aber auch dafür, daß die vormaligen Offiziere sich streng wirtschaftliches Denken immer noch nicht angewöhnt hatten. Als ab 1964 Devisen für den Kauf von Montage- und Ersatzteilen knapp zu werden begannen und immer mehr Betriebe sechs Monate lang die Arbeit ruhen zu lassen gezwungen waren, mußte der öffentliche Sektor Tausende von Arbeitern und Angestellten zu vollen Bezügen weiter ›beschäftigen‹. Schließlich brach bei den Regierenden auch wieder der beim Militär trainierte Ordnungssinn hervor: sie erließen ein strenges Reglement für die Besoldung bzw. Entlohnung aller Arbeitnehmer des öffentlichen Sektors, das mit einem minuziösen Schema der mehr oder weniger automatischen Beförderung der Angestellten und Arbeiter von Kategorie zu Kategorie und damit von einer Entlohnungsstufe in die andere verbunden ist. Dieses System geriet durch die Produktionskrise 1964/65 und die Folgen der militärischen Niederlage im Sechstagekrieg mit Israel 1967 etwas durcheinander, hat aber im wesentlichen bis heute seine Gültigkeit behalten.

Trotz mancher Rückschläge wurde aber durch den Industrialisierungskraftakt in den Jahren 1960–1966 eine erkennbare soziale Umschichtung eingeleitet. Wenn in dieser Periode die Zahl der Beschäftigten um rund drei Millionen stieg, so ist darunter zu verstehen, daß drei Millionen Menschen – und noch etliche Millionen von ihnen Abhängige – sich nicht zu der ohnehin schon beängstigend großen Schar von Gelegenheitsarbeitern, Arbeitslosen, Unterbeschäftigten in Kairo und anderen Städten zu gesellen brauchten. Zu untersuchen bliebe, ob nicht der gleiche Effekt mit weniger Aufwand oder ein größerer Effekt bei gleichem Aufwand hätte erzielt werden können, wenn marktwirtschaftliche Methoden bevorzugt worden wären.

Der Sechstagekrieg von 1967 hätte beinahe das Ende der Ära Abdel Nassers gebracht. Am Abend des 9. Juni, nach fünf Tagen schwerer Kämpfe mit den israelischen Streitkräften auf der Sinai-Halbinsel, kam für die Ägypter die Stunde der Wahrheit. Die Abendzeitung ›Al Missa‹ brachte ein Extrablatt heraus, dessen Schlagzeile verkündete: »Der Präsident tritt von allen Posten zurück.« Doch keine 24 Stunden später konnten Kairos Zeitungen in einheitlicher Formulierung eine Freudenbotschaft verbreiten: »Präsident sagt dem Volk, daß er im Amt bleiben wird. Wilder Jubel begrüßt Nachricht von historischer Entscheidung.«

Abdel Nasser wäre wahrscheinlich bei seiner Entscheidung vom 9. Juni 1967 geblieben, auf alle Ämter zu verzichten, wenn sich kein Finger für ihn gerührt hätte, wenn keine Klagen über seinen Rücktritt laut geworden wären. Dennoch muß festgestellt werden, daß die ersten Demonstrationen am Spätabend des 9. und die Massendemonstrationen des 10. Juni nicht völlig spontan entstanden sind. In Kairo liefen unmittelbar nach der Rundfunkansprache, in der Abdel Nasser seinen Rücktritt bekanntgab, Menschen aus den Häusern, um in lautes Wehklagen auszubrechen. Die psychologische Situation dieser durch den Verzicht tieferschütterten Ägypter läßt sich wohl nur so erklären, daß ihnen Abdel Nassers aggressiv-nationalistische Politik ein neues Selbstvertrauen gegeben hatte. In der vorausgegangenen Periode

Grabmal des Unbekannten Soldaten und provisorische Ruhestätte Sadats

der britischen Oberhoheit war das Vertrauen in die eigenen Fähig- und Möglichkeiten stark angeschlagen worden oder hatte sich ganz verflüchtigt. Andererseits war kaum die Rücktrittserklärung ausgestrahlt, da fuhren auch schon Lautsprecherwagen der Sozialistischen Union, der alleinherrschenden Staatspartei, durch einige Viertel von Kairo, um die Leute aufzufordern, am nächsten Morgen ein Bekenntnis zu Gamal Abdel Nasser abzulegen. Am folgenden 10. Juni standen dann zahllose Lastwagen bereit, die Menschen aus der Umgebung und den Vororten Kairos in das Stadtinnere zu den Kundgebungen zu bringen. Die lautstarken Solidaritätskundgebungen gaben Abdel Nasser Gelegenheit, am Vormittag der wartenden Nationalversammlung eine schriftliche Bereitschaftserklärung zu senden, die Funktion des Staatschef weiter versehen zu wollen.

Gamal Abdel Nasser starb dreieinviertel Jahr nach seinem zeitweiligen Rücktritt. Die Folgen des von ihm provozierten Sechstage-Krieges waren noch längst nicht behoben, Ägypten befand sich in starker Abhängigkeit von der Sowjetunion, und die Wirtschaft des Landes hatte einen kriegsbedingten Tiefpunkt erreicht – und trotzdem wurde die Beisetzung des Verstorbenen zu einer wilden Demonstration von Millionen, wie Kairo sie bis dahin niemals erlebt hatte. Es herrschte etwa dieselbe psychologische Situation wie bei dem Rücktritt von 1967: die Masse fühlte sich alleingelassen von einem Mann, den sie für einen aus ihren Reihen hielt.

Der Nachfolger Abdel Nassers, Präsident Anwar al Sadat, stammte ebenfalls aus dem Kreis der Offiziere, die 1952 König Faruk gestürzt und die alte Ordnung aus den Angeln gehoben hatten. Dennoch erkannte der neue Machthaber schnell, daß seine Politik sich stark von der des Vorgängers unterscheiden müsse, sollte sie Ägypten aus der Sackgasse des endlosen Kriegszustandes herausführen. Zuerst konzentrierte Anwar al Sadat seine Anstrengungen darauf, die Abhängigkeit von der Sowjetunion zu verringern, dann zu beenden. In einem neuen Waffengang mit Israel – Oktober 1973 – errangen die ägyptischen Streitkräfte Teilerfolge, die das Selbstvertrauen ausreichend wiederherstellten, um eine alternative Politik zu ermöglichen. Es kamen die ersten Truppenentflechtungsabkommen und die Wiedereröffnung des Suezkanals trotz der andauernden Besetzung der Sinai-Halbinsel durch Israel. Dies waren wichtige Schritte auf dem Weg, der Sadat 1977 zu dem Besuch Jerusalems führte. Aus diesem Besuch ergaben sich Verhandlungen unter Obhut der USA und schließlich der Friedensvertrag zwischen Ägypten und Israel, der auch die Rückgabe des restlichen noch besetzten Sinai-Gebietes an die Ägypter vorsah. Seither gehören Israelis zu den eifrigsten Touristen in Kairo.

Auch in der Gesellschafts-, Wirtschafts und Sozialpolitik seines Landes versuchte es Anwar al Sadat mit Alternativen. Er schaffte der ägyptischen Wirtschaft eine Öffnung nach Westen, förderte Auslandsinvestitionen, ließ den unter Abdel Nasser verkümmerten privatwirtschaftlichen Sektor stimulieren und führte ein neues parlamentarisches Kräftespiel mit mehreren politischen Parteien ein (wobei die Partei des Präsidenten allerdings begünstigt wird). Wunder wirken konnte auch Sadat nicht: der Druck des Bevölkerungsüberschusses und der Mangel an Arbeitsplätzen waren inzwischen so groß geworden, daß Sadat wesentliche Teile des subventionsbedürftigen staatlichen Wirtschaftssektors erhalten mußte.

Die Teil-Liberalisierung hatte ganz deutliche Auswirkungen auf Kairo. Sie ermöglichte eine zweite Welle der Motorisierung, der allerdings die Straßen der Stadt nicht mehr gewachsen sind. Das Kairoer Bürgertum darf seit Mitte der siebziger Jahre wieder in ausländischen Konsumgütern schwelgen, die es jahrzehntelang hatte entbehren müssen. Die Zahl der Touristen verzehnfachte sich gegenüber den sechziger Jahren. Kapital aus den arabischen Ölländern ließ Hotel- und Bürotürme fast in den Himmel wachsen. Facharbeiter wurden rar, weil man ihre Abwanderung in zahlungskräftige Nachbarländer in Kauf nehmen mußte. Der Wirtschaftsboom heizte die Preise und die Löhne an und lockte zusätzlich Hunderttausende aus wirtschaftlich rückständigen Provinzen in die Stadt. Tüchtige Geschäftsleute wurden am wiederbelebten Export-Import-Handel schnell reich, während zugleich die Zahl der Entwurzelten wuchs. Überall in der Stadt senkten sich neben neu entstandenem Licht auch tiefe Schatten. Die Fanatiker, die Anwar al Sadat am 6. Oktober 1981 ermordeten, beriefen sich später in der Gerichtsverhandlung nur auf die Schatten.

Der jetzige Präsident, Husni Mubarak, versucht eine eigene Linie zwischen der Politik Gamal Abdel Nassers und der Anwar al Sadats zu entwickeln. Präsident Mubaraks Vorgänger vermochten mit ihren Entscheidungen zu Gunsten von Krieg und Frieden die Massen aufzupeitschen. Husni Mubarak ist hingegen ohne Pathos angetreten. Er hat seinen Landsleuten lediglich ein hohes Maß an sozialer Gerechtigkeit und angemessenem Fortschritt versprochen.

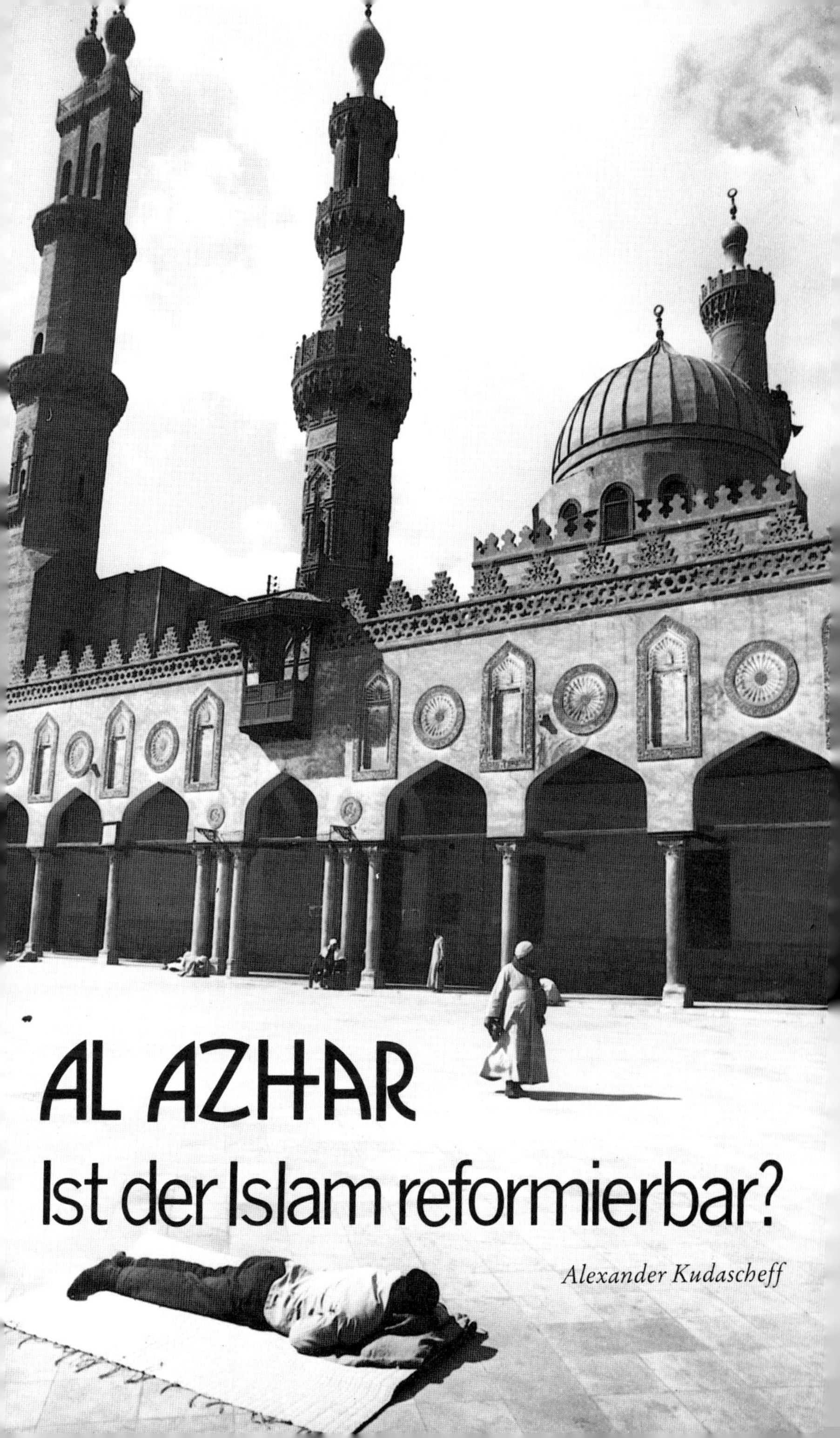

AL AZHAR

Ist der Islam reformierbar?

Alexander Kudascheff

Die Renaissance des Islams ist eine Rückkehr der arabisch-islamischen Länder zu ihrem eigenen Selbstverständnis. Die Menschen in diesen Ländern wenden sich ab von den Werten der europäischen Zivilisation, die vor allem durch die Technik bestimmt sind. Der Islam, diese Religion mit ihrem umfassenden Anspruch, die auch den Alltag so präzise zu bewältigen hilft, wird zum Bezugspunkt einer neuen Definition eigener Politik. So umfaßt die Reislamisierung säkulare Länder wie Tunesien oder Ägypten, sozialistische Länder wie Algerien oder Libyen, feudalistische Länder wie die Monarchien des Golfes. Ihren dramatischen Höhepunkt schließlich fand die Renaissance des Islam in der iranischen Revolution, deren Virulenz allerdings durch die schiitische Ausprägung bestimmt ist.

Den orthodoxen sunnitischen Kontrapunkt stellt in dieser umwälzenden Bewegung Al Azhar dar. Sie ist das Zentrum konservativer islamischer Selbstbesinnung für die islamische Welt. Von ihr werden die philosophischen Grundlagen bestimmt, die dem Selbstverständnis des Islams, Glauben und Politik zugleich gestalten zu können, gerecht werden. Das ist deutlich geworden beim Prozeß gegen die Attentäter des ägyptischen Präsidenten Anwar al Sadat. Während der Gerichtsverhandlung verlangten die Rechtsanwälte der angeklagten islamischen Fundamentalisten ein Rechtsgutachten (fetwa), nach dem der ›Tyrannenmord‹ durch das islamische Gesetz gerechtfertigt sei. Adressat dieses Verlangens, das negativ beschieden wurde, war Al Azhar.

Al Azhar, Universität und Moschee, ist die zweitälteste Universität der Welt. Al Azhar, die Blühende, der Name kommt von Fatima al Zahrah, wurde vom Fatimiden Dschauhar 970 als Moschee erbaut und 982 als Universität und Schule eingerichtet. Die Universität, ein Haus der Lernenden und des Volkes, ist eingelassen zwischen der al Ghuri-Moschee und dem heute von Touristen überfluteten ›Khan al Kalili‹. Sie ist ein Zentrum der Besinnung und des Gebets im Herzen des Volksviertels, Mittelpunkt islamischer Theologie seit dem Sturz der Abbasiden in Bagdad, als Universität dann führend im Osmanischen Reich, nachdem alle anderen Konkurrenten von der Hohen Pforte ausgeschaltet worden waren. Sie war vom 18. Jahrhundert an die theologische Universität der arabo-islamischen Welt und in Kairo selbst immer ein geschäftiges Epizentrum.

Al Azhar, Ausbildungsstätte für Studenten des Islams aus aller Welt, ist Ausgang der Mission, oberste Wächterin über islamische Grund- und Rechtsfragen und verantwortet bis heute die Grundschulen in Ägypten, obwohl sich längst ein europäisches Bildungsziel durchgesetzt hat, ist immer noch höchste Instanz islamischer Orthodoxie, ein Bollwerk gegen die ›Modernen‹, ein Unterpfand der Dauer, unerschütterter Lebens- und Lehrordnung, und doch anfällig für politischen Druck, oft sogar Spielball im Interessenkampf der Mächtigen und Herrschenden. Die Universität symbolisiert gleichzeitig Starrheit und Kontinuität und überlebte doch nur durch Reformen in den letzten sechzig Jahren.

Wer durch das ›Tor der Barbiere‹ (Farbt. 47) die Universität betritt, wer dem scheinbar zeitlosen, offenbar von Gegenwartsproblemen nicht berührten Dialog zwischen Lehrern und Schülern zuhört, der nicht in festen Hörsälen stattfindet, wer die memorierend herumwandelnden Studenten beobachtet, ahnt nichts vom Bruch. Aber auch in diese Trutzburg des Konservativismus hat der Geist der Moderne

Einzug gehalten, auch hier finden Diskussionen über kulturelle Themen statt, besonders über Erziehungsfragen und ideelle philosophische Grundsatzprobleme. Denn das zweibahnige Erziehungssystem in Ägypten, begonnen unter dem modern eingestellten Khediven Ismael, der neben den Koranschulen staatliche Grundschulen aufbaute, um dem Analphabetismus wirkungsvoll zu begegnen, kontinuierlich und beschleunigt in den letzten fünfzig Jahren fortgesetzt, ist Vergangenheit: die wenig zeitgemäße Konkurrenz von Koran- und staatlichen Grundschulen, von Al Azhar und den staatlichen Universitäten Kairo und Ain Schams ist seit 1961 beseitigt. Es gibt nur noch ein Schulsystem – mit Grundschule, Hauptschule, Gymnasium und Universität. Zwar sind die Azhar- und die Kairo-Universität auch heute unterschieden durch den selbstverständlichen Bezug der Studiengänge zum Islam, aber die Universitäten haben beide ihren festen Platz im staatlichen Erziehungssystem. Doch bis es soweit war – welch zäher, verdeckter Kampf zwischen Orthodoxen und Modernen in Al Azhar.

Im 18. Jahrhundert noch waren die ulama, die islamischen Geistlichen, von Al Azhar ausgebildet, die unbestrittene heimische Elite. Tiefgreifende soziale Veränderungen folgten jedoch im nächsten Jahrhundert, in dem Maße, in dem sich Ägypten Teil um Teil seine Souveränität wiedererkämpfte. Dabei hatten die ulama als geistliche und geistige Autorität und durch ihre Verbindungen zu den Gilden und den Sufi-Orden, d. h. zu den Volksmassen, noch Mohammad Ali an die Macht geholfen. Damit zerstörten sie unbewußt und ungewollt die Grundlagen ihrer Macht, denn Mohammad Ali begünstigte eine neue Elite, die sich nicht an den Idealen der Hochblüte islamischer Vergangenheit orientierte. Dieser Prozeß beschleunigte sich sogar in der Amtszeit des ›Reformkhediven‹ Ismael (s. S. 166).

Trotzdem lehnte die weitgehend reaktionär eingestellte Mehrheit der Azhariten jede Neuerung ab. Die Europäer schließlich forderten mit ihrem Schulsystem, mit ihrer Rechtsprechung und -ordnung, mit ihren anderen Wertvorstellungen die Traditionalisten heraus. Die ulama, mit ihr die Azhar, verloren daraufhin ihre führende gesellschaftliche Stellung, aber nicht ihr Selbstbewußtsein bzw. ihr Selbstverständnis. Das wiederum führte zu ihrer Isolierung. De facto bedeutet diese Entwicklung, daß die Azhariten, bisher vorwiegend als Lehrer und Schariarichter tätig, arbeitslos wurden. Sie fanden keine Stellungen, und selbst in religiösen Institutionen war die Aufnahmekapazität beschränkt. Das alles drückte natürlich ebenfalls einen rasanten Wandel der herrschenden Normen aus. Glaubens- und Lebensvorstellungen änderten sich. Gesellschaftliche Autorität mußte neu, mußte anders begründet werden. Plötzlich zählte nicht mehr, wer mühsam den halben oder ganzen Koran auswendig gelernt hatte, wie noch von Taha Husein in seiner Autobiographie so eindrucksvoll beschrieben, sondern technische, handwerkliche oder naturwissenschaftliche Fähigkeiten wurden wichtig, waren gesellschaftlich gefragt. Darauf mußte Al Azhar eine Antwort finden, wollte sie als Institution überleben. Sie konnte nur heißen: Reform, also über den eigenen Schatten der Vergangenheit springen.

Dazu kam noch eine Krise der Philosophie. Die Zerfallserscheinungen des Islams waren virulent. Seine Kraft, der Gesellschaft seinen traditionsreichen Stempel

Darstellung der Azhar-Moschee aus dem 19. Jh.

aufzudrücken, schwand, seine intellektuelle Anziehungskraft ebenso. Der innere Verfall der islamischen Welt um die Jahrhundertwende, die sich in toto dem europäischen Imperialismus unterworfen hatte, hatte auch den Islam als Religion, als Philosophie, als Lebens- und Staatsordnung angesteckt. Doch schon rührte sich widerspenstiger Reformgeist: von Abdul Wahab im Osten des heutigen saudischen Königreichs über den aus Afghanistan zugewanderten abenteuernden Schriftsteller und Intellektuellen, Dschamaladdin al Afghani (1838–1897), der panislamisch militärisch und politisch der europäischen Herausforderung begegnen wollte, bis zum Azhariten Muhammad Abduh (1849–1905). Abduh wollte eine tiefgreifende Erneuerung der islamischen Theologie, damit in Einklang und als Folge eine Reform des Erziehungswesens, einschließlich der Azhar. In den Worten Abduhs: »Die Reform der Azhar ist der gewaltigste Dienst am Islam, denn ihre Reform ist eine Reform für alle Muslime und ihr Verfall der ihre.« Muhammad Abduh blieb weitgehend erfolglos. Und doch gelingt es Anfang des Jahrhunderts, die modernen Wissenschaften zumindest stellenweise in der Azhar zu etablieren. Damit ist ein Signal gesetzt, das schließlich zur Reform von 1961 führen wird, in der die Azhar ihren ausschließlich theologischen Charakter verliert.

Jahrzehntelang bleibt der Kampf unentschieden, mal neigen sich, wie im großen Reformansatz von 1931, die Gewichte zu den Modernen, mal zu den Orthodoxen. Wichtig bleibt der Kampf an sich. Er zeigt an, daß nachgedacht wird, daß theoretisch und institutionell nach Wegen gesucht wird, die Azhar in das gesamte staatliche Schulsystem zu integrieren, ohne den grundsätzlich theologischen Charakter aufzugeben. Bewahren der Lehre und Sichauseinandersetzen mit dem Islam, diese Suche nach einer Identität, die ja auch die politischen Theorien in der arabischen Welt

Auch jetzt noch gibt es in Al Azhar Lehrbetrieb – Student auf dem Weg zum Lehrer

bestimmt, wird ambivalent zum Ausgangspunkt aller Fragen. In welches Gleichgewicht können und müssen diese beiden Pole gebracht werden? Ein erster Ansatz bildete die Fetwakommission von 1935. Sie soll alle Bitten um Rechtsgutachten (fetwas) beantworten, die an die Azhar, den Mittelpunkt islamischer Theologie, gestellt werden. Es handelt sich im allgemeinen um Fragen, die von den Schwierigkeiten heutiger Muslime zeugen, sich in einer starken Veränderungen ausgesetzten Welt zurechtzufinden. Die Fetwakommission will hier den rechten islamischen Weg zeigen und demonstriert darüber hinaus noch einen Anspruch: »Die Zentralisierung dieser Aufgabe bei einer Kommission, die im Namen der Azhar sprach, war ein Schritt mehr bei dem Versuch, der beanspruchten geistlichen Führungsrolle auch einen organisatorischen Rahmen zu geben« (Lemke). Dem entspricht ebenfalls ein ›Rat der Großulama‹, der oberste Azhar-Rat, der versucht, dem Führungsanspruch der Azhar in der islamischen Welt gerecht zu werden. Hier wird, wenn nötig, der Islam verteidigt, auch gegen Methoden der modernen Wissenschaften, sofern sie nicht im Einklang stehen mit der Lehrbuchtradition. Es handelt sich um einen institutionellen Rahmen, der die Bereitschaft zur geistigen Führung unterstreicht.

Wie war die Situation kurz vor der großen Reform von 1961? Die Ausbildungsziele waren vom Selbstverständnis her durchgängig geisteswissenschaftlich. Die Gesellschaft aber forderte Techniker, Praktiker, berufsorientierte Fachschüler. Das jedoch stand und steht bis heute im Gegensatz zum gesellschaftlichen Prestige der Berufe ›mit dem weißen Kragen‹. (So verdient heute ein Facharbeiter das vierfache Gehalt eines Rundfunkredakteurs oder eines Lehrers!) Und es verführte dazu, sich mit den vorhandenen Abschlüssen zufrieden zu geben, die allein steilen sozialen Aufstieg zu versprechen schienen. Das aber führte zu einem Überangebot gleich ausgebildeter, gleich qualifizierter Schüler bzw. Studenten, zu steigender Arbeitslosigkeit und – als das Gesetz die Übernahme der beschäftigungslosen Akademiker in den Staatsdienst garantierte – zu einem sinnlos aufgeblähten Beamtenapparat. Tausende von Facharbeiterstellen konnten hingegen nicht besetzt werden. Besonders betroffen von dieser Entwicklung waren die Absolventen des islamischen Erziehungssystems, die gleichzeitig anfällig wurden für einen antimodernistischen Radikalismus, der sich zeitweilig in brisanten Demonstrationen entlud.

Als 1956 die Schariagerichte, die islamische Gerichtssprechung, eine letzte eingeschränkte Domäne der Azhariten, in das nationale Gerichtssystem eingegliedert wurden, wurde eine Reform unaufschiebbar – und da Abdel Nassers Macht konsolidiert war, konnte die große Reform von 1961 angegangen werden. Die Azhar-Universität blieb dabei ihrer Zielsetzung als größter islamischer Institution treu. Wesen, Eigenart und Charakter von Al Azhar wurden bewahrt. Andererseits wurde die islamische Lehrordnung vollständig an das staatliche Erziehungssystem angepaßt. Damit wurde die Existenznot der Azhariten beendet, die Abschlüsse gleich bewertet. Trotzdem blieb, um das islamische Erbe zu bewahren, der Bezug zum Islam in den meisten Fächern bestehen, wenn auch die Studiengänge ausgeweitet wurden, zur Medizin, zu den Naturwissenschaften hin. Das alles steht übrigens im Einklang mit dem Wissenschaftsbetrieb in der islamischen Hochkultur, die aus dem Unterschied zwischen Glauben und Wissen keinen unüberschreitbaren Graben machte. Damit ist Al Azhar heute eine große, im Prinzip theologisch selbstbewußte, aber doch den gesellschaftlichen Bedürfnissen genügende Universität – wie die Kairo-Universität oder die Universität Ain Schams. Und doch geht von dieser Wirkstätte des Denkens und des Glaubens mehr Glanz und intellektuelle Anziehungskraft aus.

Heute zählt Al Azhar über 100000 Studenten. Sie erfüllt außerdem noch weitergehende Aufgaben – seelsorgerische und missionarische. Al Azhar ist unangefochten das intellektuelle, das wissenschaftliche, das institutionelle Zentrum der arabischen, ja der islamischen Welt. Von hier kommen die Impulse der Erneuerung und der Bewahrung, hier ist das Zentrum islamischer Theologie, vielleicht der geistige Ausgangspunkt für die Renaissance des Islams.

Es gehört ja geradezu zu den Paradoxien, daß noch nicht einmal zwanzig Jahre nach der Jahrhundertreform bereits an der Azhar-Universität wieder ein Studiengang Islam ohne jeden direkten Bezug zur gesellschaftlichen Praxis eingeführt wurde, ein Studiengang, der überfüllt ist. Und etwas mehr als zwanzig Jahre nachdem die letzten Schariagerichte in Ägypten aufgelöst wurden, werden heute wieder verstärkt Geist und Buchstaben islamischer Rechtssprechung in das nationale Gerichtswesen getragen. Dem so umfassend scheinenden Sieg der Modernen ist kein langer Triumph beschieden gewesen. Im Moment führen die Säkularen Rückzugsgefechte gegen die Orthodoxen, ersteht das alte, vergessen geglaubte Bild der Azhar-Universität fast unversehrt aus den Trümmern der Reformen. Aber wie stark wird diese Renaissance sein? Wie machtvoll wird die alte Azhar wiedererstehen? Darauf weiß noch niemand eine Antwort.

»Azhariten«, erkenntlich an der Kopfbedeckung, findet man in allen großen Moscheen Kairos

AL KARAAFA
Die lebendige Totenstadt

Der alte Ahmad Mohßen lebt schräg gegenüber dem Haupteingang der Grabmoschee des Imam al Shafi. Sein Haus ist ein Werk des späten 19. Jahrhunderts, die ältesten Teile der Moschee stammen aus dem 13. Jahrhundert. Zusammen bilden Haus und Moschee das urbane Zentrum der überaus lebendigen südlichen Totenstadt, genannt al Karaafa.

Eine Straßenbahnlinie endet knapp fünfhundert Meter vom Haus des Ahmad Mohßen, und eine Autobuslinie führt gar bis zum Vorplatz der Moschee. Daran ist scheinbar ebensowenig etwas Bemerkenswertes wie an der Tatsache, daß zu den Friedhöfen in deutschen Städten Linien des öffentlichen Nahverkehrs führen. Doch es gibt einen wesentlichen Unterschied: im Fall al Karaafa gelangt man mit Straßenbahn oder Bus bis mitten auf den Friedhof.

Ahmad Mohßen ist Direktor der Moschee des Imam al Shafi, ein Amt, das seit den letzten vier oder fünf Generationen in der Mohßen-Familie erblich war. Das heißt nicht, daß Ahmad der geistliche Betreuer des Gotteshauses ist; man sollte ihn besser den Verwalter des mit der Moschee zusammenhängenden Wirtschaftsbetriebes nennen. Sie ist nämlich eine Wallfahrts-Moschee, die aufgrund des Pilgerverkehrs erhebliche Einnahmen und Ausgaben hat. Im Mittelpunkt der Verehrung stehen die sterblichen Reste eines frommen Mannes aus dem Land des Propheten.

Abu Abdallah Mohammad Ibn Idriss al Shafi wurde in oder nahe Mekka geboren und war vom Stamme des Propheten, den Kuraisch. Als junger Religionsgelehrter gelangte er in den Jemen, nach Bagdad und nach Fustat. Imam Shafi wurde zu einem der großen Rechtsgelehrten des orthodoxen Islam im vorfatimidischen Ägypten. Als er im Jahre 820 westlicher Zeitrechnung starb, hinterließ

Kuppel des Grabmals von Iman al Shafi, südlicher Friedhof

er ein in Teilen der islamischen Welt bis jetzt beachtetes Rechtssystem. Imam al Shafi fand die letzte Ruhestätte östlich von Fustat zwischen den Gräbern der rund hundertachtzig Jahre zuvor hereingebrochenen arabischen Eroberer. Wahrscheinlich begann man ihn schon bald nach der Beisetzung wie einen Heiligen zu verehren.

Das Verhältnis des ägyptischen Volkes zu den Verstorbenen war ja vom Totenkult der frühen Hochkultur des Nillandes wie auch von christlicher Heiligenverehrung geformt. Dieser Beeinflussung konnten die von der Kargheit der Wüste geprägten arabischen Totenriten nicht lange standhalten. Noch zu Lebzeiten des Imam al Shafi versuchte die Regierung, traditionelle Bräuche des Trauerfalls zu verbieten: das Schwärzen des Gesichts, das Ausreißen von Haaren und Zerreißen von Kleidern, die Beschäftigung berufsmäßiger Klageweiber. Vergeblich.

Wohnen nahe bei den Toten

Weitere zweihundert bis dreihundert Jahre später entstanden prächtige Kultbauten auf dem Friedhof, anfangs allerdings noch im Dienst religiöser Gelehrsamkeit. 1176 westlicher Zeitrechnung ließ Sultan Saladin neben dem Grab des Imam al Shafi eine große Madrasa, eine Religionsschule, bauen. 1211 errichtete man dem Imam ein Grabmal, das bis jetzt Bestandteil des Moschee-Komplexes ist.

Man könnte meinen, daß die Straßenbahnlinie erst vor kurzem nach al Karaafa hineinverlegt worden sei, seit sich im Bezirk der Toten immer mehr Lebende als ›Beisiedler‹ niederlassen. Doch Ahmad Mohßen, jetzt etwa siebzig Jahre alt, hat diese Straßenbahn schon als fünfjähriger Junge benutzt (einige der Wagen könnten sogar noch aus der Zeit stammen). Die südliche Totenstadt ist nämlich nicht erst in den letzten Jahren, sondern bald nach dem Ersten Weltkrieg auch zur Wohnstadt geworden. Der Krieg hatte Kairo, dem Versorgungszentrum britischer Armeen, einen Wirtschaftsboom beschert. Zahlreiche Kleinbetriebe waren am Ostrand der Stadt entstanden, und die Kalköfen und Steinbrüche nahe al Karaafa hatten ihre Produktion erheblich ausgeweitet. Kalkbrenner und Steinbrucharbeiter ließen sich in den frühen zwanziger Jahren zuerst als illegale Siedler in der südlichen Totenstadt nieder.

Obschon vom Gesetz nicht gedeckt, brauchten die frühen Siedler das Gesetz nicht zu fürchten. Die Wohnungsnahme in den Gräbern war weder erlaubt noch verboten. Man mußte es lediglich vermeiden, die zu Grabstätten gehörenden Familien gegen sich aufzubringen. Ahmad Mohßen berichtet, daß sein Vater und Großvater immer einige ›gute Adressen‹ zur Hand hatten: sie kannten aufgegebene, aber noch intakte Grabanlagen; sie wußten von Hausgräbern, deren lebende Eigentümer kaum jemals ihre Toten besuchten; vor allem aber kannten sie Eigentümer, die gegen Entgelt lebende Untermieter in den Wohnstätten der Toten zuließen. Die Mohßens betätigten sich als Makler zwischen Grabeigentümern und Siedlern. Damit mehrten sie ihren Wohlstand, wirkten aber auch als Regulatoren des sonst völlig ungeordneten Siedlungswesens.

Vom Haus der Mohßens aus, das schon früh an das Elektrizitätsnetz angeschlossen war, wurden die ersten Nebenleitungen zu bewohnten Hausgräbern gezogen. Und dort bekam man auch Frischwasser, bis die Stadtverwaltung sich entschloß, öffentliche Wasserzapfstellen in al Karaafa zu errichten. Schon seit den vierziger Jahren erforderte das Siedlungswesen die Unterstützung der Stadtverwaltung, denn während des Zweiten Weltkrieges wuchs die Zahl der Lebenden in der südlichen Totenstadt auf rund 50000. Heute ist Ahmad Mohßen nur noch eine von vielen Bezugspersonen – durch seine Verbindung mit der Moschee des Imam al Shafi allerdings wohl die wichtigste – für die Siedler von al Karaafa, die inzwischen 200000 bis 250000 zählen sollen.

In dem Magazin ›Cairo Today‹ hieß es dazu: »Die Mehrzahl der Gräber ist nun voll für die Bedürfnisse der Lebenden umgerüstet; einige haben sogar Anbauten oder bekamen ein Stockwerk aufgesetzt. Fließendes Wasser, Elektrizität und Flaschengas garantieren ein Minimum an Komfort. Allerdings haben die meisten neu niedergelassenen Siedler diese Ausrüstung noch nicht.«

Ein arabisches Sprichwort sagt: »Wer sich vor Geistern fürchtet, der sollte nicht auf dem Friedhof schlafen.« Die Kairener haben offenkundig schon früh die Furcht vor Geistern verloren. Wie hätte es auch anders sein können, nachdem viele Generationen ihrer Vorfahren erst mit dem Bau gigantischer Friedhöfe für die Pharaonen beschäftigt und später an der Plünderung solcher Friedhöfe beteiligt gewesen waren. Die als Eroberer eingetroffenen Muslime übernahmen

nach einiger Zeit von den Einheimischen Elemente des Totenkults, den rund fünfhundert Jahre Christentum nicht von seinen pharaonischen Wurzeln zu befreien vermocht hatten.

Ab Mitte des 13. Jahrhunderts westlicher Zeitrechnung ließen sich die Großen der Kairener Gesellschaft – längst keine Araber mehr, sondern überwie-

Zwischen den Gräbern in beiden Totenstädten verläuft der Alltag gesittet und geregelt

gend Türken und Kaukasier – Grabmäler außerhalb der Friedhöfe bauen. Dies geschah am Rande belebter Straßen oder auf Plätzen inmitten der Stadt. Mehr noch als die Pharaonen, denen es vor allem um eine plünderungssichere Grabstätte gegangen war, wollten diese Machthaber der Nachwelt imponieren. Die Konzession der islamischen Herrscher an den urprünglichen Islam bestand darin, daß sie die Grabmäler als Moscheen herrichten ließen.

Auf den eigentlichen Friedhöfen entwickelte sich schon während des islamischen Mittelalters reges Leben. Wir sagten früher, daß dem Imam al Shafi im Jahr 1176 westlicher Zeitrechnung neben dem Grab eine Madrasa und 1211 ein

Grabmal gebaut wurden. Die Madrasa war mit einem Internat verbunden, in dem zunächst dreißig bis fünfzig junge Leute Platz fanden. Diese erste Stätte religiöser Gelehrsamkeit in al Karaafa scheint dann bald mehr Studierende angezogen zu haben. In der Beschreibung des nordafrikanischen Reisenden Ibn Gubeyr besitzen wir ein Zeugnis aus dem Jahr 1183 westlicher Zeitrechnung. Darin heißt es: »Alle Gebäude in al Karaafa, ob Moscheen oder Koranschulen, gewähren den studierenden und frommen Fremden ebenso Gastfreundschaft wie den Bettelnden. Jedes dieser Gebäude verfügt über einen Monatskredit, der im Namen des Sultans ausgezahlt wird ... Man erzählte uns, daß die Summe der Kredite 2000 ägyptische Dinare je Monat – was 4000 marokkanische Dinare sind – übersteigt.«

Mamluken-Grabmal in al Karaafa

Neben den Lehrenden und Lernenden kamen bald auch die Mystiker. Die islamische Mystik begann ab dem 8. Jahrhundert westlicher Zeitrechnung von sich reden zu machen. Ständige Meditation des Koran und der prophetischen Traditionen führten manche Muslime zu asketischer Weltflucht. Die Anfänge der islamisch-mystischen Bewegung, des Sufismus, lagen gewiß nicht in Kairo, sondern waren eher in Bagdad und Basrah, weiter südlich am Persischen Golf und in Persien selbst zu finden. Aber Ägypten hatte immerhin schon die christliche Askese erlebt. Lange vor der arabischen Eroberung hatten ägyptische Christen die Einsamkeit der Wüste gesucht, hatten als Höhlenbewohner ein Leben in Andacht und Entbehrung geführt und waren schließlich zur Gründung von Einsiedlergemeinschaften und Klöstern gelangt. Waren die frühen Mönche am Roten Meer alle Christen geblieben?

Ab dem Jahr 868 westlicher Zeitrechnung kamen mit Ahmad Ibn Tulun, dem Statthalter Bagdads türkischer Herkunft, viele Gläubige aus dem Geburtsland des Sufismus nach Kairo. Für die Asketen unter ihnen muß die in die Wüste hinauswachsende Totenstadt eine große Anziehungskraft ausgeübt haben. Wurden sie angelockt von den Toten, die Verehrung als Heilige genossen? Oder verschaffte die Verehrung der Mystiker bestimmten Toten, zum Beispiel dem Imam al Shafi, erst die Aureole des Heiligen? Dies entzieht sich heute unserem Beurteilungsvermögen.

Sicher ist, daß ab dem 9. Jahrhundert westlicher Zeitrechnung Gemeinschaften beiderlei Geschlechts in al Karaafa lebten. Sie unterhielten in der Totenstadt Klöster, denen Gästehäuser zugeordnet

Restauriertes Grabmal al Sultaniya, südlicher Friedhof

waren. Zu Gast waren ständig Pilger aus allen Teilen Ägyptens und aus vielen anderen Ländern der islamischen Welt. Um das Pilgerwesen stärker zu stimulieren, begannen die klösterlichen Gemeinschaften für ihre ›Heiligen‹ anläßlich der Todes- oder Geburtstage Feste zu veranstalten. Diese Gewohnheit gibt es bis heute. Die Feste der Verehrten, Mulid genannt, tragen dazu bei, daß in al Karaafa gelegentlich neben religiöser Inbrunst Trubel und Heiterkeit aufkommen.

Ist das schockierend, daß in der Totenstadt manchmal fröhliche Feste gefeiert werden? Davon geschockt werden können doch nur Menschen, deren eigener Kulturkreis keinen fünf- bis sechstausend Jahre alten Totenkult kennt und deren Jenseitsvorstellungen nicht beeinflußt sind von genauen Schilderungen angenehmer materieller Bedingungen eines zweiten Lebens. Hier hat das pharaonische Erbe die christliche Vergangenheit und die islamische Gegenwart stellenweise überwuchert.

So einflußreich ist die Tradition des Lebens mit den Toten, daß ein verstorbener Familienvorstand mindestens Glied der Familie bleibt. Als solches hat der Verstorbene Anspruch auf Teilnahme an wichtigen Ereignissen der Gemeinschaft. Folglich zieht die Familie im Anschluß an Hochzeiten und Geburten in die Grabstätte des Verstorbenen, um mit ihm zu kommunizieren. Indem man das Familienfest gewissermaßen auf dem Grab nachvollzieht, läßt man den Toten unmittelbar teilhaben. Manche Kairener gehen soweit, ihren verstorbenen Lieben immer wieder schriftliche Mitteilungen über wichtige Familienereignisse durch eine eigens dafür angebrachte Röhre in das eigentliche Grab zu schieben.

Wer das Wesen eines von antikem Materialismus und orientalischer Prunksucht geprägten Totenkults kennenlernen möchte (das einfache Volk begräbt seine Toten auf anderen Friedhöfen), sollte sich von Ahmad Mohßen zur frühen Grabstätte der Mohammad Ali-Familie führen lassen. (Das Grab des Gründers der Dynastie ist in der Mohammad Ali-Moschee, die Gräber ihres letzten Repräsentanten, des 1952 abgesetzten Königs Faruk und des im Exil verstorbenen Schahs von Persien, Reza Pahlevi, befinden sich in der Rifai-Moschee.) Husn al Pascha, eine Miniaturausgabe der Mohammad Ali-Moschee der Zitadelle, erbaut Mitte des 19. Jahrhunderts, ist vom Platz des Imam al Shafi aus in fünf Minuten zu Fuß zu erreichen. Dort findet der Besucher einige Dutzend Gräber, bunt gestaltet mit den Rüschen und Schnörkeln des spätosmanischen Barocks. Auf dem Boden ausgebreitete Matratzen und Feuerstellen zeigen, daß auch in dieser Grabanlage von Zeit zu Zeit Familienleben stattfindet.

Für Mohammad Ali und seine Söhne bedeutete der Tod, daß im Diesseits alle Kapitel, insbesondere die von Rivalität und Machtkampf, abgeschlossen waren, ohne das im Jenseits aufgeschlagene neue Kapitel zu belasten. Wären sie nicht dieser Überzeugung gewesen, so hätten sie wohl kaum ein Dutzend Leichen der auf Geheiß von Mohammad Ali erschlagenen Mamluken in ihre Familien-Grabmoschee aufgenommen. Dort ruhen sie immer noch, die edelsten der 480 Feudalherrn, die der neue Machthaber vor rund hundertsiebzig Jahren auf der Zitadelle nach einem Gastmahl hatte töten lassen (s. S. 122). Sie besaßen keine Familien, oder ihre Angehörigen wurden ausgerottet. Um sie im Tod nicht allein zu lassen, wurden die Besiegten von den Siegern in ihre Gemeinschaft aufgenommen.

Bericht aus dem Jahr 1834

»An einem Tag oder an mehreren Tagen dieses Festes besuchen einige oder alle Mitglieder der meisten Familien – doch hauptsächlich die Frauen – die Gräber ihrer Verwandten. Die Besucher oder ihre Dienstboten tragen Palmenzweige und manchmal auch Basilienkraut mit sich, um sie auf die Gräber zu legen. Palmenzweige werden in kleine Stücke zerbrochen und diese oder nur die Blätter werden auf den Gräbern gelassen. Man sieht an solchen Tagen viele Gruppen von Frauen mit Palmenzweigen in den Vororten der Stadt auf dem Weg zu den Friedhöfen. Sie bringen auch Brot, Datteln und andere Nahrungsmittel, um sie den Armen zu geben, die an diesen Tagen in die Totenstadt kommen …

Die Männer gehen meistens gleich zurück, sobald die Riten abgewickelt sind. Die Frauen kommen üblicherweise schon am frühen Morgen zu den Gräbern und gehen nicht vor Nachmittag zurück. Einige Frauen (aber diese sind nicht solche, die sich allgemeiner Achtung wegen makellosen Verhaltens erfreuen) bleiben in Zelten über Nacht bis zum Ende des Festes. Das tun auch solche Frauen, deren Familien private umgrenzte Begräbnisstätten mit Wohnunterkünften besitzen. Es gibt auf den öffentlichen Friedhöfen Kairos nicht wenige Unterkünfte für Frauen.«

E. W. Lane, *Manners and Customs of the Modern Egyptians*, London 1860

Ernste und heitere Lebenslust –

VOLKSGLAUBE UND VOLKSFESTE

Vor der Grabmoschee des Sultans Barquq (spätes 14. Jh., Farbt. 38) hat sich zwar eine Autowerkstatt eingerichtet, und unmittelbar neben der Grabmoschee des Sultans Qurqumas (frühes 16. Jh.) ist eine Gendarmerieeinheit stationiert – doch insgesamt ist die Gräberstadt der Mamluken (s. S. 110) weniger dicht von Menschen besiedelt als al Karaafa. Auf diesem nordöstlich von Fustat und östlich des fatimidischen Kairo gelegenen Friedhof aus der Zeit des islamischen Mittelalters gibt es weniger Festlichkeiten als auf dem Südfriedhof. Das liegt daran, daß es zwischen den Kuppel-Mausoleen des Mamlukenfriedhofs seltener zu Heiligenfesten kommt. Unter den Mamluken (s. S. 110), den islamisierten, aber kaum ägyptisierten Militärherrschern türkischer und kaukasischer Herkunft (manche stammen auch vom Balkan), gab es so gut wie keine Verehrungswürdigen. Die potentiellen Heiligen aus der Schicht der Rechtsgelehrten, Mystiker und Bettler drängte es deswegen, wenn sie das Ende sich nähern spürten, eher nach al Karaafa. Dort war vor ihnen mancher der islamischen Eroberer, meist ein Gefährte des Propheten, bestattet worden.

Dafür spielt aber die nordöstliche Gräberstadt eine wichtige Rolle während der jährlichen Pilgerfahrt nach Mekka. Dies ergab und ergibt sich aus ihrer geographischen Lage. Gleich am Nordrand des Bezirks begann früher die mühselige Wüstenpiste in Richtung Suez, auf der fast alle Pilger die erste Etappe von Kairo zu den heiligen Stätten des Islams in Mekka und Medina zurücklegten. Seit den späten siebziger Jahren beginnt dort eine der großen Ausfallstraßen in Richtung zum Roten Meer. Wenn auch jetzt die meisten Gläubigen den Weg nach Mekka vom Kairoer Flugplatz aus antreten, so passiert doch das zeremonielle Mahmal immer noch die nordöstliche Gräberstadt und wird dort von einer großen Volksmenge gefeiert.

Dem ägyptischen Historiker Ahmad al Maqrizi (1364–1442) zufolge wurde das Mahmal im Jahr 1271 während der Zeit des Mamluken Beybars (s. S. 112) zum ersten Mal mit der Pilgerkarawane von Kairo nach Mekka entsandt. Andere Historiker sehen in der einzigen Herrscherin des islamischen Ägypten, Sultana Shagarat al Durr (1250) (s. S. 110), die Urheberin des Mahmal. Die Dame soll, noch als Gemahlin des Mamluken-Sultans al Salih, die Pilgerfahrt nach Mekka in einer prunkvollen Kamelsänfte zurückgelegt haben; schon während der nächsten Pilgersaison soll dann die Sänfte ohne Prinzessin in der Karawane mitgeführt worden sein. Shagarat al Durr habe sich durch die Sänfte bei den Zeremonien an den heiligen Stätten vertreten lassen wollen, meinen die Historiker.

In der angesehenen ›Enzyklopädie des Islam‹ heißt es, Mahmal sei der Name der »prächtig dekorierten leeren Sänfte, die mohammedanische Prinzen seit dem 12./13. Jahrhundert mit auf die Pilgerfahrt schickten, um Unabhängigkeit herauszukehren und einen Ehrenplatz bei den Zeremonien zu beanspruchen.« Es mag also sein, daß die spätere Sultana Shagarat al Durr die Urheberin des Mahmals gewesen ist. Wenn ja, so fand sie bald Nacheiferer. Kairo blieb mit dieser merkwürdigen Demonstration der Souveränität nicht allein. Demonstrations-Sänften kamen jahrhundertelang auch aus Damaskus und Bagdad nach Mekka.

Exklusive Rechte hat Kairo bis jetzt an der Versorgung der Ka'ba in Mekka mit der Kiswa. So genannt wird der große

Teilansicht des Barquq-Mausoleums, nördliche Totenstadt

Überwurf aus schwarzem Brokat, mit dem das würfelförmige Heiligtum des Islam im Hof der Zentralmoschee zu Mekka bedeckt ist. Der Überwurf, von Sonne, Wind, Sand und gelegentlich auch Regen schnell zermürbt, wird jedes Jahr erneuert. Seit mehr als neunhundert Jahren weben fromme Ägypter den Brokat-Überwurf. Mahmal und Kiswa werden in derselben Kamelkarawane zu Beginn der Pilgersaison von Kairo aus auf den Weg nach Mekka gebracht.

Wie in vorausgegangenen Jahrhunderten, so wird auch im 20. Jahrhundert die Karawane mit Mahmal und Kiswa in der nordöstlichen Gräberstadt vom Volk festlich verabschiedet. Oben auf der Zitadelle, wo Geistlichkeit und Vertreter des Staates die offizielle Verabschiedung vornehmen, ist nicht viel Platz für den kleinen Mann. Er kommt besser zu seinem Recht im Schatten der Bauten, mit denen die sonst so wenig rühmlichen Mamluken für ihren Nachruhm sorgten. Nicht nur beim Ausmarsch, auch bei der Rückkehr der Karawane wartete früher eine große Menschenmenge in der Gräberstadt. Es dauerte 35 bis 37 Tage, per Kamel und Schiff den Weg von Mekka nach Kairo zu bewältigen, und etwaige Sandstürme oder Beduinenüberfälle konnten die Rückkehr noch verzögern. Doch es lohnte sich, zu warten. Die Karawane brachte stets noch Reste des alten Brokat-Überwurfs der heiligen Ka'ba zurück. Jeder winzige Fetzen des Tuchs war ein sehr starkes Amulett. Um seinen Erwerb mußte man drängen und streiten. Wem es nicht gelang, in den Besitz eines Fetzens zu kommen, der wollte wenigstens das Mahmal berühren. Im Glauben des Volkes mußte auf die Prunksänfte viel von dem Segen, der die heiligen Stätten in Mekka und Medina umgibt, übergegangen sein.

Der Auszug und die Rückkehr der Pilgerkarawane gehören zu den großen religiösen Festen in Kairo, deren Schwerpunkt bis heute in den Gräberstädten liegt und die dort auch durchaus weltlich gefeiert werden. Das ›kleine Fest‹ (Eid al Fitr) zum Abschluß des Fastenmonats Ramadan und das ›große Fest‹ (Eid al Kabir) während der Pilgerzeit sind hingegen Familien- und Nachbarschafts-Ereignisse, bei denen der Besuch an den Grabstätten nächster Angehöriger mit dazugehört; gefeiert wird vorwiegend – wenn die Mittel dazu ausreichen – im eigenen Haus, Garten oder in der eigenen Wohnung, zumindest aber im Stadtviertel, in dem man wohnt.

Stilisierte Darstellung des Mahmals

Das Fest zum Abschluß des Fastenmonats Ramadan – des neunten im arabischen Mondjahr – tendiert stark dazu, in Völlerei auszuarten. Man könnte meinen, dies sei eine natürliche Reaktion auf das lange Fasten; während eines ganzen Monats darf der folgsame Muslim ab Sonnenaufgang bis zum Sonnenuntergang keinen Bissen essen, keinen Schluck trinken, darf nicht rauchen, muß sexuelle Abstinenz üben und muß nach Möglichkeit auch jegliche erotische Empfindung unterdrücken. Aber von der Askese zur Völlerei gelangen – manchmal auf Kosten ihrer Gesundheit – viele Ägypter schon jeden Abend nach Schluß des Tagesfastens. Während der Zeit des Präsidenten Gamal Abdel Nasser (1953–70), als manche Nahrungsmittel rationiert waren, klagte der zuständige Minister darüber, daß er in der Fastenzeit zur Steigerung der Einfuhren an Fleisch, Fisch, Trockenfrüchten, Nüssen, Speiseöl und Mehl genötigt sei. In wohlhabenden Familien wurde (und wird) an vielen Abenden nach dem Tagesfasten wesentlich mehr gegessen als in anderen Monaten während des ganzen Tages und des Abends. Wie auch in ländlichen Regionen Europas, so bedeutet in Kairo gemeinsames Feiern gemeinsames Essen – und zwar viel Essen. Volle Töpfe und volle Vorratskammern waren für den Bürger der in früheren Jahrhunderten oft von Hungersnöten heimgesuchten Stadt am Nil (s. S. 88) ein deutliches Zeichen dafür, durch Wohlstand den Mächtigen näher gekommen zu sein. Völlerei wurde zum Statussymbol. Heute ist sie für manche Ägypter eine Gewohnheit. Au-

EL

ßerdem neigt man in islamischen Kreisen dazu, die alkoholische Enthaltsamkeit durch üppige Speisen zu kompensieren.

Das einfache Volk toleriert das Treiben der Arrivierten, solange es mit einbezogen wird. Die Küche des reichen Mannes liefert Speisen im Übermaß, denn auf die Reste warten schon die Bedürftigen des Hauses, der Straße, des ganzen Quartiers. Den Geist der Revolte erregte und erregt nicht das Raffen eines Menschen, sondern der Geiz des Raffenden, wenn er vom Errafften nichts oder zuwenig abgibt.

Den Volkszorn zu dämpfen, bietet ›Id al Fitr‹, das kleine Fest, noch eine andere Möglichkeit: das Ende des Monats Ramadan ist der Zeitpunkt, sich frisch zu kleiden; Arbeiter und Angestellte erhalten Lohn- und Gehaltszuschläge für den Einkauf, Dienstboten werden vom Familienvorstand neu gekleidet und viele Bedürftige können damit rechnen, aus der bessergestellten Nachbarschaft eine neue Galabiya – das bis auf die Knöchel reichende hemdartige Gewand des Volkes – zu bekommen. Wer leer ausgeht und selbst nicht die Mittel aufbringen kann, um sich mit wenigstens einem neuen Kleidungsstück äußerlich zu schmücken, der empfindet das als Schande. So tief sitzt das Schuld- und Schamgefühl, daß auch die Gesellschaft entsprechend reagiert: der Betroffene wird oft nicht bedauert, sondern verhöhnt.

Die norwegische Anthropologin Unni Wikan hat Material zu diesem merkwürdigen Verhalten der Kairoer Volksseele gesammelt. Sie betrieb Ende der sechziger und Anfang der siebziger Jahre rund acht Monate lang Feldforschung unter den Armen eines der westlichen Vororte. Zum Thema Ramadan schreibt sie, dies solle eigentlich ein Monat des Friedens

und der Versöhnung sein; dennoch verwandele er sich oft in einen Monat des Streits, mit dramatischen Fällen von zwischenmenschlichen Konflikten. Dann zitiert Unni Wikan, was arme Leute ihr gesagt haben: »Gott sei gelobt, dieser Monat ist vorüber! In dieser Zeit sind die Leute so gereizt, weil sie Sonderausgaben verursacht, wo doch das Geld nicht einmal für den normalen Unterhalt der Familie reicht.« In Kairo sei bestimmt die Anschaffung neuer Kleidung das Wichtigste, schreibt die Norwegerin, denn Kinder könnten nicht ohne neue bunte Bekleidungsstücke an den Festlichkeiten teilnehmen. Wörtlich heißt es in ihrem Bericht: »Wenn ein Kind es doch zu tun versucht, wird es von den anderen Kindern verhöhnt und beschimpft.«

Besonders großer Aufwand wird von der Ober- und Mittelschicht anläßlich Hochzeiten getrieben. Die Familie des

Oft wird das Festzelt auf der Straße aufgeschlagen und Freud oder Leid in der Öffentlichkeit dokumentiert

Bräutigams muß ein hohes Brautgeld aufbringen, die Familie der Braut dagegen eine etwa gleichwertige Mitgift – meistens in Form von Möbeln und Hausratsteilen; dazu kommen die Kosten für die Bewirtung von manchmal Hunderten von Gästen in einem Luxushotel oder – mindestens – in einem der für Kairo typischen Festzelte. Das einfache Volk hat seine eigenen, weniger aufwendigen Bräuche entwickelt.

Das einfache Volk, islamischen oder christlichen Glaubens, feiert Feste, wann immer es sich das leisten kann. Anlässe gibt es genügend. Muslime wie Christen haben ihre ›Heiligen‹, zu deren Ehren sie Mulids – religiös motivierte Feste – im jeweiligen Wohnviertel veranstalten. Anlaß ist der Geburtstag oder der Todestag des Verehrten. So kommt es vor, daß fröhliches Treiben mit Luftschaukeln,

Höchstes Familienfest ist die Eheschließung

Karussells, Wahrsagern, Schlangenbeschwörern und Zauberkünstlern rings um ein Grabmal oder gar am Rande des Friedhofs sich entfaltet. Ein Volk, das solange mit einem überaus intensiven Totenkult gelebt hat wie das ägyptische, empfindet Fröhlichkeit in der Nähe von Gräbern als etwas Selbstverständliches.

Mit der gleichen Selbstverständlichkeit veranstalten die Leute Feste zu Ehren ihrer Kinder. Zum Beispiel gibt es bei den Kopten kollektive Beschneidungsfeste, d. h. eine Gruppe von Eltern organisiert einen Mulid aus Anlaß der Beschneidung ihrer Knaben; das Beschneidungsfest geht dann oft in ein Tauffest über, denn koptische Sitte fordert es, die Operation vor der Taufe zu vollziehen. Nicht gerade Beschneidungs- und Tauffeste, aber die Mulids mancher ›Heiliger‹ begehen in Stadtteilen mit gemischter Bevölkerung Kopten und Muslime ungeniert gemeinsam. Besonders ›Heilige‹, deren Verehrung der Familie den erwünschten Nachwuchs bescheren könnte, erfreuen sich hohen Ansehens in beiden Glaubensgemeinschaften.

Weil öffentlicher Feiertag, entziehen sich auch die Kopten nicht ganz dem ›Mulid al Nabi‹, dem Geburtstag des Propheten. Dieses Fest hat tiefe Wurzeln gerade in Kairo. Es geht auf den fatimidischen Kalifen Al Moizz al Din Allah (969–975) zurück. Der Machthaber, Gründer des eigentlichen al Qahirah (s. S. 98), wollte seinen ägyptischen Untertanen eine Attraktion bieten. Deswegen führte er eine Reihe religiöser Feste ein, an deren Spitze der Geburtstag des Propheten stand. Mulid al Nabi war und ist ein Freudenfest und paßt als solches nicht in die Lebensauffassung puritanisch-islamischer Kreise. 1981 wurde es vom Vorsteher der Großen Moschee in

Volkskunst aus Fustat: Tauftöpfe für Mädchen und Knaben

Mekka heftig kritisiert; der Geburtstag eines Menschen (Mohammad, menschlicher Botschafter Gottes) dürfte nicht Religionsfest sein. Trotzdem wird in Kairo der Geburtstag des Propheten weiterhin gefeiert. Im Bewußtsein des Volkes hat dieses Fest, ebenso wie manches Fest im Bewußtsein der Christen, keinen tiefgehend religiösen Charakter mehr. Mulid al Nabi löst ein buntes und lautes Treiben vor allem der Kinder aus. Sie werden mit Süßigkeiten bedacht. Es werden Puppen, Tierfiguren, Pferd und Reiter aus Zuckerguß feilgeboten. Die Zuckerguß-Puppen gelten als ›Geburtstagsbräute‹. Der Volksmund sagt, während der Herrschaft des tyrannischen Sultans Hakim (996–1021) seien Hochzeiten verboten gewesen, außer am Mulid al Nabi; seither gäbe es die süßen ›Geburtstagsbräute‹.

Niemand hat Buch geführt – doch man vermutet, daß die Kopten häufiger zu muslimischen Mulids erscheinen als umgekehrt. Manchmal aber sind Tausende beider Glaubensgemeinschaften von derselben Manifesation des Volksglaubens gefesselt. So geschah es 1968, daß sich Zehntausende von Kopten und Tausende von Muslimen um die Kirche der Hl. Jungfrau im Kairoer Vorort Zeitun (Farbt. 32) versammelten, um vorausgegangene Marien-Erscheinungen einzelner Gläubiger nachzuvollziehen; mit Erfolg, wie es im Untersuchungsbericht der koptischen Kirche heißt.

Das von allen akzeptierte gemeinsame Volksfest ist ›Scham al Nessim‹. Es fällt – entsprechend dem Kalender der Ostkirche – auf den Montag nach Ostersonntag, könnte also ein kaschierter Teil des Osterfestes sein. Doch Scham al Nessim hat es schon im alten Ägypten gegeben, und laut Inschriften aus der Zeit um 2500 v. Chr. bedeutet sein Name ›Riechen der süßen Brise aus dem Norden‹. Zur Zeit der Pharaonen wird dieses Fest religiösen Charakter gehabt haben. Man vermutet, es sei mit dem Gott Osiris (Farbt. 28, 29) verbunden gewesen. Osiris war ursprünglich ein Gott, der die Fruchtbarkeit der Erde und der Pflanzen verkörperte, im Laufe von Jahrhunderten aber eine vielseitige ausgeprägte Persönlichkeit entwickelte. So gibt es im Zusammenhang mit Osiris auch eine Wiederauferstehungslegende: nachdem der Gott aus Neid von seinem Bruder Seth getötet worden war, gelingt es seiner Schwester Isis, den zerstückelten Leichnam wieder zusammenzusetzen und neu zu beseelen. Anscheinend vermochten die ägyptischen Christen Scham al Nessim in ihr Osterfest zu integrieren, während die ägyptischen Muslime es als Volksfest ohne besonderen religiösen Charakter akzeptierten. Für nahezu alle

Beim Freitagsgebet belegt die Gemeinschaft der Gläubigen oft auch den Vorplatz der Moschee

Ägypter ist es jetzt ein Frühlingsfest, zu dem man sich, wie beim Fest nach Ramadan, in bunter und möglichst neuer Kleidung zeigt.

Zum Scham al Nessim streben Millionen Kairener ›ins Grüne‹, womit oft genug die nächste öffentliche Grünanlage in der Stadt gemeint ist. Wer es sich leisten kann, fährt aufs Land zu Verwandten oder Freunden; das Nilufer in Kairo oder das Plateau hinter den Pyramiden von Gise sind ebenfalls beliebte Ausflugsplätze. Wo immer ein Platz zu erringen ist, werden Picknicks veranstaltet. Neben buntbemalten Eiern – für die Kopten ist gerade Ostern vorüber – sieht man in den Eßkörben auch ganze Bündel junger Zwiebeln. Die blanken weißen Knöllchen mit dem hellgrünen Lauch sind einerseits ein beliebtes Nahrungsmittel zu erschwinglichem Preis, andererseits auch ein Amulett. Jedenfalls wird den Zwiebeln Heilkraft bei manchen Krankheiten und auch eine gewisse Abwehrkraft gegen Unglücksbringer nachgesagt.

Neben Zwiebeln werden noch andere Feld- und Gartenfrüchte in Kairo als Amulette benutzt. Darüber hinaus gibt es Hunderte von angefertigten Amulettarten. Die Ägypter waren und sind durch alle Perioden ihrer langen Geschichte den Amuletten außerordentlich zugetan. Hergestellt werden sie aus vielen Materialien: Glas, gewöhnlichem Stein, Halbedelstein, Holz, Gold, Silber, Kupfer, Messing, Papier, Elfenbein, Knochen, Muscheln, Ton, Münzen, Wachs usw. Sehr verbreitet sind die ›Hand der Fatima‹ und blaue Glasplaketten mit eingearbeiteten ›Augen‹. Es gibt auch Hände mit eingearbeitetem Auge. Diese drei Amulettarten dienen in erster Linie der Abwehr des ›bösen Blicks‹, eines am Nil anscheinend sehr verbreiteten Übels. Wie vieles im Volksglauben, so hat auch der ›böse Blick‹ seine Wurzeln in pharaonischer Zeit. Dasselbe kann man für die Abwehrkräfte sagen. Amulette, die nicht allzu eng mit dem alten ägyptischen Götterglauben verbunden waren, wurden von den Muslimen übernommen, wobei die Kopten eine Mittlerrolle gespielt haben.

Volksfest vor der Moschee ...

»Auf dem Platz hat man Zelte errichtet, große barackenähnliche Konstruktionen mit ornamentreichen Tüchern, die überdacht oder einfach eingehegt sind. Diese Siwane werden mit Glühlampenschnüren beleuchtet; innen stehen lange Reihen von Stühlen, denn die Siwane dienen als improvisierte Cafés und Schaubühnen, wo sich die Wohlhabenden niederlassen, um Fest und Unterhaltung zu genießen ... Das Volk, das zu arm zum Eintreten ist, hat sich auf dem Platz davor und in den Straßen rund um die Moschee und in der Moschee selbst niedergelassen. Die Leute haben Strohmatten mitgebracht. Lange Reihen von schwarz verschleierten Bauernfrauen mit ihren Kindern sitzen dort still, ein Stück Brot und ein paar Datteln in der Hand oder Wasser aus einem Tonkrug in den Blechnapf gießend ... Wer noch nicht müde ist, wandert durch die Gassen auf der Suche nach Unterhaltung. Viel wird ihm nicht geboten: Straßenverkäufer preisen ärmliche Waren an, die muslimischen Rosenkränze, Spazierstöcke, Koranexemplare, Kinderspielzeug ganz einfacher Art, Süßigkeiten, Heiligen- und Legendenbilder im Farbdruck ...«

Arnold Hottinger
in *Neue Zürcher Zeitung*, 1962

Hauptstadt des Geistes
Die Kultur der Arabischen Welt

Alexander Kudascheff

Landflucht in Ägypten. Zehntausende drängen jährlich in die Städte. Hauptanziehungspunkt ist natürlich Kairo. Hier hoffen sie auf ein besseres Leben, eine glücklichere Zukunft. Doch das Kairo, dem sie begegnen, ist eine hoffnungslos überflutete Megalopolis, für zwei Millionen Menschen gebaut, inzwischen auf zehn, auf elf, vielleicht auf zwölf Millionen Bewohner angewachsen. Arbeitsplätze und Wohnungen sind kaum zu finden. So ist es fast selbstverständlich, daß viele scheitern, in der für sie chaotischen Stadt untergehen.

Besonders eindrucksvoll ist das am Bab al Hadid, am Hauptbahnhof, zu spüren. Dort treffen abends oft zwei Welten aufeinander. Da sind die gerade angekommenen und noch völlig verlorenen Bauern mit ihren Familien, die auf ihren mühselig gepackten, wenigen Ballen hocken, die ihr gesamtes Hab und Gut ausmachen. Und da sind die Touristen, die im Nachtzug nach Luxor, ins Tal der Könige, fahren. In diesem beiläufigen Nebeneinander, in solch einer Szene verdichtet sich der kaum zu bewältigende Kontrast zweier Kulturkreise. Hier spiegelt sich der Schock wider, der die Bauern erfaßt, wenn sie ihre gewohnte Umgebung, ihre altvertrauten Sitten aufgeben und an einem Ziel angelangt sind, das so ganz anders ist als in ihren Träumen.

Kairo ist der Brennpunkt aller sozialen, politischen und ökonomischen Widersprüche Ägyptens. Hier ist der Beamtenapparat besonders aufgebläht, hier wuchert die Korruption, hier klaffen die Unterschiede zwischen den Reichen und den Armen besonders auffällig. Tausende Schicksale spielen sich täglich ab. Sie werden von der ägyptischen Literatur erzählt, damit aus der Anonymität gerissen. Ganz selbstverständlich und selbstbezüglich nämlich entdeckt die ägyptische Literatur in der Wirklichkeit ihre Themen: die Verstörtheiten der Menschen, ihre Niederlagen, ihre kümmerlichen Siege, ihre Frustrationen und Ängste, ihre Träume und Illusionen.

Eine Literatur der Verzweiflung über die gesellschaftliche Wirklichkeit. Ein Aufschrei, eine bittere, eine präzis notierende Kritik an Zuständen, die Menschen zu Opfern machen. Und doch ein nicht zu enger Blick durch eine Kamera, sondern eine alles aufnehmende Perspektive: aus der fruchtbaren Wechselbeziehung von Ost und West, von Tradition und Moderne, von Säkularisation und islamischer Tradition entstehen Romane, Theaterstücke, Filme, Kurzgeschichten, vor allem Kurzgeschichten. In ihnen entfalten sich die Widersprüche, der ägyptischen Gesellschaft. Die Opfer und die Täter, die Karrieristen und die Versager, die Protegierten und die Korrupten, die Masse der Hastenden und doch zu kurz gekommenen – sie sind die Hauptdarsteller einer Schaubühne des menschlichen Dramas, ohne stilistische oder symbolische Erhöhung. Das, was die ägyptischen Schriftsteller sehen, das hatten

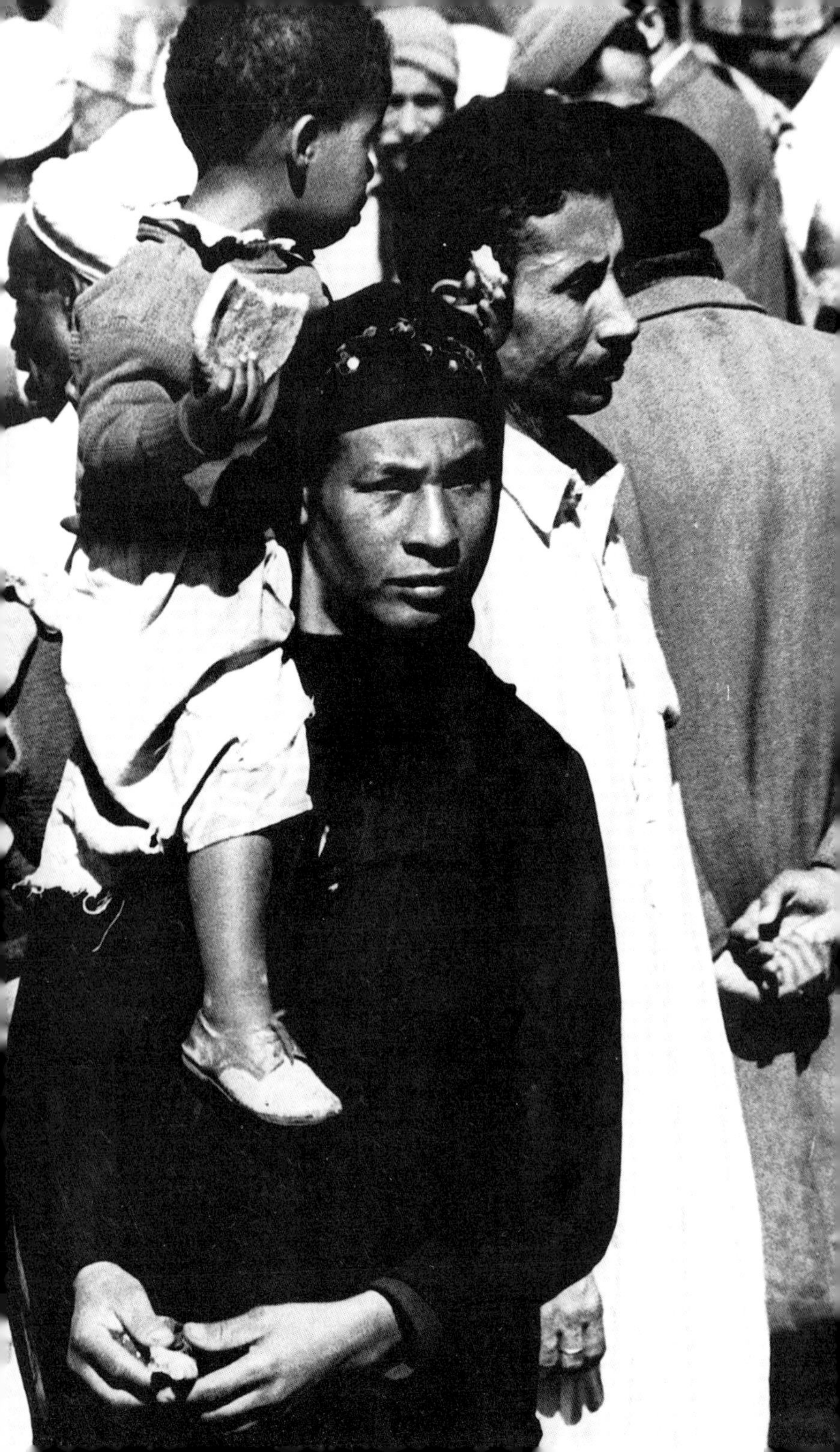

auch Charles Dickens, Emile Zola und Fjodor Dostojewski gesehen: eine ausufernde Industriegesellschaft, die alte Strukturen auflöst, aus dem Individuum ein gesellschaftliches Nichts macht. Die Bauern drängen in die Städte, besonders nach Kairo, verschieben damit weiter das schon von ständiger Geburtenzunahme gestörte Bevölkerungsgleichgewicht des Landes, um doch nur unterzugehen im Dickicht des Unbewohnbaren, im ›Alptraum Kairo‹, wie Jusuf Idriss (geb. 1927) einmal schrieb. Ein Kreislauf ohne Ende. Ihn wollen die Schriftsteller mitteilen, dechiffrieren, aufsprengen, um ihn zu bewältigen. Sie wollen nicht länger abseits stehen, Sänger des Hofes mit lauter, aber leerer Stimme sein. Engagement, das ist das Schlüsselwort moderner arabischer, moderner ägyptischer Literatur.

Vor dem Engagement steht ein Sprachproblem. Arabisch – das ist der unübertragbare Koran, das offenbarte Wort Gottes. Der Koran ist Standard und Synonym für

Serviererin im Teehaus

Arbeiter vom Land

das Hocharabische, einer Sprache voll lingustischer, grammatikalischer und semantischer Tücken, wortreich, in den Regeln verschlungen: das richtige Wort unter vielen gleichlautenden zu finden, grammatikalisch korrekt, das ist poetische Kunst. Aber wer versteht das? Wenige Intellektuelle nur – kein Vergleich zum Hochdeutschen. Die Umgangssprache ist kein Dialekt, sie ist eine immer noch wortreiche Abbreviatur; in ihr verständigen sich die Menschen. Wer sie ansprechen will, muß ihre Sprache sprechen. Das steht allerdings diametral zu tausend Jahren Literaturtradition und -verständnis. Wie diesen Bewußtseinswiderspruch überwinden? Möglich wird es, weil die Schriftsteller sich engagieren, ihre Feder zum Schwert wird. So wollen sie es – an der Seite des machtlosen, des ohnmächtigen Volkes. Wie hat Ägyptens größter lebender Schriftsteller Nagib Mahfuz (geb. 1911) geschrieben? »Es wird Zeit, daß der Traum Wirklichkeit wird und daß dieses Volk, das seit Jahrtausenden Unrecht, Unterdrückung, Armut und Verbannung erlitten hat, sich der Freiheit, des Fortschritts und der Gerechtigkeit erfreut.« Und doch wird dieser Traum nicht konsequent in Umgangssprache geschrieben, sondern in einem modifizierten Hocharabisch, das der Intention gerecht wird und die Literaturtradition nicht absolut verleugnet. Trotzdem sprechen die Menschen, die Unterdrückten, die von den eigenen Reichen Kolonisierten, die Analphabeten in der Literatur ihre eigene Sprache. Mit dieser Mischform aus Umgangs- und Hocharabisch können Schriftstel-

Das Ehepaar vom Land, das sich in der Millionenstadt leicht selbst verliert ler arabische Intellektuelle sein, also Stil haben, und doch ihre politischen Ziele verfolgen.

Die Langeweile der Ehe, die Unwissenheit der Fellachen, die Käuflichkeit der Beamten, die Naivität der Frauen, der Aberglaube in Stadt und Land, die Skrupellosigkeit der Händler, der Hang zur Heuchelei bei den Geistlichen – der Alltag wird genau beobachtet, in Prototypen eingefangen. Heere verelendeter Menschen treffen auf eine im Mafiastil aufgezogene Bettlerbande, Professoren lassen Studenten durch Prüfungen fallen, um ihren gesellschaftlichen Status, ihr Einkommen zu bewahren, Richter werden von Paschas und Beys mit jungen Mädchen gekauft, Töchter verschoben, Kinder ausgesetzt, Frauen verführt und von der eigenen Familie daraufhin zu Tode geprügelt – Ehre in den überfüllten Stadtteilen des alten Kairo? Hier sind europäische Maßstäbe und Verhaltensweisen eingedrungen, haben die alten Werte vernichtet, ohne sich mit ihnen auseinanderzusetzen.

Taub und blind werden die Menschen gegenüber der säkularen Aufklärung, der technischen Moderne. Keine Synthese ist mehr möglich zwischen Okzident und Orient. Die Armen, die Schwachen leben in einer geschlossenen Gesellschaft. Der Schriftsteller, wie Mahfuz aus ihr kommend, aber betritt sie und zerreißt die sie umfangenden Schleier. Der Blick des Autors will den Schwachen die Augen öffnen, die sie geschlossen halten wollen.

Aber reicht die Kraft realistischer Darstellung der Autoren aus? Gelingen ihnen als Repräsentanten der Gesellschaftskritik Schilderungen des Milieus voll psychologischer Aussagekraft? Oder enden sie in einem melancholischen Stoizismus? Der beredte Anwalt also nur ein Photograph einer versteinerten Wirklichkeit? Der bekannte ägyptische Literaturessayist Muhammad Mandur kritisiert: »Taufiq al Hakim und Mahmud Taimur saßen im Elfenbeinturm. Ihre Nachkommen aber flüchten auf den Markt, wo das Leben pulsiert und tun nichts als es mechanisch abzukonterfeien.« Stimmt das? Bertolt Brecht hat einmal geschrieben: »Über literarische Formen muß man die Realität befragen, nicht die Ästhetik, auch nicht die des Realismus.« Und waren nicht auch Hauptmann, Tolstoj, Balzac, Dickens bei den Ausgestoßenen? Haben sie nicht psychologisch fundiert, präzise und bitter die erlittenen, die zu erleidenden Grausamkeiten der Gesellschaft aufgenommen? Die Juden und die Asylanten, die Bettler und die Waisen, die Armen und die Weber – es ist ihr Leben, das anklagt wie ein Holzschnitt der Käthe Kollwitz. Es ist Literatur an ihrer Quelle, dem getretenen Leben. Dieses wird von den ägyptischen Schriftstellern vorgeführt.

In einer ›Geschichte ohne Anfang und Ende‹ läßt Mahfuz einen jungen Mann sagen: »Alles um uns herum erregt tiefe Traurigkeit. Wir fühlen uns durch und durch beklommen, und wir möchten, daß sich alles ändert. Wir haben diese Welt von den Vorfahren übernommen, die irgendwann einmal für klug gehalten wurde. Es ist unser Recht, uns von ihnen und dem, was sie uns vererbten, abzuwenden.« Deswegen also die Faszination für Europa? Deswegen schreibt Taha Husein in einem Brief an einen ägyptischen Freund: »... vernimm, daß das Leben in Ägypten dem entspricht, was man im Inneren der großen Pyramide verspürt, und daß Paris die freie Luft ist, die einen beim Herauskommen aus der Höhle erfrischt.« Lux ex okzidente?

Schon der politisch gemäßigte Taha Husein (1899–1973), Stilist par excellence, notiert 1939 zur ›Zukunft der ägyptischen Kultur‹: »Ägypten gehört kulturell eher zu Europa als zu Asien oder Afrika.« Und noch viel deutlicher das Diktum des koptischen homme des lettres Salama Musa (1888–1958), der in Ägypten und in der arabischen Welt für den Liberalismus und einen gemäßigten fabianischen Sozialismus in der Tradition Bernard Shaws warb: »Wir müssen Asien verlassen und uns Europa zuwenden ... ich halte nichts vom Orient, ich glaube an den Westen.« Europa – Zentrum der Kultur, Mittelpunkt des Denkens, Ausgang der Aufklärung, des Marxismus – welch ein Mythos.

Innenhof im Haus der Künstler

Atelier in der Altstadt

Und doch sind diese Ideale belastet – vom Kolonialismus. Er zerfrißt, wie Taufiq al Hakim (geb. 1898) beschrieb, die kulturgeschichtliche Identität. Gerade erst adoptiert, wird die europäische Kultur wieder abgestoßen, ein fremdes Plantat in einem in sich geschlossenen, lebendigen Organismus. Und bereits der erste Neuerer ägyptischer Literatur, Mustafa Lutfi al Manfaluti (1878–1924), ein sentimentaler Prosaist »voll schwermütigem Charme« (Gibb), wehrte sich Ende des 19. Jahrhunderts gegen den übermächtigen europäischen Einfluß. Die Kulturen, so schrieb er, seien unvereinbar. Die Traditionen des Islams müßten bewahrt bleiben, europäische und östliche Verhaltensweisen dürften nicht vermischt werden. Und in einer paradoxen Kehrtwendung, die Hakim vorführt, entsteht eine scheinbare Minderwertigkeit der Europäer.

Selbstbewußt nimmt der Orientale die traditionelle Galabiya, das knöchellange Gewand, an. Damit beantwortet er die Grundfrage der arabischen Gegenwartskultur: »Wer ist der andere, und wer bin ich?« Der Europäer ist ein Kolonialist. Darum muß er abgelehnt werden. Und das politische Bewußtsein schärft sich weiter. Denn die Frage »Ante Sidi le?« (Warum bist Du mein Herr?), diese typisch ägyptische Frage, wie Jusuf Idriss unterstreicht, ist älter als der Kolonisator. Sie richtet sich an alle, auch an die eigenen Unterdrücker. So entsteht politische Literatur. Während die

Europäerin als Prostituierte, in pornographischer Weise beschrieben (Badawi, Kuddus), ja mystifiziert wird, treibt die kulturelle Affinität zum politisch verhaßten Kolonialherren bis in die Persönlichkeitsspaltung (Tayyib Salih). Es bleibt eine ununterdrückbare Spannung. Die unvereinbare Einheit von westlichen Ideen der Humanität und brutalster Machtentfaltung im Kolonialismus einerseits und östlich-selbstverständlichen, wenn auch häufig obsoleten Traditionen andererseits, diese widersprüchliche Einheit konstituiert den politischen Zugriff der Literatur, kulminiert politisch-praktisch: welchen Weg soll die ägyptische Gesellschaft gehen?

Und die Schriftsteller? »Es ist eine Tatsache, daß der Begriff ›Kunst‹ sich gewandelt hat, ohne daß wir es bemerkt haben. Die Zeit der Kunst ist unwiederbringlich vorbei...« Aber nicht die Wissenschaften, wie Mahfuz glaubt, haben gesiegt, sondern ein anderer Kunstbegriff: keine artifizielle, selbstgefällige Kunst an sich, sondern der Schriftsteller wird zum kritischen Darsteller der Ursachen der politischen, gesellschaftlichen Misere – der Unterdrückung im Alltag.

Die Lyrik und der literarische Markt

Die Lyrik war noch stärker durch die Tradition belastet. Nicht ohne kenntnisreichen Hintersinn hat Mahfuz gesagt, die erzählende Prosa sei die Poesie der Gegenwart. Poesie war die arabische Literatur schlechthin. In ihr entfaltete sich der volle Klang der arabischen Sprache, ihre Laute und Zeichen, ihre Kurven und Winkel. Ihre – nie überprüfte, nie hinterfragte – Metrik war der goldene Schnitt aller lyrischen Möglichkeiten: ein ebenes Maß aus Worten und Lauten. Madrasat al tajdid, die Schule der Empfindung herrschte, nein regierte absolut. Wie aber formal und inhaltlich weiterkommen? Wie das Alte, das Obsolete überwinden?

Al Nahda, die Renaissance, wird zum Schlüssel der Erneuerung. Al Yazil (1800–1871) und al Barudi (1839–1904), der Meister des Schwerts und der Feder (rabbu'l saif wa'l qalam), begannen bereits im letzten Jahrhundert formal zu experimentieren. Beide waren nicht besonders originell, aber sie entschlackten die aufgeblasene Sprache in ihrem Selbstzweck, sie fanden zurück zur klassischen Einfachheit der Abbasidenepoche. Und sie bereiteten damit den Humus für den Neoklassizismus vor, für die beiden berühmtesten modernen arabischen Poeten, die beide Ägypter sind: für Ahmad Schauqi (1868–1932), den Fürsten der Sänger, den Sänger des Hofs, und für Hafiz Ibrahim (1871–1932), den Dichter des Nils, den Dichter des Volks.

Schauqi war der arabische Poet kultureller Nostalgie schlechthin. Intensiv nutzte er die musikalischen Möglichkeiten des Arabischen, fand die Kraft, Gedanken in Bilder umzusetzen, brillierte als Epigrammatiker, interpretierte Poesie als unpersönliches Medium. Und doch stieg der Fürst der Sänger in die politischen Niederungen, besang Aktuelles wie die Reformen der Azhar-Universität und die Gründung der Misr Bank.

Hafiz Ibrahim, in den letzten Jahren seines Lebens häufig kritisiert, weil er angeblich nicht nationalistisch genug war, stand zum Volk. In seiner Dichtung wurde

Tagesliteratur am Midan Talaat Harb

Finanzier auch der Künste: Talaat Harb

harter sozialer Protest laut. Hier wurde angeklagt, der Finger in die Wunden gelegt, nie beschönigt. Damit wurde Ibrahim zum Vorbild kritischer Lyrik in Ägypten, damit begann eine Tendenz, die sich vor allem unter den Romantikern verstärkt fortsetzte: »Meiner Meinung nach ist der Poet bis an seine Ohren im Chaos versunken«, hat Ma'addais geschrieben und stellvertretend für viele ›iltizam‹, also Engagement, gefordert.

Und die strengen Formen wurden gesprengt. An T. S. Eliot angelehnt, dem Louis Awad bereits 1946 einen vielbeachteten Artikel gewidmet hatte, entfaltete sich die Neue Poesie, die die grundlegenden Konventionen arabischer Verse ablehnte. Und der Libanese Adunis proklamierte: »Es ist unmöglich, eine revolutionäre arabische Kultur zu schaffen außer durch eine revolutionäre Sprache.« Die Poesie wird damit auch zum politischen Kampfgesang. Unverständlich in einer Gesellschaft der Ungleichen? Nein, denn der Ansatz ist so weit, wie Aqqad ihn gefordert hatte: Ein ägyptischer Schriftsteller müsse Literatur schreiben, die universal, ägyptisch und arabisch sei. In den frühen Worten eines der wichtigsten ägyptischen Naturdichter Abu Schadi (1872–1949): »Soll ich betrunken werden von Gesängen der Liebe, von schönen Frauen, während ich gleichzeitig weinen muß und mein Land hungrig ist?« Wie aber kann der soziale Protest der Autoren öffentlich wirksam werden und breite Kreise erfassen? Welche Brechtsche List ist nötig, um ihn in die Öffentlichkeit zu tragen.

1959 erscheint, was üblich ist, auf den Literaturseiten von ›Al Ahram‹ ein Fortsetzungsroman von Nagib Mahfuz: ›Aulad Haratna, die Kinder unseres Viertels‹. Eine aufsehenerregende und mitreißende Geschichts- und Mythensaga. Moses, Jesus, Mohammad – sie sind Kinder von Gebelawi, Gottvater, dem Gründer eines Viertels am Mokattam, in Kairo, der ›Mutter der Erde‹. Sie sind, jeder auf seine Art (kraftvoll, duldsam, kämpferisch), Revolutionäre, die verkrustete Strukturen aufsprengen, die die satten, selbstzufriedenen Herrschenden, deren Macht nur auf Bajonetten ruht statt auf eingehaltenen göttlichen Gesetzen, herausfordern, sich an die Seite der Entrechteten, an die Seite des Volkes stellen. Revolutionen, so das immanente Fazit, können also glücken. Und: Religion ist nicht mehr als eine mögliche Antwort auf soziale Mißstände; sie kann sich aber nur verwirklichen, wenn sie gesellschaftliche Ungerechtigkeiten beseitigt.

Kein Wunder, auf den Straßen Kairos demonstrieren daraufhin die Vorbeter und Scheichs, gegen Eimer und Töpfe schlagend. Gotteslästerung, Religionsverachtung – empören sich die Protestierenden. Al Azhar bannt. Präsident Abdel Nasser wird eingeschaltet, er deckt den Druck des Romans in ›Al Ahram‹. Als Buch erscheinen die ›Kinder unseres Viertels‹ in Kairo nie, in Beirut zehn Jahre später. – Was für ein literarischer Markt!

Ein Tummelplatz für Etablierte und Talente, für Vielschreiber und Nichtssager, für Epiker, Lyriker, Romanciers. Staatliche (Dar al Ma'arif; Al Hilal; Al Haya al am li'l kitab) und private Verlage (Al Nahda), Zeitungen (Al Akhbar; Al Ahram; Al Gumhuriya), Zeitschriften (Akhbar al yaum; Rose al yusif), Illustrierte (Oktober; Al Isa'a; Aher Sa'a; Al Mussawar; Hauwa) in Millionenauflagen, acht Rundfunkprogramme mit den äußerst beliebten Hörspielen täglich, Fernsehprogramme, Filme – ein riesiges Angebot an selektiver Information und überschwappender Unterhaltung. Das Publikum, auch wenn es nicht lesen kann, freut sich, der Autor bleibt arm; er ist froh über jede Veröffentlichung, die nicht gängigen Normen angepaßt ist, außer er ist berühmt wie Jusuf Idriss oder Nagib Mahfuz. Und doch ein überwältigender Markt, der erobert sein will. In der arabischen Literatur zählt, wer sich in Kairo, der Beherrschenden, durchsetzt, nicht in Beirut, dem europäischen, dem modischen Epizentrum. Kairo – das ist der arabische Markt für arabische Literatur. Wer hier Erfolg hat, kommt ins Pantheon. Und trotzdem – welch ein eigenartiger Tempel, welch ein Luftschloß.

Staatliche Zensur, die sich mit gesellschaftlichen Restriktionen deckt, blockt vieles ab. Was doch erscheint, und es erscheint mehr als in Staaten mit Zensur üblich, stößt auf keine wirkliche literarische Diskussion (Habib), bricht sich darüber hinaus am gewaltigen Analphabetismus, der zwischen 50–70 Prozent geschätzt wird. Das heißt, jeder Autor steht vor folgender Problemkette: er schreibt ein Buch, bietet es einem Verlag an; ohne Protektion sind seine Chancen, das Buch zu veröffentlichen, minimal. Erscheint es wider Erwarten, wird es nicht literarisch interpretiert und diskutiert, und das große Publikum nimmt keinen Anteil. Also muß unser Autor einen kommerziellen Erfolg, einen Hit schreiben, der sich sowohl als Hörspiel wie auch als Film verwerten läßt. Tantiemen wird er nicht sehen, denn er hat alle Rechte abgetreten. Um aber kommerziellen Erfolg zu haben, muß ein Text gewöhnlich so platt unterhalten, daß seine kritische Intention verlorengeht. Und doch gelten diese Vorbehalte mehr für das europäische Kulturverständnis.

Nutzt nämlich ein Autor die vorhandenen Mittel, weiß er das Publikum, d. h. die Kairener Intellektuellen, anzusprechen, dann wird er Kurzgeschichten schreiben, die regelmäßig, wenn auch nicht mehr so zahlreich wie in den fünfziger Jahren, in den Zeitungen publiziert werden; er wird Hörspiele verfassen, an denen täglich Millionen von Menschen enthusiastisch Anteil nehmen; er wird Manuskripte für den Film schreiben – das wirkungsvollste Medium in der ägyptischen Gesellschaft überhaupt. Der ägyptische Autor geht verschlungene Wege, um seine Botschaft an die Leser zu bringen. Entscheidend bleibt: der ägyptische, der arabische Markt, das ist Kairo. Ein Kulturzentralismus hat hier seinen Ursprung, der die gesamte arabische Welt umfaßt, auch weil die sittlichen Normen in Kairo säkularisiert, aber nicht so stark europaorientiert wie in Beirut sind.

Aufklärung durch Unterhaltung, unterhalten, um aufzuklären – das ist die Absicht. Ihr wird Stil und Ton der Texte unterworfen. Es ist eine allen bekannte Welt, der Alltag, der geschildert wird, das Milieu des kleinen Mannes, des Händlers, Beamten und Bauern, von Wohnungsnot und Kinderüberschuß geplagt, Spaß und Vergessen in den billigsten Vergnügungen suchend, ohne Aussicht auf beruflichen und finanziellen Erfolg, das Erhaltene, Zugewiesene kleinmütig bewahrend, innerlich wütend lamentierend, devot den Effendis gegenüber. In den Stereotypen des ägyptischen Realismus erkennt sich der Leser wieder, er versteht das Milieu. Die Geschichten sind klar konzipiert, logisch aufgebaut, durchschaubar erzählt, Vergangenheit und Gegenwart erhellend verbunden. Sie sind spannend, umkreisen voll verschämter, manchmal aufgebrochener Anspielungen Liebe und Erotik (wie in Ibrahim Sonnalahs ›Geschichte des Es‹), zeigen die dunklen Wege des Verbrechens, nutzen die Geschichte als Panorama, als Hintergrund und Vorbild, um die Wunden von heute geschickt zu erklären, niemals zu verklären. Ihr Anliegen ist eindeutig: Aufklärung.

Das Theater

Seit es kolonialisiert wurde und verstärkt seit es sich scheinbar vom Kolonialismus befreit hat, sucht die arabische Welt nach ihrer Identität. Das macht sich im Drama, auf der Bühne bemerkbar. Deswegen hat Jusuf Idriss in den frühen sechziger Jahren in drei Artikeln in ›Al Katib‹ eine spezifische Identität des arabischen Dramas gefordert. Inhalt und Form müßten arabisch sein.

›Samir‹ war das von Idriss hervorgerufene Zauberwort, das eine müde Debatte belebte. ›Samir‹ ist ein Bauerntheater, das schon jahrhundertelang das Volk amüsiert hatte – mit Wort, Lied, Tanz. Und dieses Bauerntheater sollte die freie Kommunikation zwischen Schauspielern und Publikum verwirklichen, ermöglicht durch die besondere ›Theaterfähigkeit‹ der Ägypter. So wie sich im arabischen Lied ein Vortrag dialogisch – durch Einwürfe des Publikums, die Sängerin und Sänger aufnehmen – entwickelt, sollte Theater sich entfalten: ein freies, ungezwungenes Gespräch, das die Barrieren der bürgerlichen Logen niederreißt. Der Aufruf blieb ohne Wirkung. Denn: »Die Probleme des ägyptischen Theaters sind die Probleme der ägyptischen Kultur, nicht weil«, wie Jusuf Idriss einmal sagte, »die Ägypter besonders theaterfähig sind, sondern weil das Theater in den vergangenen fünfundzwanzig Jahren das kulturelle Symbol der Abdel Nasser-Revolution wurde«. »Seit der totalen Kontrolle der Massenmedien, die die Widersprüchlichkeiten unserer intellektuellen Führer aufhob und zur völligen Konformität führte, hatten die, die nicht die Maske der Gleichmut, der Anpassung tragen wollten, die Maske des Dramas zu tragen.« So schrieb in den siebziger Jahren Louis Awad, ein führender ägyptischer Literatur- und Theaterkritiker, in einer vehementen Bilanz.

Und die Probleme des ägyptischen Theaters heute, sind es nicht dieselben wie früher, seit 1869 durch den Khediven Ismael Kairos Oper mit Verdis ›Rigoletto‹ eröffnet wurde (s. S. 166), dem offiziellen Beginn ägyptischen Theaters? Damals wie heute gilt: Wie hält es der Dramatiker mit der Sprache, wie engagiert ist er? Diese beiden Fragestellungen haben sich in den letzten fünfundzwanzig Jahren eindeutig und endgültig entschieden.

Werbung für die Theater-Komödie ›Die schöne Angst‹

Da war, schon im letzten Drittel des vergangenen Jahrhunderts, Ya'kub Sannu, Verfechter eines improvisierten Theaters in der Tradition der commedia dell'arte. Ein Revolutionär in und vor dem Theater, ein ›ungeschliffener Beaumarchais‹, der sich mit den ägyptischen Massen identifizierte. Sannu griff in seinen Stücken direkt den Khediven und den ihn umgebenden Hofstaat an, die das Land in den Bankrott geführt hatten, stilistisch zwar sicher kunstlos, aber ein erster Vertreter eines naiv sozialistischen Realismus und engagierter Literatur.

Da war, Gegenpart zu Sannu, Uthman Galal (1829–98), der wohl kultivierteste Ägypter seiner Zeit, ein Ästhet par excellence. Galal adaptierte Aesops Fabeln, übersetzte Tragödien von Racine, Komödien von Molière. Galal wurde schnell populär und gefeiert, weil er es glänzend verstand, den übersetzten, den adaptierten Text in seinen Szenen, Personen, Charakteren und Intentionen in Ägypten spielen zu lassen und weil er säkulare Bezüge bevorzugte. Und Galal, dieser von Europa stark beeinflußte Schöngeist, schrieb in Umgangsarabisch. Umgangsarabisch war für Galal ein genauso geeignetes Medium wie Hocharabisch. Und er ging noch weiter und proklamierte: Es kann keine authentische ägyptische Literatur geben, bis die Umgangssprache als literarisches Medium anerkannt ist – und zwar für alle Themen und nicht nur für jene regionalen Sujets, die Ya'kub Sannu oder Abdallah Nadim aufgegriffen haben.

In den wilden zwanziger Jahren weht auch in Kairo ein erster Hauch von libertärer Freiheit, begünstigt durch die nationale Selbstbestimmung. Nagib al Rihani schreibt zahlreiche Komödien. Ali al Nassar eröffnet sein Cafétheater, die ›Freiluftchansonniers‹ spielen auf dem rechten Nilufer im Stadtteil Schubra. Im Herzen Kairos, im traditionsreichen Esbekiya-Theater, inszeniert Zaki Okasha. In der sharia Imad al Din und der sharia Alfi Bey im modernen Zentrum kann man gutes Kabarett erleben. Sayyid Darwish stellt sein lyrisches Theater in Liedern vor. Dies alles ist selbstverständlich ein Theater in Umgangssprache mit sozialkritischem Inhalt. Gekrönt aber werden diese Jahre durch Ahmad Schauqis berühmte poetische Dramen: ›Der Sturz der Kleopatra‹, ›Kambyses‹, ›Magnun Layla‹ – alle in Hocharabisch verfaßt! Paradox? Nein. Der kurze, scheinbare Triumph des Hocharabischen führt zu seinem endgültigen Tod im Drama. Denn Hocharabisch wird zur Sprache des Establishments, wird zum Instrument, den Unterschied zwischen der Elite und den Massen kraß zu unterstreichen.

Um zu retten, was nicht zu retten ist, wird die ›Königliche Akademie für die Arabische Sprache‹ gegründet. Und selbst Taufiq al Hakim, der bedeutendste moderne ägyptische Theaterautor, debütiert aufsehenerrregend mit dem Stück ›Kugel im Herzen‹ in der Umgangssprache. Er wird zum ›Fall‹, bevor er irritiert seinen dramatischen Genius an eine kompromißhafte Sprache verkauft, trotzdem zu Recht für über fünfzig Stücke hochgeehrt wird und einen Sitz in der königlichen Akademie erhält.

Die Komödie entfaltet sich. Rihanis Theater, seine Adaptionen von Feydan und Pagnol, die Umgangssprache triumphieren. Kritisch und radikal feiert das Rihani-Theater trotzdem größte Erfolge.

Er wird von König Faruk ausgezeichnet, gehört damit zum Establishment. Implizit wird mit dieser Ehrung für Rihani anerkannt: Lachen ist ein Ventil, um eine soziale Explosion zu vermeiden, sie wenigstens hinauszuzögern.

Rihanis kräftige ›Handschrift‹ ist noch heute überall zu finden. Sein Theater war eine vorzügliche Schule des Realismus, eine Bühne sozialer Kritik, ein Vorbild für Farcen, Vaudevilles und Komödien. Wahba, Ali Salem, al Sa'dani – sie bekennen sich heute zu Rihani, synonym für ein radikales, ein grelles, ein aufbegehrendes und gleichzeitig unterhaltendes Lachen. Und da inzwischen auch die Tragödien in der Umgangssprache geschrieben werden, ist die Barriere zwischen Kunst und Leben völlig zusammengebrochen. Gilt das auch für den Film?

Der bedrückende Alltag des kleinen Mannes beherrscht die Filmthemen: die Wohnungsnot junger Paare und die daraus z. Z. resultierenden Schwierigkeiten des vorehelichen Geschlechtsverkehrs, der Kampf der Krüppel um jeden Piaster, die Kämpfe der Banden um Vorherrschaft in den Vierteln, die Landflucht, der Gegensatz zwischen Technik und archaischen Strukturen. Wo immer man hinschaut – die alltägliche Plage, Armut und Verelendung des Volkes. »Ich wollte Filme machen über das Leben, das ich kannte, über wirklich ägyptische Charaktere«, hat der Altmeister des realistischen Films in Ägypten, Salah Abu Seif, grundsätzlich erklärt. Konsequent nahm Abu Seif Partei für den kleinen Mann. Ebenso handelten Henri Barakat oder Jusuf Shahine. Kein heißes Eisen hat Abu Seif ausgelassen, vom angeblich

Ankündigung eines Films aus dem Kairoer Lokalmilieu

undurchschaubaren Preisauftrieb bis zu sexuellen Problemen, immer wieder hat er in klaren, überzeugenden Bildern eine Geschichte (auch aus der Geschichte) erzählt, die jeder Zuschauer sofort versteht. Ein Beispiel: ›Al Kadia‹, der Prozeß, 1968 gedreht, nach Abu Seifs Selbstverständnis sein bester Film und natürlich ein Skandal! Im Mittelpunkt des Filmes steht ein altes baufälliges Haus, das eigentlich neu gebaut werden müßte. Die Funktionäre aber beginnen mit kleinen Reparaturarbeiten am Dach, ohne daß der Rest des Hauses auf seine Baufälligkeit geprüft worden wäre. Das Haus stürzt ein. Jeder Zuschauer versteht sofort diese Parabel, entschlüsselt die Metapher in all ihren Facetten.

Wie überhaupt: Ägyptens realistische Filmmacher sind Dialektiker schmunzelnder Aufklärung und listiger Unterhaltung. Das gilt für Shahines ›Kairo-Bahnhof‹ oder seine ›Rückkehr des verlorenen Sohnes‹, für Abdel Khaleks ›Liebe allein ist nicht genug‹ ebenso wie für Ashraf Fahmis ›Die Riesen‹, für Abu Seifs ›Das Ungeheuer‹ wie für Abdel Salams ›Die Mumie‹.

Kino in Kairo, das ist Familienvergnügen. Drei Filme hintereinander für 40 bis 70 Piaster. Man ißt, man trinkt, man redet miteinander. So sind die Kinos überfüllt und lange Schlangen zeigen, welch dankbares Publikum die Kairener sind. Und die Realisten erfüllen die Erwartungen voller List und Witz – seit ›Al Asima‹ (Der Wille), 1933 von Kamal Salim gedreht, dem ersten Klassiker des ägyptischen Films, Prototyp des Realismus.

Aber das ist nur die eine, quasi die unbeleuchtete Seite des ägyptischen Films. Kino gewöhnlich – das ist Unterhaltung, Kommerz, Schund. Und Kairo ist das ›Hollywood des Nahen Ostens und Afrikas‹, viertgrößtes Filmexportland der Erde. Schon 1927 wurden nahe bei Kairo die ersten ägyptischen Filmstudios gebaut, finanziert

Um Geld dürfte es bei dem Film ›al Kirsch‹, der Piaster gehen (obere Bildhälfte)

durch den Bankier Talaat Harb, den ja auch der Lyriker Ahmad Shauqi besang. Diese Verbindung zum Kapital hat dem ägyptischen Film besonders geschadet, denn Ägypten ist heute zu Recht ein Synonym für Schnulzen und Melodramen.

Dieser ägyptische Film, für viele der arabische Film schlechthin, übernimmt die Vergnügungen des Alltags völlig unreflektiert. Der Stellenwert von Tanz, Gesang und Bauchtanz im Leben, die Produktionsbedingungen, die vor allem die libanesischen Produzenten mit ihren strikten Forderungen nach einem Star und einem Hit diktierten, und der angebliche Publikumsgeschmack – sie bestimmen in ihrer Verquickung das fragwürdige Endprodukt. Und so paradox es klingt: die ungeschminkte Darstellung der Schattenseiten des täglichen Lebens im realistischen Film und die kommerziell betriebene Verdrängung im Illusionskino – das zusammen drückt die gesellschaftliche Misere aus.

KAIRO 2000
Die Stadt soll entlastet werden

Von der Aussichtsplattform des 187 m hohen Kairo-Turmes (er hat keinen besonderen Namen) kann man sie fast ganz überschauen, diese Riesenstadt, in der zur Zeit mindestens jeder fünfte Ägypter lebt. Trotz ihrer geschätzten neun bis elf Millionen Menschen wirkt sie gar nicht riesig – nahezu alle Stadtteile sind mit bloßem Auge zu erkennen. Blickt man nach Osten, über das moderne Zentrum hinweg, so kommen die Minarette und Kuppeln des ›ewigen Kairos‹ der Fatimiden, Mamluken und Osmanen ins Bild, begrenzt vom Hang des Mokattamfelsens. Im Südosten grüßt das Feld von Fustat mit den Rauchsäulen der Brennöfen; Babylon (Alt-Kairo) macht sich durch eine byzantinische Kuppel bemerkbar. Weiter südlich, am Ostufer des Nils, sind der noch grünumrandete Vorort Maadi und der oft in den Dunst des Stahlwerkes und der Zementfabriken gehüllte einstige Weltkurort Heluan auszumachen.

Nach Nordosten blickend, findet man am Nilufer den ganz im Umbruch befindlichen Stadtteil Bulaq mit seiner Sinan-Moschee. Dann kommen das gesichtslose Kleinbürgerquartier Schubra und das immer noch etwas wohlhabend-aufgelockerte großbürgerliche Heliopolis der Neuzeit. Dazwischen liegen winzige Flecken von Grün – Reste von Dörfern und Feldern. Etwas weiter östlich erhebt sich Nasr-City, der moderne, in den sechziger Jahren gegründete Stadtteil höherer Staatsbeamter und arrivierter Bürger.

Nach Südwesten gerichtet, schweift der Blick vom Turm über Gise hinweg zu den Pyramiden. Nicht weit von den Pyramiden hat Neu-Gise große Stücke fruchtbaren Ackerlandes verschlungen und fast schon den Wüstenrand erreicht.

Im Nordwesten frißt sich der Stadtteil Imbaba immer tiefer in die Felder des Deltas hinein. Dokki und Aguza, gutbürgerliche Viertel am Westufer des Nil, haben nahezu die Grenzen ihrer Ausdehnungsmöglichkeit erreicht (Farbt. 4).

Von der Höhe des Turms gesehen ist die Kairoer Welt fast wieder heil. Froh, dem Gedränge, dem Getöse des Verkehrs und den Abgasen entronnen zu sein, erfreut man sich des blauen Him-

Der Nil im Stadtzentrum mit Dokki und Gise (rechts) und Garden City (links)

mels, des schönen Blicks in die Ferne und der herrlichen Silhouette von Zitadelle, Mohammad Ali- und Sultan Hassan-Moschee. Die unermüdlichen Autohupen erreichen den Betrachter nur noch gedämpft.

Wie wird sich dasselbe Panorama in rund eineinhalb Jahrzehnten, etwa zur Jahrtausendwende, darbieten? Wie wird Kairo im Jahr 2000 aussehen? Vom Turm aus betrachtet wird es sich vielleicht nur wenig verändert haben: ein oder zwei Nilbrücken mehr, ein paar zusätzliche Hochstraßen und etliche neue 30 bis 35 Stockwerke hohe Häuser – das wäre vielleicht schon fast alles. Denkbar wäre auch, daß auf dem merkwürdigerweise seit über achthundert Jahren baulich ungenutzt gebliebenen Feld von Fustat (Farbt. 57, 61–63, 88) dann reihenweise Blöcke des sozialen Wohnungsbaus stünden. Der Grüngürtel bei Maadi dürfte weiter geschrumpft und der frühere Vorort entlang dem Nilufer ganz mit der Stadt zusammengewachsen sein. Gise könnte sich bis in die westliche Wüste hinein ausgedehnt haben, und die Höhe des Mokattamfelsens wird sicherlich voll besiedelt sein. Das alles wäre keine tiefgreifende Veränderung des Erscheinungsbildes von Kairo

Wie sich die Lebensqualität der Stadt und ihrer Bewohner bis zum Jahr 2000 entwickeln könnte und sollte, darüber hat man in den achtziger Jahren besser unten, gewissermaßen auf dem Boden der Tatsachen stehend, nachzudenken. Dort wird man sofort daran erinnert, daß bald, möglichst umgehend, energisch gegen ein weiteres Anwachsen des Individualverkehrs vorgegangen werden muß. Bisher konnte der Verkehr immer noch gerade aufrecht erhalten werden, weil fast jede Ordnung aufgehoben war und die Lenker sich mit einem ans Geniale grenzenden Improvistionsvermögen durchschlugen. Aber die Leidensfähigkeit der Fußgänger ist wohl erschöpft, nachdem rund zwei Drittel aller Bürgersteige von Autos blockiert sind; und selbst wenn man ihnen das letzte Drittel auch noch nähme, würde eine ständig weiter wachsende Zahl von Autos die dauernde Blockierung der gesamten Innenstadt zur Folge haben. Wäre es da nicht besser, in den am stärksten belasteten Stadtteilen Fußgängerzonen einzurichten, um die der Verkehr herumführen könnte? Im Erscheinungsjahr dieses Buches war vom Bau des ersten Parkhochhauses die Rede, und die Arbeiten für den Bau der ersten Strecke einer Untergrundbahn wurden aufgenommen. Im Jahr 2000 könnten Bürger und Besucher einigen Nutzen von solchen Vorhaben gewinnen.

Abendstimmung über dem Nil, Blickrichtung Nordwest, mit erleuchtetem Kairo-Turm (rechts)

Die Untergrundbahn, in der ersten Bauphase vom Hauptbahnhof zum Bahnhof Midan al Tahrir geplant, muß kommen, mag es auch noch so schwierig sein, das Projekt zu finanzieren. Die Stadtzonen der Gouvernorate Kairo und Gise hatten 1982 mehr als zehn Millionen Einwohner. Allein aufgrund des natürlichen Geburtenzuwachses werden es im Jahr 2000 mindestens vierzehn, vielleicht schon fünfzehn Millionen Menschen sein. Doch die tatsächliche Einwohnerzahl dürfte dann noch höher liegen, denn bisher ist nicht zu erkennen, wie der andauernden Landflucht Einhalt geboten werden soll. Eine Stadt mit fünfzehn bis sechzehn Millionen Einwohnern aber wird ihre Verkehrsprobleme gar nicht ohne unterirdisches Transportmittel regeln können, und auch nicht ohne Einschränkungen des Individualverkehrs zu Gunsten des öffentlichen Verkehrs. Übrigens entwickelte sich

1982 eine heftige Diskussion darüber, ob es nicht falsch sei, mehrere Jahre in den Bau einer Teilstrecke der U-Bahn zu stecken, anstatt das Gesamtprojekt in Angriff zu nehmen.

Kämen auch drastische Zwangsmaßnahmen in Frage, zum Beispiel eine Zuzugssperre für den Großraum Kairo, um die schweren Probleme der Metropole am Nil zu lindern? Dies darf als unwahrscheinlich gelten. Es bedürfte schon eines totalitären Staatsapparates, um Menschen vom Land daran zu hindern, nach Kairo einzusickern und bei Verwandten oder Bekannten Aufnahme oder in Slums Unterschlupf zu finden. Ein Apparat mit allumfassender und allgegenwärtiger Kontrollkraft konnte selbst in den fünfziger und sechziger Jahren, der Zeit scharfer Diktatur, nicht entstehen – Charakter und Lebensweise der Ägypter sind totalen Herrschaftsbestrebungen völlig entgegengesetzt.

Vielleicht kann der Gedanke ›raus in die Wüste‹ helfen, den der 1981 ermordete Präsident Sadat noch propagiert hat. Es ist ein naheliegender Gedanke, wenn man sich vor Augen hält, daß Ägypten bei über 1 Million qkm Staatsgebiet nur rund 36 000 qkm Ackerland besitzt. Allerdings ist der ägyptische Volkscharakter auch von jahrtausendelanger Verbundenheit mit bäuerlicher Existenz im Niltal geprägt und muß die Vorzüge eines Lebens in der Wüste erst entdecken. Präsident Sadat wollte seinen Landsleuten dabei helfen. Deswegen ließ er Mitte und Ende der siebziger Jahre eine Reihe von Satellitenstädten in der westlichen Wüste nördlich und südlich von Kairo gründen. Seit dem Beginn der achtziger

Jahre können dort einige tausend Ex-Kairener die Wohltaten der Wüstenlage – klare Luft und ungestörte Nachtruhe – gegen die Nachteile einer Randlage – Langeweile am Abend und mühsame Anfahrt zur Arbeitsstätte – gegeneinander abwägen. Denn diese Satellitenstädte liegen nur vier bis sechs Kilometer vom jetzigen westlichen Stadtrand entfernt, und die Arbeitsplätze ihrer Bewohner sind in Gise/Kairo. Vielleicht noch nicht im Jahr 2000, jedoch bald danach könnten Stadtrand und Satelliten einander berühren, um dann zu verschmelzen. Als Entlastung für das tägliche Leben in Kairo kann man sie also kaum ansehen.

Der Gedanke ›raus in die Wüste‹ scheint besser verwirklicht zu sein in der ›10. Ramadan-Stadt‹. Diese 1977 vorgenommene Neugründung liegt rund 20 km vor dem östlichen Stadtrand, das heißt in Richtung Suez-Kanal. ›10. Ramadan‹ ist nicht als Satellit konzipiert, dessen Erwerbstätige täglich zur Arbeit nach Kairo fahren müssen; vielmehr will man dieser Stadt, die in der letzten Ausbauphase 500000 Menschen beherbergen soll, genügend Schwer- und Leichtindustrie zur örtlichen Beschäftigung aller Erwerbstätigen beigeben. Ob der vom Staat erhebliche Investitionen fordernde Plan gelingen wird, mag sich bis zum Jahr 2000 gezeigt haben.

Ägyptens Wüsten für Siedlungen zu erschließen, die vielleicht zehn Millionen Menschen aus dem Großraum Kairo abziehen könnten, würde riesigen Kapitalaufwand erfordern. Wie lange werden die vorhandenen Mittel reichen? Einiges wäre gewonnen, wenn durch das Ausweichen in die Wüste wenigstens der Neuzuzug in die Metropole verhindert würde. Dabei mag die Erschließung der 1982 von Israel zurückgewonnenen Sinai-Halbinsel, eventuell sogar stärker der weitere Ausbau der zwar modernen, aber doch gewachsenen Städte am Suezkanal – Port Said, Ismaelia und Suez – helfen.

Moderne Wohnhäuser in der Wüstenstadt 10. Ramadan

Wird die drangvolle Enge der Altstadt spürbar entlastet werden können? ▷

Es muß nicht nur neu gebaut, es muß auch Älteres bewahrt werden. Im Stadtzentrum zwischen Midan al Tahrir und Ataba ist wohl jedes zweite Haus stark reparaturbedürftig, und ein Teil davon scheint über den Punkt hinaus zu sein, an dem Reparaturen noch lohnend sind. Festmieten und manchmal auch ungeklärte Besitzverhältnisse, Folgen staatssozialistischer Eingriffe der sechziger Jahre, verhindern in vielen Fällen die Erneuerung. Es ist vorauszusehen, daß hier und da der Zahn der Zeit bis zum Jahr 2000 Maßnahmen erzwungen haben wird, sei es Abriß wegen akuter Baufälligkeit, sei es Sanierung aufgrund unerträglicher Zustände für die Bewohner. Eine vorausschauende Stadtplanung würde bindende Richtlinien zur Sanierung älterer Straßenzüge, wie die sh. Imad al Din, sh. Alfi Bey, sh. Adli Pascha und vielleicht auch Clot Bey erlassen. Diskutiert worden ist über die Notwendigkeit systematischer Erneuerung schon oft.

Doch gute Vorsätze sind wegen organisatorischer Probleme und vielleicht auch wegen Geldmangels manchmal nur schwer zu verwirklichen. So hat im Dezember 1980 die UNESCO eine Konferenz zur Bewahrung des mittelalterlich-islamischen Kairos veranstaltet. Einer ihrer Beschlüsse lautete, Kairo möge eine spezielle Agentur für das islamische Erbe einrichten, die losgelöst von der allgemeinen Antiquitätenverwaltung nationale und internationale Anstrengungen zur Rettung der Monumente koordinieren könne.

Im Erscheinungsjahr dieses Buches war jedoch die Agentur immer noch nicht ins Leben gerufen. Restauriert wird dennoch. Die Moschee des Amr Ibn al Ass (s. S. 86, Farbt. 64) und die des Hakim (s. S. 102; Farbt. 89) sind mit privaten Spenden muslimischer Kreise des Auslandes umfassend wiederhergestellt worden. Mit finanzieller und technischer Hilfe aus der Bundesrepublik konnte die kleine Lehrmoschee des Mitqal (Baujahr 1361) gerettet werden, und die ebenfalls mit westdeutscher Hilfe betriebene Erneuerung einer Koranschule (Kuttab) der Tata al Higaziya (Baujahre 1348–1360) sowie des Brunnenhauses nebst Koranschule (Sabil Kuttab) des Abdel Rahman Katkhuda (Baujahr 1744; Farbt. 68) dürften Anfang 1983 abgeschlossen sein.

Polnische, dänische, amerikanische und andere ausländische Islamwissenschaftler und Restauratoren arbeiten seit längerer Zeit an wichtigen Monumenten vor allem der nördlichen Totenstadt; weitere Teams werden sicherlich noch in kommender Zeit antreten. Aber es läßt sich nicht mit Sicherheit voraussagen, welche von den sechshundert als erhaltenswert registrierten islamischen Monumenten im Jahr 2000 noch sehenswert und der Besichtigung zugänglich sein werden. Auch bleibt es ungewiß, ob das von der UNESCO gesteckte Ziel erreicht werden kann, nicht nur Einzelmonumente, sondern ganze Straßenzüge des mittelalterlich-islamischen Kairos zu erhalten – eben weil es an der vorausschauend koordinierten Planung aller Restaurierungsabsichten fehlt.

Wird Kairo im Jahr 2000 ein neues Nationalmuseum und ein neues Opernhaus (das alte ist 1971 niedergebrannt) haben? Mindestens für den Bau eines neuen Museums dürfte es auch internationale Unterstützung geben. 1982 rief UNESCO-Generaldirektor Amadou Mohtar M'bow die Welt dazu auf, beim Bau eines ›Nationalmuseums der Ägyp-

Noch viele pharaonische und islamische Monumente bedürfen der Bewahrung

tischen Zivilisation‹ in Kairo zu helfen. Kommt es dazu, müßte das neue Haus nicht einmal den über achtzigjährigen Museumsbau am Midan al Tahrir ersetzen, denn in den Depots der Ägyptischen Antiquitätenverwaltung lagern noch wertvolle Schätze; sie würden gewiß dazu ausreichen, ein neues Museum umfassend auszustatten, ohne daß der Bestand des alten Museums geschmälert werden müßte.

Wird man im Jahr 2000 das Grab des Imhotep (s. S. 45) gefunden haben, des genialen Architekten, der beinahe fünftausend Jahre früher in Sakkara (s. S. 44) den ersten großen Steinbau Ägyptens, die Stufenpyramide (Farbt. 26), errichten ließ? Mehrere Ägyptologen haben schon ihr halbes Berufsleben damit zugebracht, die letzte Ruhestätte des Vertrauten Pharao Djosers zu suchen. Doch wer kann es wissen – vielleicht wird es eine herbe Enttäuschung, wenn man sie endlich auffindet? Der große Baumeister könnte sich mit einem kleinen Grab beschieden haben, das wohl ohnehin, wie die meisten Gräber, von frühen Grabräubern geplündert sein wird.

So sollte man vielleicht mehr darauf achten, die schon gehobenen Schätze zu bewahren, zum Beispiel die Wandreliefs in den Gräbern des Herrn Ti und des Mereruka. Durch die Ausdünstungen von Tausenden, Zehntausenden, Hunderttausenden von Besuchern und durch die Berührung von fast ebensovielen Fingern werden sie immer unansehnlicher. Wenn sie im Jahr 2000 weiterhin die Besucher durch ihre Ausstrahlungskraft bezaubern und durch ihre Details verblüffen sollen, dann müssen sie in absehbarer Zeit hinter Glas gebracht werden – koste es, was es wolle.

Kaufen und Verkaufen

Märkte gestern und heute

›Im Vorbeigehen‹ einen guten Kauf, ein gutes Geschäft machen zu wollen, ist nicht nur ein ebensolcher Glückstreffer wie das Große Los – die Absicht schon verstößt gegen die guten Sitten. Darauf ist der Lebensrhythmus des Marktes und seiner Menschen nicht eingestellt. Gewiß schwimmt an der Oberfläche des Marktes heute eine Händlerschicht, die den ›schnellen Kunden‹, den vorbeiziehenden Touristen im Auge hat; für ihn hält sie die in Serie produzierten Souvenirs bereit, die mit einem scheinbaren, nämlich vorher einkalkulierten Preis-

Fliegende Händler vom Land

Tagesmärkte gibt es an vielen Stellen

Fladenbrot für den Khan al Kalili

nachlaß weggegeben werden. Für den Kenner hingegen, einheimisch wie fremdländisch, ist der Markt eine Begegnungsstätte, in der Geschäfte um so besser gedeihen, je länger sie reifen können. Sie werden wie nebensächlich angebahnt in weitschweifigen Gesprächen bei Kaffee, Tee oder Limonade und kommen erst nach mehrmaligen Besuchen zum Abschluß. Manche Kunden verbringen mindestens halbsoviel Zeit auf dem Markt wie die Händler selbst. Dadurch beeinflussen sie gelegentlich das Angebot, indem sie anregen, bestimmte Güter oder gar Kunstwerke herzustellen, mindestens zu beschaffen. Dies trifft natürlich nicht für die Märkte des täglichen Bedarfs zu. Wir sprechen von dem traditionellen ›Suk‹, den fast jeder Fremde besucht, auch wenn er noch so wenig Zeit hat: dem Khan al Kalili (auch: Chan al Chalili).

Hausfrauen an der Hakim-Moschee

In der europäischen Verballhornung des Namens wird er zu ›Kankalili‹. Andere nennen diesen Markt auch nach dem benachbarten Stadtteil einfach ›Muski‹ oder benutzen die persische Bezeichnung ›Basar‹. Der ›Kankalili‹ gehört keineswegs zu den ältesten Märkten Kairos. Als er vor rund sechshundert Jahren entstand, gab es schon über dreißig Märkte, die zum größten Teil aus der Zeit Saladins (s. S. 106) stammten. Etwa 1380, in mamlukischer Zeit, ließ Jaharkas al Kalili, Oberstallmeister des Sultans Barquq, nahe dem Markt der Kupferschmiede ein kombiniertes Waren- und Hotelhaus bauen, das mit einem persischen Wort ›Khan‹ (Chan) genannt wurde.

Kupferschmied im Khan al Kalili

Er mixt alle guten Düfte des Orients

Eine Intarsie entsteht

Wie es damals schon viele Märkte gab, so gab es natürlich auch schon etliche Warenlagerhäuser, die zugleich als Hotels dienten. Die Araber nannten solche Häuser Wakala oder Funduk, wobei die anderen Bezeichnungen leichten Unterschieden in der Funktion Rechnung trugen. Aber ob Khan, Wakala oder Funduk (man könnte noch Karawanserei sagen): immer handelte es sich um ein mehrstöckiges Gebäude, in dem Waren gelagert und zum Verkauf angeboten, Händler Quartier beziehen und Karawanentiere versorgt werden konnten.

Über unseren Khan al Kalili gibt es einen Bericht aus dem Jahr 1494. Er stammt von Leo Africanus, dem maurischen Schriftsteller aus Córdoba, der Hassan ibn Mohammad al Wassan hieß, ehe er Gefangener des Vatikans und damit Sklave wurde. Nach einem Besuch in Kairo hatte er geschrieben: »Da gibt es einen Funduk mit dem Namen Khan al Kalili, den die persischen Händler benutzen. Dieser Funduk sieht wie ein hochherrschaftlicher Palast aus; er ist sehr hoch und fest gebaut... Im Erdgeschoß sind die Räume, in denen die Händler ihre Kunden empfangen und Waren von großem Wert verkaufen. Nur wohlhabende Händler haben Verkaufsräume in diesem Funduk. Ihre Waren sind Gewürze, Edelsteine und Seide.«

Azhar-Moschee vor allem Weihrauch aus Südarabien und die begehrten Gewürze, Duftstoffe, Narkotika, Arzneiwurzeln und -häute, auch Textilien und Pelze aus dem Fernen Osten.

Der ›Gewürzmarkt‹ zog mithin vor allem Händler an, die zu Schiff aus dem Osten zum Golf von Suez und dann per Karawane nach Kairo anreisten. Der

Er fertigt Souvenirs für Touristen

Schlüsseldienst nach alter Handwerkerart

Auch in anderen Berichten heißt es, die von al Kalili gebaute Warenhaus-Herberge sei im 15. und 16. Jahrhundert vorwiegend von Händlern aus Persien, Indien, China und Südarabien belegt gewesen. Man darf vermuten, daß die ersten Mieter vom Gewürzmarkt kamen, der nur einige hundert Meter südwestlich des neuen Khans angesiedelt war und auch heute noch dort ist. Neben einheimischen Gewürzen und Kräutern gelangten auf diesen Markt nahe der

Khan des Kalili war das erste feste Warenlagerhaus nahe dem großen Umschlagplatz, auf dem schon rund 300 Jahre früher die Buden aufgeschlagen worden waren. Als der Stallmeister des Barquq in eine Warenhaus-Herberge investierte, hatte er wahrscheinlich zuvor ›Marktforschung‹ betrieben und die Lücke erkannt. Die Händler aus dem schon lange mit Kairo verbundenen Fernen Osten wurden fast unvermeidlich von dem neuen Khan angezogen.

Nach Kalili ließen nahebei andere hohe Herren, manchmal sogar Herrscher – zum Beispiel der Mamlukensultan Qait Bey – ähnliche Häuser errichten. Die Gassen um den Khan al Kalili und westlich der Azhar-Moschee wurden zeitweise zu den reichsten Märkten der Stadt; beiderseits der zwischen den Haupttoren verlaufenden Straße, auf einer knapp 5 km langen Strecke, sollen rund zwölftausend Verkaufsstände und ungezählte fliegende Händler tätig gewesen sein.

Khan al Kalili und Umgebung blieben über Jahrhunderte vorwiegend eine Marktzone von ausländischen Händlern für ausländische Kunden. Es kamen immer Kaufleute von weither, obschon im 16. Jahrhundert der über Kairo laufende internationale Handel nach der Entdekkung des Seeweges rund um Afrika zeitweise stark zurückging. Mit einem Mal war der Handelsweg von Indien bis zum Golf von Suez, von dort über Land nach Kairo und dann weiter per Nilboot zum Mittelmeer, umständlich und vor allem, der hohen Transitgebühren wegen, zu teuer. Doch im Verbund des Osmanischen Reiches gewann Ägypten die alte Bedeutung als Drehscheibe des Handels zwischen Fernost und Europa wenigstens teilweise zurück, besonders aufgrund des im späten 16. und frühen 17. Jahrhundert schnell expandierenden Kaffeehandels der Jemeniten mit den Europäern. Kairo wurde zum großen Umschlagplatz für Kaffee, wobei europäische Händler auch Handelsgut aus ihren Ländern mitbrachten, um es weiter nach Osten zu schicken.

Die Hartnäckigkeit persischen Einflusses im Distrikt ›Kankalili‹ ist an der Existenz der Hassanein-Moschee als vorwiegend schiitischer Gebetsstätte zu

Schuhputzer mit eigener Werkstatt

erkennen. Die Moschee ›der beiden Hassane‹ (Hassan und Hussein, Enkel des Propheten und schiitische Märtyrer), die Moschee, deren nadelspitzes Minarett (Farbt. 54) türkischen Stils kraß zu den Minaretten der gegenüberliegenden ehrwürdigen Azhar-Moschee kontrastiert, wurde erst im 19. Jahrhundert erbaut. Die architektonisch wenig interessante Moschee erhebt sich über den Resten einer aus dem 10. Jahrhundert stammenden fatimidischen Gebetsstätte. Im Glauben des Volkes ist dort der Kopf des Hussein beigesetzt. Lange haben die Gelehrten der Azhar gegen die Legende gekämpft, derzufolge der Kopf des im Irak im Jahre 61 n. H., das heißt 680 n. Chr. erschlagenen Prophetenenkels in einem grünen Sack an den Nil gelangte. Hassan und Hussein wurden dennoch – heiß verehrt von den persischen Kaufleuten – auch zu Schutzpatronen der Handwerker und Gilden des Khan al Kalili. Die Gläubigen beriefen sich auf Visionen und Traumgesichte, die besagen, daß der Kopf eben doch unter der Eisenplatte liege, die sein Grab bezeichnet. So führt die Hassanein-Moschee bis heute die zweideutige Existenz eines Heiligtums, an dessen Glaubwürdigkeit die Orthodoxie immer noch zweifelt, das aber sehr vom Volk geliebt wird und deswegen nicht angetastet werden kann.

Vom eigentlichen Khan des Kalili sind nur Reste erhalten geblieben: die Grundzüge des großen Hofes, einige Bögen und Fensternischen mit Eisengittern (Umschlagvorderseite), schiefgetretene Steinstufen – das ist schon alles. Aber als Zentrum handwerklicher Produktion

Khan al Kalili – Einkaufstätte auch für Einheimische

und des Handels (s. S. 262) lebt der ›Kankalili‹ fort. Trotz des an vielen Stellen sichtbaren Verfalls und trotz der seit 1967 immer wieder geprüften Umbaupläne wird diese über sechshundert Jahre alte Stätte merkantiler Kultur wohl noch einige Dekaden bis ins 21. Jahrhundert westlicher Zeitrechnung hinein überleben.

Das aber muß man einen Sonderfall nennen. Von den vielen anderen traditionsreichen Märkten der Weltstadt am Nil sind nur geringe Spuren übrig geblieben. Ahmad al Maqrizi (1364–1442), der große ägyptische Historiker des mamlukischen Kairos, registrierte 87 Märkte und 58 Warenhaus-Herbergen. Zur besten Zeit der osmanischen Oberherrschaft, in der Mitte des 17. Jahrhunderts, wurden 145 Märkte und 360 Warenhaus-Herbergen aufgeführt. Heute zählt niemand mehr die täglich veranstalteten Märkte, denn die meisten dienen der Versorgung des Volkes mit Nahrungsmitteln und unterscheiden sich in ihrer Aufgabe nicht von unseren Wochenmärkten. Spuren des alten Marktsystems sind aber zum Beispiel auf dem Gewürzbasar hinter dem Ghuri-Grabmal zu entdecken, wo es fast noch so zugeht wie vor einigen Jahrhunderten.

Die ›Straße der Waffenschmiede‹ (Sh. Suk al Silah, vgl. S. 311) hat insofern Verbindung zur Vergangenheit, als in ihr die Schmieden und Gießereien anstatt Schwerter, Dolche und Kanonenrohre nun Eisentüren, gußeiserne Muffen,

Stets Andrang vor den Schuhgeschäften der Innenstadt

Wasserhähne, Eimer und Kannen herstellen (Farbt. 86, 87).

Da hier auch etliche Hufschmiede ihr Auskommen finden, wird offenkundig, daß es trotz des mörderischen Autoverkehrs noch zahlreiche Pferde, Maultiere und Esel im Straßenbetrieb gibt. Der früher überaus bedeutsame Kamelmarkt ist zu einer traurigen Parodie abgesunken: während früher an vielen Stellen edle Reitkamele und verläßliche Lasttiere zu Höchstpreisen gehandelt wurden, ist im Zeitalter des mechanischen Transportes der Kamelmarkt in die unmittelbare Nähe des Schlachthauses gerückt, wo altersschwache Dromedare von den Besitzern an den Metzger abgestoßen werden. Nur im nordwestlichen Stadtteil Imbaba, nahe dem Rand der westlichen Wüste, gibt es noch einen malerischen Kamelmarkt.

Der Tradition verbunden blieben die Kupferschmiede in der sh. al Nahassin nördlich des ›Kankalili‹. Sie fertigen zum Beispiel große bauchige Töpfe, wie sie zur osmanischen Zeit die Janitscharen für die Regimentssuppe benötigten. Im modernen Kairo wird in den Kupfertöpfen das Nationalgericht Ful (s. S. 243) zubereitet. Die Kupferschmiede sind auch für die Zierspitzen der Minarette (Farbt. 1, 58, 65) zuständig, ebenso für Schüsseln, Becken, Schalen und Vasen.

In der sh. al Nahassin sind auch etliche Ladengeschäfte für Gold angesiedelt, ebenso in der sh. Gohar al Qaid, die etwa parallel zur sh. al Azhar auf den ›Kankalili‹ zuführt. Diese Art ›Goldläden‹ sind ein Produkt des 19. und 20. Jahrhunderts. In früherer Zeit waren Goldarbeiten für ein breiteres Publikum unerschwinglich, und die wenigen Goldschmiede waren Künstler, die Aufträge von den Mächtigen bekamen. Erst nachdem sich in Ägypten ein wohlhabender Mittelstand entwickelt hatte, wurde Goldschmuck mehr und mehr gefragt. Heutzutage ist Gold beliebter denn je. Deswegen wird der Tourist am Rand des eigentlichen Basars auch Männer und Frauen vom Land treffen, die ihre Einkünfte aus der letzten Baumwoll- oder Zuckerrohrernte in Gold umsetzen – übrigens ohne sonderlich auf schöne Formen zu achten; wohlhabende Landleute betrachten das Edelmetall in erster Linie als sichere Geldanlage.

Völlig verschwunden, jedoch erst seit rund hundertzwanzig Jahren, ist der Sklavenmarkt, der sich westlich des ›Kankalili‹ befand. Er hatte viele Jahrhunderte hindurch prosperiert, und es waren dort jedes Jahr einige tausend weiße und schwarze Sklaven ›umgesetzt‹ worden. Gewiß war dieser Sklavenhandel eine Barbarei wie jede andere Versklavung von Menschen; andererseits dürften nirgendwo soviel steile militärische und politische Karrieren – manche führten bis zum Gipfel der Macht in Ägypten – begonnen haben wie auf dem Sklavenmarkt zu Kairo. Das ging im 19. Jahrhundert zu Ende, nachdem Mohammad Ali (s. S. 163) eine Erbmonarchie eingerichtet und die europäischen Mächte den Handel mit weißen Sklaven unterbunden hatten. Immerhin kamen noch gegen Ende des 19. Jahrhunderts Karawanen der Sklavenjäger aus dem Sudan nach Kairo; manchmal brachten sie fünftausend Kamele Elfenbein, Gummi, Häute, Felle und fünf- bis sechstausend schwarze Sklaven in einem Marsch. Viele Nachkommen dieser Sklaven sind heute völlig integrierte und hoch angesehene Bürger der Stadt.

Laila läßt den Nabel kreisen

Alexander Kudascheff

Nachtleben/ Küche und Keller

Safia Helmy war Ägyptens berühmteste Bauchtänzerin in den fünfziger Jahren. Heute sitzt an der Kasse des Granada House, dem Ort, wo Safia Helmy auftrat, eine Kollegin: überstark geschminkt erinnert sie an einstige Triumphe, an bessere Zeiten, die sie und diese Bühne am Midan Opera gesehen haben. Heute ist die Bühne ein weiträumiger Schuppen, in dem der Lack längst abgeblättert ist – statt Stars Durchschnittsunterhaltung.

Dunkel umfängt uns. Zwei Pfund Eintritt haben wir bezahlt. Jetzt sehen wir die wenig professionell erleuchtete Bühne. Eine Frau tanzt in der Öffentlichkeit, bewegt sich scheinbar lasziv, will mit Gesten verführen. Sie gurrt, lockt das Publikum, verlockt es, zu träumen und zu zahlen. Immer wieder wird der Tanz – von einer Gruppe begleitet, in der Geigen, Trommeln und die Flöte musikalisch dominieren – unterbrochen: – schukran tahia, danke für eine ›Spende‹ – umschmeichelt die Tänzerin den Geber, ihn so erneut auffordernd, ihm sich vielleicht versprechend? Das Publikum jedenfalls ist begeistert – allen voran die Araber aus den reichen Ölländern, die sich Schein um Schein herauslocken lassen. Kunst und Kommerz in glücklicher Harmonie? Oder nur eine versteckte Form der Prostitution? Und wie ist überhaupt der Bauchtanz möglich in einer so puritanischen Gesellschaft, in der Frauen von ihren Männern immer noch versteckt werden und sich selbst verbergen? Ist der Bauchtanz Vergnügen als Ventil?

Er ist zumindest selbstverständlich: wer abends zum Bauchtanz geht (nicht vor 23 Uhr übrigens), trifft auf Familien mit Kindern, auf Ehepaare – und natürlich auf eine Mehrzahl Männer. Denn bis heute feiert der gehobene ägyptische Mittelstand, feiern die Wohlhabenden und die Reichen zum Beispiel die Hochzeiten ihrer Kinder mit Bauchtänzerinnen – neben dem Brautpaar meist der umjubelte Mittelpunkt der Nacht (Farbt. 73). Nichts Ungewöhnliches also, denn Bauchtanz ist zuerst einmal Kunst, ist Unterhaltung, indem die Frau als erotisches Wesen zur Schau gestellt wird. Damit wird im strengen Sittenkodex der islamischen Gesellschaft eine Nische für die geheimen Wünsche geschaffen.

Musikant mit dem traditionellen Zupfinstrument Ud

Nicht überall allerdings. Auf der Arabischen Halbinsel gibt es den Bauchtanz selten. Bauchtänzerinnen werden geschätzt und geehrt vor allem in der lebenslustigeren Levante, im mediterranen Tunesien, im berberischen Marokko und natürlich in Ägypten. Dabei gibt es durchaus stilistische Unterschiede, ja auch die Funktionen des Tanzes sind im Kulturzusammenhang, obwohl alle islamische Länder sind, anders. Er existiert jedoch in diesen Ländern, ohne durch den islamischen Puritanismus unterdrückt zu sein. In Ägypten hat der Bauchtanz im übrigen wohl eine lange vorislamische Tradition. Denn schon vor dem Exodus der Israeliten findet man Zeichnungen in vielen Gräbern des alten Ägypten, auf denen Frauen dargestellt sind, die zur privaten Unterhaltung (der Männer) tanzen – meist nackt. Heute, vor allem seit Ende der 50er Jahre ist das anders. Selbst der Bauch ist inzwischen in Ägypten durch eine transparente Gaze verhüllt – ein Edikt Nassers.

Die Rohrflöte oder Nai spielt fast immer mit

Die Erotik ist dadurch nicht verschwunden, sie ist aber auch nicht verfeinert. Bauchtanz ist kein dezentes, kein sublimiertes Gebet an den Gott Eros, eher exhibitioniert sich eine Frau sehr oberflächlich, indem sie die möglichen Kunstformen des Bauchtanzes verflacht. Und doch kann selbst heute der sehr gute Bauchtanz stimulierende Kunst sein, eine fast exaltierte und doch beherrschte Körpersprache voller Anspielungen, die Hoffnungen erwecken, die sich nicht erfüllen, oder wenn, dann hinter diskret verschlossenen Türen. Meist aber ersetzen plakative Gesten das Raffinement. Vorwiegend dient er dem Zweck, den wohlhabenden Besuchern so viel Geld wie möglich aus den gut gefüllten Taschen zu locken.

Ist also der Bauchtanz der Kniefall Ägyptens als überlegen verfeinerter Kulturnation vor dem prallen Geldsack? Das ist zumindest ein nicht unbegründeter Eindruck, wenn man den Bauchtanz dort sieht, wo ihn das Volk genießt. Ein nicht ganz billiger Genuß übrigens, denn zum Eintritt kommen noch die relativ hohen Preise für Getränke und, ist man in Geberlaune, die Geschenke für die Tänzerinnen, für die Sänger, selbst für den obligatorischen Zauberkünstler, der allerdings mit seiner magischen Kunst auf verlorenem Posten steht, für das gesamte Programm also. Mithalten kann der Ägypter selten, das schmälert sein Vergnügen. Aber es bleibt eine nicht unironische Distanz zum Mißverhältnis zwischen puritanischem Anspruch und dem Wunsch, sich ausleben zu können. Eine gewisse Liberalität, ein laisser-faire ist Ägypten, ist Kairo trotz der Strenge des islamischen Alltags nicht abzusprechen.

Doch zurück zur Frage. In der Tat hat sich das Verhältnis gewandelt. Aber immer noch bleibt Kairo das Zentrum, in dem Bauchtanz vorgeführt wird. Der Ägypter mag das Geld bewundern, wahrscheinlich ist er sogar neidisch, aber es erschüttert ihn nicht. Und man darf nicht vergessen: Geld ist das Schmiermittel des Bauchtanzes, es befeuert Tänzerin und Publikum. In diesem Sinne hat sich nur die Höhe des Scheines geändert, nicht aber das Stilprinzip. Wie sieht dieses Vergnügen eigentlich aus?

Die von Jugend antrainierte Kunst besteht darin, den Bauch zum Mittelpunkt des Körpers zu machen, im Spiel der

Muskeln völlig konzentriert zu sein und andere Teile des Körpers, wie zum Beispiel die Schultern, die Brust, fast unbewegt zu halten, wenn sich der Bauch extrem rhythmisch bewegt – wie gesagt, das ist die Kunst; das ist aber nicht immer der Bauchtanz, der öffentlich zu sehen ist, leider.

Zum Spiel und zum Bauchtanz geht man spät und hält bis in den Morgen aus. Von immer neuen Musikern begleitet, die neben Geige und Ziehharmonika auch die traditionellen arabischen Instrumente wie Ud, Kemangeh oder Kanun spielen, sie aber nicht in den Vordergrund drängen, treten in unentwegter Folge Tänzerinnen, Sängerinnen, Sänger, Magier und manchmal auch durchaus bissige, kritische Kabarettisten (so im Scheherazade) auf.

Das Kulturphänomen Bauchtanz ist längst zu einem Gesellschaftspolitikum geworden. Bauchtanz dient einer puritanischen Gesellschaft als Ventil, wenn auch nicht mehr als einziges. Dazu sind europäische Lebensformen zu weit eingedrungen; vor allem Filme befriedigen heute weitaus billiger, wenn auch nicht zum Anfassen nahe, die Wünsche der Massen. Kein Wunder, daß die Kinopaläste häufig überfüllt sind. Der Bauchtanz führt daneben ein eher bescheidenes Leben. Er ist zwar unumgänglich bei den Feiern der Bourgeoisie, aber es gibt heute daneben vielfältige Unterhaltungsmöglichkeiten. So wirkt der Bauchtanz, den wir heute sehen können, eher wie billiges Vergnügen, selten wie Kunst. Der Zauber, die magische Erotik, die den Tänzen so oft nachgesagt wird, ist jedenfalls für den flüchtigen Besucher Kairos nicht zu finden. Laila läßt den Nabel kreisen – aber der Bauchtanz ist zu einem Spektakel abgesunken.

Böses Erwachen ...

»Beim harten Aufschlag ihrer Absätze, bei der Erschütterung, die die hoch erhobenen Arme weitergaben, klangen Glöckchen und Ringe auf, die Hüften erzitterten unter wollüstigen Bewegungen, die Taille trat in ganzer Nacktheit unter dem Musselinbesatz hervor, zwischen Mieder und lockerem, sehr tief herabfallendem, reich geschmücktem Gürtel, dem Gürtel der Venus gleich. Die schnellen Wirbel ließen kaum die Gesichtszüge dieser verführerischen Geschöpfe erkennen ... Zwei der Awalim waren sehr schön, ihre Gesichter zeigten Stolz, ihre arabischen Augen wurden von Kohol hervorgehoben ... doch die dritte, das muß gesagt werden, verriet mit einem Bart von acht Tagen weniger die Art des schönen Geschlechts. Und als ich mir die Sache genau besah ..., da mußte ich sehr bald zu dem Schluß kommen: die Awalim, die uns vortanzten, waren ... Männer.«

Gerard de Nerval, *Die Frauen von Kairo*

Küche und Keller

In den Nachtclubs der Luxushotels wird erwartet, daß man zur Show zu Abend ißt und teure Getränke bestellt; in den volkstümlichen Kabaretts hoffen die Kellner darauf. Und wer das Abendessen – kaum vor 23 Uhr – im Nachtlokal einnimmt, bekommt einen Vorzugsplatz am Rand der Bühne zugeordnet. Meistens wird dem privilegierten Gast durch den Oberkellner das zweite, das gehobene Nationalgericht Ägyptens empfohlen: Kufta und Kebab mit Fladenbrot, Tahina und Salat. Es handelt sich um

Kurzgebratenes, wie es die Küche gegen Mitternacht schnell liefern kann. Kufta und Kebab kann gut sein, auch zum Bauchtanz. Liebevoller zubereitet und auf jeden Fall preiswerter bekommt man die Grillspeisen jedoch vor den Stunden der Nachtlokale in den Spezialitätenrestaurants.

Eine Zwischenmalzeit auf der Straße

Kufta – am Spieß gegrillte Hammelhackfleischrollen – und **Kebab** – auf Holzkohle geröstete Hammelfleischstücke – sind das teurere der beiden Nationalgerichte; zusammen mit Nieren- und Hammelhodenstücken ergeben Kufta und Kebab ein ägyptisches Mixed Grill. Eine gute Portion kostet im Restaurant heute etwa den zehnten Teil des Monatsgehalts eines Jungbeamten oder ein Viertel des Tageslohns eines hochbezahlten Facharbeiters. Vom Preis her ergibt es sich, daß bei der großen Mehrheit der Ägypter das Gericht allenfalls an Wochenenden auf den Tisch kommt. Touristen wird es häufiger serviert, und sie lernen bald die durch Fleischqualität, Würzung und Verlauf des Grillens bedingten Unterschiede im Geschmack kennen. Wer gut essen möchte, sollte auf jeden Fall darauf achten, daß heiß serviert und als Beigabe frisches Fladenbrot (Eisch baladi) gereicht wird. Nieren- und Hammelhoden-Stücke sind für Touristen *nicht* obligatorisch.

Tahina wird den meisten ägyptischen Grillgerichten beigegeben; es ist eine aus Sesamöl und feingemahlenen Hülsenfrüchten bestehende, stark mit Knoblauch, Zitrone, Salz, Pfeffer und Kamun gewürzte Soße. Kenner ›löffeln‹ Tahina mit dem Fladenbrot.

Hommos und **Babaganusch,** beides ebenfalls mit Knoblauch, Zitrone und Salz gewürzt, sind aus der arabischen Levante übernommene mehr oder weniger breiige Soßen. Alle Soßen gehören zu den orientalischen Vorspeisen, die meistens mit eingelegten Gurken, Möhren, Rettich und anderem Gemüse gereicht werden. Das Sauergemüse ist bekömmlicher als der gleichzeitig angebotene frische Salat.

Schischkebab ist ein wohl von den Türken auf die Ägypter übergegangenes Grillgericht, das heute gern Touristen serviert wird: mageres Hammel- und zartes Rindfleisch, Leberstücke, Zwiebeln, Tomaten sind die hauptsächlichen Bestandteile; sie werden am Spieß gegrillt und oft auf Reis serviert. Auch dazu gibt es wieder die oben beschriebenen Soßen.

Wenn aber die meisten Ägypter sich Fleisch allenfalls einmal in der Woche leisten können, woraus besteht dann ihre tägliche Nahrung? Das Niltal ist reich an

Gemüse, und viele Sorten gibt es frisch zu allen Jahreszeiten: Tomaten, Gurken, Auberginen, Blumenkohl, Weißkohl, Kartoffeln, Möhren, Zwiebeln gehören zu der noch längeren Reihe von Produkten. Erstaunlicherweise findet Gemüse dennoch keinen großen Anklang in der ägyptischen Küche; es wird vorwiegend

Beliebtes Spezialitätenrestaurant für Ful

bei Fleisch in kleinen Mengen mitgekocht. Nur Tomaten dürfen in fast keinem ägyptischen Gericht fehlen. Kleingeschnittene Tomaten gibt es auch zum Hauptnahrungsmittel aller Ägypter, zum Ful.

Ful ist der Brei brauner Bohnen, der auf vielerlei Art gewürzt wird. Der Bohnenbrei begleitet den kleinen Mann von früh bis spät: er wird zum Frühstück verzehrt, als eilige Zwischenmahlzeit auf der Straße oder als Mittagsgericht im Restaurant, oft auch noch zum Abendbrot. Es ist jedoch nicht immer derselbe Ful: zum Frühstück wird er in der Schüssel vielleicht stärker mit Olivenöl und Zitronensaft gewürzt; als Zwischenmahlzeit nimmt man ihn in Fladenbrot mit kleingehacktem Salat und Tahina; auf den Mittagstisch kommt Ful zusammen mit Tamir, Essiggurken und frischem Salat; am Abend wird Ful oft auch mit Eiern als Beigabe auf den Tisch gebracht.

Ful nimmt als Grundnahrungsmittel den ersten Platz ein. Wahrscheinlich haben die Ägypter die braunen Bohnen schon seit der Pharaonen-Zeit gegessen. Diese Hülsenfrüchte bedürfen keiner großen Pflege, und sie können in großen Mengen vorgekocht werden, um dann trotz der Wärme mehrere Tage lang als Vorrat zu dienen. In den Dörfern wird Ful oft noch auf die traditionelle Art gekocht, das heißt die Bohnen werden in einen großen Kupferkessel gefüllt, der in einer Erdgrube steht. Ein Schwelbrand läßt über Nacht die Hülsenfrüchte zu Brei werden. Gewürzt und mit Öl und Zitrone schmackhaft gemacht wird jede Mahlzeit erst kurz vor dem Verzehr. Da die Bohnen einen starken Proteingehalt haben, sind sie nicht nur ein sättigendes, sondern auch ausreichend nahrhaftes Essen. Selbst in Kairo kostet eine volle Mahlzeit nur etwa den Stundenlohn eines Arbeiters.

Tamir (auch Filaafil genannt) sind im Restaurant oft das Beigericht für Ful. Es handelt sich um in heißem Öl gebackene Gemüsefrikadellen. Braune Bohnen, geschälte gelbe Erbsen, Zwiebeln, Petersilie und andere Kräuter zusammen durch den Wolf gedreht und mit mehreren Gewürzen vermengt, ergeben die Grundsubstanz. Ful und Tamir wird gelegentlich auch den Touristengruppen serviert.

Andere Grundnahrungsmittel der Ägypter sind Linsen, Nudeln, Reis und Brot; Vitamine werden zusätzlich aus Zitronen, frischem Salat und Zwiebeln gewonnen. Eine einfache Arbeiter-Mahlzeit besteht oft nur aus einem Brotfladen, einer Zwiebel und einem kleinen Stück Weißkäse.

Molucheya ist hingegen eine aufwendige Mahlzeit. Das Gericht wird aus einer spinatähnlichen Pflanze bereitet, die mit Hühner- oder Kaninchenbrühe zu kochen ist. Zu der gedickten Gemüsesuppe wird Reis und Fleisch gegeben; das Ganze ist stark gewürzt – ein für Europäer gedachtes Rezeptbuch schreibt ›zwölf oder mehr Knoblauchzehen‹ vor. Molucheya ist zeit- und geldaufwendig, weil die Grundpflanze wie Spinat verlesen, gewaschen und kleingewiegt werden muß und Geflügel oder Wildkaninchen in Kairo nicht billig sind. Im Restaurant fällt Molucheya selten so gut aus wie bei Privateinladungen. Immerhin ist das Gericht auf der Speisekarte Kairoer Restaurants zu finden.

Fisch wird, obwohl Ägypten ein heißes Land ist, reichlich angeboten. In Kairo trifft ein Fischangebot vom Mittelmeer, Roten Meer und vom Nil zusammen. Seit Mitte der siebziger Jahre sind die Kühltransporte von den beiden Meeresküsten erheblich ausgebaut worden, und man kann auch an Sommertagen oder -abenden noch Fisch bestellen. Der Fischbestand des Nils ist größer als der vergleichbarer europäischer Flüsse; noch hat der Nil weniger Industrieabfälle als unsere Flüsse zu bewältigen. Frischer Nilfisch wird nicht nur in den größeren Restaurants angeboten, sondern auch in spezialisierten Garküchen und auf der Straße, wo man ihn zu Brot ›aus der Hand‹ verzehrt.

Neben ägyptischen Gerichten hat die Kairoer Gastronomie auch eine Levante-Mittelmeer-Küche aufgenommen. Griechische Teigwaren, türkische Kraut- und Weinblätter-Wickel, libanesische Salate, französische Ragouts spielen dabei eine

Auf dem Gewürzmarkt

Teestube an der Straßenecke

Rolle. Feinschmecker sollten auf preiswerten Artischocken-Salat achten. Gebackenes Kalbs- und Schafshirn dürfte nicht jedermans Sache sein; wer es mag, wird es in Kairo lecker zubereitet finden.

Süßspeisen sind für den europäischen Gaumen reichlich süß, zumindest was einen Teil der Speisen betrifft, die vorwiegend aus dem levantinischen und türkischen Kulturkreis stammen. Es handelt sich um Backwaren, die aus dünnen Teigschichten und gehackten Nüssen, Pistazien und Mandeln bestehen, die mit reichlich Honig übergossen werden. Wer es gemäßigter wünscht, sollte es mit Créme Caramel, einem im Wasserbad gekochten Eierpudding, oder mit Obstsalat versuchen. Gerade Obstsalat (mit Sahne aus Büffelkuhmilch) kann für europäische Gaumen Überraschungen bieten; dafür sorgen Mangofrüchte, frische Aprikosen, ›Judenkirschen‹, Guaven- und Melonen-Stücke, frische Datteln und Kakteenfrüchte.

Kalte Küche ist in Kairo nicht sehr vielfältig, wenn man sich an einheimische Produkte hält. Man findet einen guten weißen Schafskäse (Gibna beida) und einen von Griechen entwickelten Hartkäse (Gibna rumi), dazu auch ägyptischen Schmierkäse. Wer Appetit auf Wurst und Schinken verspürt, kann einen von Christen geführten Lebensmittelladen aufsuchen; aus dem begrenzten Angebot ist die stark geräucherte Mortadella-Wurst (Mortadella watani) zu empfehlen.

Sehr schmackhaft und wie Schinken zu essen ist **Pastirma,** rohes Rindfleisch (meist Rückenstück), das geräuchert und mit einer Gewürzrinde umgeben auf den Markt kommt. Empfehlenswert sind schließlich auch die ägyptischen Oliven (Zeitun). Gibna beida, Oliven, Pastirma, Fladenbrot und Rotwein haben schon manches gute Abendessen zum Niedrigpreis auf dem Hotelzimmer in Kairo bestritten.

Weine sind ab den zwanziger Jahren von griechischen Unternehmern an der Mittelmeerküste gezüchtet worden. Die Rebstöcke und die Verarbeitung der Trauben zu Wein haben die Nationalisierung der Betriebe zu Anfang der sechziger Jahre überstanden: es gibt heute zwei lokale Rotweine (trocken), einen Rosé und zwei passable Weißweine (trocken) sowie einen süßen Roten auf dem Markt.

Rum, Branntwein und Liköre ägyptischer Herstellung werden ebenfalls angeboten und dürfen als ›trinkbar‹ bezeichnet werden.

Bier der Marke ›Stella‹ wird in Ägypten hergestellt; es ist wohl ›leichter‹ als in Deutschland gebrautes Bier, und obwohl ›Stella‹ vielleicht nicht den Ansprüchen des mitteleuropäischen Biertrinkers gerecht wird, darf es doch als ein sehr erfrischendes Getränk nach staubigen Touren an heißen Tagen gelten. Auch braucht man sich nicht zu scheuen, dieses Bier mit einheimischer Limonade zu einer ›Radlerbrause‹ zu mischen.

Weine, Spirituosen, Biere werden auch importiert. Sie sind im Schnitt doppelt so gut wie ägyptische Getränke, aber viermal so teuer.

Mineralwasser wird literweise zu erschwinglichen Preisen aus griechischen und französischen Quellen angeboten.

Schon lange ein beliebtes Objekt

Photographieren vor 150 Jahren und heute

Nicht nur weil 1839 in Frankreich die Photographie entdeckt wurde, sondern mehr noch weil zu jener Zeit viele Franzosen das Interesse für Ägypten wie ein Fieber erfaßt hatte, wurde Kairo eines der ersten Ziele der Pioniere des neuen Metiers. General Bonapartes Ägypten-Expedition lag gerade einundvierzig Jahre zurück, als Daguerre seine Erfindung (1839) durchsetzen konnte. Erst rund zwanzig Jahre waren seit der Veröffentlichung von zwölf großformatigen Bildbänden vergangen, deren hervorragende Zeichnungen die im Troß des französischen Expeditionsheeres mitgezogenen Künstler angefertigt hatten. Das Werk hatte in den Fachkreisen ganz Europas Aufsehen erregt. Die Regierung in Paris, die Daguerres Erfindung protegierte, brachte das Lichtbild sofort als ein mögliches Hilfsmittel der jungen Ägyptologie ins Spiel. Man könne es benutzen, »um jene Millionen von Hieroglyphen zu kopieren, die auf den Innen- und Außenwänden der großen Bauwerke in Theben, Memphis und Karnak zu finden sind«, hieß es in einer Expertise. Kein Wunder, daß nur wenige Monate nach dem Bekanntwerden der Erfindung zwei Franzosen, Horace Vernet und Frédéric Goupil-Fesquet, in Richtung Kairo aufbrachen – allein zu dem Zweck, das ›neue technische Hilfsmitttel der Ägyptologie‹ in der Praxis zu erproben. Ihren Bemühungen verdankte Frankreich das erste ägyptische Photoalbum, dessen Bilder von einem Kupferstecher vervielfältigt worden waren.

Der französische Dichter Flaubert in Kairo

Die wohl bekannteste frühe Photo-Expedition nach Ägypten ist die von Maxime DuCamp. Für Nachruhm sorgten nicht nur die schönen Aufnahmen des Photographen, sondern auch die Briefe und der Reisebericht des Dichters Gustave Flaubert, der ihn begleitete. Flauberts bis heute immer wieder publiziertes ›Tagebuch aus Ägypten‹ schildert neben den eigenen Eindrücken und Erlebnissen die Umstände einer Photo-Reise Mitte des 19. Jahrhunderts (1849–50), und es vermittelt stellenweise auch die Ungeduld des Dichters mit der überaus langwierigen Prozedur des Ablichtens von Häusern und Gärten in Kairo sowie der Tempel in Oberägypten. Andererseits hat manchmal der ungeduldige Dichter ausdauernd Modell gestanden, zum Beispiel im Garten des Französischen Viertels in Kairo.

Bei anderer Gelegenheit, so beim damals noch sehr schwer zugänglichen Tempel von Abu Simbel, brachte Maxime DuCamp sich selbst mit aufs Bild. Doch das war nur Dokumentation, entweder zum Höhenvergleich oder um der Nachwelt zu zeigen, daß man dagewesen war. Darüberhinaus war das bewegliche Leben von den Photos mit der minutenlangen Belichtungszeit ausgeschlossen. Schon aus technischen Gründen gab es also damals keine Probleme mit Gläubigen, die das Bilderverbot des Islams wörtlich zu nehmen gewillt waren. Diesem technischen Zwang unterstanden auch die anderen Photographen, die Mitte des 19. Jahrhunderts nach Ägypten zogen – übrigens, bis auf den Briten Francis Frith, zunächst nur Franzosen.

Touristen mit Kameras und gewerbliche Photographen für Touristen tauchten in Kairo zuerst wohl vor rund hundert Jahren auf, als Ägypten schon unter britische Oberhoheit geraten war und das Reisen am Nil als sicher galt. Doch die Zahl der ›Photonarren‹ unter den Elitetouristen der achtziger Jahre des vorigen Jahrhunderts dürfte noch gering gewesen sein, und außerdem waren die Reisenden jener Zeit viel stärker vom einfachen Volk isoliert als Reisende unserer Tage.

Das galt auch für die Zeit zwischen den beiden Weltkriegen. Die Ägypter begannen wohl erst in den fünfziger und sechziger Jahren, sich durch zudringliche Photographen belästigt zu fühlen. Damals hatten alte und junge Menschen in Kairo oft auch verschiedene Anschauungen: die konservativen Alten waren verunsichert von den revolutionären Parolen der Regierenden, und in ihrer Unsicherheit sahen sie in dem starken Zustrom von Fremden die Gefahr einer weiteren Entwertung ihrer eigenen Maßstäbe; die fortschrittsgläubigen Jungen schämten sich der immer noch zahlreichen und deutlichen Zeichen wirtschaftlicher und sozialer Rückständigkeit. Dazu kamen noch Regierungsbeauftragte, die in Fremden mit Kameras potentielle Spione witterten und jedenfalls, wie die Jungen, lieber die Zuckerseite der neuen Gesellschaft präsentieren wollten. Ausgerechnet jene Seite interessierte Touristen aber am wenigsten; sie waren animiert oder gar schockiert von den scharfen Kontrasten im Leben der Stadt und ihrer Menschen, und eben diese Kontraste wollten sie mit der Kamera dokumentieren. Es interessierten der Eselskarren im Autoverkehr, der Kameltreiber im Stadtzentrum, der wohlbeleibte Würdenträger neben dem ausgemergelten Bettler, die schwarzgekleideten Klageweiber eines Trauerzuges. Folglich wurde in den späten 50er und 60er Jahren so manches Touristenphoto verhindert, sei es durch einen spontanen Volksauflauf, sei es durch Funktionärsbefehl (oft unter Beschlagnahme des Films), oder sei es durch das Dazwischentreten eines Jüngers des Fortschritts.

Inzwischen ist es in Kairo hinsichtlich des Photographierens viel besser geworden. Das Fernsehen hat seit Mitte der sechziger Jahre den religiös Konservativen die Kamerascheu etwas genommen; das vom Medium Fernsehen vermittelte Bild, dem sich auch am Nil kaum jemand entziehen kann, ist zur Tagesgewohnheit geworden und kann folglich mit dem vom Islam verpönten Götzendienst nichts zu tun haben. Man hat sich an große Scharen Fremder gewöhnt, von denen jeder mindestens einen Photoapparat mitführt. Das Schreckgespenst des Spions ist in den Schatten zurückgetreten, seit Ägypten sich nicht mehr im Kriegszustand mit Israel befindet. Selbst die neu herangewachsenen Fortschrittsjünger sind heutzutage etwas aufgeklärter als während der damaligen großen Propagandaschlachten gegen alle möglichen imperialistischen Bedrohungen. Doch es gibt ihn sicherlich noch, den jungen Mann, der dazwischen tritt, wenn Fremde einen maßlos überfüllten Autobus oder eine schon zum Slum gewordene Häuserblockkette des sozialen Wohnungsbaus der sechziger Jahre photographieren wollen.

Standphoto von Kairoer Frauen um die Jahrhundertwende

Offiziell ist in Ägypten das Photographieren auf Bahnhöfen und Flugplätzen verboten. Die meisten öffentlichen Gebäude, wie zum Beispiel Ministerien, dürfen nicht photographiert werden. Wahrscheinlich würde der Besucher ohnehin die routinemäßig geschützten Objekte ignorieren – welchen Photographen könnte es schon reizen, eine Aufnahme, sagen wir vom Haupttelegraphenamt auf der sh. Ramses zu machen? Doch man sollte sich bemühen, solche und ähnliche – vor allem militärische – Objekte nicht zufällig, zusammen mit anderen, interessanteren Objekten auf den Film zu bekommen. Trotz der schon eingetretenen Liberalisierung könnte es Ärger mit den Behörden geben.

Behindert fühlen sich viele Besucher dadurch, daß in den Kairoer Museen und neuerdings (seit 1982) auch in den Gräbern von Sakkara strenges Photographierverbot herrscht. Photo- und Filmkameras müssen in den Museen am Eingang abgegeben werden. Zumindest bei den Museen spielen kommerzielle Gesichtspunkte, zum Beispiel Copyright-Angelegenheiten, eine Rolle; dies läßt sich daran erkennen, daß seit Anfang der achtziger Jahre Lizenzen für Aufnahmen im Ägyptischen Nationalmuseum und im Museum für Islamische Kunst erworben werden können. Das Verfahren ist jedoch umständlich und teuer (etwa 15 Mark je Auslösen), kommt also für Amateure kaum in Frage. Die Verärgerung über das Verbot sollte durch die

Einsicht gemildert werden, daß im Zeichen des Gruppentourismus, also der oft überfüllten Museen und Gräber, geregeltes Photographieren kaum möglich wäre und die Besucher sich häufig gegenseitig belästigen würden.

Dem erfahrenen Photographen braucht man nicht zu sagen, daß in Entwicklungs- und vorwiegend islamischen Ländern für das Gelingen einer Aufnahme oft Diskretion den Ausschlag gibt. Betende in oder vor den Moscheen können durchaus photographiert werden, wenn der Vorgang nicht zur Störung wird. Überhaupt ist man in Kairo heute auch in den Moscheen großzügiger – allenfalls zur Hauptgebetszeit am Freitagmittag wird der Nicht-Moslem aus dem Gotteshaus gewiesen. Mit Handwerkern und Händlern sollte man sich verständigen, wenn man sie gezielt photographieren will; meistens genügen ein paar Gesten oder englische Worte oder die Frage in Pidgin-Arabisch ›mumkin sura?‹, um ein freundliches Nicken auszulösen.

Noch einmal zurück zu den Pionieren der Photo-Reisen nach Ägypten: manche Aufnahmen zeigen uns, daß doch nicht ›immer nur alles schlechter‹ wird, sondern an einigen Stellen die Dinge auch besser geworden sind. Der Brite Francis Frith hat in der Mitte des vorigen Jahrhunderts zahlreiche islamische Monumente in Kairo photographiert. Die Bilder führen uns das Haupttor der Zitadelle (Bab al Azhab), das Mausoleum Qait Beys, vor allem aber die Hakim-Moschee im vorgeschrittenen Zustand des Verfalls vor Augen. Rund hundertfünfzig Jahre später sind die Monumente wieder in gutem Zustand; umfassende und kostenaufwendige Restaurationen haben sie teils schon zur Zeit der Jahrhundertwende, teils erst in unseren Tagen wieder lebensfähig genug gemacht, um auch noch kommende Generationen zu fesseln.

Kolossalstatue des Pharao Ramses II. in Memphis, etwa 1904

Reiseziele in der Umgebung Kairos

Auf dem Weg von Gise nach Memphis

Die Stadt ist anstrengend. Wer sie zu Fuß durchquert, im Autoverkehr erlitten, in ihren einzelnen Teilen gründlich erforscht hat, der sollte sich, wenn ihm noch Zeit bleibt, Erholung gönnen. Es bedarf keiner langen Reise, keiner sorgfältigen Planung, um in den Genuß von frischer Luft, von Ruhe vor Verkehrsgetöse und von Alleinsein zu gelangen.

Der **Mokattam,** das verhältnismäßig dünn besiedelte Plateau des knapp 200 m hohen Gebirgszuges am Ostrand Kairos, ist ein Erholungsgebiet im unmittelbaren Stadtbereich. Die Höhe wird im Bus, Taxi oder Privatwagen schnell erreicht über eine gewundene, durch pharaonische Steinbrüche führende Auffahrt von der Umgehungsstraße Salah Salem her. Vom Westrand des Mokattam hat man einen schönen Blick auf das Niltal etwa von Alt-Kairo bis Heluan, mit mehreren Pyramidengruppen am westlichen Horizont. Nach Norden zu sind wesentliche Teile der Alt- und Neustadt zu überblikken. Auf dem Mokattam befindet man sich oberhalb der Dunstglocke von Kairo, und es ist dort auch bei großer Hitze ein lindernder Luftzug zu spüren. Am West- und Nordrand sind etliche Gartenlokale.

Der **Kleine versteinerte Wald** kann zu Fuß oder im geländegängigen Auto vom Plateau des Mokattam aus erreicht werden: eine sandige Piste führt vom Ostende des Siedlungsgebietes etwa 3 km in südöstlicher Richtung zu der Region, in der Fragmente versteinerter Baumstämme zu finden sind.

Der **Große versteinerte Wald,** noch weiter östlich (in Richtung Suez), kann bequemer vom Vorort Maadi aus mit dem Auto erreicht werden. Eine neue Straße nach Suez führt dicht vorbei, und nur etwa 2 km müssen schließlich auf heikler Wüstenpiste zurückgelegt werden. Neben Stücken versteinerter Bäume gibt es in dem ganzen Gebiet eine reine Wüstenluft, wie man sie in unmittelbarer Nähe der Stadt kaum erwartet hätte.

Die Pyramiden von Gise, rund 14 km südwestlich der Innenstadt, sind nicht nur ein kulturhistorischer Anziehungspunkt – die Umgebung besitzt auch Erholungswert. Man kann auf gut asphaltierten Straßen in westlicher und südwestlicher Richtung über die Pyramidengruppe hinausfahren und in Straßennähe Rast und vielleicht ein Picknick machen; im Winter wird man die wärmende Sonne in trockener Wüstenluft als angenehm empfinden; im Sommer (für Schatten sorgen!) bringt fast immer leichter bis starker Wind Kühlung. Man kann mit Fremdenführern von Gise Reittouren per Pferd, Kamel oder Esel durch die Wüste nach Sakkara (rund 16 km) organisieren. Wer internationale Gastronomie und herkömmliche europäische oder amerikanische Zerstreuung sucht, halte sich an die großen Hotelkomplexe, die nördlich und nordwestlich der Pyramidengruppe entstanden sind.

Übersichtskarte der Reiseziele in der Umgebung Kairos, am Mittelmeer, Roten Meer, Golf von Suez und auf der Sinai-Halbinsel

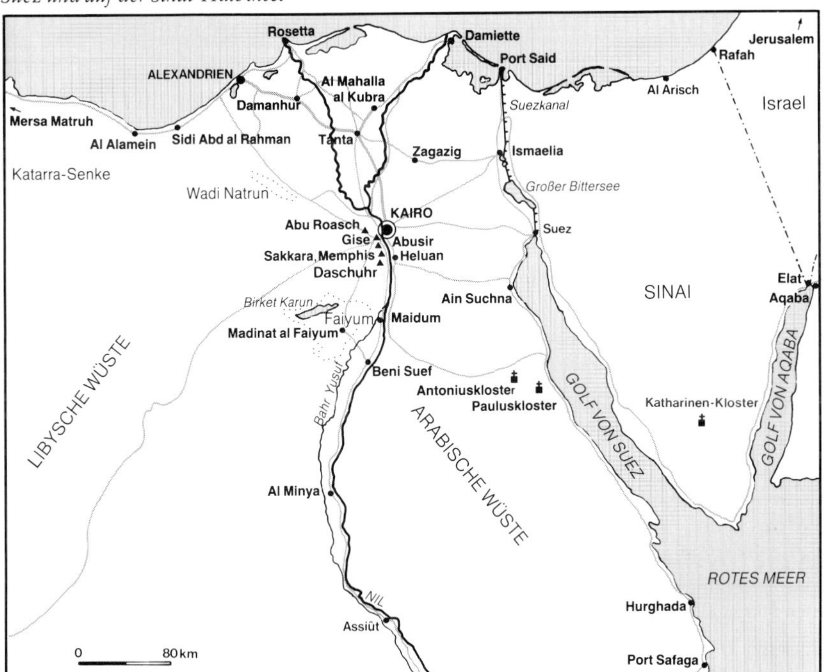

Eine **große Pyramidentour** sollte mit dem Feld von Abu Roasch, 8 km nördlich von Gise, beginnen und mit der Pyramide von Maidum (s. S. 49) enden. Dazwischen liegen Dutzende von Pyramiden, die jedoch längst nicht alle sehenswert sind; **Sakkara** (s. S. 45) als wichtigste pharaonische Stätte im Großraum Kairo mit zahlreichen Pyramiden, Hausgräbern und Tempelresten sollte ohnehin gesondert besichtigt werden.

Für eine erholsame Pyramidentour sind die folgenden Monumente zu empfehlen:

Pyramiden von Abu Roasch. Sie sind von der Wüstenstraße nach Alexandrien aus oder ab Hotel Mena House auf Reittieren (etwa 2 Std.) zu erreichen. Hier findet der Besucher an der Nahtstelle zwischen Wüste und Fruchtland nahe dem Dorf Abu Roasch nur noch Pyramidentrümmer. Die Ruinen sind insofern interessant, als sie Einblick in die Konstruktionsweise der Grabkammern und der Zugangsschächte bieten.

Pyramiden von Abusir. Sie befinden sich an der Straße von Gise nach Sakkara entlang dem Kanal nach etwa 7 km. Hier trifft man auf die Pyramiden von vier Herrschern. Die Monumente sind zu Trümmerhaufen zusammengesunken; der Platz ist jedoch ein Erholungsort mit interessanten Besichtigungsobjekten. Zum Beispiel findet man südöstlich der *Pyramide des Sahure* (etwa 2400 v. Chr.) das *Hausgrab (Mastaba) des Ptaschepses,* dessen Reliefs sehenswert sind. Auf dem Feld von Abusir sind Archäologen tätig.

Pyramiden von Daschuhr. Sie sind rund 7 km südlich von Sakkara gelegen. Man trifft auf ein interessantes, fast 3 km langes Gräberfeld, auf dem sich fünf Pyramiden befinden. Mindestens zwei davon verdienen Beachtung; dennoch bleibt die ganze Anlage vom Hauptstrom der Besucher verschont und eignet sich als Erholungsgebiet. Den Blick fängt sofort die sogenannte *Knickpyramide* (s. S. 50); sie ist 97 m hoch und bedeckt eine Grundfläche von 189 m im Quadrat. Große Teile ihrer Außenverkleidung sind erhalten und vermitteln einen Eindruck vom ursprünglichen Aussehen der Pyramiden. Dieses Bauwerk ist unterhalb seiner halben Höhe auf einen geringeren Neigungswinkel

Am Wüstenrand die Pyramide von Maidum

abgeknickt, vermutlich um den Bau schneller zu Ende zu bringen.

Südlich der Knickpyramide folgt fast unmittelbar eine Nebenpyramide von 55 m Seitenlänge im Quadrat und ursprünglich 32 m Höhe; man nimmt an, daß sie als Begräbnisstätte für innere Organe des noch unzulänglich balsamierten Pharao-Korpus gedient hat. Die Reste der anderen Pyramiden sind beachtenswert, weil es sich – bis auf eine – um aus Lehmziegeln errichtete Bauten handelte.

Pyramide von Maidum. Rund 70 km südlich von Gise. Man kann diese ungewöhnliche Pyramide vom Faiyum aus erreichen oder von der Autostraße nach Oberägypten her. Zudem ist

Anreise mit dem Zug (Bahnstation al Rikka – 84 km von Hauptbahnhof) und dann zu Fuß möglich. Das Maidum-Monument ist eine eigenartige Stufenpyramide, über deren Baugeschichte es verschiedene Theorien gibt (s. S. 49). Der Besuch lohnt sich des Monuments wegen, aber auch, weil man nun schon weit genug von Kairo entfernt ist, um einen Eindruck von den ursprünglicheren Formen ägyptischen Landlebens zu erlangen.

Traditionelles Bewässerungssystem im Faiyum

Wer die große Pyramidentour im eigenen Auto oder Taxi unternimmt, kann auf der Rückfahrt in der Höhe von Sakkara den Nil auf der Brücke nach Heluan überqueren, dann weiter am östlichen Nilufer über Masara, Tura und Maadi nach Kairo fahren.

Am Rand der westlichen Wüste im Großraum Kairo gibt es mehrere Militärzonen. Diese Zonen sind variabel und haben gelegentlich auch Pyramiden mit einbezogen. Wir können es deswegen den Besuchern nicht ersparen, sich jeweils in Kairo bei Ortskundigen über die aktuelle Situation zu unterrichten.

Die **Oase Faiyum** ist das größte Ausflugs- und Erholungsgebiet in der Umgebung Kairos. Vom Stadtzentrum aus erreicht man im Auto über Gise den Nordrand der Oase nach 76 km; bis zur Hauptstadt des Gebietes, Madinat al Faiyum, sind es noch weitere 27 km. Man kann nach Madinat al Faiyum auch mit dem Autobus oder – sehr umständlich – mit der Eisenbahn (Strecke Kairo – Beni Suef; umsteigen auf eine Kleinbahn in al Wasta) gelangen.

Faiyum bildet eine eigene Provinz Ägyptens. Der Ostrand des Gebietes liegt nur 2 bis 10 km vom Niltal entfernt, getrennt durch einen Wüstenstreifen. Getränkt wird die riesige Oase (über eine Million Einwohner) vom *Bahr Yusuf*, dem Josephsfluß, dem einzigen Seitenarm des Nils. Der Bahr Yusuf tritt durch eine schmale Öffnung der libyschen Gebirgskette in eine große Bodensenke ein und versickert dort, nachdem er sich vielfach verzweigt hat. Dieser natürlichen Bewässerung verdankt Faiyum seine große Fruchtbarkeit. Dafür war die Großoase schon in der Antike berühmt, und sie hat den größten Teil der alten Geschichte Ägyptens hindurch eine wichtige Rolle gespielt.

Der Name Faiyum leitet sich ab von ›Phiom‹, d.h. ägyptisch ›der See‹. Es handelt sich um den ›Moëris-See‹ der Geschichte, von dem ein kleiner Teil, brackig und oft die Geruchsnerven beleidigend, unter dem Namen *Birket Karun* übrig geblieben ist. Als See (50 km lang, 12 km breit) unmittelbar am Wüstenrand ist er durchaus besuchenswert; außerdem gibt es im Faiyum antike Stätten, interessante Menschentypen, schöne Landschaften, in der Hauptstadt knarrende Wasserräder und an vielen Stellen photogene Taubenhäuser.

Als Erholungsort mit reiner Wüstenluft, Sehenswürdigkeiten und Picknickplätzen eignet sich gut die Ruinenstätte von **Karanis,** eine Stadt, die in ptolemäischer Zeit gegründet wurde. Die Ruinen liegen (nach 76 km) unmittelbar östlich der Wüstenstraße von Kairo/Gise nach Faiyum. Es gibt ein kleines Museum, an dem Eintrittskarten für das ganze Areal Karanis gekauft werden müssen. Beim Rundgang zwischen den Häuser- und Straßenresten, den Scherbenhügeln und Säulenbasen achte man auf die Ruinen zweier Tempel im Süden und im Norden der Siedlung.

Eine andere Trümmerstätte, die ebenfalls zur Rast einlädt, ist **Kasr Karun** am südwestlichen Ende des Sees (130 km von Kairo) in der Wüste. Anfahrt auf einer Asphaltstraße am Südufer des Birket al Karun bis Schakschuk, danach in südlicher Richtung nach Ibschawai, weiter nach Westen über al Schauaschna hinaus bis ans Ende der Straße. Unter dem Namen ›Dionysias‹ war Kasr Karun in ptolemäischer und römischer Zeit Außenposten für den Karawanenhandel quer durch die Libysche Wüste. Es gibt dort eindrucksvolle Reste einer aus gebrannten Ziegeln erbauten Festung. Sehenswert ist auch der restaurierte spätptolemäische Tempel.

Am Südufer des Sees gibt es zwei Hotels: das schon ältere *Auberge du Lac* (Autobushaltestelle) und rund 15 km weiter nach Westen *Pavillon de Chasse.* Beide Häuser sind durchschnittlich gut eingerichtet und preiswert; man muß sich auf Stechmücken vorbereiten.

Eine **große Rundfahrt im Faiyum** (ein Tag) könnte die Pyramide von Maidum (s. S. 252) einbeziehen; es erfolgt dann Einfahrt in die Oase vom Nil aus über Gersa zunächst bis zum südlichen Seeufer. Von dort zur Stadt *Faiyum,* die fast 400 000 Einwohner hat. Der Bahr Yusuf durchfließt das Zentrum. Dort sind einige malerische Brücken und hübsche Plätze zu sehen. In einzelnen Antiquitätengeschäften sind manchmal gute Stücke zu finden.

Von Madinat al Faiyum in südöstlicher Richtung nach Hauwarat al Makta; von dort ist auf einer Nebenstraße – mit ortskundiger Führung – ein Besuch der **Pyramide von Hauwara** möglich. Die Pyramide von Hauwara ist insofern ein Phänomen, als sie überwiegend mit Nilschlammziegeln erbaut wurde und heute, rund zweitausend Jahre später, im-

Kloster Anba Bischoi im Wadi Natrun

mer noch eine quadratische Fläche von 106 m Seitenlänge in stattlicher Höhe bedeckt. Daß ein derart vergänglicher Baustoff so lange beständig blieb, ist unter anderem auf die Regenarmut des Gebietes zurückzuführen. Die an einem Bewässerungskanal gelegene Pyramide ist das Grabmal des Pharao Amenemhets III. (etwa 1800–1786 v. Chr.).

Südlich der Pyramide sind nahebei die Reste des im Altertum berühmt gewesenen Labyrinths zu finden. Die Anlage soll 200 m lang gewesen sein und in zwei Stockwerken je tausendfünfhundert Räume enthalten haben (Strabo). Die Überlieferung sagt, kein Fremder habe in die Säulengänge hinein oder aus ihnen heraus gefunden. Leider ist die Anlage schon in römischer Zeit als Steinbruch benutzt worden, so daß heute nur noch geringe Reste von Mauern, Kalkstein- und Granitsäulen sowie reichlich Schutt zu sehen sind. In Hauwara wurden zahlreiche schöne Mumienporträts gefunden.

Zur Rückfahrt wird die Straße von Hauwarat al Makta nach *Illahun* (Pyramide) und *Beni Suef* im Niltal empfohlen. Von Beni Suef zurück nach Kairo (rund 120 km) über Gise oder Heluan/Maadi.

Zum **Wadi Natrun** sind es von der Innenstadt rund 130 km, das ist etwa die halbe Strecke nach Alexandrien. Es handelt sich um eine 32 km lange Depression nahe der Wüstenstraße Kairo–Alexandrien. Man findet heute dort vier koptische Klöster, doch das Natruntal soll früher einmal über fünfzig Klöster beherbergt haben. Man kann sich vorstellen, daß dieses damals abgelegene Gebiet eine Fluchtstätte ägyptisch-nationaler Christen gewesen ist, die mit dem Statthalter des Kaisers und der Byzantinischen Kirche in politischem und theologischem Streit gelegen haben. Die noch bestehenden Klöster sollen im 4. und 5. Jahrhundert n. Chr. gegründet worden sein. Für den Besuch ist eine Genehmigung des Koptischen Patriarchats in Kairo-Abbasiya erforderlich. Sie wird meistens schnell gegeben, jedoch ist in der Osterzeit ein Besuch von Frauen ausgeschlossen.

Barrage du Nil ist ein Erholungsgebiet mit Wiesen und Bäumen 24 km nordwestlich von Kairo. Es handelt sich um eine riesige Stauanlage (erbaut zwischen 1835 und 1890), die dazu dient, den Wasserstand der Nilarme im Delta unterhalb und oberhalb während des ganzen Jahres auf gleicher Höhe zu halten. Der Damm über den Arm von Rosetta ist 452 m lang und hat 58 Schleusen; der Damm über den Arm von Damiette ist 522 m lang und hat 68 Schleusen. Zwischen den beiden Nilarmen erstrecken sich schöne Parks. Man kann mit dem Auto, der Eisenbahn oder dem Boot (es gibt auch Motorschiffe) anreisen. An Fest- und Feiertagen sind die Parks stark überlaufen.

(Für alle Touren in die Umgebung s. auch ›Abfahrtsplätze und -zeiten‹ S. 281.)

Reiseziele am Mittelmeer, Roten Meer, Golf von Suez und auf der Sinai-Halbinsel

Selbstverständlich ist Kairo der ideale Ausgangspunkt für die klassischen Besichtigungsreisen nach Luxor und zu den anderen historischen Stätten Oberägyptens; es gibt in der Hauptstadt viele qualifizierte Reisebüros (s. S. 275), die Planung und Buchungen einer solchen Tour besorgen. Hier noch einige Hinweise auf Reisewege neben den großen Routen.

Für den Erholungssuchenden war in der kühleren Jahreszeit (November bis April) früher das *Westufer des Golfs von Suez* bei *Ain Suchna* (›heiße Quelle‹), knapp 190 km ab Kairo, der bevorzugte Badeort. Der Platz ist aber durch Ölexploration unleidlich geworden (Stand 1982). Wer ungetrübte Badefreuden am *Roten Meer* erleben will, sollte bis *Hurgada* (530 km) oder *Port Safaga* (600 km) reisen (Flugzeug bis Hurgada, Auto und Autobus); von dort aus auch Möglichkeiten zur Weiterreise nach Luxor und Assuan.

Badefreuden im Winter müßte etwa ab 1983 auch die an Ägypten zurückgelangte Südostküste des Sinais am *Golf von Aqaba* bieten. Im Sommer sollte man sich eher der Mittelmeerküste des Sinai oder der Küste östlich und westlich von Alexandrien zuwenden (ab Ende Juli bis Mitte September sind wegen der ägyptischen Feriensaison Zimmer schwer zu haben). Die Stadt *Alexandrien* mit ihren Seebädern taugt ebenfalls zur Sommerfrische, doch ist sie in der Ferienzeit stark überlaufen. Der schön am Mittelmeer gelegene Ort *Mersa Matruh* (knapp 500 km) war zeitweise für den Badebetrieb gesperrt, ist aber seit 1981 wieder freigegeben.

Ob die Landgrenze nach Libyen – gesperrt seit 1978 – (700 km) wieder geöffnet wird, hängt von der politischen Entwicklung ab; bei Redaktionsschluß des Buches war die Grenze mit Libyen noch Sperrgebiet.

Badegelegenheit bietet an der westlichen Mittelmeerküste auch der Ort *Sidi Abd al Rahman* (360 km) mit einem großen Touristenhotel. Von dort aus gibt es Gelegenheit, die deutschen, italienischen und britischen Soldatenfriedhöfe aus dem 2. Weltkrieg zu besuchen (El Alamein).

Seit Beginn der achtziger Jahre haben Besucher Kairos eine Möglichkeit, die den früheren Reisenden ab 1948 nicht mehr zur Verfügung gestanden hatte: sie können auf dem Land-, Luft- und Seeweg nach *Israel* (vorher Palästina) aus- oder von dort anreisen. Zu empfehlen ist besonders der Landweg von und nach *Jerusalem* (rund 700 km) mit dem Autobus oder Taxi (oder auch eigenem Wagen); die Fahrt vermittelt Eindrücke vom Suezkanal und verschiedenen Landschaften der Sinai-Halbinsel und ist preisgünstig.

Das Hochgebirge des *Sinai* (bis 2700 m) lernt man bei einem Besuch des *Katharinenklosters* (260 km) im Süden der Halbinsel kennen (Flugzeug, Autobus und Auto möglich). Das Katharinenkloster gehört zur griechisch-orthodoxen Glaubensrichtung, es ist also eigentlich ›byzantinisch‹.

Wer die frühesten koptischen Klöster sehen möchte, muß das *Antoniuskloster* und das *Pauluskloster* nahe der Westküste des Golf von Suez besuchen. Die Autobuslinie nach Hurgada über Heluan und al Saff führt dicht am Antoniuskloster (rund 200 km) und am Pauluskloster (rund 250 km) vorbei; jedoch müßte der Besucher von der Straße aus zur ersten Klosteranlage rund 10 km, zur zweiten rund 5 km zu Fuß zurücklegen (schöne Wanderung). Autos und Touristenbusse fahren ohne Schwierigkeit bis an die beiden Plätze heran. Zum Besuch der Klöster am Roten Meer hole man sich vorsorglich eine Genehmigung des Koptischen Patriarchats in Kairo-Abbasiya. In der Osterzeit sind Frauen vom Besuch ausgeschlossen.

Kairo - Informationen

Praktische Reisehinweise von A–Z

Touren in der Stadt und in der Umgebung

Praktische Reisehinweise von A–Z

Vorbemerkung

Alle Orts- und Zeitangaben sind so präzise wie möglich zusammengestellt, doch die Genauigkeit trifft oft auf Grenzen. Zum Beispiel wird der Reisende häufig weder ein Straßen- noch ein Nummernschild finden. Selbst Hauptstraßen wie die Kasr al Nil sind nicht durchnumeriert. Zwischen der Nr. 12 und der Nr. 14 können durchaus zehn, ja zwanzig Häuser stehen. Manchmal heißen die Straßen arabisch sharia, aber es gibt auch englische (street) und französische (rue) Namen. In diesem Fall haben wir immer die Bezeichnung gewählt, die der Reisende auch vorfindet; trotzdem wird er häufig Passanten nach dem Weg fragen müssen. Viele, vor allem jüngere Kairener verstehen etwas Englisch und sind bemüht zu helfen. Außerdem sind als Hilfe für die Touristen zahlreiche Polizisten eingesetzt worden (›Tourist Police‹), die englisch sprechen.

Wir haben auf Preisangaben weitgehend verzichtet, denn auch in Ägypten steigen stetig die Preise. Soweit Preise angegeben sind, beziehen sie sich mit Vorbehalt auf das Erscheinungsjahr dieses Buches. Zur Zeit sind Hotel- und Restaurantpreise, außer in den unteren Qualitätskategorien, schon fast auf dem durchschnittlichen westeuropäischen Stand. Ein individuell reisendes Ehepaar, das in einem Luxushotel absteigt, muß mit Übernachtungs- und Tagesausgaben von mindestens 200 DM rechnen; gibt sich das Ehepaar mit einem Zimmer in der Kategorie ›einfache Hotels‹ zufrieden, reichen 75 bis 100 DM je Nacht/Tag.

Einreise-, Zoll- und Devisenformalitäten haben sich in den letzten Jahrzehnten mehrmals geändert. Das kann auch in Zukunft wieder geschehen. Wer sich vor seiner Abreise genau informieren will, sollte die *Ägyptische Botschaft* in Bonn-Bad Godesberg oder den *Ägyptischen Fremdenverkehrsverband* in Frankfurt a. M. konsultieren (s. auch ›Botschaften und Vertretungen‹ S. 261).

Ankunft

Bei der Einreise sind ein gültiger Reisepaß und ein Visum erforderlich. Das Visum wird auch bei der Ankunft in Kairo erteilt. Günstiger aber ist es, das Visum bereits in Deutschland bei der Ägyptischen Botschaft in Bonn-Bad Godesberg zu besorgen. Das spart lange Wartezeit. Impfzeugnisse sind zur Zeit nicht erforderlich. Spätestens 78

Stunden nach der Einreise muß der Paß zur Registrierung beim Innenministerium (Midan al Tahrir) vorgelegt werden. In aller Regel übernimmt das Hotel diese Aufgabe. Es gelten die internationalen Zollbestimmungen.

Seit dem 1.4.1982 muß jeder Einzelreisende bei der Einreise für mehr als zwei Tage den Betrag von 150 Dollar (oder Gegenwert in DM) wechseln. Hotelkosten können bis in Höhe des Gegenwertes in ägyptischen Pfund entrichtet werden; darüber hinaus ist die Hotelrechnung wieder mit Devisen zu begleichen.

Vom Flughafen bis in die Innenstadt sind es rund 15 Kilometer. Wer nicht in einer Gruppe anreist, muß ein Taxi nehmen. Der Preis dafür muß ausgehandelt werden. Es gibt von der staatlichen Touristenorganisation eingesetzte Taxen (›misr taxi‹), die zu einem festen Grundpreis befördern (Stand 1982: 5 ägypt. Pfund). Die Touristenpolizei hilft dem Ortsunkundigen, diese Taxistände zu finden.

Anreise

Die meisten Touristen kommen als Pauschalreisende per Flugzeug nach Kairo. Gewöhnlich ist dann die ägyptische Hauptstadt nur die Durchgangsstation für eine kulturgeschichtliche Entdeckungsreise durch die aufregende Vergangenheit dieses Landes bis in den Süden nach Abu Simbel. Aber auch wer individuell anreist, wird im Zeitalter des Düsenjets und kurzer Urlaube das Flugzeug benutzen. Sowohl die *Lufthansa* als auch die *Egypt Air* bieten bis zu sechsmal in der Woche Linienflüge nach Kairo an. Die Preise für ein Hin- und Rückflugticket liegen dabei ab Frankfurt um 1300 Mark und aufwärts. Für die erste Klasse muß man ein gutes Drittel mehr rechnen. Wer von Wien aus zweiter Klasse fliegt, muß ungefähr 1100 DM ausgeben.

Wer Zeit hat oder sie sich nehmen und dabei nicht auf sein eigenes Auto verzichten will, kann auch über Venedig, Ancona, Piräus, Patras, Brindisi oder Marseille anreisen, d.h. sich an den Häfen einschiffen und z.B. von Venedig aus in rund vier Tagen über das Mittelmeer nach Alexandria übersetzen. Die Fähre verläßt Venedig zwischen Oktober und Mai jeden zweiten Freitag abends zwischen 20 und 22 Uhr. Vorabbuchungen sind dringend nötig. Die Preise liegen – je nach Qualität der Kabine – einschließlich des Autos zwischen 1000 und 1500 Mark. Studenten und Schüler erhalten eine Ermäßigung. Auskünfte erteilen die verschiedenen Reisebüros. Die Adresse des Reedereibüros: ADRIATICA di Navigazione S.p.A. Passagierbüro, 30123 Venedig, Zattere 1412. Überfahrtmöglichkeiten bietet außerdem DFDS SEAWAYS, allerdings häufig in Verbindung mit einem Pauschalprogramm, an. Die Schiffe der DFDS fahren ab Ancona.

Wer mit dem Schiff Ägypten anfährt, aber ohne eigenes Auto, kann sich entweder in Alexandria einen Wagen mieten oder den – allerdings häufig ausgebuchten – Zug nach Kairo besteigen. Die empfehlenswerte 1. Klasse kostet einfach für eine Person knapp 5 Pfund. Noch billiger ist die Fahrt nach Kairo im Sammeltaxi oder mit dem mehrmals täglich fahrenden Bus vom Midan Zaghlul (beim Hotel Cecil) in Alexandria aus. In Kairo fährt der Bus dann vom Midan al Tahrir aus. Der Fahrpreis beträgt rund 3,5 ägyptische Pfund. Es werden nur Sitzplätze vergeben.

> Die Anreise ist seit 1980 auch von Jerusalem mit dem Bus über den Gazastreifen, die Sinaihalbinsel und den Suezkanal bis nach Kairo möglich.

Auskunft

Kontaktbüros des Ministeriums für Tourismus

Flughafen ✆ 966475

an den Pyramiden ✆ 850259

Hauptbüro (Innenstadt)
sh. Adly Nr. 5 (Passage) ✆ 923000

Ausreise

Flugplatz, Buchungsbüro

Terminal 1 bedient alle Flüge nach und von Europa, Terminal 2 alle Flüge der EGYPT AIR und alle Flüge aus arabischen Ländern. Rund anderthalb Stunden (offiziell zwei Stunden) vor dem Abflug muß jeder Passagier am Flugplatz sein. Die Fahrt vom Zentrum zum Flugplatz dauert gewöhnlich rund eine halbe Stunde, in der rush hour (zwischen 12 und 15.30 Uhr) manchmal eine Stunde. Die Flughafengebühr ist seit Sommer 1982 im Flugpreis enthalten.

Flugplatz-Information ✆964255, 968700 und 963270
Ankunft- und Abflugzeiten ✆ 965219

Fluglinienbüros

AUSTRIAN AIRLINES 13, Talaat Harb
EGYPT AIR Nile Hilton Hotel, Talaat Harb, Adly street, Sheraton Hotel
LUFTHANSA 9, Talaat Harb
SWISSAIR 22, Kasr al Nil
Alle Linien haben natürlich ebenfalls Büros am Flughafen.

Banken

In den Banken wird zum geltenden Tagessatz Geld getauscht; daneben gibt es einen ›grauen Markt‹ mit etwas günstigeren Kursen. Eurocheques werden in den Banken entgegengenommen, allerdings zu einem schlechten Kurs. Es empfiehlt sich, Geld in den Banken der Hotels zu tauschen, die jedem offenstehen. Die ›Bank Misr‹ hat einige Wechselstuben im Zentrum eröffnet. In den Hauptbanken im Stadtzentrum ist das Geldwechseln oft eine langwierige, mühselige und viel Geduld erfordernde Angelegenheit. Lassen Sie sich soviel Kleingeld wie möglich geben, da schon eine 5-Pfundnote in Cafés oder bei kleinen Händlern Schwierigkeiten macht. Da Sie außerdem immer wieder Kleingeld für Bakschisch brauchen, lassen Sie sich auch 25- und 50- Piaster-Scheine aushändigen. *Als Regel gilt: Man kann gar nicht genug Kleingeld haben!*

Die offiziellen Banken unterhalten Wechselstuben am Flugplatz, die durchgehend geöffnet sind; sie tauschen Geld zum amtlichen Tageskurs. Vgl. auch ›Geld‹ S. 268.

Die Banken sind täglich, außer freitags, geöffnet von 8.30 – 13.30 Uhr, sonntags von 10 – 12 Uhr. Die MISRBANK im Nile Hilton ist rund um die Uhr geöffnet. Die Banken in den Hotels sind gewöhnlich bis 20 Uhr geöffnet.
AMERICAN EXPRESS
15, Kasr al Nil
Nile Hilton Hotel
Meridien Hotel
MISRBANK
Nile Hilton Hotel
Sheraton Hotel
El Borg Hotel
Mena House Oberoi
Shepheards Hotel
President Hotel
Scheherazade Hotel
El Nil Hotel

Botschaften und Vertretungen

Botschaft der Arabischen Republik Ägypten in Bonn
Konsularabteilung
Wendelstadtallee 2
Bonn-Bad Godesberg
∅ 332032

Ägyptisches Fremdenverkehrsamt
Kaiserstr. 64a
Frankfurt a. M.
∅ 252153

Botschaft der Bundesrepublik Deutschland
(neue Anschrift seit Sommer 1982)
8, sharia Hassan Pascha Sabri
Cairo-Zamalek
∅ 650016, 651015, 651507, 710227, 818153, 818227 und 818261
Telegrammanschrift: Diplogerma Cairo

Österreichische Botschaft
21, sh. El Sadd El Aali
Cairo-Dokki
∅ 805898

Schweizerische Botschaft
10, sh. Abdel Khalek Sarwat (Innenstadt)
∅ 758133

Botschaft der DDR
11, sh. Amer
Cairo-Dokki
∅ 844097

Deutsch-Arabische Handelskammer
2, sh. Sherif (Apt. 58) (Innenstadt)
∅ 769237 und 741754
Telex: 93671 GAC UN

Deutscher Akademischer Austauschdienst (DAAD)
6 A, sh. Ismael Mohammad
Cairo-Zamalek
∅ 650726

Deutsches Archäologisches Institut
31, sh. Abu al Feda
Cairo-Zamalek
∅ 801460 und 802321

Deutsche Schule der Borromäerinnen
8, sh. Mohammad Mahmud
Cairo-Bab al Luk (Innenstadt)
∅ 22226 und 24654

Deutsche Evangelische Oberschule
6, sh. al Dokki
Cairo-Dokki
∅ 845109, 845171 und 844747

Goethe-Institut
(Programmabteilung)
5, sh. Abdel Salam Araf (Innenstadt)
∅ 759877

Deutsche Presseagentur (dpa)
33, sh. Kasr al Nil (Innenstadt)
∅ 744327 und 767019
Telex: 92054 DPA UN

Bundesstelle für Außenhandelsinformation (BfAI)
58, Road 82
Cairo-Maadi
∅ 631751
Telex: 93805 GFACA

Adressen und Telefon-Nummern veralten früher oder später – die der Deutschen Botschaft galt rund dreißig Jahre lang, bis 1982 der Umzug von der sh. Bolous Hana Pascha in ein Gebäude in der Hassan Sabri erfolgte; manche sind vielleicht schon kurze Zeit nach dem Erscheinen dieses Buches überholt. Holen Sie im Bedarfsfall Auskünfte bei der *Deutschen Botschaft* oder der *Deutsch-Arabischen Handelskammer* ein. Zudem erscheint etwa viermal im Jahr ein Heft ›*Cairo by night and day*‹ (in großen Hotels und den meisten Reisebüros zu finden). Das Heft enthält jeweils ein aktuelles Adressenverzeichnis der Reisebüros, Luftlinien, Botschaften, Restaurants und Hotels. Im Anzeigenteil findet man Angebote für Touren in Kairo, in der Umgebung und zu weiter entfernten Zielen.

Bücher

Buchhandlung Lehnert und Landrock
44, sh. Sherif Pascha (Innenstadt)
✆ 747606, 755324

Diese deutschsprachige Buchhandlung hat sich auch verlegerisch hervorgetan. Wer seine Ägyptenkenntnisse während des Aufenthalts in Kairo vertiefen will, findet hier eine breite Auswahl wichtiger Bücher über das Land der Pharaonen in deutscher Sprache. Eine gute Auswahl englisch- und französischsprachiger Bücher bieten etliche Buchhandlungen in der Innenstadt an, z. B. Renaissance Bookshop in der sh. Adly Pasha, Hachette am Midan Talaat Harb und Livre Français in der sh. Kasr al Nil. Zudem gibt es ein begrenztes Angebot deutsch-, englisch- und französischsprachiger Literatur, Zeitungen und Zeitschriften in den einschlägigen Geschäften der großen Hotels. Wer sich für antiquarische Bücher interessiert, sollte es bei den Händlern am Midan Opera (Esbekiya) versuchen; dort gibt es zwischen Dutzenden von Ständen und Buden mit arabischen Büchern auch einige, die Bücher in europäischen Sprachen, besonders in Englisch, anbieten.

Einkauf und Souvenirs

Der ›Kankalili‹ (s. S. 230; Umschlagvorderseite, Farbt. 65, 75, 77, 80, 85–87) ist immer noch ein großer Markt überwiegend für fremde Besucher. Wie sieht heute das Warenangebot aus? Läßt es sich mit dem anderer international bekannter Basare vergleichen? Natürlich kommt es ganz darauf an, was man zu kaufen wünscht. Hunderte von Händlern bieten ihre Ware an. Die Reste des ehemaligen Khans (Chans) und die sie umgebenden Gassen, ebenso die Reste eines noch im frühen 19. Jahrhundert erbauten osmanischen Zeughauses, sind jetzt in zahlreiche meist kleine Ladengeschäfte, Verkaufsstände, enge Werkstätten und manchmal auch winzige offene Verkaufsplätze eingeteilt. Wer dort nur ein gewöhnliches Souvenir sucht, etwa eine aus Messing gegossene Pyramide, einen aus Alabaster gefertigten Gise-Sphinx oder einen aus Knochen geschnitzten Schuhanzieher, der braucht eigentlich nicht den manchmal beschwerlichen Weg zum Souk ›Kankalili‹ zurückzulegen; in den Verkaufsstätten der großen internationalen Hotels und in vielen auf Touristen spezialisierten Geschäften der Innenstadt gibt es solche Artikel auch.

Wenn auch fast dasselbe Angebot in der Innenstadt vorliegt, so darf man dennoch dem ›Kankalili‹ einen großen Vorzug zuschreiben: im Souk, im Basar, ist das Angebot auf einer viel kleineren Fläche zu finden, denn dort sind in einem eng begrenzten Gebiet alle einschlägigen Geschäfte konzentriert. Der potentielle Käufer braucht also nicht übermäßig lange zu suchen, er kann

Preisvergleiche anstellen, kann zu feilschen und dabei einen Händler gegen den anderen auszuspielen versuchen.

Leichter findet man im ›Kankalili‹ auch die wirklich landestypischen Erinnerungsstükke; landestypisch, weil sie eine Beziehung zur handwerklichen Tradition Ägyptens haben oder aus dem hier vorherrschenden Material gefertigt sind. Die meisten dieser Stücke besitzen neben dem Erinnerungs- auch einen Gebrauchswert. Das gilt zum Beispiel für Leder-, Glas- und Holzwaren, ebenfalls für einige Textilien.

Das Angebot an Lederwaren ist besonders groß, und die Preise für Damen-Handtaschen, Umhängetaschen, Reise- oder Einkaufstaschen, Geldbörsen, Sitzkissen und Hausschuhe liegen wohl um ein Viertel bis zur Hälfte unter denen für vergleichbare Ware in Westeuropa. Allerdings haben Kairoer Lederwaren auch gewisse Schwachpunkte: Reißverschlüsse, Beschläge und Henkelhalter sind oft von geringer Qualität.

Meist sudanesischen Ursprungs sind aus Echsen- oder Schlangenhaut gefertigte Hand- und Umhängetaschen sowie Geldbörsen; auch sie sind in der Regel viel billiger als vergleichbare Stücke in Europa (Stand 1982).

Die im ›Kankalili‹ und in der sharia Muski angebotenen Glaswaren sind zum Teil recht reizvoll. Es gibt grüne, blaue und braune Glasteller und Gläser, die aus Altglas mundgeblasen werden. Der Reiz dieser Ware liegt darin, daß kein Stück genau wie das andere geformt ist; Teller und Gläser sind manchmal etwas wackelig oder weisen Blasen und Holzkohleeinschlüsse auf. Wer es wünscht, kann sich einen Satz geradestehender Stükke mit möglichst wenigen ›Fehlern‹ heraussuchen. Bei den Gläsern gibt es neben den herkömmlichen auch bizarre Formen. Liebhaber von Amuletten können sich auf dem ›Kankalili‹ blaue Glasperlen und ›magische Augen‹ aus blauem Glasfluß zur Abwehr des ›bösen Blicks‹ kaufen.

Das holzverarbeitende Kunsthandwerk hat eine lange Tradition in Kairo, obwohl Ägypten ein holzarmes Land ist. Schon seit pharaonischer Zeit wurde Holz zur Weiterverarbeitung nach Ägypten eingeführt, damals vorwiegend aus dem Libanon; daraus wurden nicht nur zweckmäßige Boote gebaut, sondern es entstanden auch kunstvoll geschnitzte Schmuckplatten, Masken, Statuen, es wurden meisterlich Särge und Urnenkisten getischlert. Im christlichen wie im islamischen Ägypten blieb die Holzschnitzerei ein hochgeschätztes Kunsthandwerk. Im Koptischen Museum und im Islamischen Museum sind zahlreiche hervorragende Stücke dieser Kunst zu sehen. Vom 10. Jahrhundert an gab es in Kairo schon so etwas wie eine handwerkliche Massenproduktion: für die Fenster und Erker besserer Häuser wurden und werden immer noch Holzgitter gefertigt, die ›maschrabiya‹ genannt werden. Eine maschrabiya ist ein aus glatten oder gedrechselten Einzelstäben hergestelltes Gitterwerk, zu kunstvollen Mustern geordnet. Die Ornamente sind geometrisch, manchmal enthalten sie religiöse Schriftzüge oder weisen durch Kreuze koptische Auftraggeber aus. Als Fenster- und Erkerverkleidung wirkten die maschrabiyen wie Jalousien: sie brachen das einfallende Sonnenlicht und gestatteten es, auf die Straße hinunterzuschauen, ohne selbst gesehen zu werden. Die maschrabiya, hinter der sich die Frauen beim Ausschauen verbergen konnten, kann man geradezu als ein Produkt des Haremswesens bezeichnen. Der Name leitet sich von ›scharaba‹ = trinken ab, weil in den Erkern Tonkrüge mit Wasser aufgestellt wurden, das durch Verdunstung abkühlte.

Das Gitterwerk bestimmte früher das Bild der Fassaden eines großen Teils der Häuser. Etwa seit Beginn des 20. Jahrhunderts wurden sie beim Hausbau kaum noch verwendet, jedoch für Moscheen, Kirchen und Privathäuser als Trennwände und Dekorationselemente der Innenausstattung weiter produziert (Farbt. 49, 51, 53). Ältere Stücke werden jetzt vom Kunsthandwerk wiederverwendet und tauchen zum Beispiel in den klappbaren Holzuntersätzen für Kupfer- oder Messingplatten als dekoratives Element auf.

In den Werkstätten für maschrabiyen wurden auch Einzelteile für Einlegearbeiten an Türen oder Kanzeln von Moscheen und Kirchen hergestellt, diese oft noch mit Perlmutt und Elfenbein verziert. Auch diese handwerkliche Kunst ist noch nicht ganz untergegangen: man findet im ›Kankalili‹ – mit einiger Mühe – aus älteren Teilen neu zusammengesetzte Kästen, zum Beispiel zur Aufbewahrung von Schmuck, die aus traditionsreichen Werkstätten stammen. Auch ganz neue Kästen sind wegen der meist guten Handwerksarbeit beachtenswert. Ähnliches gilt für die Produkte der Kupferschmiede. Kupferne Schalen, Teller, Kannen, Töpfe und Vasen verdienen Aufmerksamkeit. Ältere Stücke mit schön gearbeiteten Mustern sind seltener geworden, doch läßt sich gelegentlich eines auftreiben.

Zeltmacher ist ein wichtiger Beruf in Kairo. Zelte werden auf Plätzen vor Wohnhäusern oder Moscheen aufgeschlagen, um bei Sterbefällen, Hochzeiten oder anderen Familienfesten Gäste für das vorgeschriebene Ritual aufzunehmen (Farbt. 83, 84). Die Zeltwände sind mehrfarbig geschmückt mit eingenähten Ornamenten. Hier trifft man auf eine vielhundertjährige Handwerkstradition. Sie ist noch ganz lebendig und liefert heute als Nebenprodukt Matten und Decken mit von Zelten entlehnten Mustern und – gezielt auf westliche Touristen – Decken, geschmückt mit pharaonischen Motiven. Letztere eignen sich als typisch ägyptisches Mitbringsel für Kinder. Wer etwas anderes ›Ägyptentypisches‹ aus der Textilbranche wünscht, kann im ›Kankalili‹ eines der nachthemdartigen Gewänder der Männer, genannt Galabiya, kaufen. So manche Besucherin aus Europa hat schon unter den feilgebotenen arabischen Frauenkleidern mit einem scharfen Blick ein Abendkleid für sich entdeckt.

Der Kauf von Schmuck auf dem ›Kankalili‹ setzt einigen Sachverstand und aktuelle Marktkenntnisse voraus. Um Modeschmuck braucht man sich nicht zu bemühen. Den gibt es in aller Regel in Europa oder anderswo besser. Landestypisch sind einmal die sogenannten Halbedelsteine Türkis und Karneol (Sinai), außerdem Korallen (Rotes Meer). Auch Amulette aus Keramik der pharaonischen Zeit, Bruchstücke von Antiquitäten und bunte Glasmosaiken der griechisch-römischen Periode werden als Schmuckelemente benutzt. Schließlich gibt es unter dem etwas klotzigen Silberschmuck muslimischer Frauen panislamische und einige landestypische Modelle.

Ketten, Ringe, Broschen, Anhänger und Armreifen, auch mit Türkisen, Karneolen und Korallen, gibt es in etlichen Geschäften.

Zu Schmuck verarbeitete Antiquitäten sind sehr teuer geworden. Das liegt weniger daran, daß jetzt kaum noch passende Stükke gefunden werden, wie manche Händler behaupten, sondern, weil in den letzten Jahren die dem unkontrollierten Antiquitätenhandel entgegengesetzten Bestimmungen strikter angewandt worden sind. Was legal oder illegal durch das Netz der Bestimmungen schlüpft, wird mit Gold veredelt und zu Höchstpreisen verkauft. Wer an ein so teures Stück herangeht, wird auch mit dem Zweifel kämpfen, ob es wirklich echt ist. Dieser Zweifel läßt sich wohl nur ausräumen, wenn der Käufer einen erfahrenen Experten zur Seite hat. Hingegen kann auch der Laie sich an die Gehänge heranwagen, die aus blauen, grünen, gelben und braunen Keramikperlen der Mumien neu zusammengestellt sind. Davon gibt es schöne Stücke noch zu erschwinglichen Preisen (Stand 1982). Man darf wohl davon ausgehen, daß zumindest ein Teil der Keramikstücke wirklich aus pharaonischer Zeit stammt, während der andere Teil neugemacht und untergemischt worden ist. ›Halb und halb‹ gilt als eine gute Mischung.

Beachtung verdient auch jetzt noch der auf dem Markt vorhandene islamische Silberschmuck. Solcher Schmuck wurde früher bei den unteren Schichten in der Stadt, allgemein bei den Bauern und bei den Nomaden in der Wüste als Brautgabe und materielles Sicherheitsdepot der Ehefrau für den Fall der Scheidung durch den Mann hoch geschätzt. Änderungen der Sitten und Bräuche, vor allem aber die Inflation haben das Silber verdrängt und durch Gold ersetzt. Nur für die Nomaden und Halbnomaden der Westlichen Wüste (Sahara) und des Sinai werden von einzelnen Kairener Silberschmieden noch Fuß- und Armreifen und Halsketten, für bestimmte Gegenden auch Nasenringe hergestellt. Diese Produkte kommen im ›Kankalili‹ für Touristen auf den Markt. Wer Freude an rustikalen Armbändern hat, wird erkennen, daß hier der ›Kankalili‹ noch verhältnismäßig viel zu vernünftigen Preisen (Stand 1982) zu bieten hat. Verkauft wird primär nach Gewicht; man tut also gut daran, den Tagespreis des Silbers zu kennen. Gute Stücke sind mit einem ägyptischen Silberstempel versehen. Das gilt insbesondere für ältere Stücke. Die Stempel geben darüber Auskunft, wie hoch der Silbergehalt des betreffenden Objektes ist:

 = 900/1000

 = 800/1000

 = 600/1000.

Verlangen Sie eine Lupe, da man die Zahlen mit dem bloßen Auge oft nicht erkennen kann.

Beduinenschmuck ist allerdings selten älter als fünfzig Jahre, weil es im Nomadenverband zu den guten Sitten gehört, nach dem Tod der Frau deren silbernen Besitz einzuschmelzen und für die nächste Frau neu anzulegen.

Ein anderes originelles Produkt des ›Kankalili‹ sind Rosenöl und viele andere Parfüme, vorwiegend aus Blumenölen hergestellt. Die Spezialisten unter den Händlern bringen immer wieder neue Kompositionen auf den Markt und versehen sie mit so exotischen Namen wie ›Kuß des Scheichs‹. Hinter solchen Etiketten verbergen sich oft recht gute Parfüms, die originell und preiswert sind.

Liebhaber exotischer Gewürze finden einzelne Geschäfte mit reichhaltigem Angebot in der sharia Muski und eine Ansammlung von Gewürzhändlern hinter der al Ghuri-Moschee (von der sharia al Azhar aus zu erreichen).

Mit altägyptischen Motiven bemalte oder mit Hieroglyphen beschriftete *Papyri* (s. S. 65) werden in vielen Geschäften des ›Kankalili‹, der Innenstadt, bei den koptischen Kirchen Alt-Kairos und bei den Pyramiden von Gise angeboten. Angesichts des großen Angebots sollte es möglich sein, Preisnachlässe zu erlangen. Wer Wert auf Qualität legt, sollte das auf einem Hausboot am westlichen Nilufer untergebrachte **Papyrus-Institut** (Nebenstelle im Nile-Hilton) aufsuchen (etwa gegenüber der Nordspitze der Insel Roda, zu erreichen am besten über die Universitätsbrücke/El Gama'a Bridge). Es handelt sich zwar auch um ein kommerzielles Unternehmen, doch hat es das wohl umfassendste Angebot und beruft sich darauf, nur den Grundstoff cyperus papyrus zu verwerten, der auch im alten Ägypten benutzt worden sei.

Wer wenig Zeit hat, kann einen Teil des ›Kankalili‹-Angebots auch in den Geschäften der Luxushotels oder in einigen Geschäften der Innenstadt finden. Zwischen den parallel zueinander verlaufenden sh. 26. July und sh. Adli gibt es einen **Innenstadt-Basar** mit Lederwaren (auch Koffer und Reisetaschen), Andenken-Geschäften, Textilien und Süßwaren; Eintritt durch schmale Gänge von beiden Seiten.

Kairo hat seit einigen Jahren auch Ladenschlußzeiten!
Geschäftszeiten im Sommer, d. h. von April bis Oktober:
täglich 9–20 Uhr, donnerstags und montags bis 21 Uhr, sonntags überwiegend geschlossen.
Geschäftszeiten im Winter:
täglich 10–19 Uhr, donnerstags und montags bis 20 Uhr, sonntags überwiegend geschlossen.

Während des *Fastenmonats Ramadan* (beweglich) bleibt den Geschäftsleuten die Regelung der Öffnungszeiten selbst überlassen.

Essen und Trinken

Man ißt insgesamt nicht schlecht in Kairo, auch nicht in den einfachen Restaurants. Ungewöhnliches, eine raffinierte arabische Kochkunst aber wird man leider selten finden. Natürlich gibt es in den Luxushotels hervorragendes Essen. Ebenso kann man in Lokalen wie dem ›Arabesque‹ oder ›Al Bawadi‹, einem Restaurant, das keinen Alkohol ausschenkt, sehr gut und typisch arabisch essen. Die Norm aber ist bestenfalls gehobener Durchschnitt. Das sollte man zuvor wissen. Dann aber kann man auch in den zahllosen kleinen Garküchen preiswert und reell essen, zumindest ›kufta und kebab‹. Vom Äußeren sollte man sich nicht unbedingt abschrecken lassen, dafür auf Salat verzichten. In unserer Restaurantliste haben wir im übrigen die Luxushotels ausgelassen und statt dessen Lokale nach der Art ihrer Küche, nicht nach Qualität, was sehr schwierig gewesen wäre, angegeben.
(S. auch ›Küche und Keller‹ S. 237)

Internationale Küche

Arabesque
6, Kasr al Nil
Caroll
12, Kasr al Nil
Champs Elysees
19 A, Osman Ibn Affan, Midan Salah al Din, Heliopolis
Don Quichotte
9 A, Ahmed Heshmat, Zamalek
El Dorado
1, Roxy, Heliopolis
El Gaucho
Pyramidenstraße, beim Hotel Vendome
Estoril
12, Talaat Harb
Le Grillon
8, Kasr al Nil
Groppi Restaurant
Midan Talaat Harb
Mayflower Inn
82, Abdel Aziz Saud, Corniche al Nil
Palmyra
25, sh. al Ahram, Heliopolis
Rex
33, sh. Abdel Khalek Serwat
Restaurant des Familles
sh. Ibrahim al Laqqani, Heliopolis
Riche
13, Talaat Harb

Spezialitätenküche

Aladin
26, sh. Sherif
Andrea
Die Pyramidenstraße in Richtung Pyramiden, kurz vor dem Mena House Hotel rechts hinein ungefähr einen Kilometer (ausgeschildert)
Ariston
Passage an Talaat Harb beim Kino Miami

Carvery
Kurz vor Andrea
Casino des Pigeons
Gise, südlich von Kubri Abbas
Casino El Nil
Gleich hinter der Löwenbrücke
Chateau de Versailles
12, Mohamed Sakab, Zamalek
El Gamal
Pyramidenstraße
Flying Fish
192, sh. Al Nil, Agouza; beim Hotel Scheherazade
Fu Ching
28, sh. Talaat Harb
Golden Dragon
Pyramidenstraße
Kursaal
17, sh. al Alfi Bey
La Mediterranee
13 A, sh. Marahly, Zamalek
La Rose
Kurz vor Andrea
Munchen Lowenbrau
31, sh. 26. July
Paprika
1129, Corniche al Nil
Pizza Baffo
20, sh. Taha Hussein, Zamalek
Pizzeria Capri
31 B, sh. 26. July
Restaurant Tut
Pyramidenstraße
Seahorse
Am Nil auf dem Weg nach Maadi
Steak Corner
8, Midan Amman, Dokki
Sofar
21, sh. Alfi
Swissair (Le Chateau)
El Nasr Gebäude; sh. al shadid abdel hady salah abdullah / sh. al Nil, Giza
Taverne
3, sh. Alfi
The Farm
23, sh. Maryutia

Ägyptische Küche

Abu Heidra
sh. Ibrahim al Laqqani, Heliopolis
Abu Schakra
69, sh. Kasr al Aini
Al Bawadi
Midan Misaha, Dokki
Al Dahan
4, Khan al Kalili
Al Domiati
Midan al Falaki
Al Rakeeb
19, Midan al Sayedda Zeinab
El Hati
8, Midan Halim
El Shimy
45, Midan Orabi (am Ende der sh. Talaat Harb)
El Tabei
31, sh. Orabi (zwischen Midan el Tawfikia und sh. Ramsis)
Fatarane El Tahrir
166, sh. al Tahrir
Filfila
15, sh. Hoda Shaarawy (südlich des Midan Talaat Harb)
La Lanterne
Pyramidenstraße
Restaurant El Sammak
Rue Abdel Aziz
Sakkara Rest
Pyramidenstraße

Kaffeehäuser und Snackbars

Ali Baba
Midan al Tahrir
L'Americaine
Ecke sh. Talaat Haarb/sh. 26. July
Amphitrion
sh. al Ahram, Heliopolis
Brazilian Coffee Shop
38, Talaat Harb

Cafe Continental
Midan Opera
Groppi
Midan Talaat Harb
Groppi Garden
2, sh. Abdel Khalek Serwat
sh. al Ahram, Heliopolis
Indian Tea House
23, Talaat Harb
Lappas
17, Kasr al Nil
Snobra
sh. Ibrahim al Laqqani, Heliopolis
Simmonds
sh. 26. July
Wimpy
sh. Gamiat el Dowal el Arabia
6 A, sh. Ismail Mohamed, Zamalek
sh. Talaat Harb
sh. Beirut, Heliopolis

Führungen

Private Führer
Akila Cherin
(franz., deutsch, englisch), ✆ 21170
Hayyat Sirry
(deutsch, englisch), ✆ 801646
Malak Yakan
(deutsch, englisch), ✆ 36011
Marion Alam
(deutsch, englisch), ✆ 800277

Geld

Das ägyptische Pfund ist in 100 Piaster, jeder Piaster in 10 Millimes eingeteilt. Die niedrigste Münze ist das 5-Millime-Stück, der halbe Piaster, Taarifa genannt. Daneben gibt es 1 Piaster (ersch), 5 Piaster (schellen), 10 Piaster (aschra saagh). 5, 10, 25 und 50 Piaster gibt es auch als Papiergeld, ebenso 1-, 5-, 10-, 20-, 100-Pfund-Scheine (es gibt verschiedene Notentypen unterschiedlicher Größe). *Achtung! Verwechslungsgefahr mit kleineren Nennwerten!*

Gesundheit

In den Sommermonaten – Mai bis September – werden Ausflüge zu den Pyramiden oder Touren in der Stadt mühselig. Wer dennoch im Hochsommer nach Kairo kommt, sollte sich auf die extremen klimatischen Bedingungen einstellen (s. ›Reisezeiten‹ S. 276).

Klimatisierte Busse bringen Gruppenreisende in angenehmer Temperatur zu den Ausflugszielen – aber in Sakkara, Gise oder auch im Khan al Kalili werden sie nicht mehr von Klimaanlagen versorgt. Wer nach einer Tour erhitzt zum Autobus zurückkommt, sollte sich im gekühlten Wageninneren sofort eine Jacke überziehen; derselbe Rat gilt für die Einkehr in klimatisierten Restaurants und für die Rückkehr zum Hotel. Der große Unterschied zwischen Außen- und Innentemperatur (oft 20 Grad und mehr) verursacht leicht Erkältungskrankheiten.

Nach langen Tagestouren zu Fuß und im nicht-klimatisierten Auto (Vorsicht vor Zugluft!) erleidet man durch starkes Schwitzen einen erheblichen Flüssigkeitsverlust, und mit dem Schweiß wird auch Kochsalz in größerer Menge ausgeschieden. Von einem bestimmten Punkt an kann es zum sogenannten Austrocknungssyndrom kommen. Um dem vorzubeugen, muß der Wasserhaushalt des Körpers durch größere Flüssigkeitsaufnahme und der Salzhaushalt durch vermehrte Kochsalzgaben in Getränken und Speisen ausgeglichen werden.

Man sollte aber nach starker Erhitzung der Versuchung widerstehen, eisgekühlte Getränke herunterzustürzen: so manche Magen- und Darmverstimmung wird durch zu kalte Getränke verursacht. Wenn einem Getränk Eiswürfel zugesetzt sind, drohen noch andere Infektionskrankheiten, denn das Eis ist oft aus schon verschmutztem Wasser hergestellt und ist auch auf dem Transport mit viel Schmutz in Berührung gekommen. Das Kairoer Leitungswasser gilt als ›trinkbar‹, hat aber wegen der vielen Desinfektionszusätze keinen guten Geschmack. Zum Zähneputzen taugt es durchaus; zum Trinken seien Mineralwasser und Tee (Bier und Limonaden) empfohlen.

Die Anfälligkeit für Magen- und Darminfektionen scheint durchaus unterschiedlich zu sein, doch gibt es einige Verhaltensregeln beim Essen, die alle Kairo-Besucher beachten sollten: frische Erdbeeren sollten auf keinen Fall verzehrt werden (Amöbengefahr); dasselbe gilt für geplatzte Weintrauben und Feigen. Es wird viel frischer Salat angeboten, doch man sollte ihn nur dort essen, wo man sicher sein kann, daß die Blätter gründlich in frischem Wasser gewaschen worden sind.

Im Sommer und Herbst sollte man auch auf die Belästigung durch Moskitos vorbereitet sein. Dies gilt insbesondere für Wohnlagen in direkter Nilnähe und in künstlich bewässerten Außenbezirken (Maadi, Gise). Malaria, die wieder auf dem Vormarsch sein soll, wurde zu Anfang der achtziger Jahre in Kairo nicht festgestellt. Aber auch ohne ernsthafte Erkrankung kann die Störung der Nachtruhe durch Moskitos überaus lästig sein. Wenn man nicht in klimatisierten verschlossenen Räumen der Luxushotels übernachtet, sollte man auf Sicherung des Zimmers durch ›Fliegengitter‹ an den Fenstern achten. Ein Moskitonetz, Sprühmittel und Linderungsmedikamente für Insektenstiche sind ebenfalls empfehlenswert.

Vertrauensarzt der deutschen Botschaft
Dr. Horst Heidlauf
8, sharia Hassan Sabri, Zamalek,
✆ 651015, 710227 und 650016

Kliniken

Einen vierundzwanzigstündigen Notdienst haben folgende Hospitäler:

Koptische Klinik
sharia Ramsis (nahe dem Midan Ramsis), ✆ 904435
Dar al Shifa Klinik
sharia Ramsis (gegenüber der koptischen Klinik), ✆ 820255
Heliopolis Hospital
✆ 869870
Maadi Mabara Klinik
6 Road 6, ✆ 35165
Dr. Ahmed Massuds Klinik
Borg al Maadi-Gebäude, ✆ 33844
Anglo-American Hospital
direkt am Kairoturm, ✆ 806103
Aguza Klinik
sh. al Nil, ✆ 800430

Apotheken

Rund um die Uhr geöffnet haben folgende Apotheken:

Abul Ezz
49 Kasr al Aini, ✆ 843772
Gumhuria
Ecke sh. Ramsis/s. 26. July, ✆ 743369
sh. Mazlun, Bab al Luk., ✆ 748835
30 Dumishk, Heliopolis, ✆ 863794
Shagaret al Dor, Zamalek, ✆ 816424
Essam
101 Road 9, Maadi, ✆ 36126
Zarif
8 Road 153, Maadi, ✆ 34677

Wer eine **Ambulanz** (arabiyit is'af) braucht, muß die Nummer 123 wählen.

Gesetzliche Feiertage

Alle Gesetze und regierungsamtlichen Schreiben, ebenso die Titelseiten der großen Zeitungen, weisen mindestens zwei Datierungen auf: nach westlicher Zeitrechnung (Gregorianischer Kalender) und nach islamischer Zeitrechnung (Hidschra). Die islamische Zeitrechnung begann im Juli 622 n. Chr. Der Kalender nach Hidschra ist ein Mondkalender. Das Mondjahr ist in zwölf Monate zu abwechselnd 29 und 30 Tagen eingeteilt. Da das Mondjahr etwas länger als 354 Tage ist, muß alle zwei bis drei Jahre ein Schalttag am Schluß des letzten Monats eingeführt werden. Meist werden elf Schalttage auf dreißig Jahre verteilt. Aus der Rechnung nach Mondjahren ergibt es sich, daß der Fastenmonat Ramadan und bestimmte religiöse Feiertage, zum Beispiel der Geburtstag des Propheten, gegenüber dem westlichen Kalender beweglich sind.

An den folgenden beweglichen und festen Feiertagen sind in Kairo die Behörden geschlossen, ist jedoch ein großer Teil der Geschäfte (und der Wechselstuben in den Hotels) geöffnet:

Scham al Nessim (Frühlingsfest) – eine Woche nach Ostermontag, westl. Kalender
1. Mai Tag der Arbeit
18. Juni Evakuierungstag (Abzug der letzten britischen Besatzungstruppen 1956)
23. Juli Tag der Juli-Revolution
Eid al Fitr (mehrtägiges Fest zum Abschluß des Fastenmonats)
Eid al Kabir (mehrtägiges Fest zum Abschluß der Pilgerzeit)
6. Oktober Tag der Streitkräfte
24. Oktober Suez-Tag
Islamisches Neujahr
Geburtstag des Propheten

An hohen *koptischen Feiertagen* (Weihnachten = 7. Januar, Ostern = eine Woche nach westl. Ostern) ist der Geschäftsbetrieb in den Banken und im Handel stark eingeschränkt.

Hotels

Wir haben die Hotels in fünf Kategorien eingeteilt. Da gibt es *Luxushotels,* die ab 50 ägyptische Pfund aufwärts kosten und in denen der Tourist Geschäfte, manchmal ein Schwimmbad, Sportmöglichkeiten, Restaurants, eine Bank, eine Bar und anderes findet. In den *guten Hotels,* Preisklasse zwischen 20 und 50 Pfund, wird der Reisende ausgezeichnete Zimmer und guten Service finden, häufig auch eine Bank und Geschäfte, selten aber ein erwähnenswertes Restaurant und Sportmöglichkeiten. *Einfache Hotels,* zwischen 10 und 20 Pfund, bieten saubere und solide Zimmer mit Bad. *Sehr einfache Hotels* (zwischen 2 und 10 Pfund) und *Pensionen,* in denen es Zimmer bis zu 2 Pfund gibt, erfordern doch einen abgehärteten Touristen, der auch mit schmutzigen Zimmern, mit Lärm und schlechtem Service rechnen muß. Wer hier übernachtet, sollte möglichst ein Bettlaken und eigene Seife mitbringen; auch muß er eine beträchtliche Schwellenangst überwinden. Die Preise verstehen sich im übrigen pro Nacht für ein Doppelzimmer mit Bad (sofern Bäder vorhanden sind). In den ›sehr einfachen Hotels‹ wird der Tourist häufig noch Bäder auf dem Flur finden, in den Übernachtungsmöglichkeiten bis zu 2 Pfund manchmal auch das nicht.

Luxushotels

Cairo Sheraton
Midan Kobri el Galaa, Gise
Concorde
Heliopolis, Flugplatz

El Salam
Heliopolis
Heliopolis Sheraton
El Oruba, Heliopolis, Flugplatz
Holiday Inn
Gise, Wüstenstraße nach Alexandrien
Green Pyramids
Gise, Wüstenstraße nach Alexandrien
Mena House Oberoi
sharia al Haram, Gise
Meridien
Corniche al Nil, Garden City (Innenstadt)
Merlott (ab Ende 1982)
Zamalek, Brücke zum Ostufer
Nile Hilton
Corniche al Nil, Midan al Tahrir (Innenstadt)
Novotel
Heliopolis, Flugplatz
Hilton Ramses
Corniche al Nil (Innenstadt)
Shepheards
Corniche al Nil (Innenstadt)
Cairo Plaza (ab 1983)
Corniche al Nil, Bulaq

Gute Hotels

Atlas
sharia al Goumhouria, Midan al Opera (Innenstadt)
Aviation
Ahmad Fuad, Midan St. Fatima, Heliopolis
Cleopatra
Midan al Tahrir (Innenstadt)
Concorde
146, sharia Tahrir, Dokki
Cosmopolitan
9, sharia Ibn Saalab, Ecke Kasr al Nil (Innenstadt)
El Nil
16, Ahmed Ragheb, Garden City (Innenstadt)
El Borg
sharia al Gezira (Innenstadt)
Egyptel
93, al Mirghani, Heliopolis
Jolie Ville
Wüstenstraße nach Alexandria
Ramada
sh. al Mirghani, Heliopolis
Mokattam
Mokattam City
President
22, Taha Hussein, Zamalek
Salma Hotel
12, Mohamed Kamel Morsi st., Dokki/Giza

Einfache Hotels

Amoun
Midan 26. July (Innenstadt)
Cairo Crillon
19, al Montassar
Continental
Midan Opera (Innenstadt)
Dreamers
sharia Jeddah
Egyptian Riviera
23, Mohamed Youssef al Kadi, Heliopolis
Horris
5, sharia 26. July (Innenstadt)
Horus House
21, Ismail Mohamed, Zamalek
Indiana
16, al Sarab, Dokki
Lotus
12, Talaat Harb (Innenstadt)
Longchamp
21, Ismail Mohamed, Zamalek
Misr Travel Tower
Midan Abbassiya
Pansion Roma
169, Mohammad Fasid (Innenstadt)
Pharaos
12, Loutfi Hassouna, Dokki
Raja
Mohi al Din Abu el Azz, Dokki
Scheherazade
182, Al Nil, Agouza
Tonsi
143, Tahrir, Dokki

Victoria
66, sharia al Gumhuria (Innenstadt)
Viennois
11, Mahmoud Bassiouni (Innenstadt)
Windsor
sharia al Alfi (Innenstadt)

Sehr einfache Hotels
(alle Innenstadt)

Ambassador
31, sharia 26. July
Balmoral Hotel
157, sharia 26. July
Capsis Palace
117, sharia Ramses
Grand Hotel
17, sharia 26. July
El Hussein
Midan Azhar
Hotel Kasr al Nil
32, Kasr al Nil
Khan al Khalili
7, El Bosta, Midan Ataba
National
30, Talaat Harb
New Garden
12, Hassan Murad
Pension Anglo'Swiss
11, rue Champollion
Scarabee
16, sharia 26. July

Übernachten für 2 Pfund
(alle Innenstadt)

Carlton
21, sharia 26. July
Cairo Palace
sharia al Gumhuria
Claridge
41, Talaat Harb
Central
27, El Bosta
Des Roses
33, Talaat Harb
Golden Hotel
13, Talaat Harb
Gresham House
20, Talaat Harb
Luna Park
65, sharia al Gumhuria
Minerva
39, Talaat Harb
Mena Palace
5, sharia al Gumhuria
Ommayad
22, sharia 26. July
Orient Palace
14, sharia 26. July
Oxford
32, Talaat Harb
Tulip
Midan Talaat Harb
El Muski
sharia al Muski

Jugendherberge
sharia Abdel Aziz al Saud, am Fuß der Universitätsbrücke, ✆ 84 07 29. Die Jugendherberge ist häufig belegt, und es empfiehlt sich, vorher anzurufen.

Kinos

Cairo Palace
Saray el Esbekiya
Diana
17 al Alfy
El Gezira (Freiluft)
Gezira-Sportclub
Granada
Roxy, Heliopolis
Kasr el Nil
6, Kasr al Nil
Lido
Imad al Din
Metro
35 Talaat Harb

Miami
38 Talaat Harb
Odeon
4 Abdel Hamid Said
Opera
45 Gumhuria, Midan Opera
Radio
24 Talaat Harb
Ramsis
30 Ramsis
Rivoli
23 sh. 26. July
Roxy
Roxy, Heliopolis
Sphinx (Freiluft)
Midan 26. July, Sahafin

Moderne Sehenswürdigkeiten

Kairo-Turm
Zuhria Garden, Gezira, ⌀ 814122 und 815112
Aus 187 Meter Höhe hat jeder Besucher einen phantastischen Blick auf das gesamte Panorama Kairos. Im 14. Stock gibt es ein Drehrestaurant, im 15. Stock befinden sich eine Cafeteria und eine Bar. Der Turm ist täglich ab 9 Uhr geöffnet. Eintritt 40 Piaster.
Kairo-Zoo
sh. al Giza, Gise, gegenüber der Kairo-Universität, ⌀ 840233
Besonders freitags ist der täglich von 9 bis 17 Uhr geöffnete Zoo überfüllt. Der Eintritt kostet nur 5 Piaster, und so ist der Zoo Anziehungspunkt für viele Familien.
Papyrus-Institut
Auf einem Hausboot an der sh. al Nil in Gise hinter dem Sheratonhotel, ⌀ 989476 und 982035
Gründer und Leiter dieses Instituts ist Dr. Hassan Ragab. Wie ein Papyrus hergestellt und bearbeitet wird, kann auf den insgesamt drei miteinander verbundenen Hausbooten betrachtet werden, zu denen auch eine kleine Bibliothek gehört. Papyrus-Souvenirs aller Art können erstanden werden.
Sound and Light
Die Pyramiden und der Sphinx bei Nacht. Die Show findet jeden Tag außer freitags statt; im Winter um halb acht abends, im Sommer um viertel vor acht. In englischer Sprache findet das Schauspiel montags, mittwochs und samstags, in französischer Sprache dienstags und sonntags, in deutsch sonntags um 19.30 Uhr statt.
Harrania
Das Dorf Harrania liegt auf der Strecke nach Sakkara, wenn Sie von der Pyramidenstraße kommen. Dort findet man Werkstätten für Keramikarbeiten und Teppichwirkereien, in denen schon Kinder angelernt werden. Die weltweit berühmten Bilderkelims sind durch Ausstellungen auch in Deutschland bekannt geworden. Das Beispiel Harrania hat Schule gemacht; so haben auch die benachbarten Dörfer Webereien eingerichtet. Die Produkte erreichen nicht die Qualität der Kelims der Wissa Wassef-Schule, sind allerdings auch billiger. Die Werkstatt wird heute von der Witwe Wissa Wassefs geleitet.

Museen

Ägyptisches Nationalmuseum
Direkt am Midan al Tahrir, neben dem Nile Hilton. Täglich geöffnet von 9 – 16 Uhr, freitags von 9 – 11.15 Uhr und von 13.30 – 16 Uhr. Der Eintritt beläuft sich auf 2 ägyptische Pfund (Katalog 20 Pfund).
Islamisches Museum
Midan Ahmed Maher. Täglich geöffnet von 9 – 16 Uhr, freitags von 9 – 11 Uhr und von 13.30 – 16 Uhr. Eintritt 1 ägyptisches Pfund, Katalog 1 Pfund (s. S. 299).

Koptisches Museum
In Alt-Kairo. Täglich von 9 – 16 Uhr geöffnet, freitags von 9 – 11 Uhr und von 13 – 16 Uhr. Der Eintritt kostet 1 ägyptisches Pfund (s. S. 266).

Gayer Anderson House (Bait al Kritilya)
Schließt an die Ibn Tulun-Moschee an. Täglich geöffnet von 9 – 15.30 Uhr, freitags von 9 – 11 Uhr und von 13.30 – 15.30 Uhr. Das Eintrittsbillett kostet 1 ägyptisches Pfund, kann aber auch für das Islamische Museum verwendet werden (s. S. 312).

Manial Palast Museum
Insel Roda. Eingang in der sh. Sayala, die zur Kairo-Universitätsbrücke führt. Von Mohammad Ali im letzten Jahrhundert erbaut. Das Museum bietet einen interessanten Überblick über islamische Stile und Möbel. Täglich von 9 – 14 Uhr geöffnet. Eintritt 50 Pi.

Musaferkhana Palast
Hinter der Al Hussein-Moschee in Gamalia. Der Palast wurde 1779 von Mahmud Muharram erbaut. Er ist der Geburtsort des Khediven Ismael. Vor einigen Jahren wurde der Palast restauriert. Heute dient er als Arbeits- und Kommunikationszentrum für eine Anzahl Künstler wie Abdal Wahab Morsi und Gamal Mahmud. Täglich von 9 – 16 Uhr geöffnet. Eintritt frei.

Museum für moderne Kunst
In der sh. Ismail Abul Fetuh 18. In Dokki. Ständige Ausstellungen der Maler Abdal Hadi el Gazar, Ahmed Sabry, Salah Taher, Mahmud Sirry, Ramses Younan u. a. und der Bildhauer Gamal el Seginy und Salah Abdal Karim. Täglich von 9 – 13.30 Uhr geöffnet, freitags von 9 – 11.30 Uhr. Eintritt frei.

Museum Mokhtar
sh. al Tahrir (gegenüber dem Planetarium). Mahmud Mokhtar (1891–1934) ist der wohl bedeutendste Bildhauer der ägyptischen Moderne. Aus seinem zehnjährigen Pariser Aufenthalt sind hier im einzigen Privatmuseum Ägyptens, das nur einem Künstler gewidmet ist, Skulpturen versammelt, die Neoklassizismus mit der ägyptischen Kunst aus der ptolemäischen Epoche verbinden. Täglich geöffnet, außer freitags. Eintritt 5 Pi. Oase für Staub- und Verkehrsmüde.

Palast der Künste
Ecke 1, sh. el Mahaad al swissry und 155, sh. 26. July in Zamalek. Ständige Ausstellungen wichtiger moderner ägyptischer Künstler wie Abdel Wahab Morsi, Habib Gorgy, Mohamed Nagy, Mohamed Said, Abdel Kader Rizk, Mahmud Mussa. Im zweiten Stock wird europäische Kunst gezeigt (Bonnard, Courbet, Degas u. a.). Täglich von 9 – 13 Uhr und von 17 – 20 Uhr geöffnet, freitags von 9 – 11 Uhr und von 17 – 20 Uhr. Der Eintritt ist frei.

Wakala al Ghuri
3, sh. al Sheikh Mohamed Abdu (nahe der Azhar-Moschee). Zentrum für Volkskunst. Hier finden manchmal auch Aufführungen von Theatergruppen statt. Anmeldung: ✆ 909146 (s. S. 307; Farbt. 53, 67).

Galerien

Abd al Fattah Eid
7 sharia al Dokki, Gise

Akhnaton-Galerie
Mugamma el Fenun, Ecke 1 sh. el Mahaad al Swissry und 155, sh. 26. July, Zamalek

Arabesque-Galerie
Kasr al Nil

Atelier el Qahira
2 sh. Karim al dawla

Ehsan Ashmawy
9 Road 153, Maadi

Galerie der schönen Künste
4 Midan al Falaki

Gesellschaft der Freunde der Kunst
3 sh. Ahmad Pascha (Nähe amerikanische Botschaft)

Hassan Hishmat
Ein Shams, gegenüber der Bahnstation

Marion Miller
26 sharia Studio El Ahram, Pyramidenstraße

Meridien-Galerie
Meridien Hotel
Omar Nagdy
40 sharia Gaul Gamal, Aguza
Saad Kamel
14 sharia Abu Heif (nahe sh. Talaat Harb)

Nachtclubs und Discotheken

Abu El Feda
sharia al Feda, Zamalek
Abu Nawas
Mena House Oberoi
After Eight
6, sh. Kasr al Nil
Aladin
Sheraton Hotel
Al Hambra
Sheraton Hotel
Auberge des Pyramides
325, sh. al Haram (Pyramidenstraße)
Bab al Sama
Meridien Hotel
Baccarat
Meridien Hotel
Belvedere
Nile Hilton Hotel
Blow up
Vendome Hotel, sh. al Haram
Cairo Cellar
President Hotel, 22 Taha Hussein, Zamalek
Goha
Beim Casino al Nil (gegenüber dem Shepheards)
Golden Hall
Auberge des Pyramides
Granada House
Midan al Opera
Jackies
Nile Hilton Hotel
La Belle Epoque
Meridien Hotel
Le Chandelier
El Salam Hotel, Heliopolis
Mameluke Bar
Mena House Oberoi
Nile Garden
An der Corniche nach Maadi
Omar Khayyam
Hausboot auf dem Nil in Zamalek
Sahara City
Vor den Pyramiden
Scheharazad
sh. Alfi Bey
Sweet Sixteen
Atlas Hotel
Taverne du Champs de Mars
Nile Hilton Hotel
The Oasis
Mena House Oberoi

Reisebüros

Amarco Tours
6, Talaat Harb, ✆ 759146
Blue Sky Travel
16, Mahmud Bassiuni, ✆ 744588
Eastmar
13, Kasr al Nil, ✆ 753216
Egyptian Aviation/Travel
20, Talaat Harb, ✆ 748900
Egyptian Express
8, Kasr al Nil, ✆ 750699
Emeco Travel
2, Talaat Harb, ✆ 747302
Favis Tours
18, Adly sh., ✆ 758983
Golden Tours
20, Adly sh., ✆ 756406
Hapi Tours
17, Kasr al Nil, ✆ 753611
Horizon Tours
7, sh. 26. July, ✆ 914523
Lucky Tours
33, Abdel Khalek Sarwat, ✆ 748826

Mediterranean Tours
Behler Passage, ✆ 741904
Memnon Tours
18, Hoda Shaarawi, ✆ 740125
Mena Tours
14, Talaat Harb, ✆ 740955
Misr Travel
1, Talaat Harb, ✆ 750010
Perfect Tours
Behler Passage, ✆ 754122
Ra Tours
5, Kasr al Nil, ✆ 753434
Sphinx Tours
Behler Passage, ✆ 754088
1, Kasr al Nil, ✆ 749817
Sunshine Tours
7, Champollion, ✆ 750968
Thomas Cook
4, Champollion, ✆ 743776
Twin Tours & Travel
12, Kasr al Nil, ✆ 741612
Utopia Tours
18, Talaat Harb, ✆ 759670

Reisezeiten

Wer die freie Wahl hat, sollte ab Mitte Oktober bis Mitte Dezember nach Kairo reisen. Dann sind in Ägypten Temperaturen wie im europäischen Frühsommer. In den folgenden Monaten gibt es in Kairo manchmal Regentage, und es ist oft empfindlich kühl; der Reisende fröstelt leicht in den Schattenzonen und in den ungeheizten Zimmern. Ab Anfang April wird es wärmer, und die Osterzeit mit ihren verschiedenen Feiertagen in Kairo ist ebenfalls eine gute Reisezeit. Leider weht in diesen Tagen häufig der ›chamsin‹, ein Sand- oder Staubsturm mit Temperatursturz oder starkem -anstieg.

Wer Kairo im Sommer besuchen will, muß sich auf große Hitze einstellen. Von Mitte Mai bis Ende Juli klettert das Thermometer auf über 40 Grad, im August und September pendelt es zwischen 32 und 38 Grad, und die Hitze steht auch nachts in den Straßenschluchten der Stadt. Ausflüge, z. B. zu den Pyramiden oder nach Sakkara, sind im Sommer sehr mühsam (s. auch ›Gesundheit‹ S. 268).

Sprachführer & Glossar

An mehreren Stellen dieses Buches wird gesagt, daß Arabisch eine komplizierte Sprache ist. In Ägypten entstehen Schwierigkeiten aus der Dreiteilung in ein klassisches Schriftarabisch (Koran), ein modernes Hocharabisch (Zeitungen und Rundfunk) und ein gesprochenes Umgangsarabisch. Das ägyptische Umgangsarabisch besitzt viele Eigenheiten, z. B. türkische, persische, italienische und französische Lehnworte. Außerdem gibt es im Umgangsarabisch der Ägypter einige ›unarabische‹ Ausspracheformen; beispielsweise wird der Buchstabe djim (dschim) in Kairo zu g. Das Wort Djumhuriya (Dschumhuriya) – Republik – wird ägyptisch-arabisch also zu Gumhuriya.

Das Schriftarabisch kennt nur einen Artikel, der übertragen ›al‹ wiedergegeben wird; doch es gibt die sogenannten Sonnenbuchstaben, die als Anfangsbuchstabe eines Hauptwortes die Aussprache des Artikels verändern. Als Beispiel sei der ›Midan al Tahrir‹ erwähnt. T ist ein Sonnenbuchstabe, und gesprochen wird der Name des zentralen Platzes im modernen Kairo ›Midan at-Tahrir‹. Bei manchen Transkribierungen arabischer Texte wird das berücksichtigt. Doch wir wollen den Leser nicht unnötig verwirren und haben uns durchgehend an die einfache Schreibweise des Artikels, d. h. an ›al‹, gehalten.

Äpfel	tuffah
Auto	arabiya
Bad	hammam
Bahnhof	mahatta
Bananen	moß
Bank	banka
Bett	serir
bezahlen!	dafa'!
Bier	bira
bitte	minfatlak
Briefmarke	warak al busta
Brot	eisch
Buch	kitab
Butter	sibta
danke	schukran
Datteln	balah
Deutscher, deutsch	alemâni
Deutschland	alemâniya
Du (m), Du (f)	enta, enti
Dusche	dusch
Ei	bêda
Eis	talch
Ente	batta
Essen	al akl
Fahrkarte	taskara
Fahrpreis (auch Lohn)	ugra
Film	filim
Fisch	samak
Fleisch	lahma
Flughafen	matar
Garten	bustan
Geld	fulûs
Gepäck	afsch
Gepäckträger	schabbal
Geschäft (Laden)	dukan
gestern	embarah
Getränk	maschrub
Gold	sahab
Hafen	minah
Hammel	charûf
Haus	bait
heiß	suchna
heiß (Wetter)	harr
Herberge	funduk
heute	ennaharda

Huhn	farcha
ich	ana
ja	aiwa
jetzt	deloati
Joghurt	sabati
Kaffee	ahwa
kalt	bard
Käse	gibna
Kartoffeln	batatis
Kellner	raiyes
Kino	cinima
Koffer	schanta
krank	marid
Krankenhaus	mustaschfah
Kuchen	gatu
langsam	schweiya
Leber	kibda
Limonade	scharab al limun
links	schimal
Melone	battich
Milch	laban
morgen	bukrah
Moschee	gâmia
Name	ism
nein	la
niemals	abadan
Obst	frutta
Öl	sêt
Orange	bortukan
Paß	taskara
Pfeffer	filfil
Polizei	bolis
Post	bôsta
Pyramide	haram
rechts	jamin
Reis	russ
Rindfleisch	lahm bakari
Saft	assir
Salat	salata
Salz	malch
Schlüssel	meftâh
schön	helua
Seife	sabun
Silber	fadda
Sonne	schams
Stadt	madina

Streichhölzer	kabrit
Suppe	schorba
süß	hilu
Tag	ennaharda
Tasse	fingan
Tee	schai
teuer	rali
Tisch	tarabesa
Tür	bab
viel	ketir
Wagen	arabiya
Weg	tarik
waschen	risal
Wasser	maya
Wein	nabid
Weintrauben	einab
wenig	schweiya
wieviel?	kam?
wo?	fên?
Zeitung	gurnal
Zigarette	sigara
Zimmer	oda
Zitrone	limun
Zoll	gumruck
Zucker	sukkar

Glossar

(pharaonisch, koptisch, islamisch)

Ambo	Kirchenkanzel
Bab	Tor, Tür
Baptisterium	Taufraum
Bait	Haus
Bey	Adels-Titel
Bir	Brunnen
Dar	Palast, Haus, Kloster
Darb	Weg
Demotisch	volkstümliche Kursivschrift (Alt-Ägypten)
Derwisch	Mitglied eines islamischen Mönchsordens
Dikka	Gebetsplattform
Emir	arabischer Fürst
Fatimiden	Anhänger einer islamischen Sekte (Schiiten)
Funduq	Gasthof (Hotel)
Gami (Dschami)	Moschee
Harem	Aufenthaltsraum der Frauen
Hidschab	Altarvorhang
Hieratisch	kursive Buchschrift (Alt-Ägypten)
Hieroglyphen	Bilderschrift
Hyksos	Herrscher fremder Abstammung
Ibn	Sohn
Ikonostasis	Trennwand zwischen Altar- und Gemeinderaum in der orthodoxen Kirche
Imam	Gemeindevorsteher
Ka	Zeugungskraft, Seele
Kadi	Richter
Kamariya	glashinterlegtes Fenster
Kalif	religiöses Oberhaupt (Nachfolger des Propheten Mohammad als weltlicher Führer)
Karaafa	Friedhof (ägyptisch)
Kasr	Palast
Khan	Karawanserei
Khanqua	islamisches Kloster
Kibla	Gebetsrichtung nach Mekka
Koran	heiliges Buch des Islam
Kubba	Kuppel
Kufi	frühe islamische Zierschrift
Kuttab	Koranschule
Liwan	Moscheehalle, Flügel eines Hauses
Madrasa	theologische Lehranstalt (s. S. 301)
Mamluk	Fürst aus dem Sklavenstand

Maristan altislamisches Krankenhaus

Maschrabiya gedrechseltes Gitter (Farbt. 49, 51, 53; s. S. 263)

Mastaba arabisch: ›Bank‹ – Hausgrab (Alt-Ägypten) (s. S. 45)

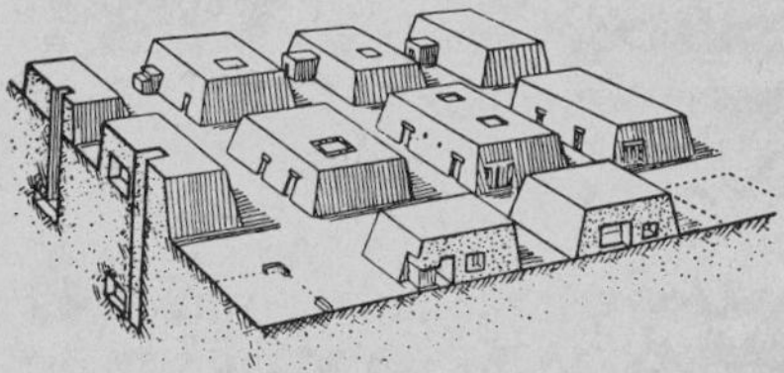

Midan Platz

Mihrab Gebetsnische in der Kibla-Wand (Farbt. 40, 48)

Minbar Kanzel

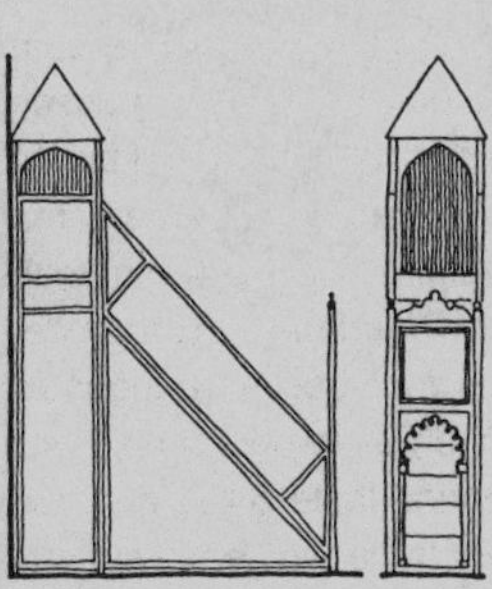

Minar/Minarett Turm für den Gebetsrufer einer Moschee

Muezzin Vorbeter

Nashki islamische Rundschrift

Papyrus Papierstaude und daraus hergestelltes Schreibmaterial

Rab Wohnungskomplex

Ramadan islamischer Fastenmonat

Riwak Moscheehalle

Sabil öffentlicher Trinkbrunnen

Sanktuarium Allerheiligstes

Sed-Fest Thronjubiläum (Alt-Ägypten)

Serdab arabisch: ›unterirdisches Gewölbe‹ – Grabkammer (Alt-Ägypten)

Sharia Straße

Suk Markt

Sufis islamische Mystiker

Sunna orthodoxe Richtung des Islam

Tekkiye Derwischkloster

Turba Grabkuppel

Wakala Karawanserei

Wasir Minister am Hofe

Zijada Außenhof der Moschee

Theater

Goumhouria-Theater
12, sh. al Goumhouria (nahe Abdin),
✆ 91 99 56
Offizielles Theater für ausländische Bühnen. Die Programme sind in den Zeitungen angekündigt.

Kairo Puppen-Theater
Esbekiya-Garten, Nähe Midan al Opera,
✆ 91 09 54
Die Aufführungen sind sowohl für Kinder als Erwachsene gedacht. Sie sind in arabischer Sprache, können aber wegen ihrer klaren Geschichten gut verstanden werden. Aufführungen sind jeden Abend um 18 Uhr, freitags und sonntags auch um 23 Uhr. Die Saison dauert von Oktober bis Mai.

Kairo Universitätstheater
In der Kairo-Universität in Gise, ✆ 84 80 89
Unregelmäßige Aufführungen einheimischer Musik- und Tanzgruppen. Manchmal treten auch ausländische Gasttruppen auf.

Sayyid Darwish Concert Hall
sh. Gamal al Din al Afghani, ✆ 85 12 57
Ersetzt die Kairoer Oper. Wöchentlich alternierend gibt es hier Aufführungen arabischer Musikgruppen und des Kairoer Symphonieorchesters; daneben gelegentlich auch ausländische Gastspiele, einheimische Musik- und Tanzgruppen und Ballett.

Um Kulthum-Theater
sh. al Nil, Aguza, südlich der Zamalek-Brükke, ✆ 81 17 18
Von Oktober bis März treten hier Folkloregruppen auf. Außerdem gibt es arabische Inszenierungen.

Zaki Tolaimat-Theater
Ehemaliges Taschentheater; Midan al Ataba, ✆ 93 79 48
Hier werden von Oktober bis Mai arabische Avantgardestücke gespielt. Oft sind auch Übersetzungen westlicher Theaterstücke zu sehen.

Ägyptischer Nationalzirkus
Tritt alternierend in Abbasiya und Aguza, südlich der Zamalekbrücke auf. Abbasiya: ✆ 83 98 13; Aguza: ✆ 81 06 12

Verkehr

Die Gesetze des Dschungels regieren die Straßen Kairos. Das gilt für den Autofahrer ebenso wie für den Fußgänger. Sprinten können ist wichtig, ebenso Mut und Augenmaß, um den rechten Moment abzupassen, der sich eignet, die Straße oder einen Platz zu überqueren. *Achtung: eine auf ›Rot‹ geschaltete Ampel bedeutet nicht, daß die Autos auch tatsächlich halten.* Trotzdem kommt der Reisende zu Fuß in der Innenstadt insgesamt am besten durch.

Ansonsten sollte man *Taxis* nehmen. Allerdings sprechen längst nicht alle Fahrer Englisch. Nur eine Straße zu nennen, reicht oft als Information nicht aus. Man sollte möglichst auch die Stadtteile angeben können (wie Dokki oder Abbasiya). Taxis sind in Kairo relativ billig. Der erste Kilometer kostet 12 Piaster, jeder weitere 10 Piaster. Die gewöhnlichen schwarzen Taxis (Marke Fiat) haben alle ein Taxometer. Das heißt nicht, daß sie funktionieren oder, was häufiger der Fall ist, auch eingeschaltet werden. Hier muß der Tourist beharrlich sein, auch wenn er nicht jeden Disput mit dem Taxifahrer gewinnen wird. Längere Fahrten, z. B. zum Flughafen oder zu den Pyramiden, müssen ausgehandelt werden. Am besten erkundigt man sich im Hotel nach den ungefähren aktuellen Richtpreisen. Selbst wenn man dann ein oder zwei Pfund mehr zahlt, ist der Preis im Verhältnis zur Strecke niedriger als zu Hause. Neben den gewöhnlichen Taxis gibt es Taxis, die eine feste Strecke fahren und solange sie Platz haben, jeden auf dieser Strecke mitnehmen, und Miettaxis, bei denen der Preis jeweils ausgehandelt werden muß und der gewöhnlich höher liegt als bei den normalen Taxis. Hält jemand für den Reisenden ein Taxi an, so erwartet er ein Trinkgeld. Das lohnt sich durchaus, da man selbst ziemlich lange warten muß, bis ein Taxi anhält. Besucher Kairos, die ein Taxi vor ihrem Hotel, am Flughafen oder an einem der touristischen Anziehungspunkte besteigen, sollten wissen, daß die Touristenpolizei zur Sicherheit des Reisenden Ort, Ziel und Nummer des Taxis notiert.

Öffentliche Verkehrsmittel sind gewöhnlich auch für die Kairener zu überfüllt. Nur sehr früh (vor 8 Uhr) und zur nachmittäglichen Siesta-Zeit (etwa 16 bis 18 Uhr) findet der Tourist vielleicht in Bussen und Straßenbahnen Platz. Die elektrischen Bahnen nach Alt-Kairo, Maadi, Heluan (ab Bab al Luk) und nach Heliopolis (ab Hauptbahnhof/Pont Limun) können wohl auch in den Zeiten von 11 bis 13 Uhr und von 16 bis 18 Uhr benutzt werden.

Während der Tageskernzeit – 10 bis 16 Uhr – sind die *Motorboote* des öffentlichen Nahverkehrs auch für Touristen interessant. Man kann ab dem Ostufer des Nils von der Station nahe dem unübersehbaren Rundfunk- und Fernsehhaus für weniger als 1 DM in Südrichtung zur Universitätsbrücke (Papyrusmuseum auf dem Hausboot), zu den Uferrestaurants bei der Gise-Brücke, in die Nähe des Nilometers auf Roda und – Endstation – in die Nähe von Fustat/koptisches Alt-Kairo gelangen. Am Ostufer des Nils nahe bei den beiden Hilton-Hotels können auch Boote mit Elektromotor und Segelboote für 7 bis 10 Pfund je Stunde gemietet werden.

Wer das Abenteuer liebt, sehr gute Nerven hat und zu Hause ein erprobter Fahrer ist, kann sich auch ein *Auto* mieten. Pro Tag muß er mit rund 21 Pfund und mehr rechnen. Der internationale Führerschein muß vorgelegt werden.

Adressen

AVIS
Meridien Hotel; Nile Hilton Hotel; Cairo Sheraton; Flughafen
BITA
15, sh. Mahmud Bassiouni
BUDGET
5, sh. al Makrizi, Zamalek; Flughafen
EUROPCAR
Flughafen
HERTZ
15, sh. Kamel Shennawi, Garden City

Abfahrtsplätze und -zeiten

Die wichtigsten Startplätze für *Inlands- und Auslandsreisen* sind der *Flughafen,* der *Hauptbahnhof* (Farbt. 9) und der *Busbahnhof am Midan al Tahrir* (Farbt. 3). Außerdem gibt es eine große Busstation hinter dem Hauptbahnhof. Um dorthin zu gelangen, überquert man (nach Norden) eine Brücke, die vom Midan Ramses über die Eisenbahngleise führt; vom Ende der Brücke leitet die Straße halbrechts zur sh. al Tawil, und schon auf dem Weg dorthin sieht man den Platz, von dem aus Busse zu den Suezkanal-Städten und zum Roten Meer fahren. Vom selben Platz aus gehen Sammeltaxen ab. Ebenfalls nördlich vom Hauptbahnhof, am Anfang der sh. Schubra, sind Sammeltaxen zu finden in Richtung Alexandrien.

Nach *Oberägypten* (Luxor und Assuan), zum *Roten Meer* (Hurgada) und zum *Sinai* kann man per Flugzeug gelangen. Für Buchungen ist EGYPT AIR zuständig.

Für den Sinai-Tourismus ist im Frühjahr 1982 eine eigene Luftlinie, die ›Air Sinai‹, eingerichtet worden. Sie bietet Flüge auf folgenden Routen an:
Kairo – al Arisch – Kairo
Kairo – Katharinenkloster – Elat – Kairo
Kairo – Ras al Nakeb – Luxor – Scharm al Scheich – Kairo

Für Einzelheiten wende man sich an das Verkaufsbüro der *Air Sinai,* Nile Hilton Hotel, ✆ 740777 und 750666 (Telex: 92222).

Startplätze für Landreisen

Alexandrien
ab Hauptbahnhof, zwischen 7 und 21.30 Uhr fahren fünfzehn Expreßzüge (Fahrzeit etwa 3 Std.)
ab Tahrir, zwischen 5.45 Uhr und 18.30 Uhr fahren neun Busse (Fahrzeit etwa 3 Std.)

Sidi Abdal Rahman und
Mersa Matruh
ab Alexandrien

Luxor
ab Hauptbahnhof, frühmorgens ein Expreßzug, über Nacht zwei Expreßzüge (Fahrzeit etwa 11 Std.)

Assuan
ab Hauptbahnhof, frühmorgens ein Expreßzug, über Nacht ein Expreßzug (Fahrzeit etwa 15 Std.)

Rotes Meer
zwischen 6 und 9 Uhr drei Busse nach Hurgada, Safaga und Quseir (Fahrzeit 8 bis 11 Std.)

Faiyum
ab Tahrir, zwischen 6 und 18 Uhr etwa jede Std. ein Bus (Fahrzeit ein bis zwei Stunden)

Jerusalem
täglich; angeboten durch mehrere Reisebüros, man wende sich z. B. an
Isis Travel
44 sh. Talaat Harb (Innenstadt)
✆ 757738 und 763242
Istrabus Travel
48 sh. Gise (Orman Bldg.), Gise
✆ 847060

Zentrum von Kairo

Orientierungsmittelpunkt Kairos ist der ›*Midan al Tahrir*‹ (Platz der Revolution, Ft. 3). In seinem direkten Umkreis befinden sich das Ägyptische Nationalmuseum, das Nile Hilton Hotel, das Innenministerium und der Busbahnhof für Fahrten nach Norden und Süden nebst vielen Taxis.

Gegenüber dem Nile Hilton führt die Kasr al Nil zum *Midan Talaat Harb,* ehemals Soliman Pascha. Am Midan Talaat Harb befindet sich das traditionsreiche, doch inzwischen heruntergekommene Café Groppi, neben dem deutsche und ausländische Zeitungen mit einiger Verspätung verkauft werden, wie auch an anderen Stellen des Platzes. Sowohl die *Kasr al Nil* als auch die *Talaat Harb* sind Hauptgeschäftsstraßen. Hier finden Sie zahlreiche Möglichkeiten, um einzukaufen – von Kohletabletten bis zu Farbfilmen.

In dieser Gegend gibt es auch zahlreiche Restaurants auf zum Teil engstem Gebiet, die sowohl ägyptische als auch internationale Küche anbieten. Auch das ›Groppi Garden‹ (2, sh. Abdel Khalek Serwat) ist ganz in der Nähe. Zwei Freiluftrestaurants befinden sich im *Esbekiya-Park,* der das moderne Stadtzentrum Kairos nach Osten hin begrenzt.

Touren in der Stadt und in der Umgebung

Sie können, wir haben das schon aufzuzeigen versucht, auf den Spuren von vier Kulturen wandeln: pharaonische, griechisch-römische, koptische und islamische Baudenkmäler und Kunstwerke begegnen Ihnen in Kairo und Umgebung auf Schritt und Tritt. Es ist wohl fast ausgeschlossen, daß ein Besucher beim ersten Mal alle vier Kulturkreise umfassend entdeckt. Geben Sie, entsprechend Ihrer Zeit und Ihren Neigungen, bestimmten Touren und Orten Vorrang. Auf den folgenden Seiten wollen wir Ihnen helfen, die angemessene Wahl zu treffen und dennoch so viel wie möglich zu schaffen.

Die Touren sind in der Reihenfolge des geschichtlichen Ablaufs geordnet: zuerst Sakkara und Gise als wichtigste Schauplätze des Alten Reiches der Pharaonen; dann Alt-Kairo, das ›koptische Viertel‹ als Zeugnis des griechisch-römischen und des christlichen Ägyptens; schließlich das islamische Kairo mit seinen zahllosen Baudenkmälern einer nun schon über tausendjährigen Geschichte.

Es gibt Punkte, an denen sich die Linien jener langen und vielfältigen kulturellen, ethnischen und sozialen Entwicklung schneiden. Fast alle Besucher gelangen an einen der wichtigsten Treffpunkte: den *Basar Khan al Kalili* (s. S. 262; Umschlagvorderseite, Farbt. 65, 75, 77, 80, 85–87). Auf diesem ›Markt‹ kommen täglich viele Menschen zusammen, die durch einen oder mehrere der für Ägypten so bedeutsamen Kulturkreise geprägt sind. Für den Khan al Kalili und andere Märkte versuchen wir Ihnen deswegen auch Hilfestellung zu geben.

Tips für Kurzbesucher

Wir haben einige Vorschläge für Besucher mit wenig Zeit zusammengestellt. Wer in Kairo zu tun hat, kann die Zwei-Tagestour auch auf vier Vor- oder Nachmittage strecken.

1 Kairo in einem Tag

Schade, daß Sie so wenig Zeit haben – Sie müssen sich nämlich entscheiden: pharaonisches oder islamisches Kairo (vom koptischen wollen wir gar nicht sprechen).

Vormittags: Pyramiden und Sphinx von Gise; *nachmittags:* Ägyptisches Museum; abends noch einmal Pyramiden und Sphinx – ›Light and Sound‹ oder

Vormittags: Ibn Tulun-Moschee mit Gayer Anderson-Haus, Zitadelle, Sultan Hassan-Moschee; *nachmittags:* al Azhar-Moschee und Muski-Basar (Khan al Kalili).

2 Kairo in zwei Tagen

Erster Tag: früh (ab 9 Uhr) Ägyptisches Museum, Pyramiden und Sphinx von Gise, spätestens 14.30 Uhr in Sakkara (sollten Sie noch Kraft haben, ist auf dem Rückweg ein Kurzbesuch in Memphis empfohlen).

Zweiter Tag: Islamisches Museum (Säle 1–4), Ibn Tulun-Moschee mit Gayer Anderson-Haus, Zitadelle, Sultan Hassan-Moschee, von Bab al Nasr zur al Azhar-Moschee (oder Muski Basar/Khan al Kalili).

3 Kairo in drei Tagen

Erster Tag: Bootsfahrt vom Ramses Hilton nach Fustat (Alt-Kairo), Koptische Kirchen und Museum, Feld von Fustat, am späten Nachmittag Islamisches Museum (geöffnet bis 16.30 Uhr.

Zweiter Tag: Ibn Tulun-Moschee und Gayer Anderson-Haus, Zitadelle, Sultan Hassan-Moschee, von Bab al Nasr zur al Azhar-Moschee (oder Muski Basar).

Dritter Tag: Ägyptisches Museum, Pyramiden und Sphinx von Gise, Sakkara (wenn möglich auf dem Rückweg Memphis).

4 Kairo in fünf Tagen

Erster Tag: Pyramiden und Sphinx von Gise, Ägyptisches Museum, Pyramiden und Sphinx bei Nacht (›Light and Sound‹).

Zweiter Tag: Memphis, Sakkara, Muski-Basar.

Dritter Tag: Bootsfahrt vom Ramses Hilton nach Fustat (Alt-Kairo), Koptische Kirchen und Museum, Feld von Fustat, Amr Ibn al Ass-Moschee.

Vierter Tag: Ibn Tulun-Moschee mit Gayer Anderson-Haus, von Bab al Zuwayla zur al Azhar-Moschee, Zitadelle, Sultan Hassan-Moschee.

Fünfter Tag: Nördliche Totenstadt, von Bab al Nasr zur al Azhar-Moschee, Muski-Basar.

Sakkara

Öffnungszeiten: 7.30–15.30 Uhr; Eintrittsgeld: 110 Pi.

Vom Stadtzentrum/Esbekiya über Gise nach Sakkara sind es 33 km; fährt man entlang dem östlichen Nilufer über Maadi und Heluan-Brücke, entsteht ein Umweg von rund 10 km. Einzelreisende können erwägen, sich den von großen und mittleren Hotels ausgehenden Gruppen-Ausflügen anzuschließen. Außerdem veranstalten etliche Reisebüros Touren nach Sakkara. Für viele Taxifahrer und alle Mietwagenbüros ist der Ausflug eine gewohnte Angelegenheit. Billigreisenden bleibt schließlich die Möglichkeit, vom Busbahnhof am Midan al Tahrir aus mit dem Bus bis zum Ort Bedraschen zu fahren, um den Rest des Weges, etwa 7 km nach Westen, zu Fuß zu gehen. Der Fußgänger muß einiges leisten: in Sakkara sind die Entfernungen zwischen den einzelnen Sehenswürdigkeiten erheblich. Drei bis vier Stunden empfehlen wir zur Besichtigung der Hauptplätze; der Fußgänger sollte noch eine Stunde für die Verbindungswege hinzurechnen.

Sakkara ist die Begräbnisstätte von Memphis (s. S. 43), Hauptstadt des ersten vereinigten pharaonischen Reiches. ›Sakkara‹ soll von ›Sokar‹, dem Namen eines der alten ägyptischen Totengötter, kommen. Der Platz blieb Friedhof und Kultstätte bis etwa 100 n. Chr., um dann – wie Memphis selbst – mehr und mehr in den Schatten der Geschichte zu geraten. Zum Teil vom Wüstensand befreit wurde Sakkara ab Mitte des 19. Jahrhunderts durch Kampagnen unter Leitung des Franzosen Mariette; Mitte des 20. Jahrhunderts leiteten der britische Archäologe Emery und der Franzose Lauer Ausgrabungen und Restaurierungsarbeiten im großen Stil; seit Ende der 70er Jahre sind deutsche Wissenschaftler (Technische Universitäten Hannover und Berlin) an der fortschreitenden Restaurierung beteiligt, die unter der Leitung des ägyptischen Chefinspektors für Sakkara, Ahmad Moussa, steht. Ziel des Chefinspektors ist es, mindestens die Anlagen des Totenkultes für den Pharao Unas (etwa 2360 v. Chr.) vollständig freizulegen und auch weitgehend zu restaurieren.

Die beinahe fünftausend Jahre alte Nekropole mißt von Nord nach Süd rund 7 km, von Ost nach West 500 bis 1500 m. Innerhalb des ausgedehnten Areals schlagen wir folgende Auswahl von Sehenswürdigkeiten vor:
Stufenpyramide und Kultstätte des Pharao Djoser
Pyramide des Pharao Unas
Prozessionsweg zur Pyramide des Unas
Hausgrab (mastaba) der Idut
Mastaba des Mereruka
Mastaba des Ptah-Hotep
Mastaba des Ti
Serapeum.

Wir empfehlen Einzelreisenden, die Pyramiden, Gräber und Kultstätten in der hier angegebenen Reihenfolge zu besuchen.

Die **Grab- und Kultstätte des Pharaos Djoser** ist von seinem Baumeister Imhotep (s. S. 45) mit einer 10 m hohen Kalksteinmauer umgeben worden, die ein Areal von 15 ha einschloß; größere Reste der Mauer wurden bei der Wiederentdeckung Sakkaras unter dem Sand gefunden. Die Archäologen ermittelten, daß die Mauer vierzehn simulierte Tore aufwies, und sie folgerten daraus, es könne sich um eine Kopie der ›Weißen Mauer‹ (s. S. 43), der Keimzelle der Stadt Mem-

Übersichtskarte von Sakkara

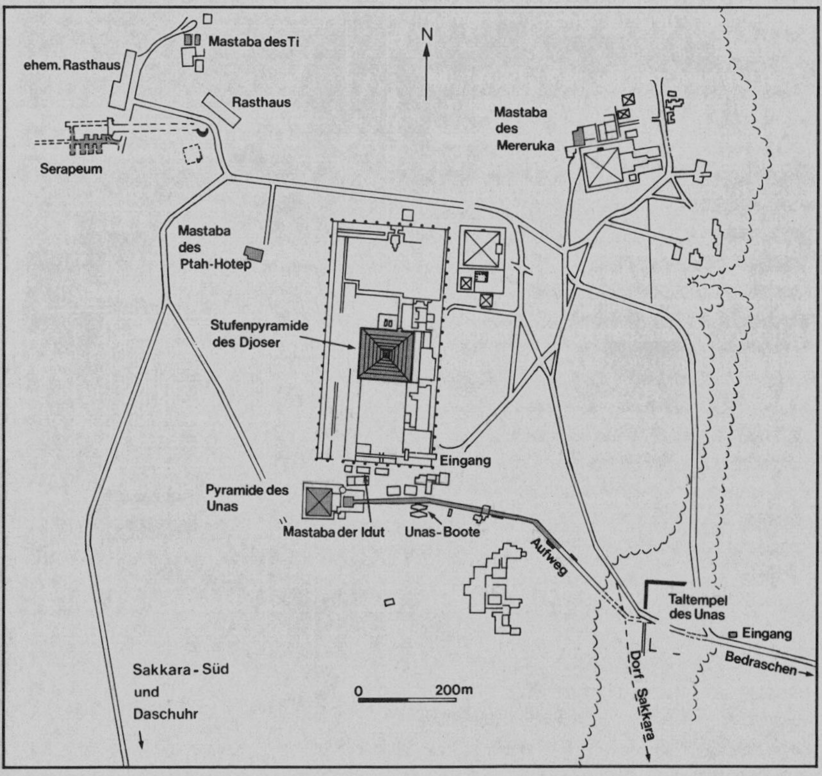

phis, handeln. Neben den Scheintoren gab es nur einen wirklichen Eingang, durch den man auch heute noch den Komplex betritt.

Zunächst durchschreitet man einen Gang, der an beiden Seiten von vierzig halbrunden, an das Mauerwerk gebundenen Säulen flankiert wird (stark restauriert). Die Halbsäulen sind aus verhältnismäßig kleinen Einzelsteinen (Kalkstein) aufgemauert, und ihre Bindung an die tragenden Wände durch Mauervorsprünge führen Fachleute darauf zurück, daß der Pionier-Architekt Imhotep noch nicht den Mut zu freistehenden Säulen aufgebracht hat. Die geriffelten Säulen gelten als Imitationen von Schilfbündeln, mit denen in vorausgegangener Zeit Lehmbauten abgestützt worden waren. Allem Anschein nach war auch die Decke dieses Ganges geriffelt, um eine Bedeckung mit Baumstämmen nachzuahmen (jetzige Decke modernes Schutzdach).

Man vermutet, daß die vierzig Säulen die Provinzen von Ober- und Unterägypten zur Zeit Djosers repräsentieren sollten und daß in den Nischen zwischen den Mauervorsprüngen Abbilder der Lokalgottheiten der Provinzen gestanden haben.

Am Schluß des Ganges noch einmal acht Doppel-Halbsäulen, die durch Mauern miteinander verbunden sind; sie trugen das Dach einer rechteckigen Vorhalle, durch die man in den Großen Hof der Djoser-Pyramide gelangt.

Im Vorhof wende man sich nach Norden, um die mächtige **Stufenpyramide,** den ersten steinernen Monumentalbau Ägyptens (s. S. 45) ganz im Blick zu haben. Die Pyramide ist jetzt noch 60 m hoch, gegliedert in sechs ungleich hohe Stockwerke; ihr rechteckiger Grundriß beträgt knapp 110 mal 121 m.

Wir empfehlen, die Djoser-Pyramide vom jetzigen Standort aus (Vorhof des Säulenganges) einmal ganz zu umschreiten, und zwar dem Uhrzeigerlauf entgegengesetzt. Auf diesem Weg begegnet man mehreren interessanten Einzelheiten. Er führt zunächst direkt nach Norden (Farbt. 26) auf die Pyramide zu; etwa sechs Meter vor dem Grabmal wende man sich nach Osten, um dann nach weiteren zehn Metern eine Wendung in Richtung Süden zu vollziehen: nun tritt man in den sogenannten **Hep-Sed-Hof** ein, das heißt in eine frühere Kultstätte, in der noch zu Lebzeiten des Pharao und nach seinem Tod Fruchtbarkeits- und Auferstehungsriten, verbunden mit der Person des Herrschers, zelebriert worden sind.

Der Hep-Sed-Hof, ebenfalls rechteckig angelegt, verläuft in der Längsrichtung von Nord nach Süd. Die beiden Längsseiten

Plan der Stufenpyramide und ihrer Umgebung

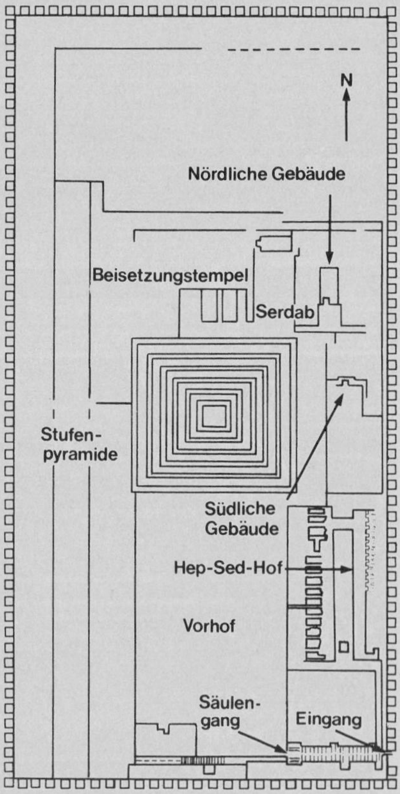

werden eingenommen von Schreinen (teilweise restauriert), in denen Statuen der Götter und Göttinnen von Ober- und Unterägypten gestanden haben. Die Fassaden der Schreine sind dem Hof zugewandt; jede hat eine simulierte Tür, leicht geöffnet, die zu einer winzigen Kammer mit einer Nische führt. Dort sind den Provinz-Gottheiten Opfer dargeboten worden. Die Schreine sind als Scheingebäude gearbeitet: die Hohlräume hinter der funktionellen Fassade waren von Anfang an mit Schutt aufgefüllt.

Es empfiehlt sich, den Hep-Sed-Hof bis zu seinem Südende (etwa 40 m) zu durchschreiten und auf demselben Weg zurückzugehen. Nun entlang der Ostflanke der Djoser-Pyramide, bis zum sogenannten **Südlichen Gebäude.** Im Gegensatz zu den Schreinen des Hep-Sed-Hofes ist dieses Gebäude zugänglich; es umfaßt einen schmalen Flur und eine Kammer mit drei Nischen. Die sonst leere Kammer ist interessant wegen der Inschriften, mit denen Besucher aus der Zeit des Neuen Reiches (etwa 1550–1070 v. Chr.) ihre Bewunderung über die Leistungen der Vorfahren ausdrückten. Angesichts dieser schriftlichen Äußerungen (durch Glasabdeckungen geschützt) kommt einem abermals die erstaunliche Dauerhaftigkeit der frühen Kultur des Niltales zu Bewußtsein: die Kammerwand des Südlichen Gebäudes wurde über tausend Jahre nach dem Entstehen der Kultstätte von Besuchern aus Theben beschriftet; und doch lebten jene Menschen noch in fast derselben gesellschaftlichen und geistigen Situation wie ihre Urahnen, und etwa dieselbe Situation sollte sich knapp weitere tausend Jahre halten.

Weiter in Nordrichtung bis zum Ende der Pyramidenflanke, dort steht das sogenannte **Nördliche Gebäude**. Man beachte die drei an Mauerwerk gebundenen Säulen rechts vom Eingang der leeren Kultstätte. Diese Säulen sind deutlich der Papyrus-Pflanze nachempfunden.

Der Rundgang führt nun an die Nordoststrecke der Djoser-Pyramide. Hier trifft man auf den sogenannten **Serdab** (Arabisch: Keller), auf einen aus behauenen Steinen gemauerten Kasten, in dem eine Sitzfigur des Pharao untergebracht war (heute im Kairoer Nationalmuseum). Diese Figur war als Raststätte der Seele des Pharao gedacht, die den außerhalb vollzogenen Kult durch zwei kreisrunde Löcher in Augenhöhe wahrnehmen sollte. Für die nun aufgestellte Kopie hat man ein Glasfenster in den Steinkasten eingelassen.

Vor der Nordflanke liegen die Reste des **Beisetzungstempels.** Von dieser Kultstätte aus führte ein Schacht zu den Grabkammern, die 32 m unter der Oberfläche aus dem Felsboden herausgehauen worden sind. Zu erkennen in der Mitte der Nordflanke der Einstieg; er ist jedoch verschüttet.

Weiter zur Westflanke der Stufenpyramide, an der man entlang geht, um wieder in den Großen Hof des Grabmals zu gelangen. Auf diesem Weg kommt man geradeaus an eine restaurierte Kalksteinmauer, deren oberer Rand von einem Fries aufgerichteter Kobras (Uräusschlange) gekrönt ist. Die ›Schlangenmauer‹ gilt als Teil der Fassade einer weiteren Grabkapelle für Djoser. Sie dürfte im Zusammenhang stehen mit dem 7 mal 7 m weiten und 28 m tiefen Schacht eines Felsengrabes, das die Archäologen ebenfalls Djoser zuordnen, ohne bisher klären zu können, warum der Herrscher sich zwei Gräber hat anlegen lassen. In den Schacht hat man gute Einsicht, sobald man die Treppe, im rechten Winkel zur ›Schlangenmauer‹ angelegt, hinaufgestiegen ist. Von dort weiter zur Pyramide des Unas.

Die Grabkammer der verhältnismäßig kleinen und stark zerfallenen **Unas-Pyramide** ist zugänglich. Man gelangt an der Nordflanke hinein durch einen nur 1,40 m hohen Gang, der nach der Beisetzung durch Steinblöcke, die aus drei eingearbeiteten Hohlräumen herabgelassen worden waren, verschlossen war. In der eigentlichen Sargkammer und in deren Vorraum findet man Gewölbe in Satteldachform; die schräg gegeneinander gestellten Kalksteinblöcke halten besser dem Druck der über dem Hohlraum lagernden Gesteinsmassen stand, als es eine flache Decke könnte. Besonders bemerkenswert an diesen beiden Kammern sind Hieroglyphentexte, die alle Wände von oben bis unten bedecken. Die Hieroglyphen sind eingeschnitten und mit blauer Farbe ausgemalt. Wissenschaftler schätzen diese sogenannten ›Pyramidentexte‹ als eine der frühesten Quellen altägyptisch-ritueller Texte. Es handelt sich zum Teil um Gebete für die Seele (Ba), zum Teil aber auch um praktische Anweisungen für Opferrituale oder einfach um Inventarverzeichnisse mitgeführter Artikel für ›das nächste Leben‹. Die Decken sind wie Himmelszelte mit Sternen bemalt. Beeindruckend ist auch der aus einem Block gearbeitete Granitsarkophag des Pharao, der 1881 von Maspero leer aufgefunden wurde. Die Grabkammer der Unas-Pyramide, heute gut beleuchtet, läßt den Besucher den alten Totenkult intensiver nacherleben als zum Beispiel das Innere der Cheopspyramide.

Auch der **Prozessionsweg des Unas-Grabmals,** zum Teil wiederhergestellt, vermag dem phantasiebegabten Besucher Eindrücke aus vergangener Zeit zu vermitteln. Dieses Erlebnis erlangt wohl zuerst derjenige Besucher, der allein oder in kleiner Begleitung den mit Platten belegten, von wuchtigen Wänden begrenzten und auf kurzer Strecke auch überdachten (modern – dem alten System nachgeahmt) Weg in Richtung Tal hinabschreitet. Manchem ist es dann möglich, sich vorzustellen, wie aus dem rund 800 m entfernten Taltempel eine Gruppe von Priestern und Höflingen hervortritt, und begleitet von dumpfem Trommelwirbel, virtuosen Flötenklängen und hellen Glockenschlägen den Prozessionsweg zum oberen Totentempel des Unas hinaufschreitet.

Beachtenswert sind auch die beiden bootsförmigen Gruben südlich des Prozessionsweges; sie sind ein Tribut an den Sonnengott, der täglich von Ost nach West in einer Barke über den Himmel fährt, aber auch an Pharao, der in eben jener Sonnenbarke die letzte Fahrt dieses Lebens beendet hat, um bald die Fahrt eines zweiten Daseins anzutreten.

Eine Tochter des Unas, Prinzessin **Idut** (eigentlicher Name Seschseschet), hat ihr **Hausgrab** (mastaba) nördlich des Prozessionsweges. Es ist leicht erreichbar und gut zugänglich für den Besucher des Djoser- und Unas-Komplexes. Wer knapp an Zeit ist, möge nach dem Besuch des Idut-Grabes die Rückfahrt antreten; er findet in diesem Grab schöne Wandreliefs mit Szenen, von denen einige – Opferszenen – sich in anderen Gräbern wiederholen. Bemerkenswert sind hier vor allem die Flußszene, darunter jene symbolträchtige, in der ein Nilpferd ein Junges gebiert, auf das schon ein Krokodil mit aufgerissenem Rachen wartet. Teilweise recht guter Erhaltungszustand der Farben.

Die **Mastaba des Mereruka,** Wesir und Schwiegersohn des Pharaos Teti (etwa 2300 v. Chr.), befindet sich nordöstlich der Djoser-Pyramide, nahe der stark zerfallenen Teti-Pyramide; es führt eine Fahrpiste dorthin. Die Mereruka-Mastaba hat 31 Räume und Korridore, von denen einige der Frau und dem Sohn des Würdenträgers angeordnet sind. Bemerkenswert im zentralen Hauptraum die große, zum Teil noch farbige Statue des Mereruka (s. S. 43). Unter den vielen Wandreliefs (manche stark beschädigt) seien nur zwei erwähnt: Ebenfalls im Hauptraum, über einem Durchgang rechts neben der Statue, sind Jungen und Mädchen bei Leibesübungen dargestellt; in einer Nebenkammer sind Mereruka und seine Frau zu sehen, gemeinsam auf einer Bettstatt sitzend: sie spielt die Harfe und hat in ihm einen offenkundig andächtigen Zuhörer.

Die **Mastaba des Ptah-Hotep** liegt nordwestlich der Stufenpyramide, etwas abseits vom Weg zum Rasthaus. Ptah-Hotep war ein hoher Beamter zur Zeit des Pharao Djedkare (etwa 2380 v. Chr.). Die Wandreliefs in den Kammern seines Hausgrabes sind in einem bemerkenswert guten Zustand. In dieser Anlage findet man auch nicht fertiggestellte Reliefs in verschiedenen Entwicklungsgraden.

Die **Mastaba des Ti,** nordöstlich des Rasthauses gelegen, erfreut sich wegen ihrer besonders vielfältigen Wandbilder größter Beliebtheit. Leider haben gerade diese im guten Zustand aufgefundenen Reliefs in den letzten Jahren unter dem starken Andrang der Besucher gelitten. Dennoch sind einige Wände des Beamtengrabes aus der fünften Dynastie (um 2400 v. Chr.) weiterhin wohl die sehenswertesten in Sakkara. Hier kann man noch einmal erfassen, woran die alten Ägypter glaubten, was sie sicherstellen wollten: Sie gingen davon aus, Besitzstand und Zustände des ersten auf das zweite Leben übertragen zu können; deswegen wurden die Wände des Grabes mit Beschreibungen der Landwirtschaft, handwerklicher Arbeit, häuslicher Szenen, Darstellungen von Jagd, Sport, Reise und Unterhaltung bedeckt. All diese Bilder beschreiben in den Vorstellungen der Ägypter den Übergang materieller Güter vom ersten zum zweiten Leben.

Das sogenannte **Serapeum,** zu finden südwestlich vom Grab des Ti, ist eine gigantische unterirdische Stätte des Stierkultes (Fruchtbarkeitskult). Dort wurden rund 1300 Jahre lang, von der Zeit Ramses II. bis zur Eingliederung in das Römische Reich, einbalsamierte Stiere beigesetzt. Anfangs galt der Kult dem heiligen Stier des Memphis-Gottes Ptah; später wurde er von den griechischen Herrschern des Nillandes in einen hellenistisch-ägyptischen Mischkult umgewandelt (s. S. 65). Die Gesamtlänge des unterirdischen Systems beträgt knapp 350 m. In zwanzig Kammern stehen Sarkophage aus schwarzem oder rotem polierten Granit, jeder aus einem einzigen Block gearbeitet und 65 Tonnen schwer. Obwohl auch die Granitdeckel dieser Sarkophage für einbalsamierte Stiere noch Tonnen wiegen, waren alle bis auf zwei von Grabräubern in der Antike beiseite geschoben worden.

Memphis

Die Reste der fünf Kilometer östlich Sakkara gelegenen ehemaligen Hauptstadt und vieltausendjährigen Großstadt Ägyptens (s. S. 43) sind tief unter fruchtbarem Ackerland und einem Teil des Dorfes Mitrahine begraben. An Grabungen ist zunächst nicht zu denken. Zu besichtigen sind eine liegende, mäßig verstümmelte Kolossalfigur von Pharao Ramses II., ein aus Alabaster gearbeite-

Plan der Ruinen von Memphis

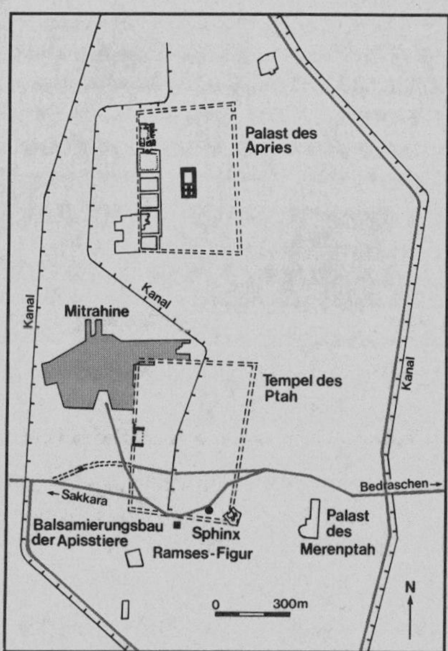

ter, wahrscheinlich über dreitausend Jahre alter Sphinx, Balsamierungstische für heilige Stiere und zahlreiche verstreute Ruinen. Wem dies zuwenig erscheint, möge bedenken, daß der Distrikt des ehemaligen Memphis mit seinen Dattelpalmen, grünen Feldern und meist blühenden Sträuchern und Kakteen auch landschaftlich sehr reizvoll ist.

Der *Sphinx* steht im Freien und hat eine vom jahrtausendelangen Liegen im feuchten Nilschlamm beschädigte Seite (südlich); das guterhaltene, feingearbeitete Gesicht blickt nach Nordosten (Farbt. 25).

Der liegenden *Ramses-Statue* (Abb. S. 249) fehlen die Unterschenkel und ein Teil der Krone; der Torso mißt über 10 m. Um die Statue herum hat man ein Schutzhaus errichtet, von dessen oberer Galerie aus das trotz seiner Größe sehr feingearbeitete Kunstwerk gut betrachtet werden kann. Ein vollständig erhaltenes Gegenstück ist in den fünfziger Jahren von einer deutschen Firma aus Memphis fortgeschafft und vor dem Kairoer Hauptbahnhof aufgerichtet worden (Farbt. 9).

Wer länger in Memphis bleiben will, möge sich auch die bescheidenen Trümmer des *Ptah-Tempels* nördlich der Straße nach Sakkara anschauen. Die Reste der *Paläste des Merenptah* (200 m östlich des Sphinx) und des *Apries* (600 m nordwestlich) dürften allenfalls für Studierende interessant sein.

Sphinx und Pyramiden von Gise

Viel spricht dafür, die Besichtigung des Geländes beim Sphinx (s. S. 57) zu beginnen, denn die Straße, die von ihm hinauf auf das Plateau führt, verläuft etwa parallel zum früheren Prozessionsweg der Chefrenpyramide. Wer diese Straße hinaufgeht, hat im Blickfeld nahezu die gleiche Szenerie, wie sie einst, vor über viertausend Jahren, den zum Gebet im Totentempel schreitenden Priestern und ihrer Gemeinde sich dargeboten haben muß. Die vom ›Zahn der Zeit‹ und von Menschenhand den gigantischen Grabmälern zugefügten Schäden erkennt man deutlich erst nach weiterer Annäherung.

Doch bevor Sie hinaufgehen, sollten Sie sich den großen Sphinx gründlich anschauen (Umschlagrückseite, Farbt. 24). Tun Sie es zunächst aus einer Entfernung, aus der das fast 74 m lange und bis zum Scheitelpunkt 20 m hohe Bildwerk vollständig zu übersehen ist. Dann betreten Sie den vor der Vorderfront (Ostseite) angelegten Tempel, in dem Sie ganz an den Sphinx herangelangen. Dort ist deutlich zu erkennen, daß von der Kultstätte selbst nicht viel übriggeblieben ist, und daß der Sphinx schwer unter Verfall und mutwilliger Zerstörung gelitten hat. Seit dem Bau eines neuen Staudamms nahe Assuan in den sechziger Jahren hat sich überall im Niltal und an seinen Rändern, so auch im Gebiet des Sphinx, der Grundwasserspiegel erhöht. Die Folge sind Unterspülungen am hinteren Teil des Bildwerkes und einige Einbrüche. Seither erwägt man eine umfassende Restaurierung des Sphinx, wobei auch der Zeremonienbart (Zeichen der Königswürde) des Pharaokopfes – so wünscht es die Antiquitätenverwaltung – wieder angebracht werden soll. Teile des abgebrochenen Bartes wurden 1817 von einem europäischen Abenteurer nach London (Britisches Museum) geschafft.

Südlich der Vorderfront des Sphinx liegen die Reste des **Taltempels** der Pyramide des Chefren. Sie betreten den Tempel an der Ostseite (Rasthaus) durch den rechten der beiden symmetrischen Eingangsräume und befinden sich im Vorraum. Der Weg zum nächsten Durchgang führt vorbei an einem Schacht, in dem eine der schönsten Figuren des Ägyptischen Museums (Raum 42, Nr. 138) gefunden worden ist: die aus grünli-

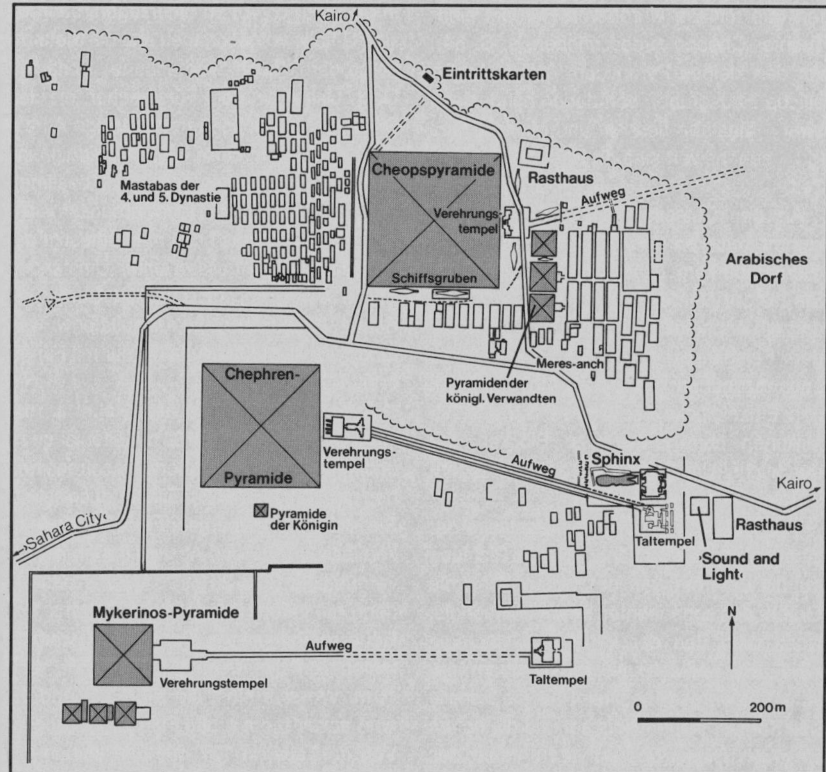

Übersichtskarte der Sphinx und Pyramiden von Gise

chem Diorit gemeißelte Sitzfigur des Pharao Chefren, hinter dessen Kopf ein Horus-Falke mit geöffneten Flügeln in anscheinend beschützender Geste ›schwebt‹ (Abb. 50).

Sie wenden sich nach rechts, um durch einen weiteren Gang in die Pfeilerhalle, die in der Form eines umgedrehten T vor Ihnen liegt, zu gelangen. Sechs monolithische Granitpfeiler (noch vorhanden) trugen einst die Decke dieses Teiles der Anlage, neun Granitpfeiler (noch vorhanden) waren es im Längsschiff, das sich vor Ihnen erstreckt. Die Pfeiler sind aus Rosengranit, wie er im Gebiet von Assuan vorkommt. Prüfen Sie, ob Sie das Dach des Taltempels (interessanter Blick auf Sphinx und Pyramiden) betreten können, es ist nicht immer freigegeben; Zugang durch einen schmalen Gang in der Nordostecke, von dem nach 12 m rechts eine Rampe (zweimal im rechten Winkel geknickt) abgeht. Von oben können Sie auch gut den Taltempel übersehen, dessen quadratische Grundfläche 45 × 45 m mißt.

Gehen Sie nach der Besichtigung des Taltempels die Straße hinauf und nehmen Sie an der ersten Gabelung die Straße nach rechts. Damit wenden Sie sich zunächst von der Chefrenpyramide ab und der Cheopspyramide zu. Die Straße führt Sie an der Ostseite der Cheopspyramide vorbei. Östlich der Straße stehen drei kleine Pyramiden, in denen Verwandte des Königs beigesetzt waren (die mittlere wurde von Herodot einer Tochter Cheops zugeschrieben, s. S. 54); vor den kleinen Pyramiden (östlich) liegen etliche Hausgräber, von denen mindestens zwei – Mastaba des Kar und Mastaba des Idu – sehenswert sind für Besucher mit viel Zeit.

An der Ostseite der Cheopspyramide kommt man an zwei großen Mulden für ›Sonnenbarken‹ (s. S. 57) vorbei. Gehen Sie bis zur Nordostecke der Pyramide, um dort die Asphaltstraße zu verlassen und auf dem Felsplateau dicht unter der Nordseite entlangzugehen; dort lassen sich die mächtigen Einzelblöcke des Bauwerks (rund 3,5 Millionen cbm Gestein zu Blöcken von durchschnittlich 1,2 cbm) bequem in Augenschein nehmen (Farbt. 23).

Wenn Sie danach an der Westseite der Cheopspyramide entlanggehen (in Richtung auf die Chefrenpyramide), liegen rechts die Gräber des sogenannten Beamtenfriedhofs. Nach dem Bau der Pyramiden war eine weitläufige Anlage mit Privatgräbern geschaffen worden, bestimmt für die Familie des Königs, seinen Hofstaat und die hohen Beamten. Dieser Friedhof ist zu Anfang des 20. Jahrhunderts wissenschaftlich erforscht worden, vorwiegend von deutschen Archäologen. Unter anderen wurde eine lebensgroße Sitzstatue des Heminu (Abb. S. 50), eines Prinzen und mutmaßlichen Architekten der Cheopspyramide, gefunden; die Statue befindet sich im Pelizeus-Museum in Hildesheim, das eine Fülle von Exponaten aus der Zeit des Alten Reiches (Memphis, Sakkara, Gise) zu bieten hat.

Wenn Sie an der Südseite die Umschreitung der Cheopspyramide abschließen, wird Ihnen das futuristisch wirkende Gebäude dicht vor der Basis auffallen: es ist das bisher (1982) noch nicht zugänglich gemachte Museum für das aus 1224 Einzelteilen zusammengesetzte Totenboot des Cheops.

Der Minister für Tourismus hat wiederholt erwogen, das Besteigen der **Cheopspyramide** (Abb. S. 46) zu untersagen, denn es sind Unfälle vorgekommen und die Kletterer vergrößern auch vorhandene Schäden. Doch bisher sind die Fürsprecher, die den Blick von der Höhe als erstklassige Attraktion bezeichnen (Farbt. 22), stets erfolgreich geblieben. Deswegen werden zu bestimmten Zeiten diskret Renovierungsarbeiten vorgenommen, das heißt man befestigt gelockerte Blöcke, bessert unter Umständen ganze Abbrüche aus, beseitigt Geröll und Schutt. Auch besteht die Antiquitätenverwaltung darauf, daß der Aufstieg nur mit Führer erfolgt.

Aufgestiegen wird in aller Regel an der Nordostecke, wo etwa 180 m Seitenlänge zu erklimmen sind. Bei größerer Nachfrage treiben die Führer meist zur Eile an, doch sollten Sie sich davon überhaupt nicht beeindrukken lassen. Auf- und Abstieg dürfen jeweils vernünftigerweise 20 bis 25 Minuten dauern, denn mit jedem Schritt ist mindestens 1 m Höhe zu überwinden. Der Cheopspyramide fehlen von der ursprünglichen Höhe rund 10 m. Wo sich einst die Spitze befand, ist eine etwa 10 qm große Fläche entstanden. Von dort aus, in 137 m Höhe, haben Sie einen wahrhaft herrlichen Anblick: Eine scharfe Linie, die dicht unter der Pyramide vorübergeht, scheidet das grüne Fruchtland von der braungelben Wüste. Um die Cheopspyramide auf drei Seiten gruppiert erblikken Sie Gräberstraßen mit zahllosen Gräbern. Im Westen haben Sie die beiden anderen und einige kleine Pyramiden vor sich; hier wird Ihnen ganz deutlich, daß die an sich kleinere Chefrenpyramide die des Cheops überragt, weil sie auf einer höheren Basis steht. Im Süden grüßen die Pyramiden von Abusir und Sakkara. Gegen Osten streckt sich langhin das Häusermeer von Kairo, aus dem die Minarette, die Zitadelle, die Kuppeln der Mausoleen vor dem langgezogenen Mokattamfelsen aufragen.

Das Innere der Cheopspyramide kann über eingebaute Treppen verhältnismäßig leicht erreicht werden. Der heutige Eingang (Nordseite) ist ein Grabräuberloch. Er leitet zu einem 120 cm hohen Gang, der 19 m schräg nach unten führt; danach kommen 38 m Aufstieg in gebückter Haltung auf einer eisernen Stiege bis zur großen Halle, einem Vorraum der eigentlichen Grabkammer. Die Grabkammer selbst ist leer, wenn man von einem deckellosen mächtigen Granitsarkophag absieht (s. Schnittzeichnung S. 53).

Die ebenfalls mächtige **Chefrenpyramide** (136 m hoch, Farbt. 22) und die deutlich kleinere **Mykerinospyramide** (62 m) verdienen die volle Aufmerksamkeit der Besucher, denen es nicht an Zeit mangelt (Abb. S. 46). Wer sie abschreitet oder um sie herum reitet, entdeckt für sich viele interessante Details und findet auch Ruhe vor der übermäßigen Betriebsamkeit, die rund um den Sphinx und die Cheopspyramide herrscht.

An der Westseite der Chefrenpyramide sind noch beträchtliche Reste der früheren Außenverkleidung zu sehen; sie besteht aus mächtigen Granitplatten, während das große Stück Außenverkleidung an der Spitze von Kalksteinblöcken gebildet wird. An der Ostseite finden Sie den Totentempel, dessen einzelne Räume trotz arger Zerstörung noch deutlich zu erkennen sind.

Auch an der Mykerinospyramide sind an der Nord- und Westseite noch bedeutende Reste der früheren Granitverkleidung zu sehen. An der Ostseite liegt der Totentempel, der gerade aufgrund des starken Verfalls interessante Einblicke in die Bauweise und -technik bietet.

Gise kommt auch als Ausgangspunkt für eine Wüstentour nach dem westlichen ›Versteinerten Wald‹ in Frage. Sie kann zu Pferd, Kamel oder Esel gemacht werden und erfordert insgesamt sechs Stunden; ein Führer ist erforderlich. Man reitet nördlich vom Mena House in westlicher Richtung durch ein breites Wüstental und erreicht nach knapp drei Stunden den Anfang des Gebietes. Dort findet man größere Reste von ›versteinerten‹ Bäumen als in der östlichen Wüste.

Alt-Kairo

Babylon: Koptische Kirchen, Synagoge und Koptisches Museum

Man erreicht Babylon – auch Qasr al Scham – am besten mit der Eisenbahn ab Bahnhof Bab al Luk, Richtung Heluan, und steigt an der Haltestelle Mari Girgis aus. Die Benutzung der Bahn ist nur außerhalb der Hauptverkehrszeiten zu empfehlen. Der Eingang zum Koptischen Museum liegt dem Bahnhof gegenüber zwischen den beiden römischen Türmen. Etwa hundert Meter weiter nördlich, parallel der Bahnlinie, befindet sich das alte Eingangstor nach Babylon, zu dem man Treppen hinuntersteigen muß. Das Straßenniveau außerhalb der römischen Mauer liegt um mehrere Meter höher. Die Gassen dieses alten Stadtteiles sind eng, die Wohnhäuser klein und schlecht erhalten. Manchmal findet man Reste von Reliefschmuck an Mauern. Über den Haustüren hängen Laternen, die an dem verlängerten Arm eines Balkenquadrates befestigt sind und ein Kreuz innerhalb des Quadrates beleuchten. Hier wohnen Kopten. Die Eingänge zu den Kirchen liegen auch innerhalb des Viertels häufig unter Straßenniveau.

Kirche der Hl. Jungfrau Maria, auch **Al Mu'allaqah** (= die Hängende) (Abb. S. 77)
Die Basilika ist fünfschiffig und mit einem hölzernen Tonnengewölbe überdacht. Sie heißt ›die Hängende‹, weil sie über dem römischen Südwest-Tor gebaut ist, und soll die älteste Kirche von Babylon sein. Aber die Daten divergieren erheblich. Der älteste Teil ist über die Südbastion gebaut, in dem sich die Kapelle des äthiopischen Heiligen Thakla Haimanot und das Baptisterium befin-

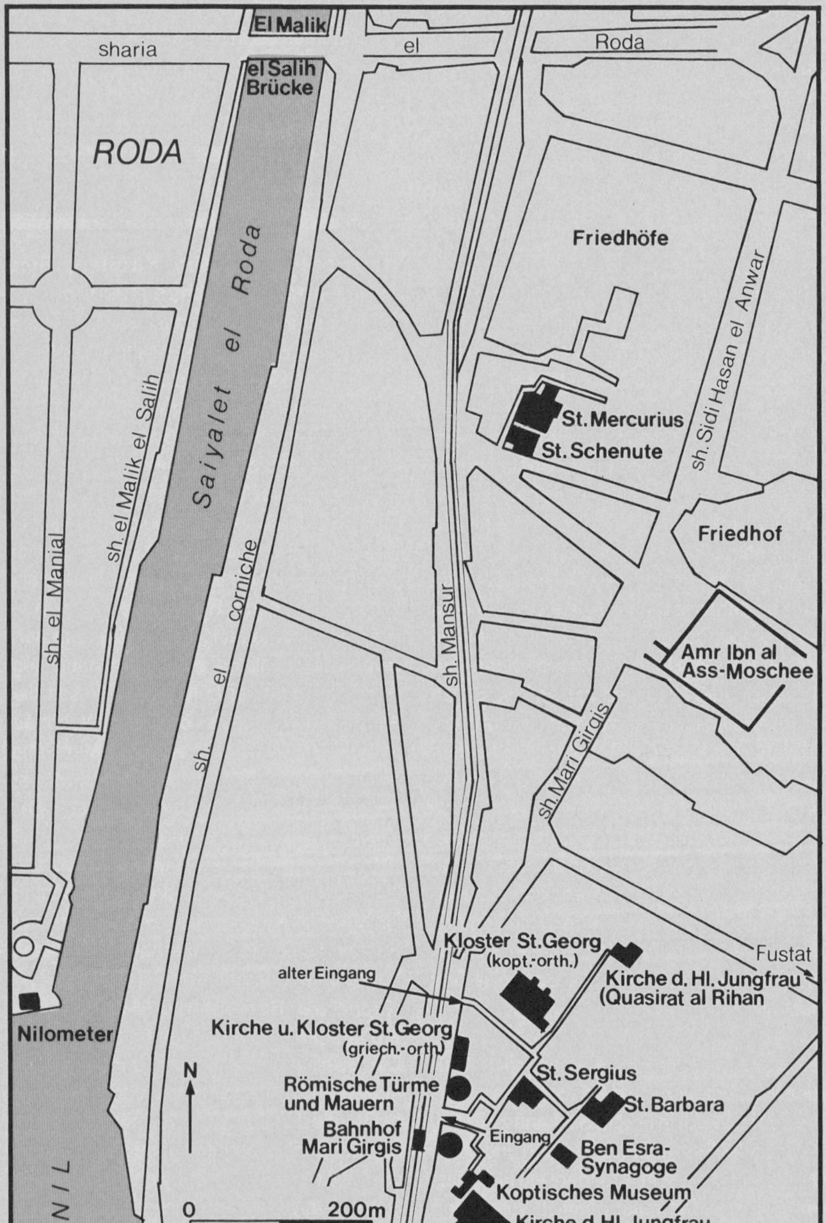

Übersichtskarte von Alt-Kairo

den. Die Kirche wurde mehrmals restauriert und sicher auch verändert, das letzte Mal Ende des 19. Jahrhunderts. Weiße Marmorsäulen – nur eine ist aus schwarzem Basalt – trennen das Mittelschiff von den Seitenschiffen. Auf einigen Säulen kann man noch Malereien erkennen. Drei Kapellen, die durch die Ikonostasis aus Ebenholz und Elfenbein vom Gemeinderaum getrennt sind, dienen der Verehrung von Christus, Johannes dem Täufer und St. Georg. Der Marmor-Ambo aus dem 11. Jahrhundert wird von dünnen Säulen getragen. Viele der Ikonen, die über der Ikonostasis hängen, sind von Johannes dem Armenier um 1780 gemalt.

St. Sergius-Kirche, auch **Kanisat Abu Sarga**

Diese Kirche ist wahrscheinlich die älteste (!) von Kairo, eine Basilika, die über der Stelle gebaut wurde (Krypta), die die Heilige Familie auf der Flucht vor Herodes besuchte. Schenute wurde hier 859 zum Patriarchen gewählt. Der Bau ist dreischiffig und auch hier trennen Säulen das Mittelschiff von den Seitenschiffen. Es sind elf weiße Marmorsäulen mit Darstellungen der Apostel (wahrscheinlich 8. Jahrhundert) und eine dunkle aus Granit ohne Bemalung, die man Judas zuordnet. Der Marmor-Ambo wird von zehn Säulen getragen, und die Ikonostasis ist eine Ebenholzwand mit Elfenbein-Einlegearbeiten aus dem 12. und 13. Jahrhundert. Das zentrale Sanktuarium ist mit einer Kuppel überdacht. Mittelalterliche Belege zeigen, daß die Kirche mit kostbaren Fresken ausgestattet war. Sie sind nach zahlreichen Restaurierungen nicht mehr zu sehen.

St. Barbara Kirche, auch **Kanisat Sitt Barbara**

Ursprünglich war die Kirche den Heiligen Cyrus und Johannes gewidmet, die jetzt in der Kirche neben dem nördlichen Querschiff verehrt werden. Der heutige Komplex besteht also aus zwei Kirchen. Möglicherweise wurde der Bau im 5. Jahrhundert begonnen, Eutychius gibt allerdings das Jahr 684 als Baubeginn an. Marmor-Ambo und Ikonostasis mit geschnitzten Elfenbein-Intarsien sind denen von Abu Sarga und al Mu'allaqah ähnlich. Bei einer Restaurierung fand man im Mauerwerk eine Holztür, die jetzt im Koptischen Museum zu sehen ist. In der Kirche von Cyrus und Johannes befindet sich auch das Baptisterium mit einem polygonalen Taufstein. An der Südwand findet man Ikonen von beiden Heiligen.

Kirche der Hl. Jungfrau Maria, auch **al Asra** (= Jungfrau) oder **Qasriat al Rihan** (= Basilikum-Topf)

Diese Kirche hat eine bewegte Geschichte hinter sich. Hier hielt sich der Patriarch Khail (Michael) III. (860–907) auf, nachdem er aus der Gefangenschaft Ibn Tuluns entlassen wurde. Zu al Hakims Zeiten beanspruchte Assenius – Patriarch der griechisch-orthodoxen Kirche in Ägypten und Bruder von al Hakims Konkubine – die Kirche für sich, und für mehr als hundert Jahre wurde in ihr der griechisch-orthodoxe Ritus zelebriert. Sie mußte mehrfach restauriert werden, und im 18. Jahrhundert wurde sie neu aufgebaut. Ende der siebziger Jahre fiel sie einem Brandanschlag zum Opfer. Die Schäden waren im April 1982 noch nicht völlig behoben.

Kloster St. Georg, auch **Dair Mari Girgis lil Rahibat** (= Nonnen-Kloster St. Georg)

Der älteste Teil stammt aus dem 10. Jahrhundert. Von vierzehn engen Zellen sind inzwischen sechs zugemauert. Das Kloster ist noch bewohnt.

Ben Esra-Synagoge, auch **Kanisat Eliahu**

Man nimmt an, daß schon vor der Zeitenwende ein jüdisches Viertel in Babylon existierte. Im Jahre 30 v. Chr. sollen die Römer die Synagoge zerstört haben. Man vermutet, daß nach der Islamischen Eroberung die Kopten die Synagoge für sich beansprucht und erhalten haben. Bis zum 8. Jahrhundert wurden aber Gottesdienste im melkitischen Ritus abgehalten. Rabbi Abraham Ben Esra will die Synagoge vom Patriarchen Alexander 56. (kein koptischer Patriarch!) gegen anteilmäßige Bezahlung der jährlichen Steuern von 20000 Gold-Dinaren erhalten haben. Ende des 19. Jahrhunderts fand man, eingemauert, alte Handschriften auf Pergament in hebräischer, aramäischer und arabischer Sprache. Besonders wichtig sind Teile des Alten Testamentes, dessen Texte älter sind, als die von der Kirche für gültig erklärte Fassung.

Auch die Synagoge wurde nach einem basilikalen Plan gebaut. Sie ist dreischiffig mit Emporen über den Seitenschiffen. Die Decken der Seitenschiffe sind mit schönen Ornamenten verziert (Anfang 12. Jh.). Verschlossen hinter Glas sind Handschriften in ziselierten Silberbehältern, darunter eine Thora, auf Wildleder geschrieben, von ungefähr 475 v. Chr.. Eine alte Holzuhr ist mit einer kufischen Inschrift versehen, die sich auf einen Besuch von Amr Ibn al Ass in Babylon bezieht.

Koptisches Museum

Das Gebäude liegt innerhalb der Festung Babylon und ist von Palmen und Jacaranda-Bäumen umgeben. Es ist in der Art eines orientalischen Hauses gebaut mit einem Innenhof, in dem Grabstelen aufgestellt und die Fenster mit wunderschönen Maschrabiyas verkleidet sind.

Im *Erdgeschoß* findet man vor allem Teile von dekorativen Architektur-Elementen, Nischen, Friese, Wandschmuck, Säulen, Kapitelle und Fresken-Fragmente aus Klöstern: St. Jeremias bei Sakkara, St. Menas nahe Alexandria, Ahnas bei Beni Suef und St. Apollo und Rakhail in Bawit. Der Themenkreis orientiert sich an pharaonischen Vorbildern und den bekannten griechisch-hellenistischen Szenen, z. B. ›Leda mit dem Schwan‹, ›Nymphe auf einem Delphin‹ (3. und 4. Jh.). Erst allmählich werden christliche Themen aufgearbeitet, z. B. Delphine, die ein Kreuz umrahmen, die Weinlaubranke mit dem Pfau (5. und 6. Jh.). Das Material ist fast immer Kalkstein. Sorgfältig gearbeitete Korb-Kapitelle in durchbrochener Arbeit, darunter Zweizonen-Kapitelle mit Flechtornamenten im unteren und Darstellung von Tieren im oberen Teil (Abb. S. 72) sind Beispiele der christlich-koptischen Kunst (6. Jh.).

Im *Raum IX* findet man Nischen mit mehrfarbigen Malereien und das Fresko aus dem Faiyum, auf dem Adam und Eva vor und nach der Vertreibung aus dem Paradies dargestellt sind (11. Jh.).

Auch an den Wänden des Treppenaufganges werden Reste von Fresken gezeigt mit Engeln, Heiligen, Mönchen, teilweise auch mit Inschriften.

Im *Obergeschoß* sind Fragmente von gewirkten Stoffen ausgestellt. Das Material der frühen Beispiele ist Leinen. Wollgewebe wurden nach der ptolemäischen Zeit gefunden. Baumwolle kannte man um diese Zeit noch nicht in Ägypten. Die eingewirkten Darstellungen sind vielfach den griechischen Mythen entlehnt. Bordüren mit Ornamenten und Ranken, aber auch mit Reihen von Tänzerinnen, Tieren, Kriegern, Reitern sind beliebte Muster. Es gibt Beispiele von außerordentlich dichten und feinen Stoffen, während die Noppengewebe eher eine grobe Struktur haben und eine fast plastische Wirkung hervorrufen.

Raum XII zeigt Malereien und Elfenbeinschnitzereien. Die koptischen Ikonenmaler waren im Gegensatz zu den griechischen nicht an Regeln gebunden, die die Art der Darstellung vorschrieben. Sie vermieden z. B. Folterszenen aus dem Leben der Heiligen oder auch das ›Jüngste Gericht‹.

Holzarbeiten sind auf die *Räume XIV* und *XXII* bis *XXV* verteilt. Die Schnitzereien und Intarsienarbeiten mit Elfenbein, Perlmutt und verschiedenen Hölzern, die fast alle importiert werden mußten (Ebenholz, Zeder, Pinie, Walnuß), sind hier hervorragend dokumentiert. Besonders beachtenswert sind:

ein Altar aus Pinienholz (6. Jh.), der zur St. Sergius-Kirche gehörte, mit Schnitzereien und Spiralsäulchen, die den steinernen Säulen nachempfunden sind;
geschnitzte Türteile, eine Doppeltür aus Pinienholz und die Ikonostasis aus Sykomorenholz, die aus der St. Barbara-Kirche stammen;
die geschnitzte und bemalte Altar-Kuppel aus der Mu'allaqah-Kirche.

Die Handschriften werden in *Raum X* gezeigt. Schon das alte Ägypten war für seine Papyrus-Herstellung (s. S. 65) berühmt. Bis zum 10. Jahrhundert n. Chr. schrieb man auf diesem Material, erst dann benutzte man Pergament. Im Anfang des 13. Jahrhunderts wurde Pergament durch Leinen-Papier ersetzt. Der ägyptische Historiker Maqrizi erwähnt, daß es in Kairo eine besondere Straße für Papierwerkstätten gab.

Die Manuskripte stammen aus der Zeit vom 4. bis 18. Jahrhundert und sind griechisch, koptisch und arabisch geschrieben. Die bilingualen Texte haben eine spezielle Bedeutung und sind ein Ergebnis der Überlagerung zweier Kulturen.

Die wichtigsten Dokumente sind
Gnostische Texte aus Nag Hammadi, u. a. mit der Abbildung des Evangelisten Johannes;
Schriften mit fein kolorierten und mit Blattgold verzierten Ornamenten;
Leinen-Bandagen mit alt-nubischen Inschriften;
Ostraka aus dem 7. bis 9. Jahrhundert.

Wer besonders an wissenschaftlich wichtigen Handschriften interessiert ist, kann versuchen, eine Genehmigung für den Besuch der Bibliothek (Eingang rechts vom Haupteingang) zu erhalten. Die bedeutendsten und seltensten koptischen Manuskripte sind Fragmente der vier Evangelien mit illuminierten Titelseiten in Gold und farbigen geometrischen Ornamenten.

Außerdem sind die Paulus-Briefe, die Apostel-Geschichte mit Miniaturen und theologische Kommentare zu den Evangelien von Markus, Lukas und Johannes etc. interessant.

Die wertvollsten Dokumente der Bibliothek sind die Papyrus-Funde von Nag Hammadi, die noch nicht in vollem Umfang wissenschaftlich ausgewertet sind.

Koptische Kirchen außerhalb des Forts

Außerhalb der Festungsmauer von Babylon, am Fum al Chalidsch, dort, wo früher das Flußbett des Nil verlief, befindet sich ein ummauerter Platz, der die Kirchen von St. Mercurius und St. Schenute und ein Kloster umschließt. Man findet die Stelle leicht, wenn man vom Portal der Amr Ibn al Ass-Moschee (Farbt. 64) die sharia Gami Amr Richtung Nil einschlägt.

St. Mercurius Kirche, auch **Abu Saifain** (= mit den zwei Schwertern)
Die Kirche war im 10. Jahrhundert ein Lager für Zuckerrohr, 1168 brannte sie aus, wurde aber acht Jahre später schon wieder aufgebaut. Bemerkenswert sind ihre vielen Ikonen-Fresken, manche leider in beklagenswertem Zustand. Altar-Baldachin und Nische des zentralen Sanktuariums sind besonders reich ausgestaltet. Der Ambo ist mit Mosaiken verziert und ruht auf fünfzehn Säulen. Im Chor verteilt gibt es 63 Ikonen von Johannes dem Armenier. Vom Hof aus kann man eine Galerie erreichen, die auf halber Höhe um die Kirche führt. Der Blick von oben in den Kirchenraum macht noch manches Detail deutlich.

St. Schenute-Kirche, auch **Dair Anba Schenuda**
Diese Kirche liegt einige Meter unter dem jetzigen Straßenniveau und wird zum ersten Mal erwähnt, als ein Gremium der hohen Geistlichkeit 743 einen neuen Patriarchen wählen wollte.

Im Mittelschiff steht ein hölzerner Ambo auf acht Holzsäulen. Er ist mit einem Kreuz-Muster verziert. Am Westende des Mittelschiffes gibt es einen alten Brunnen, der mit einem Stein verschlossen ist. Die Ikonostasis des zentralen Sanktuariums ist aus Zedernholz mit Rad- und Kreuz-Symbolen aus Ebenholz verziert. In der Nähe des Eingangs führt eine Treppe in eine Nebenkirche mit drei offenen Sanktuarien und einem Baptisterium.

Fustat und Nilometer

Das **Ruinenfeld von Fustat** (s. S. 83; Farbt. 58, 88) liegt etwa 1500 m östlich der Feste Babylon; ein Besuch des Areals der ersten arabischen Stadtgründung am Nil bietet sich also im Zusammenhang mit der Besichtigung des ›koptischen Viertels‹ (Alt-Kairo) an. Wer das Feld begehen möchte, wende sich am römischen Turm nach Norden und gehe zur sh. Mari Girgis, von der man hinter dem griechisch-orthodoxen Friedhof nach rechts abbiege. Von der nach Osten führenden Straße (auf der linken Seite Brennöfen für Töpferware – Farbt. 62, 63 – und die Moschee Amr Ibn al Ass – Farbt. 64) geht nach etwa 500 m ein Pfad nach rechts ab, der auf das Ruinenfeld leitet (manchmal dort Eintrittsgeld, sonst bei den Wächtern gegen Ticket).

Bei der Begehung des Feldes erkennt man noch den Verlauf der Gassen in der früheren Stadt (Farbt. 61). Weiter ist deutlich zu sehen, daß die Häuser hier aus gebrannten Ziegelsteinen erbaut waren. Mancherorts stehen größere Mauerreste mit Fensterhöhlen und Eingängen (Abb. S. 84); die Struktur von Keller und Erdgeschoß solcher Gebäudereste wird deutlich. Der Boden ist bedeckt von Scherbenresten. Interessanter Ausblick auf Zitadelle und Mohammad Ali-Moschee (oft durch Qualm verhangen) sowie einen Teil der südlichen Totenstadt.

Wer sich damit begnügen möchte, Fustat aus einiger Entfernung zu überblicken, kann vom römischen Turm in Babylon nach Süden gehen; nach etwa 1500 m führt ihn die Straße an den Westrand des Feldes, das tiefer als die auf einem Damm erbaute Straße liegt.

Der **Nilometer** (s. S. 91) an der Südspitze der Insel Roda ist ebenfalls gut von Alt-Kairo aus zu erreichen. Man gehe vom römischen Turm aus zum Nilufer, dort etwa 1000 m nach Norden bis zur Brücke und auf der anderen Seite am Ufer des Nilarmes wieder nach Süden (1000 m).

Die Anlage besteht aus einem Brunnenhaus, das über einem quadratischen Becken steht, in das früher durch drei Öffnungen Wasser vom Nil einströmte. In der Mitte des Beckens steht eine achtkantige Meßsäule von 9,18 m Länge; an den Seitenwänden des Beckens führt eine Treppe hinunter. Das Brunnenhaus ist von einer arabesk geschmückten Kuppel überwölbt (außen Spitzdach). Die Anlage ist schon etwa 1200 Jahre alt, mußte jedoch immer wieder von Grund auf erneuert werden, zuletzt 1939. Heute wird sie nicht mehr zum Messen des Nilwasserstandes benutzt. Ein Besuch lohnt sich auch wegen der angenehmen Umgebung an der Inselspitze.

Touren durch das islamische Kairo

Thomas Gosciniak

Der Rahmen des Buches macht es unmöglich, alle sehenswerten Gebäude der islamischen Zeit aufzulisten oder einzelne im Detail darzustellen. Auch soll der Reisende noch Freiraum für eigene ›Entdeckungen‹ behalten.

Die Auswahl der Sehenswürdigkeiten und die Zusammenstellung der Touren beruht auf den Erfahrungen des Autors, der seine Beschreibungen als Anregung verstanden sehen will. Für den Interessierten sind neben den Namen der Bauwerke jeweils die amtlichen Zahlen (in eckiger Klammer) aufgeführt, nach denen die islamischen Denkmäler klassifiziert wurden – die Orientierung in der weiterführenden Literatur wird hierdurch erleichtert. Die der Orientierung dienenden Wegskizzen wurden in Anlehnung an R. Parker und R. Sabin, ›A practical Guide to Islamic Monuments in Cairo‹ gestaltet.

Viel bleibt dem Reisenden selbst zu entdecken, viel kann er auch auslassen, wenn es an Zeit oder Interesse mangelt, außerdem können die Touren nach Belieben gekoppelt oder erweitert werden.

In jedem Fall sollte sich der Fremde jedoch vom Strom der Menschen treiben lassen, Teil des pulsierenden Lebens werden, um den Zauber des islamischen Kairo nicht durch das Abschreiten der Monumente gemäß den vorgegebenen Touren, sondern auf eigene Faust mit wachen Sinnen zu erleben.

Die Touren durch das alte arabische Kairo sollten vorbereitet oder ergänzt werden im *Museum für Islamische Kunst* (s. S. 273). Dort ist die in den letzten hundert Jahren von der Ägyptischen Antiquitätenverwaltung angelegte Sammlung hervorragender Stücke des Kunsthandwerks zu sehen. Die Sammlung repräsentiert nicht nur die islamische Kunst Ägyptens, sondern umfaßt zahlreiche Exponate aus Persien, der Türkei und anderen islamischen Ländern. Das größere Gewicht wird aber darauf gelegt, die Entwicklung der Kunst und Kultur in Ägypten unter den verschiedenen Herrschern seit Beginn der islamischen Oberhoheit darzustellen. Die Ausstellungsstücke reichen von einem restaurierten Wohnhaus der Tulunidenzeit (ca. 900 n. Chr.), das in Fustat (s. S. 83) ausgegraben wurde, über kunstvoll geschnitzte Holztüren, alle Arten von ziselierten und tauschierten Metallarbeiten (Waffen), grün und blau leuchtende Keramiken bis zu wertvollen Teppichen. Die Sammlung ist zum großen Teil so arrangiert, daß man einen ergänzenden Eindruck bekommt, wie es in den Gassen, Palästen, Wohnhäusern, Moscheen und Bädern der mittelalterlichen Stadt, deren Reste nahebei zu finden sind, ausgesehen haben mag.

Tour 1: Khan al Kalili – Bab al Nasr – Hussein-Moschee
Tour 2: Bab al Zuweyla – al Azhar-Moschee
Tour 3: Bab al Zuweyla – Midan Mohammad Ali
Tour 4: Ibn Tulun-Moschee – Midan Salah al Din
Tour 5: Zitadelle – Sultan Hassan-Moschee
Tour 6: Südlicher Friedhof
Tour 7: Nördlicher Friedhof

Tour 1: Khan al Kalili – Bab al Nasr – Hussein-Moschee

(ganztags)

Die Hauptstraße vor dem Khan al Kalili in Richtung auf die Neustadt entlanggehend erreichen Sie nach knapp 200 m die Kreuzung der sharia Moizz li din-Allah (die hier sharia al Ghuri heißt) mit dem Gebäudekomplex des Sultan al Ghuri auf der gegenüberliegenden Seite der Hauptstraße.

Biegen Sie nach rechts in die kleine Gasse ein, die noch zum Basar gehört, bis Sie zur Linken an die **Grab-Madrasa von Ashraf**

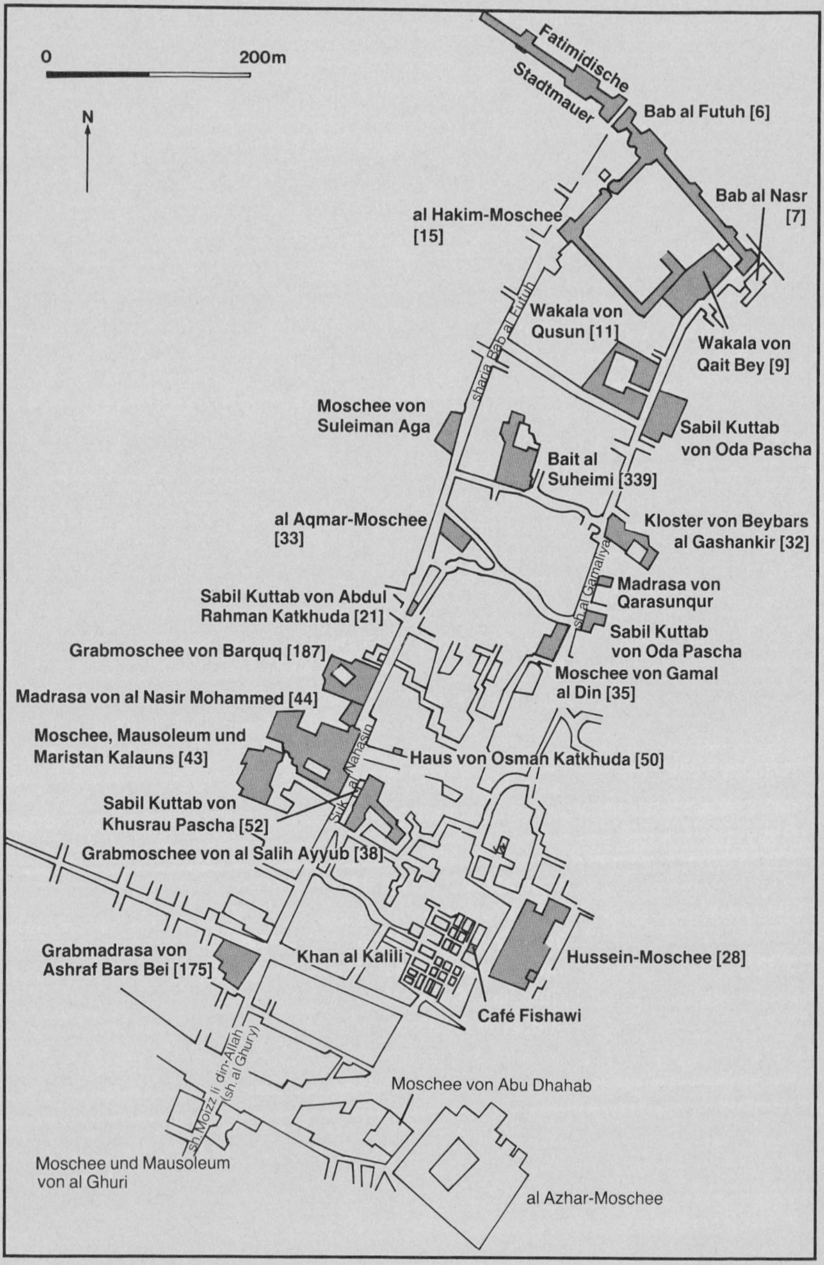

Tourenkarte durch das islamische Kairo: Tour 1

Bars Bey [175] kommen. In dieser 1423 erbauten Moschee liegen Frau und Sohn des Sultans begraben; er selbst fand in der Grabmoschee auf dem nördlichen Friedhof (s. Tour 7) seine letzte Ruhestätte. Das monumentale Tor, überdacht von einer Stalaktitenhaube, wird durch eine bronzene Tür verschlossen. Links vom Eingang ragt ein Brunnen mit einer Koranschule im Obergeschoß vor, rechts erhebt sich das dreigeschossige Minarett. Im Inneren sind die marmorverkleideten Böden und Wände sowie die bemalten Holzdecken sehenswert; auch die in Ebenholz und Elfenbein intarsierte Kanzel verdient Beachtung.

Die Straße, der *Markt (Suk) der Goldschmiede* (die hier seit 1241 ihr Handwerk ausüben), geht in den *Suk al Nahassin,* den Basar der Kupferschmiede, über (Farbt. 65, 86, 87).

Das graue Minarett, das sich 150 m weiter mit seiner an einen Pfefferstreuer erinnernden Kuppel nach 100 m rechts aus dem Gewirr von Läden erhebt, gehört zur **Grabmoschee des Sultans al Salih Aiyub** [38], des letzten Herrschers aus der Dynastie Saladins. Die Wände der Läden verbergen die Reste der Fassade mit dem reichen Ornamentschmuck.

Durch den verzierten Torbogen unter dem Minarett kommen Sie in eine enge Gasse, in der Sie Schmiede bei ihrer Arbeit sehen; in einem kleinen, Touristen meist unbekannten Café können Sie eine Ruhepause einlegen.

Zurück zur Straße und weiter nach rechts gehend kommen Sie am **Sabil Kuttab von Khusrau Pascha** [52] vorbei, der diese fromme Stiftung 1535 an der Wand der Moschee errichten ließ.

Auf der anderen Straßenseite führt ein Torweg in das **Krankenhaus (Maristan) des Sultan Kalaun** [43]. Das Gebäude, auf das Sie treffen, eine Augenklinik, ist neueren Datums, obwohl hier seit 1385 ein Klinikbetrieb ununterbrochen besteht. Einer der alten bepflanzten Innenhöfe mit von Säulen getragenen schattenspendenden Dächern existiert noch, wie auch zwei geschnittene Stuckfenster des östlichen Liwans.

Wieder im Basar der Kupferschmiede, stehen Sie links vor der Wand der Madrasa. Nach wenigen Metern öffnet sich ein Tor zu einem großen Korridor, dem ursprünglichen Zugang zum Krankenhaus.

Diese Passage trennt links die Madrasa vom Mausoleum auf der Gegenseite. Durch eine kleine Seitentür betreten Sie den Innenhof der **Madrasa,** die mit ihren Arkaden in der Gliederung an eine syrische Basilika erinnert. Das Sanktuarium ist mit hervorragender Stuckarbeit reich verziert.

Beim Verlassen der Gebetsstätte gehen Sie den Korridor zwanzig Schritte weiter, bis Sie rechts durch ein Tor in den Vorraum des **Mausoleums** gelangen. Die Tür zur Grabkammer ist in bemerkenswerter Stuckschneidetechnik ausgearbeitet; die mit farbigem Glas hinterlegten Kamariyas tauchen das Mausoleum in ein geheimnisvolles Licht. Zum Sarkophag von Kalaun und seinem Sohn al Nasir gelangt man durch ein Maschrabiya-Gitter, das mit seiner Höhe von 17 m bei einer Breite von 4 m selbst in Kairo einmalig ist. Dem Vorraum und der eigentlichen Grabkammer verleihen die Säulen aus Rosengranit und Porphyr, Baldachine, Martäfelungen und polychrome Deckenmalereien eine würdevolle Pracht.

Von der Straße aus werfen Sie einen Blick auf die imposante Fassade, die trotz des Stilgemisches durch ihre harmonische Monumentalität beeindruckt. Von Flachbogen in Nischen mit je drei Stuckfenstern aufgeteilt erfahren die Steinmassen einen schwingenden Rhythmus. Die Pfeiler der Nischen ruhen auf schlanken Säulen mit korinthischen Kapitellen; die Fassade zieren islamische und klassische Säulen, die unbekümmert nach Bedarf aufrecht oder mit dem Kapitell als Basis verwandt wurden. Als ornamentaler Schmuck überzieht ein breites in Stein gehauenes Schriftband die gesamte

Straßenfront, die an die **Madrasa von al Nasir Mohammed** [44] grenzt.

Diese Grabmoschee, weitgehend zerfallen, beherbergt z. Zt. eine Steinmetzwerkstatt. Das gotische Portal (Farbt. 66) stammt von der Kreuzfahrerkirche in Akkon und wurde von al Nasirs Bruder al Ashraf 1291 als Zeichen des Sieges über die Franken nach Kairo gebracht und 1304 beim Bau der Madrasa verwendet. Das Stuckrelief im östlichen Liwan ist sehenswert, die Grabkammer ist verschlossen und lohnt den Besuch nicht.

Begrenzt wird al Nasirs Moschee von der **Grabmoschee Barquqs** [187], des ersten Tscherkessen-Sultans, dessen Leichnam jedoch von seinem Sohn in die große Moschee auf dem nördlichen Friedhof (Tour 7) umgebettet wurde. Sie betreten die Moschee durch ein monumentales Stalaktitenportal aus schwarzem und weißem Marmor mit silbertauschierten Bronzetoren, die allein schon eine Sehenswürdigkeit darstellen. Ein Korridor führt in den mit Marmor und Porphyr gepflasterten Hof, dessen Innentore mit Bronzefiligran beschlagen sind. Die Decke des Hauptliwans wird von vier pharaonischen Porphyrsäulen getragen. In der Grabkammer liegen Familienmitglieder Barquqs begraben; das Mausoleum ist hervorragend restauriert, insbesondere die polychrome Decke der Grabkuppel. Der Kontrast der würdigen Ruhestätte zu dem lärmenden Leben auf der Straße berührt den Betrachter bei einem Blick durch die vergitterten Fenster auf das Treiben im Suk.

Bei ausreichender Zeit sollten Sie beim Verlassen der Moschee noch einmal die Straße zurückgehen, bis Sie direkt gegenüber dem Portal des Maristan Kalaun an die Einmündung der sharia Bayt al Qadi kommen. Diese Straße führt Sie nach 30 m links an das **Haus des Osman Katkhuda** [50], der im 18. Jahrhundert das damals 350 Jahre alte Mamlukenhaus umbauen und restaurieren ließ. Der Eingang ist unscheinbar, nur das grüne Schild mit der Nr. 50 weist Sie auf die Besonderheit des Gebäudes hin. Klopfen Sie getrost und lassen Sie sich für ein kleines Bakschisch in die Ka'a, die Halle führen, die von dem Palast übriggeblieben ist. Der 15 m hohe Raum ist mit seinen bemalten Täfelungen erstaunlich gut erhalten und vermittelt einen Eindruck vom Palastbau jener Zeit.

Beim Verlassen des Hauses gehen Sie wieder zurück zum Suk al Nahassin und setzen Ihren Weg nach rechts fort. Im weiteren Verlauf des Suks, etwa 40 m hinter der Moschee Barquqs gehen Sie auf die Spitze eines dreieckigen Häuserblocks zu, an dem sich die Straße gabelt. Sie stehen jetzt vor dem **Sabil Kuttab von Abdul Rahman Katkhuda** [21], der für seine Restaurationen und Gebäude im 18. Jahrhundert Berühmtheit erlangte (Farbt. 68). Der Brunnen im Erdgeschoß imponiert durch prachtvolle Fenstergitter, die Koranschule im ersten Stock ist zur Straße durch eine fein gedrechselte Balustrade abgetrennt. Der Rest des Gebäudes war im 14. Jahrhundert ein Wohnblock. Zur Zeit wird der Komplex mit deutscher Unterstützung restauriert. Lohnend ist der Blick durch die Gitter in das von Fayencen ausgekleidete Erdgeschoß.

An diesem Sabil Kuttab gehen Sie links vorbei und erreichen nach 100 m die **al Aqmar-Moschee** [33]. 1125 errichtet, stellt sie eines der wenigen fast völlig erhaltenen Gebäude der fatimidischen Epoche dar; die verzierte Steinfassade war das erste Beispiel ihrer Art in Kairo. Der Innenraum, interessant für den kunsthistorisch Interessierten, ist meist verschlossen; der Moscheewärter wohnt jedoch um die Ecke und öffnet Ihnen gerne die Tür.

In jedem Fall sollten Sie sich hier die Zeit für einen knapp zweistündigen Abstecher zum **Bait al Suheimi** [339] nehmen. Nach der al Aqmar-Moschee wenden Sie sich in die zweite Straße rechts, wo Sie nach 50 m auf der linken Seite vor dem Eingang des Kaufmannshauses aus dem 17. Jahrhundert stehen. Dieses Haus, in seiner Art wohl das schönste Kairos, ist fast völlig im Originalzustand erhalten. Durch das massige Tor mit der dahinterliegenden Bank für den Boab, den Torwärter, betreten Sie über einen gebogenen Gang den Innenhof mit Blumenbeeten, einer Palme und einer schattenspendenden Mimosa. Die überhängenden Fenster zum Hof tragen kunstvolle Maschrabiyas. Am Ende des Hofes steht das Mobiliar des Takhtabusch, wo der Hausherr Fremde zu empfangen pflegte.

Hinter der Loggia gelangen Sie in einen Garten mit einer Kornmühle und einer Sakiya, dem ägyptischen Ziehbrunnen. Auch von hier aus sind einmalig schöne und sorgfältig gedrechselte Fenstergitter zu bewundern. Lassen Sie sich in Muße durch dieses prachtvolle Haus geleiten – ihr Führer ist kundig und erzählt Ihnen die Geschichte des Bait al Suheimi mit seinen fast hundert Räumen. Besondere Beachtung verdienen die Bäder, die Empfangshallen und die Haremsräume. In ihrer baulichen Verschachtelung für den Fremden kaum zu entwirren, zum Teil noch möbliert, mit Fayencen, bemalten Holz- oder intarsierten Marmorwänden, mit Ledertapeten und Stuckarbeiten geschmückt geben Ihnen die von gebrochenem Licht durchfluteten Räume das Erlebnis eines reichen Kairoer Hauses aus vergangener Zeit (Farbt. 45).

Zurück zum Suk al Nahassin setzen Sie Ihren Weg weiter fort, kommen an der *Moschee von Suleiman Aga* aus dem 19. Jahrhundert (links) vorbei und erreichen einen kleinen Marktplatz, dessen geschäftiges Treiben sich zu Füßen der **Moschee von al Hakim** [15] abspielt. Diese Moschee, von al Aziz 990 begonnen und unter seinem Sohn al Hakim 1013 vollendet, bildete wie ihr Vorbild, die Ibn Tulun-Moschee, eine fast quadratische Freitagsmoschee mit einem umlaufenden Hof, dessen äußere Mauer nicht mehr steht. Die Minarette am West- und Nordende der Hauptfassade sind unterschiedlich – das westliche (rechts vom Eingangsportal) besitzt in seiner unteren Hälfte einen quadratischen, darüber einen sich verjüngenden achteckigen Grundriß, das linke ist zylindrisch auf quadratischem Sockel. Fensterreihe, Schriftfriese und Ornamentbänder lockern die Baumassen auf. Die eckigen Basen der Minarette, eine spätere Beifügung, sollten wahrscheinlich die Türme vor Erdbeben schützen, waren jedoch nicht homogen mit dem Minarett verbunden, sondern umgaben als Steinmantel den Turm im Inneren. Das Nordminarett ist in den Verbund der fatimidischen Stadtmauer einbezogen worden (Farbt. 89).

In die Moschee mit einem Grundriß von ca. 120 × 120 m führten früher dreizehn Portale, von denen nur noch das Hauptportal in der Nordwestfassade besteht. Dieser zentrale Eingang, durch den Sie den Innenhof betreten, wird von zwei Mauerflanken mit einem Tonnengewölbe gebildet, wodurch die Torfront eine monumentale Breite von knapp 16 m erhält. Das östliche Hauptsanktuar, fünfschiffig mit einer Tiefe von 32 m angelegt, sowie die dreischiffigen Seitenliwane bestechen durch die sorgfältige und schlichte Restaurierung aus den Jahren 1981/82, die der fatimidischen Gebetsstätte wieder den Glanz und die Würde gab, die Zerfall und Mißbrauch in den letzten Jahrhunderten unter Trümmern und Abfall begraben hatten.

Die nördliche Mauer der fatimidischen Stadt, von Badr al Gamali 1087 angelegt, verläuft längs der Nordseite der al Hakim-Moschee.

Das **Bab al Futuh** [6], die nördliche Begrenzung der fatimidischen Hauptstraße, die am Bab al Zuweyla begann, wird von zwei Rundtürmen flankiert. Ein halbkreisförmiger Fries über dem Torweg zeigt ein Netzwerk von Quadraten, die mit den unterschiedlichsten Mustern geschmückt sind; Konsolen und Facetten tragen fatimidische Stilelemente. Die Struktur des gewaltigen Stadttores erkennen Sie am besten, wenn Sie von der Außenseite her auf die Stadtmauer zurückblicken. Vielleicht setzen Sie sich in das kleine Kaffeehaus gegenüber und lassen die Monumentalität dieser gewaltigen Befestigungsanlage auf sich einwirken, die, im armenisch-syrischen Stil errichtet, durch normannische Elemente vertraute Züge aufweist.

In Blickrichtung auf das Bab al Futuh gehen Sie dann nach links an der Mauer entlang, bis Sie zum nächsten Portal, dem **Bab al Nasr** [7], kommen. In der Grundkonstruktion ähnlich, mit eckigen Türmen nicht minder mächtig, besitzt dieses Tor einen Aufgang, über den Sie auf der Stadtmauer zum Bab al Futuh zurückgehen können. Vereinzelte in die massigen Quadersteine geschnittene Hieroglyphen erinnern daran, daß die Pyramiden und Mastabas des Alten Reiches das Grundmaterial für die Befestigungen lieferten; die lateinischen Ziffern und französischen Namen in den einzelnen Abschnitten der Bastion dienten Napoleons Truppen als Orientierungshilfe.

Von der **Stadtmauer** genießen Sie einen einmaligen Blick über den Wald der Minarette. Vor den Stadttoren breitet sich das Gewirr des Vieh- und Gemüsemarktes aus, dessen unmittelbare Nachbarschaft zu einem großen Friedhof nur auf den europäischen Reisenden befremdlich wirkt. Auf diesem Friedhof liegt der Schweizer Burckhardt begraben, der vor etwa 150 Jahren als Scheich Ibrahim den vorderen Orient bereiste. Von Bab al Futuh aus, wo die Stadtmauer gleichzeitig die Begrenzung der al Hakim-Moschee bildet, blicken Sie von oben in die Moschee und erleben die Größe und die baulichen Besonderheiten dieser bedeutenden Gebetsstätte.

Zurück zum Bab al Nasr, an dem die sharia al Nasr die Stadt verläßt, wenden Sie sich wieder stadteinwärts und setzen Ihren Weg parallel zur sharia Moizz li din-Allah fort. Sie passieren unmittelbar zur Rechten die **Karawanserei (Wakala) des Sultans Qait Bey** [9] aus dem Jahre 1481. Das Innere der alten Herberge ist heute nicht zugänglich, da es bewohnt ist.

An der nächsten Kreuzung liegt rechts die Fassade des **Wakala von Qusun** [11], die allein von diesem Khan aus dem frühen 14. Jahrhundert erhalten geblieben ist und einen architektonischen Kontrast zu dem gegenüberliegenden türkischen *Sabil Kuttab von Oda Pascha* (1673) bildet.

Nach weiteren 60 m gehen Sie auf die linke Seite der Straße, die hier sharia al Gamaliya heißt. Sie stehen jetzt vor dem **Derwischkloster von Beybars al Gaschankir** (der Vorschmecker) [32], das als erstes seiner Art 1310 errichtet wurde. Die reiche Fassade mit dem gewaltigen Rundportal führt zur Grabkammer. Die Liwane sind von den Mönchszellen umgeben, die Gruft trennt ein prächtiges Holzgitter vom Innenhof. Beim Verlassen des Derwischklosters sollten Sie sich noch einmal die Inschrift des Portals betrachten – die blanke Stelle erinnert an den Stifter, dessen Namen von seinem Nachfolger ›ausradiert‹ wurde. Wenige Schritte weiter schließt sich die Fassade der aus dem Jahre 1300 stammenden *Qarasunqur-Madrasa* an.

Nach etwa 100 m mündet rechts die sharia al Tumbakshiya ein, an deren Ecke Sie die **Moschee des Gamal al Din** [35], Anfang 15. Jahrhundert, besuchen sollten. In Ihrer schlichten Ruhe mit den verblichenen Spuren einstiger Schönheit dient sie den Gläubigen der Nachbarschaft beim Ruf des Muezzins als Versammlungsstätte.

Auf der sharia al Gamaliya stoßen Sie auf einen anderen *Sabil Kuttab von Oda Pascha* und die Reste seines Hauses aus der Zeit der Türkenherrschaft.

Die letzten 300 m sollten Sie dann am Rande des Khan al Kalili entlangspazieren, bis Sie direkt vor dem Eingang zum Basar die **Hussein-Moschee** [28] erreichen. Dieses moderne Bauwerk im türkischen Stil mit seinem eigenwilligen Minarett (Farbt. 54) stellt ein besonderes Heiligtum vor allem der schiitischen Muslime dar. Hussein, der Sohn von Ali, der Schwiegersohn des Propheten, fiel 680 in der Schlacht von Kerbela; sein Kopf soll 1153 unter fatimischer Herrschaft nach Kairo gebracht und in einem zu Husseins Ehren errichteten Heiligtum beigesetzt worden sein.

Nur wenige Reste des Gebäudes stammen aus fatimidischer oder aiyubidischer Zeit. Die besondere Verehrung dieser Moschee gebietet Zurückhaltung beim Besuch; auf das Betreten des geheiligten Grabraumes sollten Sie unbedingt verzichten!

Beim Verlassen der Moschee durch eines der Seitenportale finden Sie mit etwas Aufmerksamkeit den Eingang zum berühmten *Café Fishawi,* das trotz zunehmenden Verfalls, angefüllt mit einem Sammelsurium von Raritäten und Merkwürdigkeiten, zu einer stärkenden Tasse Tee einlädt. Von hier aus sind es nur wenige Schritte bis zum ›Kankalili‹.

Tour 2: Bab al Zuweyla – al Azhar-Moschee

(halbtags)

Mit dem Taxi lassen Sie sich auf der sharia Taht al Rabeh am **Bab al Zuweyla** [199] absetzen. Dieses fatimidische Stadttor, das 1092 von syrischen Baumeistern für den Wasir Badr al Gamali erbaut wurde, gehört mit seinen Pendents Bab al Nasr und Bab al Futuh zu den eindrucksvollsten Befestigungswerken der Stadt. Der große Torweg wird durch zwei massige halbrunde Türme begrenzt, auf denen der Sultan al Muajjad 1415 die Minarette seiner Moschee errichten ließ.

Das Tor führt in die alte Hauptstraße der fatimidischen Stadt, die einen der interessantesten Rundgänge durch das mittelalterliche Kairo ermöglicht. Jahrhundertelang war das Bab al Zuweyla die geheimnisumwobene Hauptrichtstätte der alten Stadt, wirkte jedoch auch segensreich als Sitz eines sufischen Heiligen, al Mitwalli, der bei ausreichendem Glauben der Bittsteller jede Krankheit heilen konnte.

Direkt links hinter dem Stadttor betreten Sie die **Moschee des Muajjad** [190] durch ein beachtenswertes Bronzetor, das als eines der schönsten von Kairo gilt. Das Tor gehörte früher zu der Moschee des Sultan Hassan und wurde von al Muajjad 1410 zum Schmuck seiner Moschee erworben. Aus der Vorhalle führt links eine Tür in das Mausoleum mit dem Sarkophag des Sultans und seines Sohnes.

Die Türen zum Innenhof sind reich mit Elfenbein in geometrischen Ornamenten eingelegt, ebenso die hölzerne Verkleidung der Kanzel. Den Abschluß des dreischiffigen Sanktuariums bildet eine farbige, z. T. vergoldete Holzdecke; die Kibla-Wand beeindruckt durch ihre prächtige Marmorinkrustation. In der dem Mausoleum gegenüberliegenden Ecke des Liwans führt eine Holztür zum Aufgang in das Minarett; der Schlüssel wird gegen ein Bakschisch vom Moscheewärter geholt.

Den Aufstieg auf das Minarett sollten Sie nicht versäumen – das Treppengeländer ist jedoch baufällig und kann nicht als Stütze gebraucht werden. Vom Bab al Zuweyla herab blicken Sie zurück auf den Eingang zum Suk der Zeltmacher, links davon auf die *Moschee des Salih Talai,* deren architektonischer Aufbau aus dieser Perspektive besonders eindrucksvoll erscheint. In Richtung der fatimischen Hauptstraße reihen sich die Bauwerke aneinander, die Sie im weiteren Verlauf der Straße passieren. Beim Verlassen der Moschee lohnt sich ein kurzer Blick auf die verschlungenen Bronzegitter des *Sabil von Nafisa al Bayda.*

Gehen Sie die Straße weiter, vorbei am barocken *Sabil von Mohammad Ali,* kommen Sie nach 120 m rechts an die **Fakahani-**

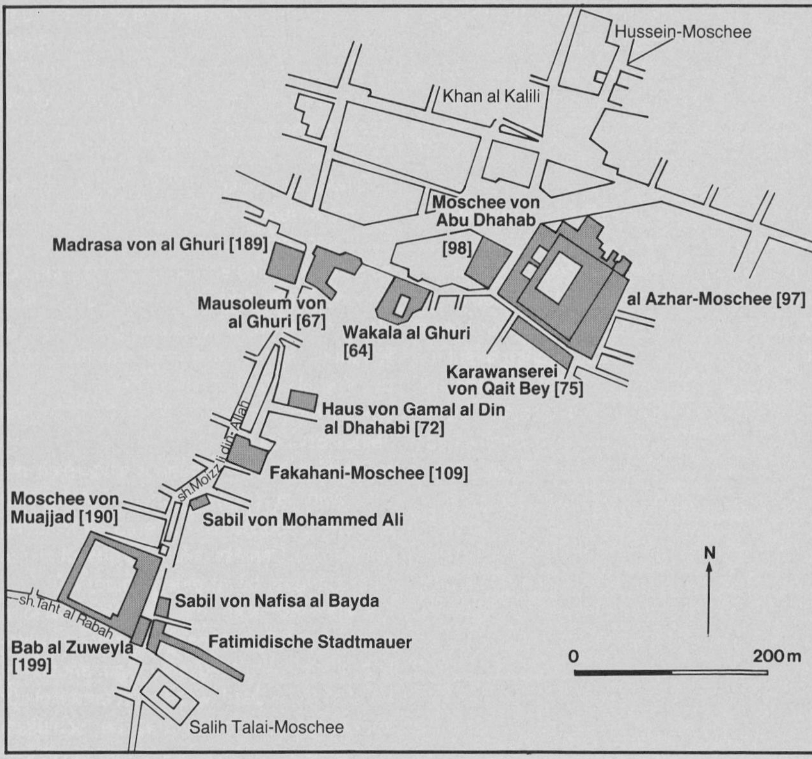

Tourenkarte durch das islamische Kairo: Tour 2

Moschee [109], die der fatimidische Kalif Zahir 1148 erbauen ließ. Die Moschee wurde im 18. Jahrhundert völlig erneuert, nur die Schnitzarbeit der Holzportale stammt noch aus der Zeit der Gründung. Der schmucklose und z. T. zerfallene Innenraum besticht durch seine Kargheit und dient der Gemeinde zur Gebetsstunde als Versammlungsort.

Der Nebenausgang der Gebetshalle führt in eine kleine Gasse, wo Sie links im Cafe eine kleine Pause einlegen können. Hinter dem Cafe rechts zweigt eine weitere Gasse ab, die sich nach 20 m verengt. In dem massigen Mauerwerk links sehen Sie eine schwere Holztür, die in das **Haus des Gamal al Din al Dhahabi** [72] führt. Dieses 1637 erbaute Haus eines reichen Kaufmannes hat die Jahrhunderte ohne wesentliche Beeinträchtigungen überstanden. Der Wärter führt Sie gern aus dem bepflanzten Innenhof mit dem Springbrunnen durch die Räume, die zum Hof und zur Straße von gedrechselten Maschrabiyas abgegrenzt werden (s. S. 113). Die Räume des Hausherrn gruppieren sich um den Innenhof, im Obergeschoß liegt die Ka'a, der große Empfangssaal. Zahlreiche Geheimgänge, Treppen und Korridore verbinden die Räume miteinander; die Marmorfußböden und die farbigen Täfelungen der Wände zeugen vom Reichtum des damaligen Besitzers.

Zurück zur Hauptstraße wenden Sie sich nach rechts, bis Sie nach 180 m zwischen zwei mamlukischen Gebäuden stehen, links der **Madrasa** [189], rechts dem **Mausoleum des Sultans al Ghuri** [67]. Dieser letzte Sultan der Mamluken starb im Kampf gegen die Türken bei Aleppo. In seinem Grab ruht sein Nachfolger Tuman Bey, den Selim I. am Bab al Zuweyla hängen ließ. Die beiden 1503–1504 errichteten Gebäude bilden eine harmonische Einheit, die früher durch eine Überdachung der Straße noch betont wurde. Das 65 m hohe Minarett trägt fünf Zwergkuppeln, die Fassade der Moschee wird von drei Fensterreihen unterbrochen. Ein Ornamentfries mit Koranversen und Gebeten bildet den Abschluß unterhalb der gefiederten Zinnen.

Durch das Portal mit weiß-schwarzen Marmorpaneelen und die bronzebeschlagene Tür gelangen Sie über einen Vorraum und einen Korridor in den Innenraum, der kreuzförmig angelegt ist. Der Kibla-Raum (Farbt. 40) ist vom Hof abgesetzt, die vier Hallen werden von Spitzbogen begrenzt, die einen reich geschnittenen Fries tragen. Ein Oberlicht auf gedrechselten Holzsäulen bildet den Abschluß des Hofes.

Gegenüber dem Eingangstor zum Hof können Sie durch ein weiteres Portal das Dach und das Minarett der Moschee besteigen und die Galerie gegenüber der Kibla-Halle erreichen. Vom Dach aus blicken Sie zurück auf das Bab al Zuweyla; der Blick in die Gegenrichtung führt über die Moschee des Ashraf Bars Bey und den Moscheenkomplex von Kalaun, al Nasir Mohammed und Barquq zur Moschee des Hakim und zu den Toren Bab al Nasr und Bab al Futuh mit der gewaltigen Stadtmauer.

Beim Verlassen der Madrasa betreten Sie auf der anderen Straßenseite das Mausoleum, in dem jetzt eine Schule für ägyptisches Kunsthandwerk untergebracht ist. Da die Räume benutzt werden, ist das Mausoleum nur eingeschränkt zu besichtigen.

Unmittelbar hinter dem Mausoleum kreuzt die alte fatimidische Hauptstraße die sharia al Azhar, zu der nach rechts eine Gasse parallel verläuft. Nach 80 m kommen Sie wieder an ein Gebäude, dessen Stil dem der Ghuri-Moschee gleicht: **Wakala al Ghuri** [64]. Diese 1504 erbaute Karawanserei – gewissermaßen das Motel der Mamlukenzeit – ist recht gut erhalten und vermittelt einen Eindruck vom Handelsleben der damaligen Metropole. Die um den Hof gruppierten ebenerdigen Räume dienten als Stallungen für die Reit- und Lasttiere, die oberen Geschosse boten den Händlern Logis und Lagerraum für ihre Waren (Farbt. 53, 67). Der Khan, jetzt ein Kulturzentrum, dient vornehmlich der Ausstellung zeitgenössischen Kunsthandwerks.

Die sharia al Azhar führt Sie dann nach weiteren 60 m zu einer **Moschee** [98] an der rechten Straßenseite, die sich **Abu Dhahab** 1773 im ottomanischen Stil Sinans erbauen ließ. Über die Treppe und das Tor gelangen Sie in einen Wandelgang, der den quadratischen Hof mit der flachen Kuppel umgibt. Zahlreiche kleine Kuppeln krönen die Arkaden des Ganges.

Beim Verlassen der Moschee fällt Ihr Blick auf die unmittelbar angrenzende **Azhar-Moschee** [97], die als zweitälteste Universität der Welt seit einigen Jahrzehnten nach ihrer Gründung durch Dschauhar im Jahre 970 das geistige Zentrum des Islam ist (s. S. 183). Durch stete Umbauten und Ergänzungen stellt der Gebäudekomplex ein Stilgemisch dar, das im einzelnen nur schwer zu entwirren ist und durch seine majestätische Größe und Harmonie den Besucher fasziniert. Das *Tor der Barbiere* (Farbt. 47), durch das Sie die Moschee betreten, wurde von Abd al Rahman Katkhuda im 18. Jahrhundert errichtet. Über einen Korridor gelangen Sie unter dem Minarett von Qait Bey (1469) hindurch in den sonnendurchfluteten Innenhof, dessen Arkaden mit ihren Spitzbogen typische Merkmale der fatimidischen Epoche darstellen (Farbt. 46). Reiche Stuckornamente mit floralen Elementen und Schriftbändern verzieren die Bogen an den Flachseiten und in der Kehlung. Der obere Teil der Hoffassade wird durch Spitzbogennischen und Rondelle belebt (s. S. 187).

Überqueren Sie den Hof und blicken Sie von den Arkaden der Gegenseite zurück! Über dem Tor, durch das Sie den Hof betreten haben, erhebt sich Qait Beys Minarett, darunter ragt eine aus Holz zierlich gedrechselte Kanzel für den Muezzin hervor. Das Minarett links weist mit seinen beiden Zwiebeltürmen auf seinen Stifter al Ghuri hin, zur Rechten erblicken Sie das Minarett von Akbugha. Die Kuppeln der Moschee des Abu Dhahab ragen über die Fassade und scheinen von hier aus mit der al Azhar-Moschee eine Einheit zu bilden.

Bevor Sie den Innenraum betreten, sollten Sie die Stuckarbeiten in den Arkaden vor dem Eingangsportal betrachten. Nach den ersten Schritten in den Gebetssaal sehen Sie eine kleine Kuppel über sich, deren Stuckdekoration und durchbrochene Fenster aus dem frühen 12. Jahrhundert stammen. Das neunschiffige, 3000 qm große Sanktuarium stellt Betsaal und Auditorium der Universität dar. Der Boden ist mit Teppichen ausgelegt, die flache Decke wird von hundertvierzig Marmorsäulen getragen, von denen etwa hundert aus der Antike stammen (Farbt. 43). Der hintere, durch mehrere Stufen erhöhte Teil des Saales wurde von Abd al Rahman Katkhuda 1754 angebaut, dessen Grab Sie an der Südwestwand finden; ein Portal der Gegenseite führt in die *Madrasa al Dschauharija* (1440).

Im Zentrum der Moschee verdient der alte Mihrab aus dem Jahr 970 besondere Beachtung; die zarten Stuckornamente stammen aus dem 13. Jahrhundert. Schlendern Sie geruhsam durch das Sanktuarium und genießen Sie die erhabene Ruhe, die viele Gläubige zu einem unbefangenen Schlaf verführt, dessen Hintergrund gemurmelte Gebete bilden in Einklang mit Vorlesungen für kleine Gruppen von Studenten.

Die Moschee verlassen Sie wieder auf demselben Weg durch das Tor der Barbiere. Vor dem Außenportal führt eine Tür an der linken Wand des Korridors in die *Madrasa al Taibarsiya,* die jetzt als Bibliothek dient; dieselbe Funktion erfüllt die *Madrasa al Aqhbughawiya,* zu der an der rechten Wand des Korridors einige Stufen hinaufführen.

Falls Sie nicht in Eile sind, sollten Sie sich hinter dem Tor der Barbiere nach links wenden und sich den Weg durch die Obststände der dort ansässigen Händler bis zur nächsten Ecke bahnen. Dort umrunden Sie die Azhar-Moschee und sehen nach einigen Metern die Fassade einer **Karawanserei** [75] vor sich, die – von **Qait Bey** 1477 erbaut – mit ihren Arabesken und ornamentalen Verzierungen als Juwel der mamlukischen Spätepoche gilt.

Auf dem Rückweg durch die Gasse sollten Sie nicht direkt rechts zur sharia al Azhar abbiegen, sondern die Straße noch 30 m weiter verfolgen, um sich von dem mittelalterlichen Treiben des *Gemüsemarktes* hinter der *Moschee des Abu Dhahab* verzaubern zu lassen – ein lohnenswerter Kontrast zu dem touristischen Rummel des nur 150 m entfernten Khan al Kalili.

Tour 3: Bab al Zuweyla – Midan Mohammad Ali

(halbtags)

Außerhalb des Bab al Zuweyla baute der fatimidische Wasir **al Salih Talai** 1160 die letzte **Moschee** [116] seiner Dynastie. Der Bau ruht auf einem Untergeschoß, dessen Räume früher als Läden mit ihren Einnahmen dem Unterhalt der Moschee dienten.

Sie betreten über eine kleine Brücke das Hauptportal der Moschee, deren Originaltüren sich im Museum für Islamische Kunst befinden. Die Fassade ist durch gekehlte Nischen gegliedert, eine Novität, die später im Moscheebau die Regel wurde. Die Bögen werden durch kleine Rosetten und Ornamentbänder belebt, über die Fassade zieht ein doppeltes Band in geschnittenem Kufi. Durch den tunnelartigen Korridor gelangen Sie auf den Innenhof, der an den Flanken durch zwei, an der Kiblawand durch fünf Bögen begrenzt wird; die Marmorsäulen tragen korinthische Kapitelle. Verbunden werden die Arkaden durch ein sehenswertes Schriftband, die Bögen sind mit geschnitzten Balken versteift (Farbt. 50). Stuckornamente und Medaillons beleben den ruhigen Innenhof. Während die Dekorationen des Mihrab zum größten Teil zerstört sind, stellt der Minbar (1300) eines der schönsten Exemplare in Kairo dar. Besonders lohnenswert ist der Besuch dieser Moschee zur Stunde des Gebetes, wenn der Imam seine Gemeinde zur religiösen Pflicht ruft.

Verlassen Sie die Moschee und gehen durch die sharia al Darb al Ahmar nach rechts, kommen Sie zu einer Gabelung mit der **Moschee des Qijmas al Ishaqi** [114] von 1480 (Farbt. 55). Auch diese Madrasa wurde über Läden im Souterrain erbaut. Prächtig anzusehen ist die Fassade mit ihrer reichen Steinmetzarbeit. Links von der Moschee liegt auf der anderen Straßenseite die dazugehörige **Koranschule (sabil kuttab).**

Qijmas war Stallmeister des Sultans Qait Bey und verfügte über ein großes Vermögen, das sich in der eleganten Ausstattung der Moschee widerspiegelt. Das mit farbigen Marmorintarsien und Schriftbändern geschmückte Portal führt in den Innenraum, der in seiner typischen Spätform der vierschiffigen Moschee noch den Hauptliwan mit der Kibla und der gegenüberliegenden Halle aufweist, während die Seitenliwane nur noch von zwei Nischen gebildet werden. Die Wände, z. T. aus schwarz-grau-weiß abgestuften Marmorplatten, z. T. in Flachrelief geschnitten, harmonisieren mit der gemalten und vergoldeten Decke, die das bunte Licht der Kamariyas auffängt. Der Minbar ist im spätmamlukischen Stil reich mit Ebenholz und Elfenbein intarsiert (z. Z. wegen Restaurierung geschlossen).

Die Straße rechts der Moschee führt nach 150 m zur **Moschee des Altunbuga al Maridani** [115] von 1339. Das auffallendste Merkmal sind die eigenwillig gezackten Zinnen der Außenmauer, die Fenster, Nischen und eine Koraninschrift trägt. Im fast quadratischen Innenhof, dessen vornehme Stille zum Verweilen einlädt, ist der Hauptliwan durch ein geschnitztes und gedrechseltes Holzgitter vom Hof getrennt (Farbt. 49, 51); die Gebetshalle trägt eine geschnittene bemalte Holzdecke, die Kibla und die angrenzenden Wände beeindrucken durch die verschwenderischen Mosaiken in Marmor und Perlmutt. Aus der Ptolemäerzeit stammen die roten Säulen der Seitenhallen.

Al Maridani, Schwiegersohn des Sultans al Nasir, wurde zum Gouverneur von Aleppo ernannt; er starb 1341 in Damaskus.

Bei der Maridani-Moschee wird die sharia al Tabbana zur sharia Bab al Wasir, an der Sie rechts nach 230 m die **Madrasa** [125] passieren, die **al Ashraf Shaban** 1368 für seine Mutter erbauen ließ. Den monumentalen Eingang flankieren eine Tränke und ein Sabil, das obere Stockwerk des Minaretts ist zerfallen. Die Grabkammern für den Sultan und seine Mutter liegen an den Stirnenden des Kibla-Liwans.

Nach weiteren 60 m sollten Sie einen Besuch der auf der linken Straßenseite gelegenen **Moschee des Aksunkur** [123] nicht versäumen. Emir Aksunkur hatte als Schwiegersohn des Sultans wichtige Staatsposten inne, bis er 1347 während einer Kerkerhaft ermordet wurde.

Der türkische Gouverneur Ibrahim Aga restaurierte 1652 die 1347 errichtete Moschee und verkleidete die Südostwand des Sanktuars mit Fayencen im Damaszener Stil. Obwohl aus kunsthistorischer Sicht dem Stilempfinden der Moschee nicht angemessen, bieten die blauen bildteppichartigen

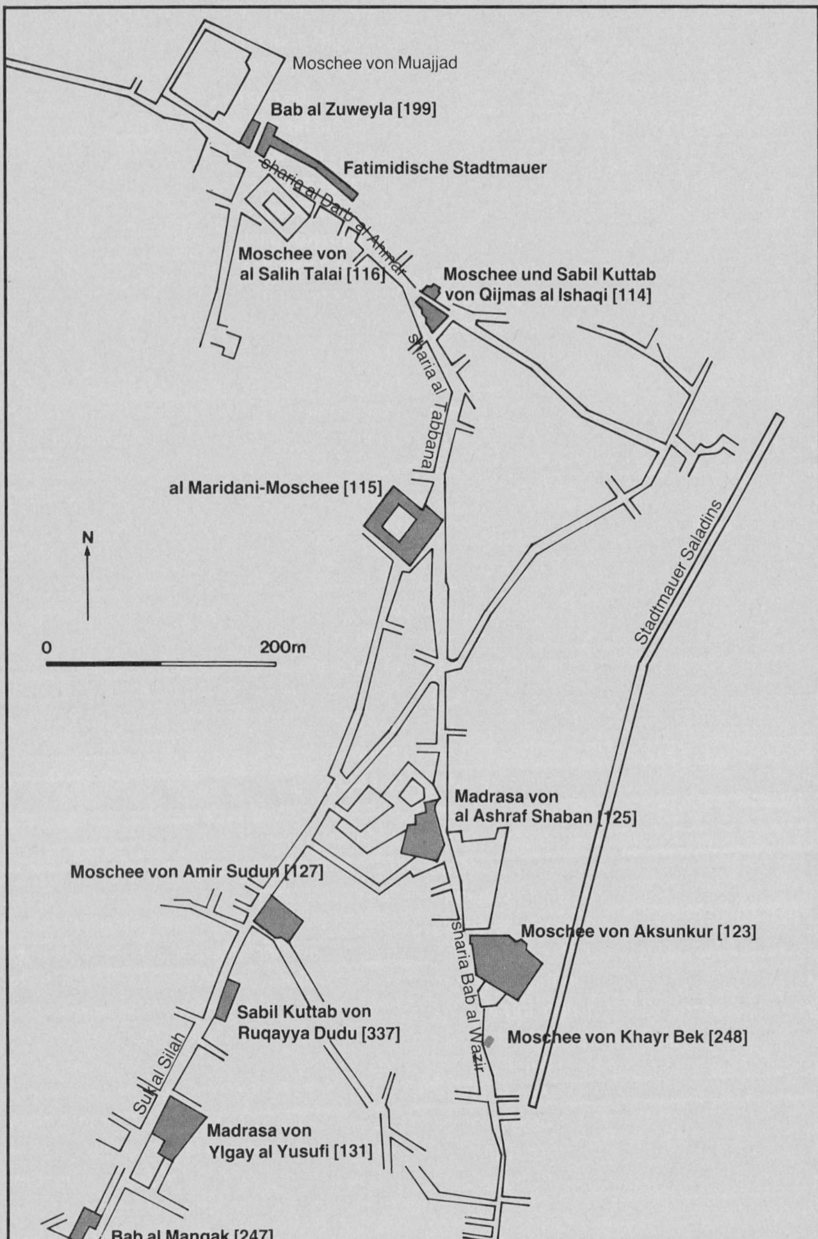

Tourenkarte durch das islamische Kairo: Tour 3

Fliesen mit ihrer floralen Ornamentik eine Augenweide.

Der intime, beschauliche Hof ist mit Bäumen und blühenden Sträuchern bewachsen und wirkt wie ein Garten in einem Heiligtum. Der Minbar, ganz aus weißem Marmor geschnitten, verdient besondere Beachtung, ebenso die prächtige Gebetsnische mit ihren Stein- und Marmorintarsien.

Beim Verlassen des Hofes sollte man einen Blick in die *Grabkammer* rechts des Ausgangs werfen, wo *Sultan al Malik al Ashraf Kuchuk* (türk. ›küçük‹ = klein) beerdigt wurde. Dieser Sultan herrschte im Alter von sechs Jahren fünf Monate lang, wurde dann abgesetzt und eingekerkert, bis sein Bruder Sultan al Kamil Shaban ihn drei Jahre später erdrosseln ließ.

Im weiteren Verlauf der Straße passiert man links die **Moschee des Khayr Bek** [248], der als mamlukischer Gouverneur von Aleppo seinen Herrscher, Sultan al Ghuri, 1516 an die Türken verriet, die den Überläufer daraufhin zum ersten Statthalter in Ägypten ernannten. Die Kuppel des Mausoleums ist mit Blütenornamenten bedeckt, dem Minarett fehlt das Obergeschoß. Bei viel Muße kann man den Innenraum besichtigen, der mit seinem zentralen Liwan und den gewölbten Decken auch im Baustil den Wendepunkt einer neuen Epoche charakterisiert.

An der nächsten größeren Kreuzung gehen Sie die Straße rechts entlang, an deren Einmündung in die sharia Suk al Silah Sie zur Rechten die **Moschee des Emir Sudun** [127] von ca. 1500 passieren. Sie wenden sich nach links in den alten Markt der Waffenschmiede (Suk al Silah), bis Sie nach 50 m vor dem **Sabil Kuttab des Ruqayya Dudu** [337] stehen, das er in türkischem Barock 1761 errichten ließ. Insbesondere die Fenstergitter zählen zu den schönsten Stücken ihrer Epoche in Kairo.

Nach weiteren 70 m erreichen Sie die gut erhaltene **Madrasa des Ylgay al Yusufi** [131] von 1373, die Ihren Blick sofort auf die spiralförmig gedrehten Rippen der Grabkuppel lenkt. Der Innenraum im Stil der Kreuzmoschee ist schlicht gehalten, der Minbar trägt Schnitzereien und Intarsien.

Der Suk al Silah mündet hier auf den *Midan Mohammad Ali;* an der Ecke rechts liegen noch Reste des alten Stadttores **Bab al Mangak** [247], das – 1340 erbaut – nachts geschlossen wurde.

Tour 4: Ibn Tulun-Moschee – Midan Salah al Din

(halbtags)

Auf dem Yashkur-Hügel, wo Abraham anstelle seines Sohnes Isaak einen Widder geopfert haben soll, ließ **Ahmed Ibn Tulun** seine **Moschee** [220] erbauen (876–879). Dieser älteste Sakralbau Kairos bildet mit einer Fläche von 2,5 ha die drittgrößte Moschee der Welt (Farbt. 2).

Das Taxi wird Sie an der Außenmauer absetzen, von der die Moschee an drei Seiten umschlossen wird. Der durch eine zweite Mauer gebildete umlaufende Außenhof, die Ziyada, schirmt mit seiner Breite von 19 m die erhabene Stille der Gebetsstätte vom pulsierenden Leben der Straße ab. Die innere Hofwand wird gegliedert durch 128 Fenster und 23 Pforten, denen gegenüberliegende Tore der Außenmauern entsprechen. Diese jetzt verschlossenen Tore führten zur Zeit der Tuluniden auf den Markt, der mit seinem geschäftigen Treiben die Moschee umgab. Die Ziegelmauern werden durch hohe Zinnen bekränzt. Ihre durchbrochene Leichtigkeit mildert die Wucht der schmucklosen Fassade.

Die eigentliche Moschee betritt man über eine Treppe durch ein Tor, wo der übliche Obulus entrichtet und das Schuhwerk abgelegt wird. Der zentrale Brunnen, als kubischer Pavillon von einer mamlukischen Kuppel gekrönt (Farbt. 60), wurde 1296 errichtet,

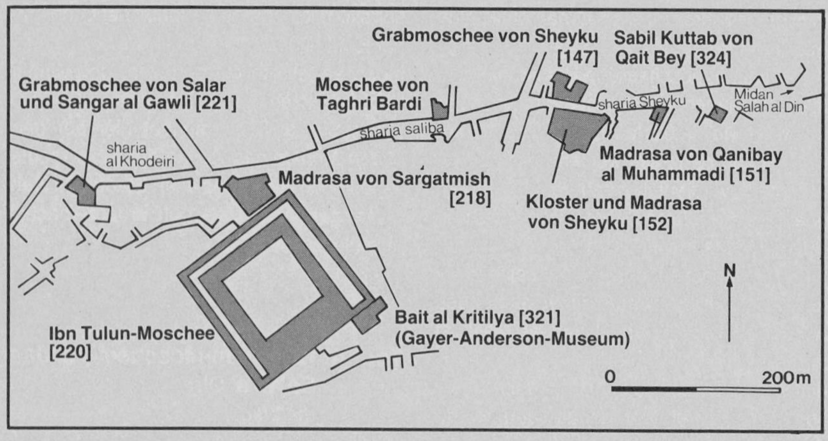

Tourenkarte durch das islamische Kairo: Tour 4

nachdem der ursprüngliche Brunnen einem Brand zum Opfer gefallen war.

Begrenzt wird der Hof an drei Seiten durch einen zweischiffigen Säulengang, dessen Arkaden auf jeder Seite auf je dreizehn Pfeilern ruhen, die Ostseite des Innenhofes führt in das fünfschiffige Sanktuar.

Der Ziegelmasse der stützenden Pfeiler vermitteln Ecksäulen, Stuckrosetten und Spitzbogenfenster in den Zwickeln eine rhythmische Eleganz, betont durch einen reichen sich stets variierenden Stuckfries, der die Bogen von beiden Seiten und in der Auskehlung nahtlos verbindet.

Die aus Gips in Filigran geschnittenen Fenster der Liwane, z. T. mit farbigem Glas hinterlegt, beeindrucken vor allem im fünfschiffigen Sanktuarium, das neben dem gewölbten Haupt-Mihrab noch fünf weitere flache Gebetsnischen enthält, geschmückt mit Inkrustationen aus Marmor und Gold, mit Mosaiken und Schriftbändern. Der Abschlußfries der Holzdecke enthielt auf gut 2000 m Länge etwa ⅟₁₅ des Korans in Kufi geschnitzt; das Sykomorenholz stammte angeblich von der Arche Noah, die der Sultan nach einer Legende am Fuß des Berges Ararat gefunden haben soll.

In ihrer architektonischen Gesamtkonzeption folgt die Moschee ihrem Vorbild in Samarra. So ist das über 40 m hohe Minarett mit dem spiralförmig umlaufenden Treppenaufgang wie eine stark gestreckte Zikkurrat angelegt (Farbt. 59, 60). Man verläßt den Innenhof durch ein Portal in der Nordwand, hinter der das Minarett im Außenhof (Ziyada) aus einem quadratischen Sockel erwächst. Unvergeßlich der Blick vom achteckigen Pavillon des Turmes, wenn am späten Nachmittag die untergehende Sonne die Kuppeln und Dächer der mittelalterlichen Stadt in goldenes Licht taucht.

An der südöstlichen Ecke der Moschee sind zwei Mamlukenhäuser als Museum eingerichtet: **Bait al Kritilya (Gayer-Anderson-Museum)** [321]. Der englische Militärarzt Gayer-Anderson-Pasha hatte die Häuser aus den Jahren 1540 und 1639 zusammengelegt und mit reichen Sammlungen ausgestattet. Mit Muße betrachtet vermitteln Einrichtung und architektonische Details einen Einblick in das häusliche Leben zur

Mamlukenzeit. Bei einem Zeitaufwand von 1½ Stunden ist der Besuch unbedingt lohnend; Photographieren ist jedoch nur mit einer Sondergenehmigung des Islamischen Museums gestattet.

Aus dem Gayer-Anderson-Haus kommend gehen Sie nach links bis zur Hauptstraße (sharia Saliba) und wenden sich erneut nach links, wobei Sie die **Madrasa des Emir Sarghatmish** [218] passieren. Sarghatmish, Hauptmann in Sultan Hassans Leibgarde, hatte die Madrasa 1356 erbauen lassen. Von den zwei Kuppeln ist eine lieblos in Beton restauriert, den Innenraum braucht man nicht zu besuchen.

50 m weiter empfiehlt sich eine kleine Pause in dem Café auf der linken Straßenseite.

Von hier aus, in einer Entfernung von 200 m, erkennen Sie die **Grabmoschee** [221] der beiden Freunde **Salar und Sangar al Gawli,** die sich ihr Denkmal 1303 erbauen ließen. Das Minarett, das als erstes in Kairo die später typische Dreiteilung in verschiedene Stockwerke aufweist, gehört zur Madrasa und zu einem angrenzenden Kloster. Die beiden Rippenkuppeln wölben sich über den Gräbern der beiden Mamluken. In den Hof kommt man durch einen tunnelartigen Korridor, an dessen Ende vier Spitzbögen mit bemerkenswerten Gittern aus Steinmetzarbeit beredtes Zeugnis von der handwerklichen Kunst dieser Zeit ablegen.

Sie gehen die sharia Saliba wieder zurück, passieren rechts die Ibn Tulun-Moschee, links die *Moschee von Taghri Bardi* und kommen 300 m weiter an eine Kreuzung, wo die sharia Saliba zur sharia Sheyku wird. Hier liegen zwei gleichartige Gebäude rechts und links der Straße, zur Linken die **Grabmoschee** [147] (1349), zur Rechten das **Kloster und die Madrasa von Sheyku** [152] (1355). Während Sie die Grabmoschee meist verschlossen finden, sind Madrasa und Kloster geöffnet. Das Kloster beherbergte einst siebenhundert sufische Derwische – der Wärter wird den Fremden gern durch die ehemaligen Zellen führen. Der große Liwan und der Hof mit einer schattenspendenden Palme laden zu einer besinnlichen Pause ein.

Weiter die sharia Saliba entlang passieren Sie rechts ein Fragment der **Madrasa des Qanibay el Muhammadi** [151] (1505), einst ein prächtiges Gebäude, sowie den **Sabil Kuttab von Qait Bey** [324] (1479). Die reiche Fassade trägt die typischen Stilelemente der späten mamlukischen Kunst.

Nach etwa 160 m erreichen Sie dann den *Midan Salah al Din.*

Tour 5: Zitadelle – Sultan Hassan-Moschee

(halbtags)

Der Aufstieg zu dieser gewaltigen Befestigungsanlage kann insbesondere während der sommerlichen Hitze beschwerlich sein – Ihr Taxi bringt Sie auf Wunsch bis zum Eingang der Mohammad Ali-Moschee, die mit ihren beiden schlanken Minaretten und der Zentralkuppel die Stadt weithin sichtbar überragt (Farbt. 35, 42, Abb. S. 169). Interessanter jedoch ist der Fußweg, den Sie vor der Zitadelle am Midan Salah al Din beginnen.

Vor sich sehen Sie das 1754 erbaute **Bab al Azhab** mit seinen beiden runden Ecktürmen und dem überwölbten Torweg, der für Touristen jedoch gesperrt ist. Wenden Sie sich nach links und umrunden Sie die Zitadelle, wobei die Straße stetig ansteigt. Sie umgehen rechts den Gebäudekomplex der Dafterkhana, das Staatsarchiv Mohammad Alis, und betreten den Festungskomplex durch das **Bab al Gedid** (das Neue Tor), das ebenfalls von Mohammad Ali errichtet wurde. Die Wand, die sich links bis zum mittleren Tor, dem **Bab al Wustani,** entlangzieht, stammt zum größten Teil aus der Zeit Saladins, der 1166 mit dem Bau dieser Festung begann.

Das mittlere Tor führt Sie auf eine Freifläche, von der aus Sie links die Moschee von al Nasir Mohammed, geradeaus die Moschee Mohammad Alis erreichen. 1318–35 errichtet und gut restauriert bildet die **al Nasir-Moschee** [143] das einzige noch erhaltene Gebäude aus der Zeit vor der Türkenherrschaft – die Paläste, Moscheen, Privatbauten wurden abgerissen oder fielen einer gewaltigen Pulverexplosion 1823 zum Opfer. Die beiden Minarette sind mit persischen Fayencen geschmückt, der Innenhof wird von Kolonnaden begrenzt, deren Dach sich auf römische, byzantinische, ägyptische und koptische Säulen stützt, die wahllos nebeneinander verbaut wurden. Von Touristen wenig besucht bietet Ihnen dieses Gebetshaus die Ruhe, bei der Ihre Gedanken in die Geschichte der Zitadelle abschweifen können. Von Saladin begonnen und geplant, von seinem Wasir Karakusch erbaut, stetig weiter ausgebaut, regierten hier die Herrscher Ägyptens bis in die Neuzeit, bauten die Mamluken hier ihre Paläste, Moscheen, Bibliotheken. Hier oben predigte Franz von Assisi, hier fanden die meisten Mamlukenfürsten während jener turbulenten Epoche ein unrühmliches Ende.

Die Garderegimenter waren hier stationiert, Mauern und Türme der Zitadelle dienen bis zum heutigen Tag als Staatsgefängnis. Jahrhundertelang uneinnehmbar, verlor die Festung erst ihre strategische Bedeutung, als sie durch die Erfindung der Artillerie in die Reichweite der Kanonen vom gegenüberliegenden Mokkatam-Gebirge geriet.

Beim Verlassen der Moschee wenden Sie sich nach rechts und gehen in die erste Straße rechts, bis Sie vor einem massigen Turm stehen. Dieser Turm überragt den berühmten **Josefsbrunnen** [305], der 90 m tief in den Boden gegraben wurde. Der Brunnenschacht wird spiralförmig von einer Treppe umgeben. Der Sage nach soll an diesem Brunnen Josef bei seiner Flucht nach Ägypten gerastet haben, tatsächlich jedoch erhielt der Brunnen seinen Namen nach seinem Erbauer Saladin, dessen zweiter Name Yusuf (= Josef) war.

Die weiteren Festungsbauten dieses Abschnittes sind militärisches Sperrgebiet; Sie gehen deshalb wieder zurück, passieren die al Nasir-Moschee und betreten die **Mohammad Ali-Moschee** [503] (Umschlagklappe vorn, Farbt. 35, Abb. S. 169). Im Baustil Kairos eigentlich ein Fremdkörper, hat sich diese Moschee so in das Bild der Stadt integriert, daß sie als Wahrzeichen gilt. 1824 errichtet, bildet sie mit dem zentralen Kuppelbau und den beiden 86 m hohen kannelierten Minaretts eine vereinfachte Kopie der Schehzade Mehmet-Moschee des türkischen Baumeisters Sinan. Der zum Bau verwandte kostbare Alabaster (›Alabaster-Moschee‹) hat durch den alles überziehenden Staub Kairos an Glanz verloren; die Dekoration stellt ein Stilgemisch aus türkisch-italienisch-französischem Neobarock dar. Den weiträumigen Innenhof ziert ein Brunnen mit barocker Überdachung sowie ein Uhrturm, den Louis Philippe 1845 Mohammed Ali schenkte. Trotz der überladenen Dekoration beeindruckt der Innenraum der Moschee durch seine Größe und guten Proportionen.

Beim Verlassen des Gebäudes umrunden Sie den Moscheekomplex nach rechts, bis Sie an den Rand des Zitadellenhügels kommen. Von hier aus bietet sich Ihnen (vor allem bei Sonnenuntergang) eine der schönsten Ansichten von Kairo. Zu Ihren Füßen liegen die Moscheen von Sultan Hassan (1356) und Rifai (rechts, eine moderne Nachahmung im Mamlukenstil) (Farbt. 7), davor die Moschee von Qani Bey Akhor (1420) mit dem doppelten Pinakel auf dem Minarett und die türkische Mahmudiya-Moschee aus dem Jahr 1565. Nach Süden zu steigen die Rauchwolken von Fustat auf und bei klarem Wetter erscheinen am Horizont die Silhouetten der Pyramiden von Gise (Abb. S. 220). Im Stadtkern direkt vor Ihnen ist unschwer das gewaltige Karree der Ibn Tulun-Moschee auszumachen, weiter rechts davon der Doppelturm des Bab al Zuweyla. Genießen Sie in Ruhe den Blick über den Wald von Minaretten, über Hunderte von Kuppeln und Bauten, hinter denen die aus dem Dunst der Stadt aufsteigenden Hochhäuser des modernen Kairos den Horizont begrenzen.

Die Aussichtsterrasse wird zur Linken begrenzt von **Mohammad Alis Bijou-Palast** [505], von wo aus der Herrscher dem Massaker an den Mamluken-Emiren zusah (s. S. 122). Dieser Palast, dem Touristen als Museum zugänglich, vermittelt einen Einblick in die türkisch-barocke Hofhaltung des letzten Herrschers auf der Zitadelle.

Die Festungsanlage verlassen Sie wieder auf dem gleichen Weg, den Sie emporgekommen sind oder Sie nehmen ein Taxi, das vor der Moschee Mohammad Alis auf den müden Touristen wartet. Beim Abstieg können Sie ihren Weg abkürzen, indem Sie kurz hinter dem letzten Tor, dem Bab al Gedid, eine breite Treppe nach links herabsteigen, die Sie zur Straße führt. Nach links gehend stoßen Sie dann auf den *Midan Salah al Din*.

Mit dem Rücken zur Zitadelle sehen Sie links vor sich die **Moschee von Sultan Hassan** [133], deren Besuch Sie nicht versäumen sollten (Farbt. 7). Von 1356 bis 1363 errichtet, stellt diese Moschee eines der bedeutendsten islamischen Bauwerke Kairos dar. Sie betreten den Gebäudekomplex durch das Monumentaltor an der Längsseite von der sharia Mohammad Ali aus, die auf der anderen Straßenseite von der *Rifai-Moschee* (Grabstätte des ehemaligen Königs Faruk und des Schahs von Persien, Reza Pahlevi) flankiert wird. Über einen reich geschmückten Vorraum gelangen Sie in einen dunklen Korridor, der Sie nach einigen Windungen unerwartet in den weiten, majestätischen Innenhof entläßt.

Hunderte von Ketten hängen von der Dekke; einige der einst daran befestigten emaillierten Glasampeln bilden Prunkstücke des Museums für Islamische Kunst (s. S. 299). Der Boden des Innenhofes, in verschiedenfarbigem Stein ausgelegt, trägt in der Mitte einen Brunnen für die rituellen Waschungen, die Ostwand der im Grundriß kreuzförmigen Madrasa schmücken ein imposantes in Kufi geschnittenes Schriftband und der polychrom in Stein intarsierte Mihrab. Zu beiden Seiten der Gebetsnische führen Bronzeportale, die in Gold und Silber, teils mit eleganten Schriftbändern, teils mit prächtigen floralen Ornamenten tauschiert sind, in das Mausoleum. In ihrem Reichtum und der Qualität der Ausgestaltung werden die Portale als Höhepunkt mamlukischen Kunstschaffens angesehen. In der Grabkammer mit dem Kenotaph des Sultans sind die Marmorpaneele beachtenswert; von hier aus lohnt auch der Blick durch die vergitterten Fenster auf die Zitadelle (Farbt. 42). Die Madrasa beherbergte in ihrer Funktion als theologische Lehranstalt eine Vielzahl von Studierenden und Lehrern; Bibliotheken und Amtsräume, sind wabenartig um das kreuzförmige Hauptschiff gruppiert. Die verwirrende Verschachtelung der vielen Räume wird jedoch erst beim Betrachten des architektonischen Aufrisses klar und ist dem Besucher nicht ersichtlich. Nach dem Verlassen der Madrasa sollten Sie wenige Schritte die Straße entlang nach links gehen, wo Sie am Midan Mohammad Ali ein Taxi finden, das Sie zu Ihrem Hotel zurückbringt.

Tour 6: Südlicher Friedhof und Mausoleum des Imam al Shafi

(halbtags)

Den Fußmarsch über die ältere der beiden Nekropolen Kairos beginnen Sie am besten im Südwesten der Zitadelle, wo in die Salah Salem avenue (Ausfallstraße nach Heliopolis) die sharia al Qudriya einmündet. Fünfzig Meter die Hauptstraße entlang kommen Sie an der türkischen *Moschee des Nur al Din* (1575) vorbei, die an dem spitzen Minarett zu erkennen ist. Begeben Sie sich getrost auf einem der kleinen Wege in das Gräberfeld auf das erste Gebäude, **Al Sultaniya** (s. S. 195) [289], zu, das von zwei sich zur Basis verjüngenden Rippenkuppeln gekrönt wird. Dieses Mausoleum, fälschlich der Mutter Sultan Hassans zugeschrieben, stammt aus dem späten 14. Jahrhundert und umfaßte einen gewaltigen Komplex, der einst die Stelle der Nur al Din-Moschee und einen weiten Bezirk um den erhaltenen Rest des Zentralgrabens mit dem *nördlichen Minarett* [288] umfaßte.

Einen gleichartigen Grabbezirk, der in seinem Konzept den großen Grabmoscheen der nördlichen Friedhöfe ähnlich war, finden Sie 35 m weiter südlich. Heute, in zerfallenem Zustand, kann man das Ausmaß der Anlage daran ermessen, daß das zugehörige *Minarett* [290] in einer Entfernung von 50 m nordwestlich erhalten blieb. 1355 ließ **Emir Qusun** diese **Grabmoschee** [291] errichten.

Der freie Raum zwischen diesen und den folgenden Monumenten ist von neueren kleinen Gräbern übersät und dicht besiedelt; auf dem Bezirk des Qusun-Grabes durchbricht das fröhliche Lärmen einer Mädchenschule die Stille des Friedhofes. Die Grabkammer ist verschlossen, der Wärter wohnt jedoch ganz in der Nähe und öffnet Ihnen das Tor zum Mausoleum, das trotz des schlechten Zustandes sehenswert ist.

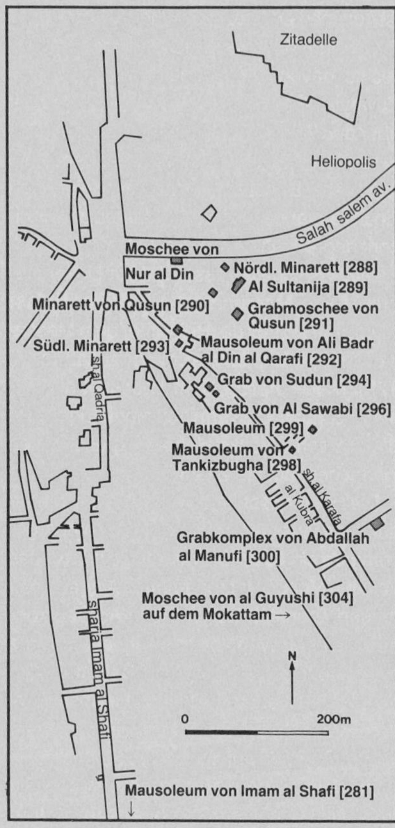

Tourenkarte durch das islamische Kairo: Tour 6

Etwas weiter südwestlich liegt das **Mausoleum des Ali Badr al Din al Qarafi** [292] von 1300, dessen *Minarett* [293] an der Südseite steht. Hier stoßen Sie auf eine Gasse, in die Sie nach links einbiegen. Nach 80 m erreichen Sie das 1505 erbaute **Grab des Emirs Sudun** [294]. Die große, elegante Kuppel, mit Zickzackrippen verziert, erhebt sich über einer von Bogenfenstern durchbrochenen Trommel. Das Mittelgeschoß, an den Ecken abgeschrägt, ist an den vier Seiten durch je drei Bogenfenster mit drei Bullaugen aufgelockert und mit ornamentalen Steinmetzarbeiten dekoriert. Das massige Untergeschoß mit dem Zentralportal und den symmetrischen Fenstern verleiht dem Gebäude eine monumentale Ruhe. Das Portal erreichen Sie über einen Hof, der wahrscheinlich früher der Moscheehof einer ehemals großen Anlage war – auch dieser Hof ist jetzt mit neuen Gräbern und seitlich mit kleinen Wohnhäusern besetzt.

Unmittelbar angrenzend das (nicht zugängliche) **Grab des Fürsten al Sawabi** [296], das aus der Frühzeit der Bahri-Mamluken stammt. Die 1280 errichtete Rippenkuppel demonstriert in ihrer Nachbarschaft zu der Kuppel des Sudun-Grabes den architektonischen Unterschied der beiden Mamluken-Epochen.

Sie setzen Ihren Weg auf der kleinen Straße fort, bis Sie nach weiteren 170 m auf das **Mausoleum des Emirs Tankizbugha** [298] stoßen. Dieser Fürst griechischer Herkunft liegt zwar auf dem nördlichen Friedhof begraben, hatte sich aber vor dem Höhepunkt seiner Macht dieses bescheidenere Grab bauen lassen. Das Sockelrund der von schweren Rippen überzogenen Kuppel trägt einen steinernen, waagerecht ausgerichteten Zackenkranz. Wenige Schritte entfernt steht ein weiteres **Mausoleum** [299] mit einer schlankeren Rippenkuppel, dessen Erbauer jedoch nicht bekannt ist.

Die Straße, die hier sharia al Karaafa al Kubra heißt, sollten Sie noch 250 m weiter verfolgen und sich dann nach links wenden, wo Sie den mächtigen **Grabkomplex des Abdallah al Manufi** [300] erkennen. Zum Teil zerfallen, lohnt sich doch der Besuch der großen Halle und der Kuppel des Gebetshauses, das im 13. Jahrhundert wohl ebenfalls Teil einer Grabanlage war. Die Straße hinter al Manufis Grab führt nach etwa 100 m an einen kleinen Dorfplatz, wo Sie in einem von Touristen kaum besuchten Lokal einen Imbiß zu sich nehmen können.

Anschließend sollten Sie die Dorfstraße in Richtung auf den Mokkatam entlangspazieren, bis Sie an die Eisenbahnlinie kommen. Auf den Felsen sehen Sie vor sich die **Moschee des Badr al Gamali al Guyushi** [304], des armenischen Großwasirs des fatimidischen Kalifen al Mustansir. Diese 1085 erbaute fatimidische Moschee ist trotz ihrer architektonischen und kunstgeschichtlichen Bedeutung dem Touristen nicht zugänglich, da sie in militärischem Sperrgebiet liegt. Vom Bahndamm eröffnet sich Ihnen ein unvergeßlicher Blick auf die südliche Nekropole mit ihren Kuppeln und Minaretts, während sich in der Ferne die spitzen Minaretts der Mohammad Ali-Moschee in die Höhe recken.

Sie gehen jetzt denselben Weg zurück, den Sie gekommen sind, bis Sie vor der Zitadelle wieder an den Platz kommen, wo die sharia al Qadriya einmündet; an der Ecke befindet sich ein Café. Gehen Sie wenige Schritte in die Straße hinein und winken Sie sich ein Taxi heran, von dem Sie sich zum etwa 1,5 km entfernten **Mausoleum des Imam al Shafi** [281] fahren lassen. Das Mausoleum (s. S. 190), das Saladins Bruder al Afdal 1211 errichten ließ, liegt am Ende der Straße zur Rechten. Al Shafi, ein Nachkomme von Abu Talib, dem Onkel des Propheten, kam im 9. Jahrhundert nach Ägypten und gründete eine der vier orthodoxen Schulen des Islam.

Sein Grab genießt als Wallfahrtsort besondere Verehrung. Die dem Mausoleum angegliederte Madrasa war die erste, die Saladin in Ägypten gründete, um dem häretischen Einfluß der schiitischen Fatimiden zu begegnen. Die hervorragende Stellung dieses Heiligtums erfordert vom Besucher diskretes Verhalten – Photographieren ist nicht angebracht. Das Innere des Mausoleums besticht durch eine Atmosphäre von Würde und Pracht. Die geschnitzten Balken, von denen die Lampen herabhängen, stammen aus der Gründungszeit. Der Kenotaph, den

Saladin über dem Grab al Shafis errichten ließ, ist aus feinstem indischen Teak geschnitzt und gilt als prachtvollstes Beispiel aiyubidischer Kunst. Hier wurde auch zum ersten Mal der geschwungene Nashki-Duktus in die Kalligraphie Ägyptens eingeführt. Zwei weitere Sarkophage enthalten Überreste eines Mitglieds der Abdul Hakam-Familie bzw. der Frau von Saladins Bruder, al Adil.

Beim Verlassen dieser wohl bedeutendsten Grabmoschee Kairos gehen Sie zur Rückseite und betrachten das Gebäude von außen. Die große Kuppel trägt einen bootförmigen Napf zur Fütterung der Vögel, die Zinnen und Brüstungen bestehen aus stucküberzogenem Ziegelwerk.

Auf dem Vorplatz finden Sie mehrere Restaurants und Cafés, auch warten dort immer Taxis, um Sie zur Stadt zurückzufahren.

Tour 7: Nördlicher Friedhof
(halbtags)

Mit dem Taxi lassen Sie sich ca. 3 km auf der Salah Salem Avenue in Richtung Heliopolis stadtauswärts fahren. Zur Rechten passieren Sie am Fuße des Mokkatam-Gebirges eine weite Fläche, die, z. T. durch eine Mauer von der Straße abgetrennt, mit kleinen, staubgelben Häusern besiedelt ist, aus deren Gewirr sich eine Vielzahl von Kuppeln erhebt. Diese ausgedehnte Nekropole, von Besuchern im 18. Jahrhundert fälschlich ›Friedhof der Kalifen‹ genannt (Farbt. 5), sollten Sie vom Nordende aus stadteinwärts zu Fuß durchstreifen.

Am großen Verteilerkreis gegen Ende des Friedhofes verlassen Sie Ihr Taxi und wenden sich in die Straße rechts, bis Sie nach ca. 80 m an ein freistehendes Steingebäude mit einer interessant geschnittenen Kuppel kommen. Dieses **Grab** [164], das sich der **Sultan Qansuh Abu Said** 1499 erbauen ließ, begrenzt das Gräberfeld der Mamluken nach Norden. Hier mündet die Straße, die als Hauptverkehrsader die Nekropole durchzieht, und an der Sie die meisten Sehenswürdigkeiten vorfinden.

Der erste Gebäudekomplex, zu dem Sie nach 200 m an der rechten Straßenseite kommen, stellt sich bei genauem Hinsehen als eine Doppelanlage heraus; das erste Mausoleum, dessen Eingang in die kleine Straße rechts mündet, ist die **Grabmoschee des Sultan Inal** [158]. Teilweise zerfallen, lassen die Ruinen doch noch den verschachtelten Aufbau einer Madrasa in Verbindung mit einem Derwischkloster, einem Brunnen, einem Minarett und einer kuppelgekrönten Grabkammer erkennen; die majestätischen Spitzbogen der Liwane sind gut erhalten. Inal, ein ehemaliger Sklave von Barquq, war Analphabet, herrschte jedoch von 1453 bis 1460 über das Land.

Die angrenzende **Grabmoschee mit dem Kloster** (s. S. 2) [162] des **Qurqumas** wurde 1507 errichtet und ist weitaus besser erhalten; eine 1980–82 durchgeführte Restauration gab dem Gebäude einen Teil seiner alten Pracht zurück.

Im Verlauf der Straße stoßen Sie nach weiteren 200 m auf das kleine **Grab von Asfur** [132], das, 1507 erbaut, als letztes Monument der Mamluken vor der Herrschaft der Türken gilt.

Hier biegen Sie nach links ab. Vor sich sehen Sie die **Grabmoschee des Sultan Barquq** [149] (1400–1411), eine der Hauptsehenswürdigkeiten der Nekropole (Farbt. 38). Über der beeindruckenden Westfassade erheben sich die beiden Minaretts, in luftiger Höhe ist in die Wand eine Loggia eingelassen. Das Westportal führt über einen Vorraum nach links in einen Gang, durch den Sie den wohlproportionierten Innenhof betreten. Ein Brunnen mit einem schattenspendenden Baum gibt dem Hof eine trauliche Atmosphäre.

In der Südarkade können Sie eine Vielzahl von Steinplatten bewundern, die alle in verschiedenen Schrifttypen kunstvoll geschnit-

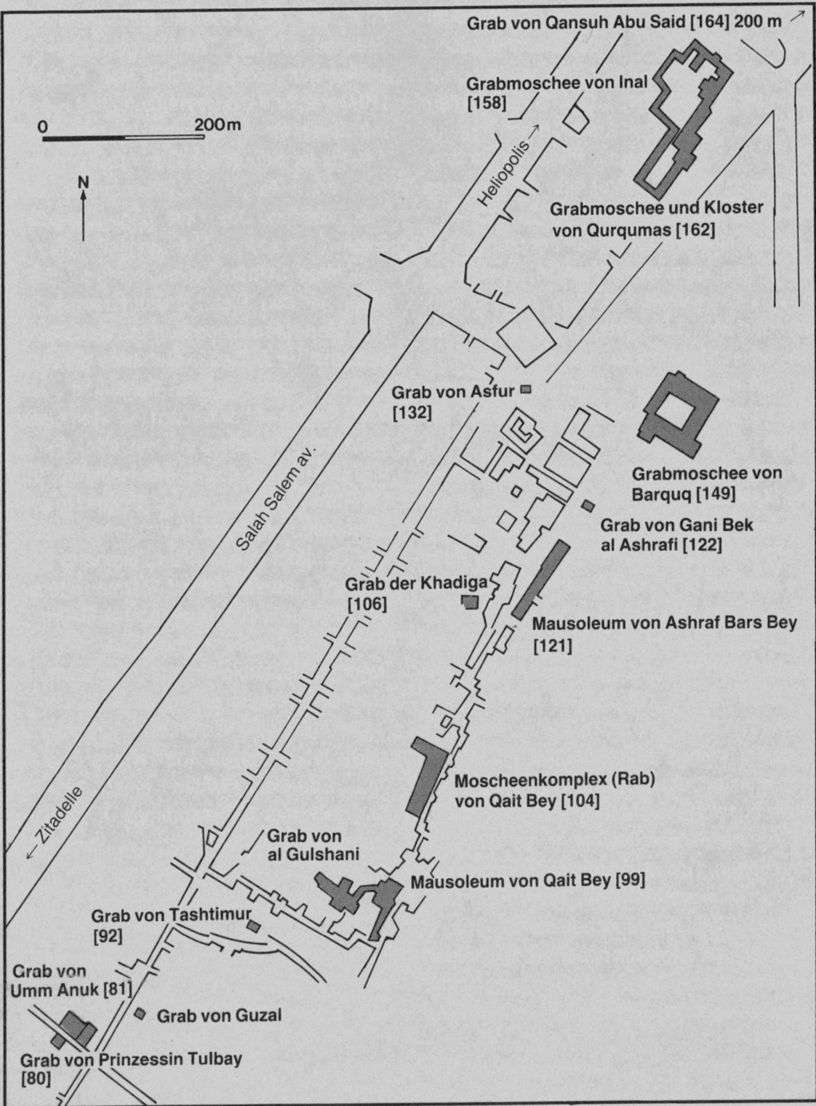

Tourenkarte durch das islamische Kairo: Tour 7

ten sind; die Ostarkade, der Liwan, birgt eine prachtvolle Gebetskanzel, ein Geschenk des Sultans Qait Bey aus dem Jahre 1483. Beim Blick auf den Liwan liegt linker Hand die kuppelbedachte Grabkammer, in der Barquq und zwei seiner Söhne beigesetzt sind; das Pendent zur Gegenseite enthält die Gräber von zwei Töchtern des Sultans.

Die mit Zickzack-Rippen ornamentierten Grabkuppeln, innen farbenprächtig ausgemalt, wölben sich über den kunstvoll gearbeiteten Kenotaphen. Die Grabkammern selbst werden vom Liwan durch je eine Maschrabiya abgetrennt, wobei die vor dem Grab der Sultanstöchter aus der Zeit des Moscheebaus stammt.

In der Nordwestecke, auf der Gegenseite des Hofes, gelangen Sie in die vierstöckige Anlage des Derwischklosters, dessen Räume der Moscheewärter Ihnen gegen ein Bakschisch bestimmt zeigen wird. Auch sollten Sie es sich nicht entgehen lassen, das Nordminarett zu besteigen, von dem Sie einen umfassenden Überblick über die Totenstadt gewinnen können. Beim Verlassen der Moschee lädt Sie ein Café auf der anderen Straßenseite zu einer Ruhepause ein.

100 m weiter die Straße entlang kommen Sie links am **Grab von Gani Bek al Ashrafi** [122] vorbei, das – nur vierzehn Jahre nach der Barquq-Moschee errichtet – eine wesentlich reichere und komplizierte Kuppeldekoration besitzt, die **Sultan Ashraf Bars Bey** in Auftrag gegeben hatte. Auch die Kuppeln seines **Mausoleums** [121], das sich unmittelbar anschließt, tragen ein kompliziert gewobenes Muster aus Sternen, die als geometrisches Netzwerk die Wölbung überziehen. Das unansehnliche und unpassende Minarett ist eine Ergänzung aus späterer Zeit, die Moschee selbst ist z. T. zerfallen und begrenzt neuere Gräberfelder, auf denen sich Ziegen, Hunde und Kinder unter ausgespannten Wäscheleinen tummeln.

Vom Südende der Moscheeanlage aus sehen Sie auf der anderen Straßenseite eine kleine Kuppel, deren Rippen kreuzartig ineinander verknüpft sind. Dieses **Mausoleum** [106] beherbergt das Grab von Ashrafs Mutter, **Khadiga**, ist jedoch nicht zugänglich.

Wenn Sie sich jetzt weiter der Straße nach in Richtung auf die Stadt zu bewegen, erreichen Sie nach 230 m rechts eine große Steinfassade, die Teil des gewaltigen **Moscheenkomplexes (Rab) von Qait Bey** [104] war, und die Begrenzung des Klosters mit Zellen für die Mönche darstellte (Farbt. 74). Hinter Schutt und Gerümpel verbergen sich noch Reste ausgezeichneter Steinmetzarbeiten. Das Café gegenüber bietet Backwaren zu Ihrer Stärkung feil.

Wenige Schritte weiter kommen Sie an einen kleinen Platz, dessen rechte Seite vom **Mausoleum des Sultans Qait Bey** [99] begrenzt wird. Dieses Gebäude gilt als Juwel der mamlukischen Architektur Kairos. Vom Platz aus bewundern Sie Steinmetzarbeiten der Fassade, die verzierten Fenster und das Portal, das in das Heiligtum führt. Das Innere, von Luxus und Eleganz in seiner Dekoration bestimmt, lädt zum stillen Sitzen und Betrachten ein. Die im Grundriß kreuzförmige Madrasa ist mit Marmor intarsiert, der Hof wurde zum überdachten Raum. Gewaltige Kielbögen trennen Ost- und Westliwan ab, die farbig hinterlegten Fenster tauchen den Raum in ein mystisches Licht.

Die mit einem Goldmosaik prächtig verzierte Kibla und die Kanzel aus Ebenholz und Elfenbein bilden einen würdigen Schmuck des Gebetsraumes. In die Grabkammer gelangen Sie durch einen schmalen Gang. Unter der Kuppel, die sich in der Unendlichkeit zu verlieren scheint, steht der Sarkophag des Sultans. In jedem Fall wird Ihr Führer Sie ehrfürchtig auf zwei in Schlakke gegossene Fußabdrücke hinweisen, die vom Propheten Mohammed stammen und die Qait Bey von einer Reise aus Mekka als kostbare Reliquie nach Kairo brachte. Der Tambour der Kuppel wird von zahlreichen Fenstern in rhythmischer Ordnung durchbrochen, die dem Raum durch die Auflockerung der Steinmassen und den wechselnden Lichteinfall eine überirdische Leichtigkeit vermitteln.

Nach dem Verlassen der Grabkammer bitten Sie den Wärter, Ihnen den Aufgang zum Minarett zu zeigen. Über eine Wendeltreppe gelangen Sie auf das Dach, von wo aus Sie die Kuppel des Mausoleums bewundern können. Ein schwingendes Netzwerk aus floralen Arabesken schmiegt sich der Wölbung; die Symmetrie wird aufrechterhalten durch eine kontrapunktische Linienführung geradliniger Sternornamente.

Die kleine Kuppel westlich zu ihren Füßen bedeckt das Grab eines Heiligen, *al Gulshani*, der hier beigesetzt wurde.

Nach dem Verlassen der Moschee umrunden Sie diese nach rechts und biegen in die zweite Straße nach rechts ab. Nach 30 m liegt zu Ihrer Rechten das **Grab von Tashtimur** [92], das hundertvierzig Jahre vor Qait Beys Moschee erbaut wurde und den alten Typ der Rippenkuppel aufweist.

An der Hauptstraße biegen Sie nach links ab und gehen am *Grab Guzals* (1403) vorbei, bis Sie an der nächsten Kreuzung auf das **Grab von Umm Anuk** [81] treffen. Der Lieblingsfrau des Sultans al Nasir Mohammed wurde hier 1348 ein Mausoleum errichtet, von dem noch die Kuppel mit Resten einer Inschrift in Fayence erhalten ist.

Die Rippenkuppel auf der gegenüberliegenden Straßenseite gehört zum **Grab der Prinzessin Tulbay** [80], der Hauptfrau al Nasirs, einer Tartarenprinzessin von der Wolga.

Die Straße, die zwischen den beiden Mausoleen verläuft, führt Sie unmittelbar zur Salah Salem Avenue zurück, wo Sie sich ein Taxi herbeiwinken können, das Sie zur Stadt zurückbringt.

Literatur-Hinweise

Pharaonische Zeit, Antike

Baines, J.: *Weltatlas der alten Kulturen, Ägypten,* München 1980

Bell, H. I.: *Egypt from Alexander the Great to the Arab Conquest,* Oxford 1966

Breasted, J. H.: *Geschichte Ägyptens,* Zürich 1954

Donadoni, S.: *Museum Kairo,* Wiesbaden 1978

Eggebrecht, A. (Hrsg.): *Pelizaeus-Museum Hildesheim,* Hildesheim 1979

Helck-Otto: *Kleines Wörterbuch der Aegyptologie,* Wiesbaden 1956

Jenkins, N.: *Das Schiff in der Wüste,* Frankfurt a. M. 1980

Kayser, H.: *Hundert Tore hatte Theben,* Hannover 1965

Lambelet, E.: *Illustrierter Führer zum Ägyptischen Museum,* Kairo 1981

Lauer, J.-Ph.: *Les Pyramides de Sakkarah,* Le Caire 1977

Lepsius, R.: *Briefe aus Ägypten . . . ,* Neudruck Osnabrück 1975

Mendelssohn, K.: *Das Rätsel der Pyramiden,* Frankfurt a. M. 1976

Philipp, H.: *Terrakotten aus Ägypten,* Berlin 1972

Posener, G. (Hrsg.): *Lexikon der Ägyptischen Kultur,* Wiesbaden 1960

Velikovsky, I.: *Die Seevölker,* Frankfurt 1978

—: *Ramses II. und seine Zeit,* Frankfurt a. M. 1979

Wolf, W.: *Das alte Ägypten,* München 1971

Kopten und islamische Früh- bis Neuzeit

Abu-Lughod, J.: *Cairo. 1001 years of the city victorious,* Princeton 1971

Ahmad, M.: *The Mosque of Amr Ibn al Ass at Fustat,* Cairo 1939

Bourguet, P.: *Die Kopten,* Baden-Baden 1980

Brandenburg, D.: *Islamische Baukunst in Ägypten,* Berlin 1966

Burmester, O.: *A Guide to the Ancient Coptic Churches of Cairo,* Cairo 1955

Fattal, A.: *Ibn Tulun's Mosque in Cairo,* Beirut 1960

Habib, R.: *The Coptic Museum, A General Guide,* Cairo 1967

Lane, E. W.: *Manners and Customs of the Modern Egyptians,* London 1908

Lane-Poole, St.: *A History of Egypt in the Middle Ages,* London 1901

—: *The Story of Cairo,* London 1906

Marangou, L.: *Bone Carvings from Egypt,* Tübingen 1976

Massignon, L.: *La Cité des Morts au Caire,* Le Caire 1958

Meinardus, O.: *Christian Egypt, Faith and Life,* Cairo 1970

—: *Christian Egypt, Ancient and Modern,* Cairo 1977

Parker, R. B.: *A Practical Guide to Islamic Monuments in Cairo,* Cairo 1974 u. 1981

Pipes, D.: *Slave Soldiers and Islam,* New Haven and London 1981

Prescott, H.: *Once to Sinai,* London 1957
Russell, D.: *Medieval Cairo . . .*, London 1962
Staffa, J. S.: *Conquest and Fusion, The Social Evolution of Cairo,* Leiden 1977
Steward, D.: *Great Cairo – Mother of the World,* Cairo 1974 u. 1981
Volkoff, O.: *Le Caire 969–1969 . . .*, Le Caire, 1971
Wessel, K.: *Koptische Kunst,* Recklinghausen 1963

Modernes Ägypten

Denon, V.: *Mit Napoleon in Ägypten,* Tübingen 1978
Fagan, B.: *Die Schätze des Nils,* München 1977
Grimm, A.: *Ägypten, die photographische Entdeckung im 19. Jahrhundert,* München 1980
Hakim, T.: *Staatsanwalt unter Fellachen* (Autobiographie), Zürich 1982
Heikal, H.: *Das Kairo Dossier,* München 1972
—: *Sphinx und Kommissar,* Frankfurt a. M. 1980
Lemke, W. D.: *Mahmud Schaltut und die Reform al Azhar,* Frankfurt a. M. 1980
Mahfuz, N.: *Die Moschee in der Gasse* (Roman), Leipzig 1978
Mcleave, H.: *The last Pharao, The Ten Faces of Faruk,* London 1969
Münchhausen, Th. (Hrsg.): *Mameluken, Paschas und Fellachen,* Tübingen 1982
Naguib, N. (Hrsg.): *Farahats Republik* (Erzählungen), Berlin 1980
Overhoff, J. u. E.: *Tage am Nil,* Landau i. d. Pfalz 1981
Sadat, A.: *Geheimtagebuch der Revolution,* Düsseldorf 1957
—: *Unterwegs zur Gerechtigkeit,* München 1978
Wikan, U.: *Life Among the Poor in Cairo,* London 1980

Register

Photonachweis

Archiv P. Wald, Köln Farbt. 28, 29; Frontispiz, Abb. i. Text S. 20, 21, 25, 26, 32, 39, 49, 51, 58, 63a, 66, 68a/b, 92, 101, 104, 107–109, 117, 120, 121a/b, 124/125, 127, 162, 163, 167a/b, 171, 173, 187, 200, 238, 239, 248, 249

Fridmar Damm, Köln Farbt. 1, 2, 7, 10, 14, 27, 30, 31, 72

Klaus D. Francke, Hamburg Abb. S. 24, 30, 46/47, 70/71, 83, 89, 103, 123, 183, 199, 242, 244a/b

Wolfgang Fritz, Köln Abb. S. 33

Thomas Gosciniak, Köln Umschlagrückseite, vordere Umschlaginnenseite, Farbt. 5, 22, 24, 38, 40, 43, 45, 46, 54, 55, 66, 69, 73–75, 79, 80, 82, 87, 88; Abb. S. 2

Heinz Held, Köln Abb. S. 19, 208

Hirmer-Bildarchiv, München Abb. S. 41, 50b

Edith Hubert, Köln Farbt. 11–13, 15–21, 32–35, 37, 41, 42, 44, 47–52, 56–58, 61–65, 76, 77, 78, 81, 83–86, 89; Abb. S. 25, 31, 36, 37, 41, 42b, 61, 63b, 65, 67, 69, 72a/b/d, 73, 74, 77, 84, 90, 95, 99, 111a/b, 113, 164, 177b, 181, 202/03, 204, 205, 211a, 216, 218, 219, 229, 232b, 233a, 235a/b, 243

Kodak AG., Stuttgart Abb. S. 246

Kohlhammer-Verlag, Stuttgart Abb. S. 48, 53

Pelizaeus-Museum, Hildesheim Abb. S. 50

Karsten de Riese, Bairawies Abb. S. 12, 13, 16/17, 178, 179, 222/23, 224/25, 226

Heinz Schmitz, Köln Abb. S. 10, 27, 169, 174, 213, 227, 230a, 234

Bernd Siegel, Köln Farbt. 25

Anno Wilms, Berlin Farbt. 71; Abb. S. 41, 78/79, 96/97, 114a, 186, 192/93, 197, 201, 209a/b, 220, 241, 250

Alle übrigen Aufnahmen stammen vom Autor

Raum für Reisenotizen

Anschriften neuer Freunde, Photo- u. Filmvermerke, neuentdeckte gute Restaurants etc.

Raum für Reisenotizen

Anschriften neuer Freunde, Photo- u. Filmvermerke, neuentdeckte gute Restaurants etc.

DuMont Kunst-Reiseführer

Ägypten und Sinai – Geschichte, Kunst und Kultur im Niltal
Vom Reich der Pharaonen bis zur Gegenwart. Von Hans Strelocke.

Äthiopien – Kunst im Verborgenen
Ein Reisebegleiter ins älteste Kulturland Afrikas. Von Hans Helfritz

---

Algerien – Kunst, Kultur und Landschaft
Von den Stätten der Römer zu den Tuareg der zentralen Sahara. Von Hans Strelocke

---

Belgien – Spiegelbild Europas
Eine Einladung nach Brüssel, Gent, Brügge, Antwerpen, Lüttich und zu anderen Kunststätten. Von Ernst Günther Grimme

---

Dänemark
Land zwischen den Meeren. Kunst – Kultur – Geschichte. Von Reinhold Dey

---

Deutsche Demokratische Republik
Geschichte und Kunst von der Romanik bis zur Gegenwart. Brandenburg, Mecklenburg, Sachsen-Anhalt, Sachsen, Thüringen. Von Gerd Baier, Elmar Faber und Eckhard Hollmann

---

Bundesrepublik Deutschland

Das Bergische Land
Kultur, Geschichte, Landschaft zwischen Ruhr und Sieg. Von Bernd Fischer

Bodensee und Oberschwaben
Zwischen Donau und Alpen: Wege und Wunder im ›Himmelreich des Barock‹. Von Karlheinz Ebert

Franken – Kunst, Geschichte und Landschaft
Entdeckungsfahrten in einem schönen Land – Würzburg, Rothenburg, Bamberg, Nürnberg und die Kunststätten der Umgebung. Von Werner Dettelbacher

Hessen
Vom Edersee zur Bergstraße. Die Vielfalt von Kunst und Landschaft zwischen Kassel und Darmstadt. Von Friedhelm Häring und Hans-Joachim Klein

Köln
Stadt am Rhein zwischen Tradition und Fortschritt. Von Willehad Paul Eckert

München
Von der welfischen Gründung Heinrichs des Löwen bis zur Gegenwart: Kunst, Kultur, Geschichte. Von Klaus Gallas

Münster und das Münsterland
Geschichte und Kultur. Ein Reisebegleiter in das Herz Westfalens. Von Bernd Fischer

Der Niederrhein
Das Land und seine Städte, Burgen und Kirchen. Von Willehad Paul Eckert

Oberbayern
Kultur, Geschichte, Landschaft zwischen Donau und Alpen, Lech und Salzach. Von Gerhard Eckert

Oberpfalz, Bayerischer Wald, Niederbayern
Regensburg und das nordöstliche Bayern. Kunst, Kultur und Landschaft. Von Werner Dettelbacher

Ostfriesland mit Jever- und Wangerland
Über Moor, Geest und Marsch zum Wattenmeer und zu den Inseln Borkum, Juist, Norderney, Baltrum, Langeoog, Spiekeroog und Wangerooge. Von Rainer Krawitz

Die Pfalz
Die Weinstraße – Der Pfälzer Wald – Wasgau und Westrich. Wanderungen im ›Garten Deutschlands‹. Von Peter Mayer

Zwischen Neckar und Donau
Kunst, Kultur und Landschaft von Heidelberg bis Heilbronn, im Hohenloher Land, Ries, Altmühltal und an der oberen Donau. Von Werner Dettelbacher

Der Rhein von Mainz bis Köln
Eine Reise durch das Rheintal – Geschichte, Kunst und Landschaft. Von Werner Schäfke

Schleswig-Holstein
Zwischen Nordsee und Ostsee: Kultur – Geschichte – Landschaft. Von Johannes Hugo Koch

Sylt, Amrum, Föhr, Helgoland, Pellworm, Nordstrand und Halligen
Natur und Kultur auf Helgoland und den Nordfriesischen Inseln. Entdeckungsreisen durch eine Landschaft zwischen Meer und Festlandküste. Von Albert am Zehnhoff (DuMont Landschaftsführer)

Der Westerwald
Vom Siebengebirge zum Hessischen Hinterland. Kultur und Landschaft zwischen Rhein, Lahn und Sieg. Von Hermann Joseph Roth

---

Frankreich

Auvergne und Zentralmassiv
Entdeckungsreisen von Clermont-Ferrand über die Vulkane und Schluchten des Zentralmassivs zum Cevennen-Nationalpark. Von Ulrich Rosenbaum

Die Bretagne
Im Land der Dolmen, Menhire und Calvaires. Von Frank und Almut Rother

Burgund
Kunst, Geschichte, Landschaft. Burgen, Klöster und Kathedralen im Herzen Frankreichs: Das Land um Dijon, Auxerre, Nevers, Autun und Tournus. Von Klaus Bußmann

Côte d'Azur
Frankreichs Mittelmeerküste von Marseille bis Menton. Von Rolf Legler

Das Elsaß
Wegzeichen europäischer Kultur und Geschichte zwischen Oberrhein und Vogesen. Von Karlheinz Ebert

Frankreich für Pferdefreunde
Kulturgeschichte des Pferdes von der Höhlenmalerei bis zur Gegenwart. Camargue, Pyrenäen-Vorland, Périgord, Burgund, Loiretal, Bretagne, Normandie, Lothringen. Von Gerhard Kapitzke (DuMont Landschaftsführer)

Frankreichs gotische Kathedralen
Eine Reise zu den Höhepunkten mittelalterlicher Architektur in Frankreich. Von Werner Schäfke

Korsika
Natur und Kultur auf der ›Insel der Schönheit‹. Menhirstatuen, pisanische Kirchen und genuesische Zitadellen. Von Frank und Almut Rother

Languedoc – Roussillon
Von der Rhône zu den Pyrenäen. Von Rolf Legler

Das Tal der Loire
Schlösser, Kirchen und Städte im ›Garten Frankreichs‹. Von Wilfried Hansmann

Die Normandie
Vom Seine-Tal zum Mont St. Michel. Von Werner Schäfke

Paris und die Ile de France
Die Metropole und das Herzland Frankreichs. Von der antiken Lutetia bis zur Millionenstadt. Von Klaus Bußmann

Périgord und Atlantikküste
Kunst und Natur im Lande der Dordogne und an der Côte d'Argent von Bordeaux bis Biarritz. Von Thorsten Droste

Die Provence
Ein Reisebegleiter durch eine der schönsten Kulturlandschaften Europas. Von Ingeborg Tetzlaff

Savoyen
Vom Genfer See zum Montblanc – Natur und Kunst in den französischen Alpen. Von Ruth und Jean-Yves Mariotte

Südwest-Frankreich
Vom Zentralmassiv zu den Pyrenäen – Kunst, Kultur und Geschichte. Von Rolf Legler

---

Griechenland

Athen
Geschichte, Kunst und Leben der ältesten europäischen Großstadt von der Antike bis zur Gegenwart. Von Evi Melas

Die griechischen Inseln
Ein Reisebegleiter zu den Inseln des Lichts. Kultur und Geschichte. Hrsg. von Evi Melas

Kreta – Kunst aus fünf Jahrtausenden
Minoische Paläste – Byzantinische Kirchen – Venezianische Kastelle. Von Klaus Gallas

Alte Kirchen und Klöster Griechenlands
Ein Begleiter zu den byzantinischen Stätten. Hrsg. von Evi Melas

Tempel und Stätten der Götter Griechenlands
Ein Reisebegleiter zu den antiken Kultzentren der Griechen. Hrsg. von Evi Melas

---

Großbritannien

Schottland
Geschichte und Literatur. Architektur und Landschaft. Von Peter Sager

Süd-England
Von Kent bis Cornwall. Architektur und Landschaft, Literatur und Geschichte. Von Peter Sager

Guatemala
Honduras – Belize. Die versunkene Welt der Maya. Von Hans Helfritz

---

Holland
Kunst, Kultur und Landschaft. Ein Reisebegleiter durch Städte und Provinzen der Niederlande. Von Jutka Rona

---

Indien

Indien
Von den Klöstern im Himalaya zu den Tempelstätten Südindiens. Von Niels Gutschow und Jan Pieper

Ladakh und Zanskar
Lamaistische Klosterkultur im Land zwischen Indien und Tibet. Von Anneliese und Peter Keilhauer

---

Indonesien
Ein Reisebegleiter nach Java, Sumatra, Bali und Sulawesi (Celebes). Von Hans Helfritz

---

Iran
Kulturstätten Persiens zwischen Wüsten, Steppen und Bergen. Von Klaus Gallas

---

Irland – Kunst, Kultur und Landschaft
Entdeckungsfahrten zu den Kunststätten der ›Grünen Insel‹. Von Wolfgang Ziegler

---

Italien

Apulien – Kathedralen und Kastelle
Ein Reisebegleiter durch das normannisch-staufische Apulien. Von Carl Arnold Willemsen

Elba
Ferieninsel im Tyrrhenischen Meer. Macchienwildnis, Kulturstätten, Dörfer, Mineralienfundorte. Von Almut und Frank Rother (DuMont Landschaftsführer)

Das etruskische Italien
Entdeckungsfahrten zu den Kunststätten und Nekropolen der Etrusker. Von Robert Hess und Elfriede Paschinger

Florenz und die Medici
Ein Begleiter durch das Florenz der Renaissance. Von My Heilmann

Ober-Italien
Kunst, Kultur und Landschaft zwischen den Oberitalienischen Seen und der Adria. Von Fritz Baumgart

Von Pavia nach Rom
Ein Reisebegleiter entlang der mittelalterlichen Kaiserstraße Italiens. Von Werner Goez

Rom
Kunst und Kultur der ›Ewigen Stadt‹ in mehr als 1000 Bildern. Von Leonard von Matt und Franco Barelli

Das antike Rom
Die Stadt der sieben Hügel: Plätze, Monumente und Kunstwerke. Geschichte und Leben im alten Rom. Von Herbert Alexander Stützer

Sardinien
Geschichte, Kultur und Landschaft – Entdekkungsreisen auf einer der schönsten Inseln im Mittelmeer. Von Rainer Pauli

Sizilien
Insel zwischen Morgenland und Abendland. Sikaner/Sikuler, Karthager/Phönizier, Griechen, Römer, Araber, Normannen und Staufer. Von Klaus Gallas

Südtirol
Begegnungen nördlicher und südlicher Kulturtradition in der Landschaft zwischen Brenner und Salurner Klause. Von Ida Pallhuber und Walter Pippke

Toscana
Das Hügelland und die historischen Stadtzentren. Pisa · Lucca · Pistoia · Prato · Arezzo · Siena · San Gimignano · Volterra. Von Klaus Zimmermanns

Venedig – Geschichte und Kunst
Erlebnis einer einzigartigen Stadt. Von Marianne Langewiesche

---

Japan – Tempel, Gärten und Paläste
Einführung in Geschichte und Kultur und Begleiter zu den Kunststätten Japans. Von Thomas Immoos und Erwin Halpern

---

Der Jemen
Nord- und Südjemen. Antikes und islamisches Südarabien – Geschichte, Kultur und Kunst zwischen Rotem Meer und Arabischer Wüste. Von Peter Wald

---

Jugoslawien
Kunst, Geschichte und Landschaft zwischen Adria und Donau. Von Frank Rother

---

Kenya
Kunst, Kultur und Geschichte am Eingangstor zu Innerafrika. Von Helmtraut Sheikh-Dilthey

Marokko – Berberburgen und Königsstädte des Islam
Ein Reisebegleiter zur Kunst Marokkos. Von Hans Helfritz

Mexiko
Ein Reisebegleiter zu den Götterburgen und Kolonialbauten Mexikos. Von Hans Helfritz

---

Nepal – Königreich im Himalaya
Geschichte, Kunst und Kultur im Kathmandu-Tal. Von Ulrich Wiesner

---

Österreich

Kärnten und Steiermark
Vom Großglockner zum steirischen Weinland. Geschichte, Kultur und Landschaft ›Innerösterreichs‹. Von Heinz Held

Salzburg, Salzkammergut, Oberösterreich
Kunst und Kultur auf einer Alpenreise vom Dachstein bis zum Böhmerwald. Von Werner Dettelbacher

Tirol
Nordtirol und Osttirol. Kunstlandschaft und Urlaubsland an Inn und Isel. Von Bernd Fischer

Wien und Umgebung
Kunst, Kultur und Geschichte der Donaumetropole. Von Felix Czeike und Walther Brauneis

---

Portugal
Vom Algarve zum Minho. Von Hans Strelocke

Rumänien
Schwarzmeerküste – Donaudelta – Moldau – Walachei – Siebenbürgen: Kultur und Geschichte. Von Evi Melas

---

Sahel Senegal, Mauretanien, Mali, Niger
Islamische und traditionelle schwarzafrikanische Kultur zwischen Atlantik und Tschadsee. Von Thomas Krings

---

Die Schweiz
Zwischen Basel und Bodensee · Französische Schweiz · Das Tessin · Graubünden · Vierwaldstätter See · Berner Land · Die großen Städte. Von Gerhard Eckert

---

Skandinavien – Dänemark, Norwegen, Schweden, Finnland
Kultur, Geschichte, Landschaft. Von Reinhold Dey

Sowjetunion

Kunst in Rußland
Ein Reisebegleiter zu russischen Kunststätten. Von Ewald Behrens

Sowjetischer Orient
Kunst und Kultur, Geschichte und Gegenwart der Völker Mittelasiens. Von Klaus Pander

---

Spanien

Die Kanarischen Inseln
Inseln des ewigen Frühlings: Teneriffa, Gomera, Hierro, La Palma, Gran Canaria, Fuerteventura, Lanzarote. Von Almut und Frank Rother (DuMont Landschaftsführer)

Katalonien und Andorra
Von den Pyrenäen zum Ebro. Costa Brava – Barcelona – Tarragona – Die Königsklöster. Von Fritz René Allemann und Xenia v. Bahder

Mallorca – Menorca
Ein Begleiter zu den kulturellen Stätten und landschaftlichen Schönheiten der großen Balearen-Inseln. Von Hans Strelocke

Zentral-Spanien
Kunst und Kultur in Madrid, El Escorial, Toledo und Aranjuez, Avila, Segovia, Alcalá de Henares. Von Anton Dieterich

---

Sudan
Steinerne Gräber und lebendige Kulturen am Nil. Von Bernhard Streck (Erscheint Herbst '82)

Südamerika: präkolumbische Hochkulturen
Ein Reisebegleiter zu den indianischen Kunststätten in Peru, Bolivien und Kolumbien. Von Hans Helfritz

---

Thailand und Burma
Tempelanlagen und Königsstädte zwischen Mekong und Indischem Ozean. Von Johanna Dittmar

---

Städte und Stätten der Türkei
Ein Begleiter zu den Kunstwerken Istanbuls und Kleinasiens. Von Kurt Wilhelm Blohm

---

Tunesien
Karthager, Römer, Araber – Kunst, Kultur und Geschichte am Rande der Wüste. Von Hans Strelocke

---

USA – Der Südwesten
Indianerkulturen und Naturwunder zwischen Colorado und Rio Grande. Von Werner Rockstroh

»Richtig reisen«

»Richtig reisen«: Algerische Sahara
Reise-Handbuch
Von Ursula und Wolfgang Eckert. 330 Seiten mit 42 farbigen und 151 einfarbigen Abbildungen

»Richtig reisen«: Amsterdam
Von Eddy und Henriette Posthuma de Boer. 252 Seiten mit 50 farbigen und 142 einfarbigen Abbildungen

»Richtig reisen«: Bangkok
Von Stefan Loose und Renate Ramb. 326 Seiten mit 58 farbigen und 286 einfarbigen Abbildungen

»Richtig reisen«: Berlin
Von Ursula von Kardorff und Helga Sittl. 344 Seiten mit 76 farbigen und 174 einfarbigen Abbildungen

»Richtig reisen«: Ferner Osten
Von Charlotte Peter und Margrit Sprecher. 302 Seiten mit 14 farbigen und 120 einfarbigen Abbildungen

»Richtig reisen«: Florida
Von Manfred Ph. Obst. Fotos von Werner Lengemann. 334 Seiten mit 45 farbigen und 170 einfarbigen Abbildungen

»Richtig reisen«: Griechenland
Delphi, Athen, Peloponnes und Inseln
Von Evi Melas. 344 Seiten mit 45 farbigen und 124 einfarbigen Abbildungen

»Richtig reisen«: Griechische Inseln
Reise-Handbuch
Von Dana Facaros. 344 Seiten mit 50 farbigen und 142 einfarbigen Abbildungen

»Richtig reisen«: Großbritannien
England, Wales, Schottland
Von Rolf Breitenstein. 284 Seiten mit 58 farbigen und 140 einfarbigen Abbildungen

»Richtig reisen«: Hongkong
Mit Macau und Kanton. Von Uli Franz. 360 Seiten mit 52 farbigen und 126 einfarbigen Abbildungen

»Richtig reisen«: Ibiza/Formentera
Von Ursula von Kardorff und Helga Sittl. 248 Seiten mit 52 farbigen und 153 einfarbigen Abbildungen

»Richtig reisen«: Istanbul
Von Klaus und Lissi Barisch. 257 Seiten mit 28 farbigen und 173 einfarbigen Abbildungen

»Richtig reisen«: Kairo
Von Peter Wald. 328 Seiten mit 90 farbigen und 255 einfarbigen Abbildungen

»Richtig reisen«: Kalifornien
Von Horst Schmidt Brümmer und Gudrun Wasmuth. 408 Seiten mit 59 farbigen und 295 einfarbigen Abbildungen

»Richtig reisen«: Kanada und Alaska
Von Ferdi Wenger. 325 Seiten mit 39 farbigen und 118 einfarbigen Abbildungen

»Richtig reisen«: Kopenhagen
Von Karl-Richard Könnecke. 200 Seiten mit 32 farbigen und 118 einfarbigen Abbildungen

»Richtig reisen«: London
Von Klaus Barisch und Peter Sahla. 251 Seiten mit 18 farbigen und 189 einfarbigen Abbildungen

»Richtig reisen«: Los Angeles
Hollywood, Venice, Santa Monica
Von Priscilla und Matthew Breindel. 344 Seiten mit 75 farbigen und 256 einfarbigen Abbildungen

»Richtig reisen«: Malediven
Reise-Handbuch
Von Norbert Schmidt. 207 Seiten mit 43 farbigen und 64 einfarbigen Abbildungen

»Richtig reisen«: Marokko
Reise-Handbuch
Von Michael Köhler. 387 Seiten it 38 farbigen und 170 einfarbigen Abbildungen

»Richtig reisen«: Mexiko und Zentralamerika
Von Thomas Binder. 330 Seiten mit 32 farbigen und 119 einfarbigen Abbildungen

»Richtig reisen«: Moskau
Von Wolfgang Kuballa. 268 Seiten mit 36 farbigen und 150 einfarbigen Abbildungen

»Richtig reisen«: München
Von Hannelore Schütz-Doinet und Brigitte Zander. 365 Seiten mit 63 farbigen und 272 einfarbigen Abbildungen

»Richtig reisen«: Nepal
Kathmandu: Tor zum Nepal-Trekking
Von Dieter Bedenig. 288 Seiten mit 37 farbigen und 97 einfarbigen Abbildungen

»Richtig reisen«: New Mexico
Santa Fe – Rio Grande – Taos
Von Gudrun Wasmuth u. a. 320 Seiten mit 65 farbigen und 200 einfarbigen Abbildungen

»Richtig reisen«: New York
Von Gabriele von Arnim und Bruni Mayor. 312 Seiten mit 61 farbigen und 178 einfarbigen Abbildungen

»Richtig reisen«: Nord-Indien
Von Henriette Rouillard. 332 Seiten mit 36 farbigen und 121 einfarbigen Abbildungen

»Richtig reisen«: Paris
Von Ursula von Kardorff und Helga Sittl. 277 Seiten mit 34 farbigen und 178 einfarbigen Abbildungen

»Richtig reisen«: Peking und Shanghai
Von Uli Franz. 334 Seiten mit 46 farbigen und 138 einfarbigen Abbildungen

»Richtig reisen«: Rom
Von Birgit Kraatz. 360 Seiten mit 70 farbigen und 296 einfarbigen Abbildungen

»Richtig reisen«: San Francisco
Von Hartmut Gerdes. 248 Seiten mit 33 farbigen und 155 einfarbigen Abbildungen

»Richtig reisen«: Die Schweiz und ihre Städte
Von Antje Zeihr. 317 Seiten mit 50 farbigen und 183 einfarbigen Abbildungen

»Richtig reisen«: Südamerika 1
Kolumbien, Ekuador, Peru, Bolivien
Von Thomas Binder. 252 Seiten mit 35 farbigen und 121 einfarbigen Abbildungen

»Richtig reisen«: Südamerika 2
Argentinien, Chile, Uruguay, Paraguay
Von Thomas Binder. 330 Seiten mit 37 farbigen und 110 einfarbigen Abbildungen

»Richtig reisen«: Südamerika 3
Brasilien, Venezuela, die Guayanas
Von Thomas Binder. 332 Seiten mit 39 farbigen und 117 einfarbigen Abbildungen

»Richtig reisen«: Süd-Indien
Von Henriette Rouillard. 352 Seiten mit 43 farbigen und 110 einfarbigen Abbildungen

»Richtig reisen«: Tokio
Von Frank und Ceci Whitford. 270 Seiten mit 49 farbigen und 120 einfarbigen Abbildungen

»Richtig reisen«: Wien
Wachau, Wienerwald, Burgenland
Von Wolfgang Kuballa und Arno Mayer. 320 Seiten mit 66 farbigen und 172 einfarbigen Abbildungen